KB115607

미국사와 변경

지은이

프레더릭 잭슨 터너(Frederick Jackson Turner)

1889~1910년 위스콘신대학교 역사학과 교수를 역임하였다. 1893년 시카고에서 개최된 미국역사학회에서 "The Significance of the Frontier in American History"를 발표하여 미국사에 대한 변경(邊境)론적 해석의 효시가 되었다. 1910년 미국역사학회 회장을 역임하였고, 1910~1924년 하버드대학교 역사학과 교수로 교육과 연구에 종사한 후 은퇴하였다. 저서로는 1920년에 출간된 *The Frontier in American History* 등이 있다.

옮긴이

손병권(孫秉權, Sohn Byoung Kwon)

현재 중앙대학교 정치국제학과 교수로 재직 중이다. 서울대학교 외교학과 정치학 학사, 미국 미시간대학교(The University of Michigan, Ann Arbor) 정치학 박사학위를 받았다. 2007년 미국정치연구회 회장, 2013년 한국정당학회 회장, 2016년 한국국제정치학회 미국분과위원회 위원장을 역임했으며, 2011~2012년 풀브라이트 아이오와대학교에 방문학자로서 지냈다. 『미국 의회는 여전히 민주주의의 전형인가?』(2018) 등의 저서와 「연방주의자 논고'에 나타난 매디슨의 새로운 미국 국가―광대한 공화국」(2004), 「미국 건국 초기 연방의회와 연합의회의 비교」(2006), 「연방주의자 논고에 나타난 해밀턴의 대통령제 인식과 그 현대적 검토」(2009), 「전쟁과 미국 국가 건설―전시 산업위원회를 중심으로」(2010), 「미국정치학에서 국가개념의 위상과 고찰」(2013), 「연방주의자 논고에 나타난 내셔널리즘의 해석」(2017) 등의 논문이 있다.

미국사와 변경

초판 인쇄 2020년 7월 20일 **초판 발행** 2020년 7월 30일

지은이 프레더릭 잭슨 터너 **옮긴이** 손병권 **펴낸이** 박성모 **펴낸곳** 소명출판 **출판등록** 제13-522호

주소 서울시 서초구 서초중앙로6길 15, 2층

전화 02-585-7840 **팩스** 02-585-7848 **전자우편** somyungbooks@daum.net **홈페이지** www.somyong.co.kr

값 28,000원 ⓒ 손병권, 2020

ISBN 979-11-5905-529-4 93940

잘못된 책은 바꾸어드립니다.

이 책은 저작권법의 보호를 받는 저작물이므로 무단전재와 복제를 금하며, 이 책의 전부 또는 일부를 이용하려면 반드시 사전에 소명출판의 동의를 받아야 합니다.

이 저서는 2017년 대한민국 교육부와 한국연구재단의 지원을 받아 수행된 연구임 (NRF-2017S1A6A3A03079318)

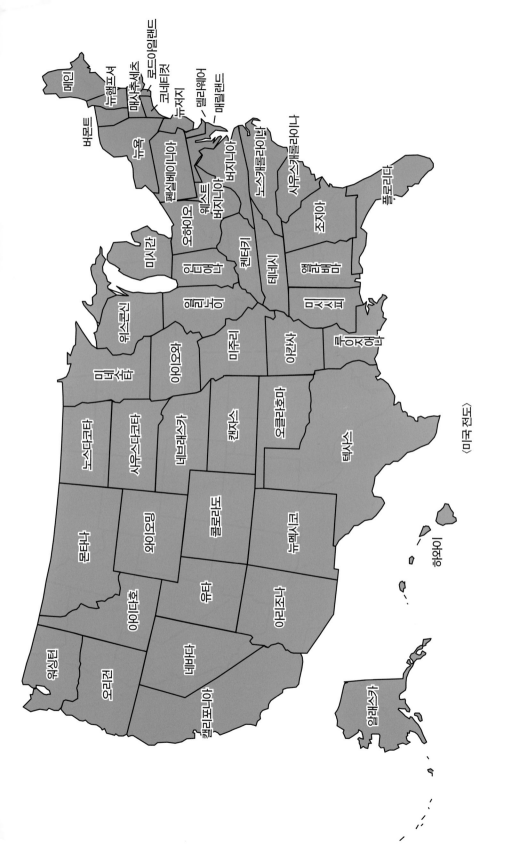

메인

뉴햄프셔
매사추세츠
로드아일랜드
코네티컷
뉴저지
델라웨어
메릴랜드

버몬트

뉴욕

펜실베이니아

웨스트
버지니아

버지니아

노스캐롤라이나

사우스캐롤라이나

플로리다

오하이오

켄터키

조지아

인디애나

테네시

앨라배마

미시간

일리노이

미주리

아칸소

미시시피

루이지애나

위스콘신

아이오와

미네소타

캔자스

오클라호마

노스다코타

사우스다코타

네브래스카

텍사스

몬태나

와이오밍

콜로라도

뉴멕시코

워싱턴

아이다호

유타

애리조나

하와이

오리건

네바다

알래스카

캘리포니아

〈미국 전도〉

〈폭포선〉

〈서부 팽창 초기에 언급된 산맥과 고원〉

애팔래치아산맥

앨러게이니산맥

블루리지산맥

피드먼트고원

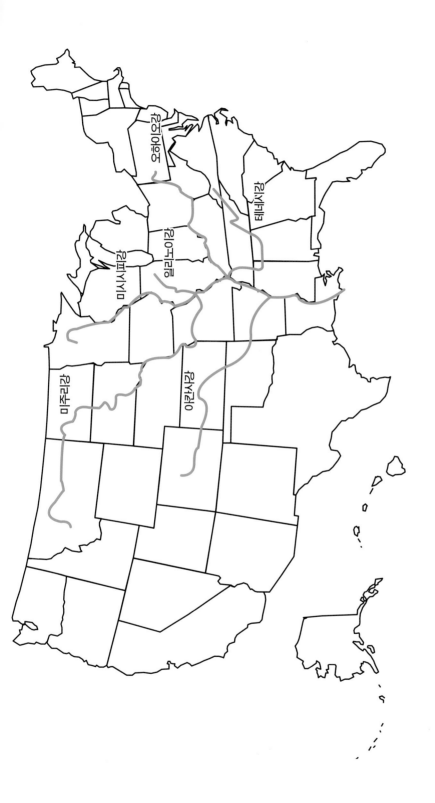

〈서부의 강〉

유콘아주강

매켄지강

컬러도강

미시시피강

미주리강

아칸서강

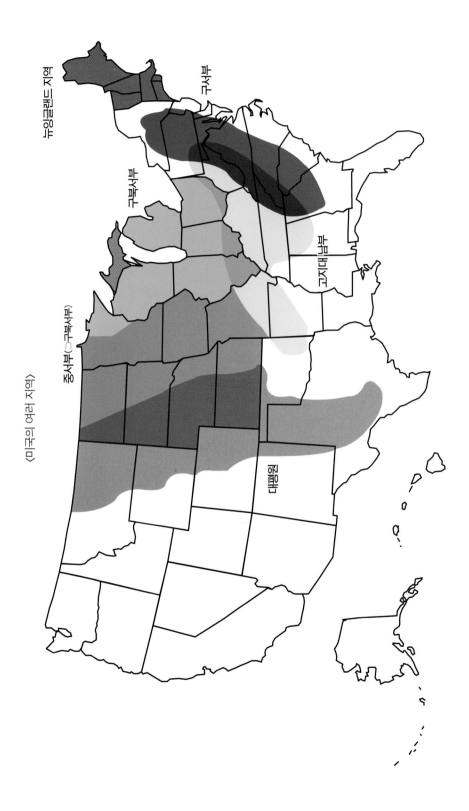

〈미국의 여러 지역〉

뉴잉글랜드 지역

구서부

구북서부

중서부(⊃구북서부)

고지대남부

대평원

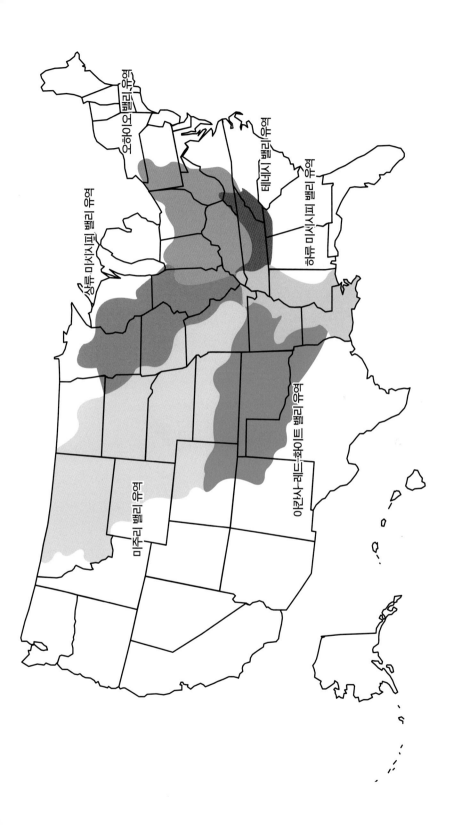

〈미시시피 밸리 유역〉

오하이오 밸리 유역

테네시 밸리 유역

하류 미시시피 밸리 유역

상류 미시시피 밸리 유역

아칸서-레드-화이트 밸리 유역

미주리 밸리 유역

접경인문학
번역총서
002

The Frontier in American History

미국사와 변경

프레더릭 잭슨 터너 지음 | 손병권 옮김

소명출판

일러두기

이 책은 *The Frontier in American History*(Frederick Jackson Turner, Okitoks Press, 2017)를 저본으로 하였다.

최근 글로벌화의 진전에 따라 상이한 문화와 가치들이 국경은 물론 일체의 경계를 넘어 무한 이동하고 있다. 이러한 분위기 속에서 활발히 진행되고 있는 국경연구Border Studies에서 국경의 의미는 단순히 중심에 대한 대립항 내지 근대 국민국가 시대 '주권의 날카로운 모서리'로 이해되는 경향이 강했고, 사회적 상징물의 창안에 힘입은 집단기억은 국경의 신성성神聖性과 불변성을 국민의 마음속에 각인시켰다.

이처럼 지금까지의 국경 관련연구는 침략과 저항, 문명과 야만, 가해자와 피해자라는 해묵은 담론을 반복적으로 재생산했는데, 이런 고정된 해석의 저변에는 '우리'와 '타자'의 경계에 장벽을 구축해온 근대 민족주의의 이데올로기가 깔려 있다. 즉 민족주의의 렌즈로 바라보는 국경이란 곧 반목의 경계선이요, 대립의 골짜기였다.

그러나 이러한 해석은 단순히 낡았을 뿐 아니라 역사적 사실을 외면한 일종의 오류에 가깝다. 분단과 상호배제의 정치적 국경선은 근대 이후의 특수한 시·공간에서 국한될 뿐이며 민족주의가 지배한 기존의 국경연구는 근대에 매몰된 착시에 불과하다. 역사를 광각으로 조망할 때 드러나는 국경의 실체는 다양한 문화와 가치가 공존하는 역동적 장소이자 화해와 공존의 빛깔이 짙은 공간이기 때문이다.

HK+〈접경인문학〉연구단은 이러한 연구의 한계를 넘어 담론의 질적 전환을 이루기 위해 국경을 '각양각색의 문화와 가치가 조우와 충돌하지만 동시에 교류하여 서로 융합하고 공존하는 장場', 즉 '접경Contact

Zones'으로 재정의하고자 한다. 본 연구가 제시하는 접경공간은 국경이나 변경 같은 '외적 접경'은 물론이요, 한 사회 내에 존재하는 다양한 정체성 — 인종/종족, 종교, 언어, 생활양식 — 간의 교차지대인 '내적 접경'을 동시에 아우른다.

그리고, 바로 이러한 다중의 접경 속에서 통시적으로 구현되는 개인 및 집단의 존재방식을 분석하고 개념화하는 작업을 본 연구단은 '접경인문학'으로 정의했다. 접경인문학은 이상의 관점을 바탕으로 국경을 단순히 두 중심 사이의 변두리나 이질적 가치가 요동하는 장소가 아닌 화해와 공존의 접경공간으로 '재'자리매김하는 한편 현대사회의 다양한 갈등을 해결할 인문학적 근거와 모델을 제공하고자 한다. 우리 연구단은 이런 인식을 바탕으로 다양한 정치세력과 가치가 경쟁하고 공명하는 동아시아와 유럽의 접경공간을 '화해와 공존'의 관점에서 비교분석하고자 한다.

본 연구는 시간적으로는 전근대와 근대를 모두 담아내며, 접경공간에 덧입혀졌던 허위와 오해의 그을음을 제거하고 그 나신裸身을 조명할 것이다. 〈접경인문학〉 연구단은 이와 같은 종적・횡적인 학제간 융합연구를 통해 접경공간에 녹아 있는 일상화된 접경의 구조와 양상을 살피면서 독자적인 이론과 방법론을 제시하고자 한다.

연구 어젠다의 방향을 '국경에서 접경으로' 설정한 연구단은 연구총서 및 번역총서, 자료집 등의 출간을 통해서 축적된 연구 성과를 국내외에 확산시키고 사회에 환원할 것이다. 본 연구서의 발간이 학술 연구기관으로서 지금까지의 연구 활동을 결산하고 그 위상을 정립하는 자리가 되었으면 한다.

2019년 8월
중앙대·한국외대 HK+〈접경인문학〉연구단장 차용구 교수이 번역서는 1893년 발표된 「미국사에 있어서 변경의 의의The Signifi-cance of the Frontier in American History」(이하 「변경의 의의」로 부름)를 시작으로 프레더릭 터너Frederick J. Turner가 1920년까지 발표한 13편의 글을 모아서 단행본으로 출간한 *The Frontier in American History*(이하 '이 책'으로도 부름)를 『미국사와 변경』이라는 제목으로 내놓은 것이다. *The Frontier in American History*는 뉴욕의 홀트 출판사Henry Holt and Company를 통해서 1920년에 처음 출간되었으니, 출간 이후 100년이 되는 2020년에 한글로 선을 보이는 셈이다. 이 책에 실린 글들을 통해서 터너는 미국사를 '변경frontier의 이동'이라는 새로운 시각에서 총체적으로 해석할 수 있는 틀을 제공하였다. 터너는 변경 개척자의 이동 과정에서 다양한 모습으로 등장하는 '서부the West'와 서부 변경의 '정착지settlement'가 미국의 역사적 발전과 관련하여 어떤 의미를 지니는지를 17세기 뉴잉글랜드 식민지의 서부 개척부터 제1차 세계대전 종전에 이르는 시기에 걸쳐 13개의 장으로 나누어 설명하고 있다.

이 책의 각 장은 서로 다른 계기로 터너가 학술지와 잡지에 발표하거나 혹은 기념식 등에서 행한 연설문의 원고를 다시 정리한 글이다. 1920년 13편의 글이 처음으로 단행본으로 묶여서 출간될 당시 '서문Preface'에서 터너는 자신의 책이 '미국사에서 있어서 변경의 영향력'이라는 관점에 따라 '현재와 과거의 관계를 해석'하려는 지난 사반세기 동안의 시도였다고 적고 있다. 우리에게는 1893년 시카고에서 개최된 미국역사학회 학술회의 발표문인 「변경의 의의」가 가장 널리 알려져 있으나, 나머지 12편의 글 역시 '변경의 이전'이라는 일관된 관점에서 당대 현안에 대한 저자의 평가와 해석을 드러내고 있다.

전체적으로 *The Frontier in American History*를 관통하는 주제는 역시 '변경의 이전'과 이것이 미국사의 전개에 미친 영향력이라고 볼 수 있다. 그러나 「변경의 의의」 외에 나머지 12편의 글을 읽어 보면, 그 설득력이나 중요성이 「변경의 의의」와는 다소 차이가 있다는 점도 알게 된다. 예컨대 「변경의 의의」 이외의 일부 글들은 각주 기입 등 논문 형식의 엄밀성이라는 면에서 「변경의 의의」에 미치지 못하고 있는 경우가 많다. 또한 '변경'이라는 핵심 개념이 「변경의 의의」에 제시된 공간적이며 과정적인 개념에서 확대되어, 후기의 일부 글에서는 대형기업 중심의 산업사회를 지도하는 '미국적 정신의 창의력'처럼 매우 추상적으로 변형되어 사용된다는 느낌도 있다. 그리고 일부 글들은 미국에 대한 자부심과 애국심이 강하게 표출되고 지나치게 웅변조로 흘러 「변경의 의의」와 비교하면 온전히 학술적인 것으로 보기 어렵다는 인상도 든다. 그러나 한편으로 이 책에 실린 그의 글들을 발표 순서대로 읽다 보면 터너의 변경론이 「변경의 의의」 발표 이후 시대의 변화에 따라서 조금씩 변화하는 것을 엿볼 수 있는 재미도 느낄 수 있다.

이 책을 읽어 본 독자들이라면 누구나 공감할 수 있듯이, 이 책 전체에 흐르는 핵심요점은 "서부 변경개척과 그 결과물인 정착지 건설이 미국의 예외적 특징을 규정한 핵심적 동력이다"라는 주장이다. 간단히 말해서 미국의 서부 팽창은 영국계 식민지인들이 최초로 정착한 북동부 뉴잉글랜드나 대서양 중부 해안지역의 단순한 복제적 확산이 아니었다는 것이다. 변경을 개척하면서 진행된 서부 팽창은 동부 대서양 연안지역을 박차고 나와 인디언 부족, 그리고 프랑스 및 스페인 병사와 피를 흘리고 싸우거나, 혹은 이들과 흥정하고 거래한 거칠고 투박한 오지인, 변경이주자, 개척자의 끊임없는 전진이 만들어 낸 적응과 변용의 과정이었다. 터너의 변경론의 관점에서 보자면 미국은 서부를 향해 계속 이주하는 과정에서, 그리고 거친 환경에 대응하고 적응하는 과정에서 그 본질적 면모를 드러내게 된다. 터너에 따르면 유럽적 유산이 강한 동부 대서양 연안지역은 결코 미국일 수 없으며, 지속적 서부 전진이 만들어 낸 변경 개척지와 거기서 체득된 개척자의 정신, 습속, 그리고 제도, 바로 이것들이 바로 진정한 미국이었다.

이렇게 황무지 개척을 통해 변경 속에서 정체성을 확립해 간 미국의 개척자들은 구대륙 유럽은 물론이고 자신이 떠나온 동부 대서양 연안지역의 전통적 권위, 정치제도, 기성 종교 등을 철저히 거부했다. 인디언, 프랑스, 스페인과 싸우고, 숲을 벌목하여 농장을 세우고 가축을 기르면서 자립한 변경 개척자들은 투박하고 직설적인 기질을 체득하였고, 고담준론이 아니라 결과 지향적 행위를 존중하였으며, 구속되지 않는 삶을 추구한 한 자유인들이었다. 변경에서 탄생한 이런 기질의 개척자들은 투쟁을 통해서 얻은 자신의 토지를 바탕으로 자유와 평등을 주장하면서 전통의 인습과 권위의 제약에 구속되지 않는 '변경 민주주의,' '개척자 민주주의'를 창조해 갈 수 있었다. 터너에 앞서 프랑스인 토크빌Alexis de Tocqueville이 관찰했던 미국인의 습속은 변경 황무지 개척과정의 투쟁과 자립의 정신을 토대로 성장한 것이었다.

터너는 이러한 변경 개척자 정신이 19세기 말에 이르러 서부의 '주인 없는 토지free land'가 사라지면서 도전에 직면했다고 보고 있다. 그러나 이러한 도전에 대한 터너의 태도는 비관적인 것만은 아니었다. 이 책에 실린 터너의 후기의 글들을 보면, 주인없는 토지의 소멸 위기는 남북전쟁 이후 대형기업 중심의 미국 산업화 시대에 출현한 '산업의 선도자'라는 변경 개척자의 새로운 부류의 후손들로 인해 해결의 새로운 실마리를 찾는 것처럼 보인다. 즉 터너는 대형기업을 창출하는 기업가 정신 속에서 변경 개척자의 이상을 전승한 새로운 산업사회의 창의력이 발현되고 있다고 본 듯하다.

터너에 의하면 1890년 이후 변경은 이제 더 이상 서부 개척자에게 무제한의 자유를 보장해 주는 자원의 보고이자 갈등의 해소 메커니즘이 아니었다. 서부개척의 종식과 급속한 산업화 시대를 맞이하여 새로운 변경 개척자의 정신은 산업의 선도자들이 관리하는 변경, 국가의 간섭을 요구하는 변경으로 변화하고 있었다. 「변경의 의의」에 등장했던 '변경'이라는 핵심 주제가 이 책 전체에 관통하고 있기는 하지만, 그의 학문적 생애 후반부의 글에서는 주인없는 토지가 사라지는 상황에서 산업화 시대의 변경의 새로운 주역은 대형기업적 자본주의의 등장 속에서 「변경의 의의」의 오지 개척자와는 달리 제시되었던 것으로 보인다.

터너는 1893년 「변경의 의의」를 발표한 후 '변경의 이전'이라는 핵심 개념을 활용하여 미국사 해석에 통일성을 부여하면서 일약 미국 사학계의 대표적 학자 가운데 한 사람으로 부상하였다. 그러한 평가를 토대로 터너는 1910년에는 미국 역사학회 회장을 역임하였으며, 같은 해에 1889년부터 재직하던 위스콘신대학교를 떠나 은퇴할 때까지 하버드대학교에서 역사학과 교수를 역임하였다. 그러나 그에 대한 미국 사학계의 평가가 항상 우호적인 것만은 아니었다. 여기에는 몇 가지 이유가 있는 것으로 생각된다. 서부를 그 자체로서 고유한 특성을 지닌 지역으로 평가하지 않고 백인의 피정복대상으로 본 것, 백인의 서부 개척을 '문명-야만'의 단순화된 이항 대립주의로 파악하여 정복 이후 서부사회의 내재적 변화를 도외시한 것, 서부의 변경 개척민 사회를 과도하게 동부 대서양 연안지역과 차별화한 것, 변경이라는 개념이 분석적 개념으로는 매우 모호하다는 점 등으로 인해서 그의 변경론적 미국사 해석이 비판을 받아온 것도 사실이다.

이러한 비판과 함께 현재 전개되고 있는 미국정치의 현실을 바탕으로 이 책에 수록된 터너의 글을 읽어 보면, 불과 백년을 사이에 두고 마치 두 개의 미국이 있었던 것은 아닌가 하는 착각이 들 정도이다. 터너가 이 책에 실린 글들을 집필한 당시에는 그의 변경론적 미국사 해석의 바탕이 된 미국의 개척자 정신, 미국 고유의 변경 민주주의의 유연함과 강인함, 유럽과 차별화된 미국 예외주의의 여건 등이 존재했었다. 이 책에 수록된 글들이 집필된 1893년부터 1920년까지의 시기는 미국이 남북전쟁의 폐허에서 벗어나 북부를 중심으로 대형기업 중심의 산업화 궤도에 올라서고 세계 최대의 제조업 국가로 도약하는 시기였다. 그리고 터너는 이러한 여건을 염두에 두고 미국에 대한 강한 자부심을 토대로 구대륙과 구별된 미국의 예외적 특성과 미국의 세계사적 사명을 강조할 수 있었다. 그러나 2016년 트럼프 대통령의 당선 이후 2020년의 미국은 백인 민족주의의 발흥, 다원주의의 쇠퇴, 인종 간 대립의 격화 등으로 인해 터너가 찬양한 '창조적인 미국의 정신'과 '역사적인 미국의 이념'이 들어설 자리가 없어 보이기도 한다.

그러나 현재 미국의 문제를 중심으로 터너를 비판하는 것은 그가 이 책을 출간할 당시 예측할 수 없었던 100년 이후의 사건과 상황을 바탕으로 한 것이므로 터너에 대한 객관적 평가에 장애물이 될 수 있다. 터너의 변경론적 미국사 해석의 주된 목적은 주인없는 토지라는 변경의 환경이 미국의 역사적 발전의 독특한 경로와 미국 민주주의의 특성을 낳았다는 것은 것을 설득하는 것이었고, 터너 스스로도 1890년 변경이 사라진 이후의 미국에 대해서는 대체로 낙관적인 전망을 유지하면서도 어떤 구체적인 예언을 제시하지는 않았기 때문이다. 터너는 무엇보다도 주인없는 토지 등 무한한 자원을 가진 미국의 환경과 이러한 환경에서 사냥, 모피 교역, 목축, 농경, 도시건설 등의 순서로 변경을 개척하고 정착지를 만들어 낸 미국 개척자들의 삶에 주목하고자 하였다. 그리고 이들 개척자들의 삶에 대한 역사적 추적을 통해 개척지 변경에서 미국 특유의 변경 민주주의가 발전했고 미국 특유의 국민적 성격이 형성되었다고 주장함으로써, 구대륙 유럽과 구별될 미국의 예외적 발전이 가능했음을 보여주고 싶었던 것이 터너의 입장이었다.

현대 미국의 문제를 근거로 터너의 변경론적 해석의 한계를 지적할 수는 있겠으나, 그의 변경론은 여전히 주목할 만한 것으로 보인다. 미국사를 세계사의 큰 흐름 속에서 본 것, 역사 연구에 있어서 학제적 방법을 강조한 점, 변경의 이전이라는 하나의 주제로 미국사 해석의 큰 틀을 제공한 것 등은 여전히 이 책에 담긴 그의 논의가 여전히 고전적인 위치를 차지할 수 있다는 점을 상기시켜 준다. 특히 미국 이외의 지역에 대한 식민지 정복사에서 터너의 변경론적 해석틀이 지속적으로 적용되고 있다는 점도 그의 변경론이 여전히 영향력을 발휘하고 있음을 입증해 주는 것이라고 할 수 있다.

이 번역서는 오키톡스 출판사Okitoks Press의 2017년 책을 토대로 작업한 결과물이다. 오키톡스 출판사의 책은 터너가 작성한 각주의 위치를 정확히 기록하지 않아서 터너의 원래 글에 있는 각주의 위치는 '프로젝트 구텐버그 eBook'[1]을 통해서 확인하는 절차를 거쳐 번역서에 적어

넣었다. 다만 번역과정에서 터너 저서의 일부 각주의 위치는 한글 문장에 어울리는 위치로 조정되어 적혔다. 터너가 작성한 원래 각주의 경우 필요한 부분에 국한하여 한글로 번역하였을 뿐, 거의 대부분 원문상의 각주를 그대로 옮겨 적었다. 이러한 원래 각주와 함께 독자의 이해를 돕는데 번역자가 필요하다고 생각한 부분, 특히 역사적 사건의 설명에 관해서는 별도로 '역주'를 두어 터너의 원래 각주와 함께 번역서 각 쪽의 하단에 일련번호의 구분 없이 병기하였다. 한편 터너의 원문에 나오는 주요 영어 어휘를 번역하는 과정에서, 번역자가 특정 어휘에 대해 특정 한글로 번역한 이유를 밝힐 필요가 있다고 생각한 경우, 그러한 번역의 이유를 역주를 통해서 설명하였다. 그래서 번역서 각 쪽 하단의 역주를 빼면 그대로 터너의 원래의 각주만 남는다고 보면 된다.

한편 번역서에서 모든 고유명사는 본문에 최초로 나오는 경우에 한해서 영어 원어를 적었다. 인명의 경우 번역서 마지막 부분에 알파벳 순서의 인물 목록이 있으므로 살펴보면 도움이 될 것으로 보인다. 터너의 원문을 보면 한 문단이 지나치게 긴 경우도 있고 또 반대로 매우 짧은 경우도 있어서, 이 경우 번역 과정상 필요에 따라 의미가 통하는 범위에서 문단의 길이를 일부 조정하기도 했다. 직역으로 도저히 의미가 전달되지 않는 경우는 의역의 과정을 거쳤고, 지나치게 긴 문장은 분할해서

---

1   http://www.gutenberg.org/files/22994/22994-h/22994-h.htm.

번역하기도 했다. 그리고 번역문의 굵은체 글자는 터너 원서의 이탤릭체에 해당한다. 워낙 광범위한 지식을 갖춘 역사학자의 글이라 고전을 포함한 문학 등 주변 학문의 내용이 다수 등장하여 번역에 어려움도 많았다. 미비한 점은 추후에 주변의 질정을 받아 수정하고자 한다.

　마지막으로 번역서를 읽는 독자들에게 권하고 싶은 것은 무엇보다도 상세한 미국 지도를 옆에 펼쳐 놓고 추적해 가면서 한번 읽어 보라는 것이다. 터너의 글들에 등장하는 강과 호수, 산과 산맥, 밸리와 지역, 각종 고지대와 저지대, 바다와 포구와 항구, 주와 도시, 준주와 영지, 교역상인의 이동 경로와 도로와 철도, 각종 인디언의 활동지역 등이 워낙 복잡하고 방대하여, 무심코 그냥 읽으면 책 속의 터너가 지금 미국의 어떤 지역에 대해서 이야기하는지 추적하기가 매우 어렵고 꽤나 따분해진다. 그래서 터너의 *The Frontier in American History*나 이 번역서를 읽어 가면서 그가 호명하고 있는 강이나 산, 도시나 항구, 호수와 밸리 등을 가끔 한 번씩 지도를 통해서 확인해 보면, 그만큼 책의 내용에 대한 이해도 쉽고 흥미도 배가될 수 있다. 무엇보다 변경 개척자의 이동 경로 파악에 도움이 될 것이다. 독자의 이해를 돕기 위해 이 번역서에 삽입된 몇 가지 지도는 터너의 책에서 자주 언급된 주요한 산맥, 강, 밸리 등을 일부 골라서 그려 넣은 것이지만, 이것만으로는 많이 부족할 것으로 생각되어 지도를 찾아보는 독자의 노력이 필요할 것으로 생각된다.

　이제 출간되는 번역서인 『미국사와 변경』은 중앙대 한국외대 HK+

〈접경인문단〉 연구단 총서의 하나로 추진되었다. 번역의 기회를 준 접경인문학 연구단과 번역서의 출판작업에 수고를 아끼지 않은 소명출판사에 감사의 말씀을 전하고자 한다. 이와 함께 중앙대학교 역사학과 박사과정의 고반석 선생과 석사과정의 정소현 양에게도 고마움을 전하고 싶다. 두 사람의 도움이 없었으면 이 책에 등장한 각종 사건과 각양의 인물에 대한 정리가 어려웠을 것이고, 번역서 출판은 더 지체되었을 것이다. 코로나19 와중에 마스크를 쓰고 머리를 맞대면서 두 사람과 이것 저것 의논하던 때는 날씨가 아직 쌀쌀했는데 벌써 여름에 들어서면서 이렇게 역자 서문을 쓰게 되었다. 코로나19도 속히 마감되는 날이 오기를 비는 마음 간절하다.

2020년 7월

손병권

차례

1장
미국사에 있어서 변경의 의의*

1890년 인구조사 감독관의 최근 회람보고서에는 "1880년을 포함하여 그해까지 우리나라에는 정착지 변경지역frontier이 있었다. 그러나 현재 비정착 지역은 따로 따로 형성된 정착촌들로 침투되어 거의 변경선이 존재한다고 볼 수 없다. 따라서 그 정도나 서부1로의 이동 등을 논의

---

* 이 논문은 1893년 7월 12일 시카고에서 개최된 미국역사학회(American Historical Association)에서 발표되었으며, 같은 해 12월 14일 위스콘신 역사협회(State Historical Society of Wisconsin) 논문집에 "이 논문의 토대는 1892년 11월 4일 위스콘신 대학교 학생 간행물인 *The Ægis*지에 실린 '미국사의 문제들'이라는 제목의 내 논문이다. (…중략…) 미국사의 시대 시리즈 가운데 '분할과 통합'에 관한 책에서 미국사의 한 요소로서 서부의 중요성을 제대로 인식한 우드로 윌슨(Woodrow Wilson) 교수가 앞서 언급했던 논문의 일부 관점들을 수용하고, 1893년 12월 *The Forum*에 기고한 그의 글에서 골드윈 스미스(Goldwin Smith)의 '아메리카 합중국의 역사'를 검토하면서 명쾌하고 도발적인 논의로 그 가치를 향상시켰다는 것이 만족스럽다"라는 주석과 함께 처음 실렸다. 이 논문의 본문 원고는 1893년 『미국역사학회 보고서』에 나타난 글(199~227쪽)이며, 추가된 부분과 함께 *Fifth Year Book of the National Herbart Society*와 그 밖의 여러 간행물로 출판되었다.
1 역주 : 터너의 저술에서 '서부'는 지역적으로 볼 때 매우 포괄적인 의미에서 사용되고 있음. 가장 넓은 의미에서 서부는 북미 최초의 영국 식민지인 뉴잉글랜드의 서부에 있는 지역을 포함하여 개척자들이 변경선 일대와 그 너머 정착지를 건설해 갔던 모든 지역을 지칭할 수 있음. 터너의 저술에서 뉴잉글랜드와 앨러게이니산맥 사이의 지역은 구서부, 앨러게이니산맥 너머 대평원과의 사이에 있는 지역은 '구북서부' 혹은 '중서부' 등으로

할 때 변경지역은 더 이상 인구조사 보고서에 있을 자리가 없다"라는 의미심장한 문장이 등장한다. 이러한 간단한 공식 성명은 거대한 역사적 이동의 종결을 의미한다. 지금까지 미국사는 상당한 정도로 대서부 the Great West의 식민화 역사였다. 사람이 살지 않는 땅의 존재, 그러한 땅의 지속적인 감소, 그리고 미국 서부정착의 진전은 미국의 발전을 설명해 준다.

제도를 넘어서고 헌정의 구성과 수정을 넘어선 곳에 이러한 기관들에 활력을 불어 넣으며 변화하는 조건들에 대처하게 해준 생명력이 존재하고 있다. 미국 제도의 특이성은 제도가 팽창하는 민중의 여러 변화에 스스로 적응할 수밖에 없었다는 사실이다. 즉 미국 제도는 대륙횡단, 황무지wilderness[2] 획득, 그리고 이러한 전진 이동의 각 지역에서 원시적 변경지역의 경제 및 정치상황이 복잡한 도시의 삶으로 발전하는 것과 관련된 변화에 적응해야만 했다. 이와 관련하여 칼훈John Calhoun은 1817년에 "우리는 위대하다. 그리고 두려울 정도로 매우 빠르게 성장하고 있다!"라고 말했다.[3] 이를 통해 칼훈은 미국적 삶이 가지는 독특한 특징을 언급한 것이다. 모든 민족들은 발전한다. 이는 정치에 관한 발생이론[4]이

불림. 따라서 터너의 '서부'는 오늘날의 로키산맥 너머 태평양 연안의 서부라는 개념보다 훨씬 포괄적인 지역 개념임.

2　역주 : 터너의 저술에서 '황무지'는 일차적으로 변경선 너머 백인이 개척하거나 정착하지 않은 지역, 백인문명이 닿지 않은 지역을 총체적으로 의미하며, '황량한 땅'이라는 축어적 의미를 지닌 것은 아님.

3　"Abridgment of Debates of Congress", v, p.706.

4　역주 : '정치에 관한 발생이론(germ theory)'은 미국의 자유주의적인 정치제도는 유럽 게르만족에 고유한 요소의 발현이며, 이후 앵글로 색슨족에 전승되어 미국 식민지에 전수되었다는 이론임. 터너는 변경을 통한 미국의 팽창과정에서 자유와 민주주의의 습관이 역사적으로 체득되었다는 반론을 펼침.

충분히 강조해 온 것이다. 그러나 대부분의 국가의 경우 발전은 제한된 지역 내에서 이루어졌다. 그리고 국가가 팽창하면 그 국가는 자신이 정복한 지역에서 성장하는 다른 민족과 대면해야 했다.

그러나 미국의 경우에는 다른 현상이 나타났다. 대서양 연안에 국한해 본다면, 대의정부의 출현, 단순했던 식민지 정부가 복잡한 기관으로 분화되는 현상, 노동 분화가 없었던 원시적 산업사회에서 제조업 문명으로의 발전 등과 같이 제한된 지역에 국한된 제도의 진화라는 익숙한 현상을 경험한다. 그러나 우리는 여기에 더하여 팽창과정에서 맞이한 서부 각 지역에서 진화과정의 반복을 경험하게 된다. 따라서 미국의 발전은 단선적 진보과정만을 보여준 것이 아니라, 지속적으로 전진하는 변경선에서 원시적 발전단계로 회귀하는 과정, 그리고 그 지역에서 다시 새롭게 발전하는 과정도 보여주었다. 미국의 사회발전은 변경지역에서 지속적으로 새로운 시작을 반복해 왔다. 이러한 항구적 재탄생, 미국적 삶의 유동성, 새로운 기회를 찾아가는 서부로의 팽창, 원시사회의 단순함과의 끊임없는 조우 등이 모두 미국적 성격을 지배하는 힘을 불어넣어 주었다. 미국사를 보는 진정한 관점은 대서양 연안지역the Atlantic이 아니라 바로 대서부이다. 폰 홀스트Hermann Eduard von Holst 교수와 같은 저술가가 그토록 관심을 가지고 본 노예제 갈등마저 서부 팽창과의 관련성 때문에 미국사의 중요한 위치를 차지하고 있다.

이러한 전진과정에서 변경은 파도의 바깥 가장자리, 즉 야만과 문명이 만나는 지점이다. 경계border에서의 전투와 추격이라는 관점에서 변경에 대한 많은 저술들이 있었지만, 경제학자와 역사가가 심각하게 연구해야 할 대상으로서 변경은 무시되어 왔다. 미국의 변경은 인구밀집

지역을 따라서 형성된 요새화된 경계선으로서의 유럽의 변경과 명확히 구분된다. 미국 변경의 가장 의미심장한 사실은 그것이 주인없는 토지 free land[5]의 안쪽 가장자리에 있다는 점이다. 인구조사 보고서에서 변경은 평방 마일당 2인이나 그보다 조금 넘는 인구밀도를 지닌 정착지 주변부로 취급된다. 이러한 개념은 유동적이어서 우리의 목적에서 볼 때 명확한 정의가 필요하지는 않다. 우리는 변경지대 전체를 고찰할 것인데, 이는 인디언 촌락과 인구조사 보고서에 나타난 "정착영역"의 바깥 주변부를 포함한다. 이 논문은 모든 주제를 다루려 하지는 않을 것이다. 이 논문의 목적은 단지 풍부한 연구대상으로서 변경에 대한 주의를 환기하고, 이와 관련하여 제기되는 몇 가지 문제점을 제시하려는 것이다.

우리는 유럽의 삶이 미국의 정착지에서 어떻게 북미 대륙에 도입되었고, 미국이 어떻게 그러한 삶을 수정하고 발전시켜 유럽에 대해 반응했는지를 관찰해야 한다. 미국의 초기 역사는 미국적 환경에서 발전한 유럽적 발생체European germs에 관한 연구이다. 그런데 제도를 연구하는 학자는 게르만적 기원에 관해서만 연구해 왔고 미국적 요소에 대해서는 거의 주목하지 않았다. 변경은 가장 신속하고 효과적인 미국화의 경계선이다. 황무지는 식민지인을 굴복시킨다. 황무지는 식민지인이 복식, 산업, 도구, 여행방법, 생각 등에서 유럽인임을 알게 된다. 황무지는 식민지인을 철도에서 내리게 하여 자작나무 카누에 옮겨 태운다. 황무지는 문명의 옷을 벗겨 식민지인에게 사냥용 옷을 입히고 가죽신을 신게

---

5   역주 : 주인없는 토지는 '무상토지', '자유로운 이동이 가능한 토지', '노예제가 없는 토지' 등 다양한 의미를 담은 개념으로 보임. 이 번역본에서는 원래 사적 소유주가 없던 변경 밖의 황무지, 혹은 연방정부의 토지공여정책의 대상인 토지로 보아 'free land'를 가장 넓은 의미에서 '주인없는 토지'로 번역했음.

한다. 그리고 황무지는 식민지인을 체로키Cherokee[6]와 이로쿼이Iroquois[7] 인디언의 오두막집에 살게 하고 그 주변에 인디언의 나무 울타리를 두른다. 곧 식민지인은 인디언의 옥수수를 심게 되고 날카로운 막대기로 경작하게 된다. 식민지인은 전쟁을 외치면서 전통 인디언 방식으로 머리 가죽을 벗겨온다.(머리 가죽을 벗기는 것은 인디언에게 승리의 전리품을 의미한다는 설이 있음-역주)

결국 변경은 처음에는 식민지인에게 너무나 험난한 곳으로 다가온다. 식민지인은 변경이 제공하는 조건을 받아들이거나 그렇지 않으면 도태되어야 한다. 그래서 식민지인은 인디언 벌목개간지clearing[8]의 빈터에 적응하고 인디언의 행로를 좇아간다. 식민지인은 조금씩 황무지를 변화시키지만, 그 결과는 옛 유럽이 아니며 게르만적 발생체의 결과물도 아니다. 최초의 현상(대서양 연안의 정착을 지칭하는 것으로 보임-역주)이 게르만적 특징으로 회귀한 사례가 아니었듯이 말이다. 사실은 이곳이 바로 새로운 미국적 산물인 것이다. 처음의 변경은 대서양 연안이었다. 대서양 연안은 진정한 의미에서 유럽의 변경이었다. 변경은 서쪽으로 이동하면서 점점 더 미국적인 것이 되었다. 연속적인 말단 빙퇴석末端氷堆石이 연속적 빙하작용의 결과물이듯이, 각 변경은 흔적을 남겼고 정착지가 될 때도 그 일대는 여전히 변경의 특성을 띠게 된다. 따라서 변경

---

6 역주: 북미 남동부, 애팔래치아산맥 남부에 거주하던 인디언 부족. 이로쿼이 어족에 속하는 언어를 사용하며, 영국의 식민지배 과정에서 백인 문화를 적극 수용함.
7 역주: 북미 북동부지역의 강력한 인디언 부족연합. 모두 이로쿼이어를 사용하며 인디언 5부족(모호크족, 오논다가족, 오네이다족, 카유가족, 세네카족으로 구성됨)으로도 불림. 후일 투스카로라족이 가입하여 인디언 6부족으로 구성됨.
8 역주: 터너의 저술에서는 황무지로 진출한 개척자들이 숲에서 나무를 벤 후 정착지를 만드는 과정에서 조성된 빈 땅을 지칭함.

의 전진은 유럽의 영향으로부터 꾸준히 멀어져 가는 것, 미국적 경계선 상에서 꾸준히 독립적으로 되는 것을 의미했다. 이러한 전진, 이러한 조건에서 성장한 사람들, 그리고 이러한 전진의 정치적, 경제적, 사회적 결과를 연구하는 것이 곧 진정으로 미국적인 우리 역사의 한 부분을 연구하는 것이다.

17세기 동안 변경은 대서양 연안의 강 물줄기를 따라 올라가면서 "폭포선fall line"[9]을 바로 넘어서는 곳까지 전개되었다. 그래서 해안지대가 정착지역이 되었다. 18세기 전반기에는 또 하나의 전진이 있었는데, 상인들이 18세기 첫 25년 동안 오하이오강the Ohio까지 델라웨어Delaware[10]와 쇼니 Shawnee 인디언[11]을 따라나섰다.[12] 버지니아 총독 스포츠우드Alexander Spots-wood는 1714년 블루리지산맥the Blue Ridge을 가로질러 탐험에 나섰다. 18세기 첫 25년이 종결될 즈음 스코틀랜드계 아일랜드인과 팔츠Pfalz 지역 출신 독일인Palatine Germans[13]들은 셰난도 밸리the Shenandoh Valley[14]를 따라 올라가 버지니아 서부지역까지, 그리고 양대 캐롤라이나the Carolinas의 피드먼트the

9   역주 : 미국 동부의 피드먼트고원 등과 대서양 연안 평원지역이 만나는 지점을 선으로 연결한 것을 지칭함. 고지대의 강수가 평원으로 낙하하면서 생기는 다수의 폭포지점을 연결하면 하나의 선이 형성되어 '폭포선'이라는 명칭이 부여됨.
10 역주 : 레너피족(the Lenape)으로도 불리며 뉴저지 델라웨어강 일대에 거주하던 인디언 부족.
11 역주 : 알공킨어를 사용하며 오하이오 밸리 일대에 거주하던 인디언 부족.
12 Bancroft(1860 ed.), iii, pp.344 · 345, Logan MSS; Mitchell, "Contest in America", etc. (1752), p.237 인용.
13 역주 : 독일 라인강 유역 팔츠지방 출신의 독일인. 17세기 말~18세기 초 프랑스의 침입을 피해 영국으로 이주한 후 다시 미국 식민지로 이주해서 정착함.
14 역주 : 터너의 저술에서 '밸리'는 일반적으로 한글로 번역되는 '계곡'보다는 훨씬 더 큰 지역적 개념으로 통상 큰 강의 주변 유역으로 구성된 매우 넓은 지역을 의미함. 따라서 이 번역서에서는 '계곡'보다는 '밸리'라는 원어를 그대로 사용하였음. 하나의 거대한 밸리는 수 개의 작은 밸리를 포함할 수 있으며, 인근 밸리 간에는 겹치는 지역이 있을 수 있음.

Piedmont고원지역을 따라서 진출하기에 이르렀다.[15] 뉴욕New York지역의 독일인들은 정착 변경을 모호크강the Mohawk까지 확대하여 저먼 풀라츠 German Flats에 이르렀다.[16] 펜실베이니아Pennsylvania의 경우 베드포드Bedford 타운이 정착지 경계선이 된다. 또 정착지는 곧 그레이트카나와Great Kanawha 라고도 불리는 뉴리버강the New River 연안과, 야드킨강the Yadkin과 프렌치브로드강the French Broad의 발원지 일대에서도 등장하기 시작했다.[17] 영국 국왕은 1763년 포고령[18][19]을 통해서 정착지의 확대를 중지시키려 했는데, 이에 따라 대서양으로 흘러드는 강의 발원지를 넘어서는 지역에 대한 정착을 금지하였다. 그러나 이러한 노력은 허사였다. 미국 독립혁명 기간 동안 변경은 앨러게이니산맥the Alleghanies을 가로질러 켄터키Kentucky와 테네시 Tennessee로 뻗어 나갔고, 오하이오강 상류 지역에도 사람들이 정착하게 되었다.[20]

1790년 최초의 인구조사가 실시되었을 때 연속적 정착지역은 메인 Maine의 해안을 따라서 이어지고 버몬트Vermont와 뉴햄프셔New Hampshire 의 일부를 제외한 뉴잉글랜드New England,[21] 허드슨강the Hudson을 따라 스

---

15 Kercheval, "History of the Valley"; Bernheim, "German Settlements in the Carolinas"; Winsor, "Narrative and Critical History of America", v, p.304; Colonial Records of North Carolina, iv, p.xx; Weston, "Documents Connected with the History of South Carolina", p.82; Ellis and Evans, "History of Lancaster County, Pa.", chs. iii, xxvi.

16 Parkman, "Pontiac", ii; Griffis, "Sir William Johnson", p.6; Simms's "Frontiersmen of New York."

17 Monette, "Mississippi Valley", i, p.311.

18 Wis. Hist. Cols., xi, p.50; Hinsdale, "Old Northwest", p.121; Burke, "Oration on Conciliation", Works(1872 ed.), i, p.473.

19 역주 : 1763년 영국의 조지 3세가 식민지에 대한 토지매입의 권리를 강화하기 위해 미국 식민지인들에게 애팔래치아산맥 서쪽으로의 이주 및 토지 구입을 금지한 포고령.

20 Roosevelt, "Winning of the West", 그리고 그 글의 인용들; Cutler's "Life of Cutler."

21 역주 : 미국 최초로 식민지가 건설되기 시작한 미국 동북부 해안지역. 일반적으로 현재

키넥터디Schenectady 근처 모호크강에 이르는 뉴욕, 동부와 남부 펜실베이니아, 셰난도 밸리를 깊이 가로지르는 버지니아 지역, 양대 캐롤라이나와 동부 조지아Georgia를 포함하는 경계선으로 그 영역이 구분되었다.[22] 이러한 연속 정착지역 너머에는 켄터키와 테네시의 소규모 정착지역이 있었고, 이들 지역과 대서양 연안 사이에 산맥을 끼고 오하이오강이 있어서 변경에 대해 새로운 중요한 성격을 부여하고 있었다. 이 지역의 고립은 특유의 미국적 경향을 증대시켰으며, 이 지역과 동부지역을 연결해 주는 교통의 필요성은 앞으로 계속 언급될 내륙개발의 중요한 계획을 요구하게 되었다. 하나의 자의식적 지역으로 "서부the West"가 진화하기 시작한 것이다.

10년마다 변경의 뚜렷한 전진이 이루어졌다. 1820년의 인구조사[23] 기간에 이르면 정착지역은 오하이오Ohio, 남부 인디애나Indiana와 일리노이Illinois, 서남부 미주리Missouri, 루이지애나Louisiana의 거의 절반 정도를 포함하게 되었다. 이러한 정착지역은 인디언 지역을 둘러싸고 있었는데, 이들 인디언 부족에 대한 관리는 정치적 관심의 대상이 되었다.

의 메인, 버몬트, 뉴햄프셔, 매사추세츠, 로드아일랜드, 코네티컷주 등을 포함함.

22 Scribner's Statistical Atlas, xxxviii, pl. 13; McMaster, "Hist. of People of U. S.", i, pp.4 · 60 ~61; Imlay and Filson, "Western Territory of America"(London, 1793); Rochefoucault-Liancourt, "Travels Through the United States of North America"(London, 1799); Michaux's "Journal", in *Proceedings American Philosophical Society*, xxvi, No. 129; Forman, "Narrative of a Journey Down the Ohio and Mississippi in 1780~'90"(Cincinnati, 1888); Bartram, "Travels Through North Carolina", etc.(London, 1792); Pope, "Tour Through the Southern and Western Territories", etc.(Richmond, 1792); Weld, "Travels Through the States of North America"(London, 1799); Baily, "Journal of a Tour in the Unsettled States of North America, 1796~'97"(London, 1856); Pennsylvania Magazine of History, July, 1886; Winsor, "Narrative and Critical History of America", vii, pp.491~492의 인용들.

23 Scribner's Statistical Atlas, xxxix.

당시 변경지역은 애스터 미국 모피회사Astor's American Fur Company가[24] 인디언 교역에 종사하고 있던 오대호the Great Lakes를 따라 있었고,[25] 인디언과 거래하던 상인이 로키산맥the Rocky Mountains까지 자신들의 활동 반경을 확대하여 미시시피강the Mississippi 너머까지 이르고 있었다. 플로리다Florida 역시 변경의 조건을 제공하고 있었다. 미시시피강 지역은 전형적인 변경 정착지의 모습이었다.[26]

서부지역의 강에 등장한 증기선 항행,[27] 이리운하the Erie Canal의 개통, 목화 문화cotton culture[28]의 서부 확장은 이 시기에 다섯 개의 서부 변경주를 연방에 통합시켰다. 이를 두고 1836년 그런드Francis J. Grund는 "활기 없는 자연에 대한 지배력를 확대하기 위해서 서부 황무지로 이주하려는 미국인들의 보편적 성향은 그들 고유의 팽창력의 실제적 결과이다. 이는 또한 사회의 모든 계급을 계속 동요시킴으로써 발전을 위한 공간을

---

24 역주 : 1808년 미국에 이주한 독일인 존 애스터(John Astor)에 의해 설립된 모피회사. 1830년까지 모피무역을 독점함.

25 Turner, "Character and Influence of the Indian Trade in Wisconsin"(Johns Hopkins University Studies, Series ix), pp.61 ff.

26 Monette, "History of the Mississippi Valley", ii; Flint, "Travels and Residence in Mississippi", Flint, "Geography and History of the Western States", "Abridgment of Debates of Congress", vii, pp.397~398 · 404; Holmes, "Account of the U.S."; Kingdom, "America and the British Colonies"(London, 1820); Grund, "Americans", ii, chs. i, iii, vi(1836년에 저술하였지만 그는 1820년대부터 그때까지 서부 전진에서 성장해온 상황들을 다루었음); Peck, "Guide for Emigrants"(Boston, 1831); Darby, "Emigrants' Guide to Western and Southwestern States and Territories"; Dana, "Geographical Sketches in the Western Country"; Kinzie, "Waubun"; Keating, "Narrative of Long's Expedition"; Schoolcraft, "Discovery of the Sources of the Mississippi River", "Travels in the Central Portions of the Mississippi Valley" and "Lead Mines of the Missouri"; Andreas, "History of Illinois" i, 86~99; Hurlbut, "Chicago Antiquities"; McKenney, "Tour to the Lakes"; Thomas, "Travels Through the Western Country" etc.(Auburn, N. Y., 1819)

27 Darby, "Emigrants' Guide", pp.272 ff; Benton, "Abridgment of Debates", vii, p.397.

28 De Bow's *Review*, iv, p.254; xvii, p.428.

확보하기 위해 전체 인구의 상당 부분을 주州: the State의 극단적인 경계까지 지속적으로 밀어 넣는 팽창력의 실제적 결과이기도 하다. 똑같은 원칙이 다시 발현되어 더 많은 이주를 야기하고 나서야 비로소 새로운 주와 준주Territory가[29] 형성된다. 그래서 물리적 장벽이 마침내 전진을 가로막을 때까지 이주는 계속될 수밖에 없다"라고 말했다.[30]

금세기 중반에는 인디언 영지Indian Territory,[31] 네브래스카Nebraska, 그리고 캔자스Kansas의 현재 동부 경계선이 인디언 거주지역의 변경이었다.[32] 미네소타Minnesota와 위스콘신Wisconsin은 여전히 변경의 조건을 보여주고 있었으나,[33] 당시 특징적 변경은 금광의 발견으로 모험심이 가득한 채광업자들이 몰려온 캘리포니아California, 그리고 오리건Oregon과

---

29 역주: '주'는 연방에 편입되어 연방의 구성정부로 된 상태의 지역정부를 지칭하며, '준주'는 연방 편입 이전 상태의 예비적인 주로서 연방가입 이후 주로 승격되는 지역을 지칭함.

30 Grund, "Americans", ii, p.8.

31 역주: 미국 정부가 원래 자신이 살던 땅에 대한 소유권을 주장하는 인디언을 다른 장소로 이주시키면서 그들이 거주하도록 부여한 공여 토지.

32 Peck, "New Guide to the West"(Cincinnati, 1848), ch. iv; Parkman, "Oregon Trail"; Hall, "The West"(Cincinnati, 1848); Pierce, "Incidents of Western Travel"; Murray, "Travels in North America"; Lloyd, "Steamboat Directory"(Cincinnati, 1856); "Forty Days in a Western Hotel"(Chicago), in *Putnam's Magazine*, December, 1894; Mackay, "The Western World" ii, ch. ii, iii; Meeker, "Life in the West"; Bogen, "German in America"(Boston, 1851); Olmstead, "Texas Journey"; Greeley, "Recollections of a Busy Life"; Schouler, "History of the United States" v, 261~267; Peyton, "Over the Alleghanies and Across the Prairies"(London, 1870); Loughborough, "The Pacific Telegraph and Railway"(St. Louis, 1849); Whitney, "Project for a Railroad to the Pacific"(New York, 1849); Peyton, "Suggestions on Railroad Communication with the Pacific, and the Trade of China and the Indian Islands"; Benton, "Highway to the Pacific"(1850년 12월 16일 미국 상원 연설).

33 *The Home Missionary*(1850)의 한 저자는 p.239에서 위스콘신의 상황을 전달하며 다음과 같이 감탄하였다 "계몽된 동부의 사람들이여, 이것을 생각해 보라. 문명의 변경에서 온 훌륭한 본보기가 아닌가!" 그러나 선교사 중 한 명은 다음과 같이 적었다. "몇 년 안에 위스콘신은 서부 뉴욕이나 서부 보류지로 간주되지 않는 것처럼, 더 이상 서부나 문명의 전초기지로 인식되지 않을 것이다."

유타Utah 정착지에서 발견된다.[34] 변경이 앨러게이니산맥을 넘어서자, 이제는 대평원the Great Plains과 로키산맥도 넘어서게 되었다. 변경의 개척자들이 앨러게이니산맥을 넘어가자 교통과 내륙개발이라는 중요한 문제가 등장한 것과 마찬가지로, 정착민들이 로키산맥을 넘어 나가가자 동부와의 교통수단이 필요했다. 그리고 이러한 교통수단을 공급하는 과정에서 대평원 정착과 다른 종류의 변경적 삶이 전개되었다. 토지교부land grant로[35] 조성된 철도는 점증하는 이민자들을 먼 서부the Far West(일반적으로 현재 미국의 중서부 지역 서쪽에서 태평양에 이르는 지역을 지칭함—역주)로 보냈다. 미합중국 육군은 미네소타, 다코타Dakota, 그리고 인디언 영지에서 인디언들과 일련의 전쟁을 치렀다.

1880년에 이르면 정착지역은 다코타의 강들Dakota rivers을 따라서 블랙힐즈Black Hills 지역 일대로 북부의 미시간Michigan, 위스콘신, 미네소타까지 밀고 올라갔고, 캔자스와 네브래스카의 강들을 따라 올라갔다. 콜로라도Colorado의 탄광개발은 따로 떨어져 있던 변경 정착지역들을 불러들였고, 몬태나Montana와 아이다호Idaho는 정착민을 받아들이고 있었다. 변경은 이들 광산 야영지와 대평원의 목장에서도 발견되었다. 전술했듯이 1890년의 인구조사 감독관은 서부의 정착지역은 그 일대에 널리 산재해 있어서 변경선이 더 이상은 없다고 보고하고 있다.

이러한 일련의 변경에서 변경의 특징을 나타내고 변경에 영향을 미

---

34   Bancroft(H. H.), "History of California", "History of Oregon" and "Popular Tribunals"; Shinn, "Mining Camps."
35   역주: 북미의 식민지 시대 이후 정부가 개척지 건설, 변경 밖으로의 이주, 정부 공여농지법의 일환 등으로 개척자나 농민들에게 토지를 공여하던 정책이나 그러한 정책으로 교부한 토지.

친 자연적 접경선이 나타나는데, 여기에는 "폭포선", 앨러게이니산맥, 미시시피강, 방향이 대략 남북으로 나 있는 미주리강, 대체로 자오선 99도 근처의 건조지대선, 로키산맥 등이 포함된다. 폭포선은 17세기 변경선을, 앨러게이니산맥은 18세기 변경선을, 미시시피강은 19세기 초반 4사분기의 변경선을, 미주리강은 (캘리포니아 이동을 제외하면) 금세기 중반의 변경선을, 그리고 로키산맥 지대와 건조지대는 현재의 변경선을 나타낸다. 각각의 변경선은 인디언과의 일련의 전쟁을 통해서 획득된 것이다.

대서양 연안 변경을 통해 그 이후 연속적으로 등장한 각 변경에서 반복되는 과정의 발생을 연구할 수 있다. 복잡한 유럽적 삶은 황무지의 원시적 조건의 단순함에 의해 급격히 변화된다. 첫 번째 변경은 인디언 문제를 다루어야 했으며, 또한 공적 토지의 처분, 구舊정착지와의 교통수단, 정치조직의 확대, 종교 및 교육활동이라는 문제에 대처해야만 했다. 어느 한 정착지에서 이러한 문제나 이와 유사한 문제가 해결되면, 이는 다음 문제의 해결에 대한 길잡이가 되었다. 미국 연구자들은 지속성과 발전의 예시로서 "슬레스위크Sleswick의 단아한 작은 군구township"에 갈 필요가 없다. 예를 들자면 연구자는 식민지시대의 토지정책에서 우리 토지정책의 기원을 연구할 수 있는 것이다. 연구자는 한 체계가 어떻게 연속적인 변경의 관습에 법규를 적응시킴으로써 성장해 왔는지를 연구할 수 있다.[36] 연구자는 또한 위스콘신, 일리노이, 아이오와Iowa 등 선도 지역의 광산 경험이 시에라산맥the Sierras의 광산법에 어떻게 적용되었는

---

36 다음의 시사적인 논문을 참조하기 바람. Jesse Macy, "The Institutional Beginnings of a Western State."

지,[37] 그리고 우리의 인디언 정책이 어떻게 지속적인 변경에서의 일련의 실험이 되었는지를 알 수 있다. 각 단계의 새로운 주들은 옛 주들에서 헌법의 자료를 발견하였다.[38] 앞으로 계속 논의되겠지만 각 변경은 미국의 특성에 이와 유사하게 기여하였다.

그러나 이러한 유사성에도 불구하고 공간과 시간의 요소에 따른 본질적 차이가 있다. 미시시피 밸리의 농업변경은 로키산맥의 광산변경과는 다른 조건을 제공하고 있다. 태평양 철도가 도달했고, 직사각형으로 측량되었으며, 육군이 보호하며, 매일 드나드는 이민선에서 사람을 모은 변경은 자작나무 카누나 짐 나르는 말이 도달한 변경보다 빠른 속도로, 그리고 그와는 다른 방식으로 발전해 나간다. 지리학자는 옛 바다의 해안을 꾸준히 추적하여 그 지역의 지도를 만들고 옛 지역과 새로운 지역을 비교한다. 이러한 다양한 변경을 나타내고 이를 서로 상세히 비교하는 것이 역사가의 작업일 것이다. 이를 통해서 미국의 발전과 특성에 관한 보다 정확한 개념을 습득할 수 있을 뿐만 아니라, 사회사에 대한 매우 소중한 추가적 이해를 도모할 수 있을 것이다.

이탈리아의 경제학자인 로리아Achille Loria는 유럽발전의 단계를 이해하기 위한 보조도구로서 식민지 생활에 대한 연구를 촉구했으며,[39] 경제학에 대해 식민지 정착이 지니는 의미는 지리학에 대해서 산이 지니는 의미와 같다고 주장하면서 초보적 계층화 과정을 조명하였다. 그는 "미국은 유럽이 수세기 동안 헛되이 추구한 역사적 수수께끼에 대한 열

37　Shinn, "Mining Camps."
38　다음의 저술들을 비교해 보기 바람. Thorpe, in *Annals American Academy of Political and Social Science*, September, 1891; Bryce, "American Commonwealth"(1888), ii, p.689.
39　Loria, *Analisi della Proprieta Capitalista*, ii, p.15.

쇠를 지니고 있으며, 역사가 없는 이 땅은 보편사의 경로를 밝혀 드러내고 있다"라고 말했다. 이러한 주장에는 상당한 진실이 있다. 미국은 사회사의 한 페이지를 장식하고 있다. 서부에서 동부로 한 줄 한 줄 이 대륙의 페이지를 읽어 나가다 보면, 우리는 사회진화의 기록을 만나게 된다. 이 기록은 인디언과 사냥꾼에서 시작하여 문명 개척자인 상인의 출현에 따른 야만의 붕괴로 이어진다. 우리는 또한 목장생활의 목가적 단계, 드문드문 흩어져 있는 농업공동체에서 옥수수와 밀 등 비윤작성 작물의 재배를 통한 토양 이용, 더 밀집된 농업정착지의 집중형 문화, 그리고 마지막으로 도시와 공장체계를 지닌 제조업 단체의 기록을 읽게 된다.[40]

이 페이지는 인구통계학자에게는 익숙한 것이지만 우리 역사학자는 이를 거의 활용하지 않았다. 특히 동부 주에서 이 역사의 페이지는 다중적palimpsest(동일한 장소에서 시간을 거치면서 다양한 산업, 사건들이 변화되어 발생함을 지칭함—역주)이다. 지금의 제조업 주는 10여 년 전에는 집중형 농업지역이었다. 시간을 더 거슬러 올라가면 이 지역은 밀 재배 지역이었으며, 그보다 더 거슬러 올라가면 그 "방목지range"는 소치는 사람들이 모여드는 지역이었다. 그래서 지금 제조업이 발전하고 있는 위스콘신은 다양한 농업적 이해관계를 지닌 주이다. 그러나 그 이전에는 현재의 노스다코타처럼 전적으로 곡물 재배 지역이었다. 이들 각 지역은 우리의 경제 및 정치사에서 영향력을 발휘해 왔다. 더 상위 단계로의 각 지역의

---

40 다음의 저술들을 비교해 보기 바람. "Observations on the North American Land Company", London, 1796, pp.xv, 144; Logan, "History of Upper South Carolina" i, pp.149 ~151; Turner, "Character and Influence of Indian Trade in Wisconsin", p.18; Peck, "New Guide for Emigrants"(Boston, 1837), ch. iv; "Compendium Eleventh Census", i, p.xl.

발전은 정치적 변화를 몰고 왔다. 그러나 어떤 헌정 사학자가 이러한 사회적 지역과 변화의 관점에서 정치적 사실을 적절히 해석하려고 시도한 적이 있었던가?[41]

대서양 변경은 어부, 모피상인, 광산업자, 목축업자, 농부 등으로 복잡하게 구성되어 있다. 어업을 제외하고 보면 각 산업유형은 저항할 수 없는 매력에 이끌려서 서부로 전진해 갔다. 각 산업은 파도처럼 차례차례 대륙을 가로질러 나아갔다. 컴버랜드 갭Cumberland Gap에 서서 행렬을 따라 광염천으로 향하는 버펄로, 인디언, 모피상인과 사냥꾼, 목축업자, 개척농부 등이 일렬종대로 행진하는 문명의 행로를 보면, 변경은 어느덧 눈앞으로 지나간다. 백년 후 로키산맥의 사우스패스South Pass에 서서 간격이 더 넓어진 똑같은 행렬을 보라. 우리는 서로 다른 행진속도를 보면서 변경을 상인의 변경, 목축업자의 변경, 광부의 변경, 농부의 변경으로 구분하게 된다. 광산과 소의 축사가 아직 폭포선 근처에 있었을 때, 상인의 짐 행렬은 앨러게이니산맥을 소리를 내며 가로질러 가고 있었고, 오대호 주변의 프랑스인들은 영국 상인들의 자작나무 카누에 올라 요새를 강화하고 있었다. 또한 덫을 놓은 사냥꾼들이 가파른 로키산맥을 오르고 있을 때, 농부들은 여전히 미주리강 어귀 근처에 있었다.

인디언들과 물건을 교환한 상인들이 그토록 빨리 대륙을 가로질러 갈 수 있었던 것은 무슨 이유에서인가? 상인들의 변경에서 어떤 결과가 나타났는가? 사실 교역은 미국의 발견과 동시대에 시작되었다. 옛날 스칸디나비아 사람들the Norsemen, 베스푸치Americus Vespuccius: Amerigo Vespucci,

---

41 산업조건 변화에 수반되는 정치적 성과의 예시로는 본문의 후술하는 부분을 참조하기 바람.

베라자니Verrazani,[42] 허드슨Henry Hudson, 존 스미스John Smith 등은 모두 모피를 찾아서 거래하며 돌아다녔다. 플리머스Plymouth의 순례자들은 인디언 옥수수밭에 정착했는데, 그들의 첫 번째 유럽귀환 뱃짐은 비버가죽과 목재였다. 다양한 뉴잉글랜드 식민지의 기록들은 이러한 교역이황무지로 확대되어 얼마나 꾸준히 시도되었는지를 보여주고 있다. 예상대로 뉴잉글랜드에서 나타난 일들은 다른 식민지 지역에서 훨씬 더뚜렷하게 나타났다. 메인Maine에서 조지아에 이르는 해안을 따라서 인디언 교역은 하천 경로를 열어 주었다. 상인들은 프랑스인들이 행한 교역의 옛 동선을 좇아 꾸준히 서쪽으로 이동했다. 오하이오강, 오대호,미시시피강, 미주리강, 플랫트강the Platte 등 서쪽 전진선은 모두 상인들이 그 흐름을 따라서 올라갔다. 이들은 로키산맥 통로를 발견했고, 루이스Meriwether Lewis, 클라크William Clark,[43][44] 프리먼John C. Frémont, 비드웰John Bidwell 등의 길잡이가 되어 주었다.

이러한 전진 속도에 대한 설명은 상인이 인디언에게 미친 영향과 관련되어 있다. 인디언 교역소가 설치되면서 비무장 인디언 부족의 운명은 화력을 갖춘 부족에 의해 좌우되었다. 이는 이로쿼이 인디언들이 피의 희생으로 기록한 진실이며, 따라서 먼 오지奧地의 인디언 부족들은백인 상인들을 열렬히 환영했다. 이와 관련하여 "야만인들은 우리 프랑

---

42 역주: 북미의 북대서양 연안을 처음 개척한 것으로 알려진 지오반니 다 베라자노
    (Giovanni da Verrazano)를 지칭하는 것으로 보임.
43 그러나 루이스와 클라크는 미주리강에서 컬럼비아강으로 가는 길을 처음으로 탐사한
    사람들이었다.
44 역주: 루이스와 클라크는 탐험대를 이끌고 1803년 8월 31일부터 1806년 9월 25일까지
    미국 서부지역을 최초로 횡단함. 펜실베이니아주 피츠버그에서 출발하여 서쪽으로 나
    아갔으며 북미대륙을 건너 태평양 연안에 도달했음.

스인들을 자기 아이들보다 더 잘 대해 주었다. 오로지 우리에게서만 총과 물건을 구할 수 있기 때문이다"라고 라 살르René-Robert Cavelier, Sieur de La Salle는 기록했다. 이러한 사실이 상인들의 힘과 이들의 전진 속도를 설명해 준다. 이렇게 하여 문명의 파괴적 힘이 황무지에 유입된 것이다. 강의 계곡과 인디언 이동로는 모두 인디언 사회의 균열선이 되었으며, 그 결과 인디언 사회는 벌집처럼 구멍이 뚫리게 되었다. 개척자 농민들이 현장에 나타나기 훨씬 전에 원래의 인디언의 삶은 사라져 버렸다. 백인 농민들은 총으로 무장한 인디언을 만나게 된 것이다.

교역변경은 궁극적으로 인디언 부족들이 백인에게 의존하게 만듦으로써 이들의 힘을 서서히 약화시켰지만, 결국 총의 판매를 통해서 인디언들에게 농업변경에 대해 저항하는 힘을 강화시켜 주기도 했다. 프랑스가 추진한 식민화는 교역변경에 의해 지배되었으나, 미국이 추진한 식민지화는 농업변경에 의해서 지배되었다. 두 국가 간의 적대감처럼 이들 두 변경 간에도 적대감이 존재했다. 이런 맥락에서 듀켄느Michel-Ange Du Quesne de Menneville, Marquis Du Quesne는 "너희들은 프랑스 국왕과 영국 국왕 사이의 차이를 모르느냐? 우리 국왕이 세운 요새를 보라. 그러면 요새의 벽 아래에서 너희가 여전히 사냥할 수 있다는 것을 알게 될 것이다. 그 요새들은 너희가 자주 오는 장소에 너희를 위해서 만들어졌다. 반대로 영국인들이 어떤 한 장소를 차지하면 사냥감들은 모조리 사라진다. 이들이 전진해 가면 숲이 사라진다. 토지가 벌거숭이가 되어 너희가 밤에 야영지를 세울 목재감을 찾기가 어려워진다"라고 이로쿼이 인디언들에게 말했다.

그러나 상인과 농부 간의 이해관계의 충돌에도 불구하고 인디언 교역은 문명에 이르는 길을 개척해 주었다. 버펄로의 이동로는 인디언의 이동로가 되었으며, 그 길은 또 상인의 경로가 되었다. 이러한 이동로trail는 도로road로 넓어졌고, 이 도로는 또 대로turnpike로 넓어졌으며, 이 대로는 철도로 변화되었다. 남부the South, 먼 서부, 캐나다 식민지the Canada Dominion의 철도도 똑같은 기원을 찾을 수 있다.[45] 이러한 이동로가 도달한 인디언 교역소는 자연이 제공한 위치에 있는 인디언 촌락 자리에 있었다. 지역의 물 체계를 잘 활용한 곳에 위치한 이러한 교역소는 알바니Albany, 피츠버그Pittsburgh, 디트로이트Detroit, 시카고Chicago, 세인트루이스St. Louis, 카운실블러프스Council Bluffs, 캔자스시티Kansas City와 같은 도시로 성장했다. 이렇게 미국의 문명은 지질학적 특성이 조성한 혈관을 따라 움직였으며, 이러한 혈관에 더욱 풍부한 조류를 부어 넣어 마침내 원시적 교역의 좁은 길이 넓어져 근대 상업선의 복잡한 미로로 얽혀지게 되었다. 이제 황무지는 점증하는 문명선에 의해서 침투되었다. 이는 원래 단순하고 움직이지 않던 대륙에 복잡한 신경조직이 꾸준히 성장한 것과 같다. 우리가 왜 고립된 주들의 집합이 아니라 오늘날 한 국가one nation인가 하는 점을 이해하려면, 이와 같은 나라의 경제적, 사회적 통합을 연구해야 한다. 야만적 상황으로부터의 이러한 전진과정에 진화론자들의 주제가 존재한다.[46]

우리 역사에서 통합 인자로서 인디언 변경의 효과는 중요하다. 17세

---

45 "Narrative and Critical History of America", viii, p.10; Sparks' "Washington Works", ix, pp.303 · 327; Logan, "History of Upper South Carolina", i; McDonald, "Life of Kenton", p.72; Cong. Record, xxiii, p.57.
46 모피거래가 이주로의 개방에 미치는 영향에 대해서는 저자의 다음 글을 참조하기 바람. "Character and Influence of the Indian Trade in Wisconsin."

기 말부터 인디언에 대처하고 공동의 방위조치를 취하기 위해서 식민지 간에 다양한 회의가 소집되었다. 인디언 변경이 없는 식민지에서는 특수주의particularism가 강했다. 인디언 변경은 미국연합의 척수처럼 서부국경을 따라 펼쳐져 있었다. 인디언은 공동의 위험이었으며 연합행동을 요구했다. 이러한 회의들 가운데 가장 유명한 것이 인디언 6부족 the Six Nations[47]과의 교섭과 연합의 계획을 고려하기 위해 소집된 1754년의 알바니 회의the Albany congress[48]였다. 이 회의에서 제안된 계획을 대강 읽어만 보아도 변경의 중요성을 알 수 있다. 총회와 회의 책임자들의 권한은 주로 인디언과의 전쟁과 평화의 결정, 인디언 교역의 규제, 인디언 토지의 매입, 인디언에 대한 안전보장책으로 새로운 정착지의 수립과 통치였다. 미국혁명 시기의 통합적 경향이 사실은 이 당시 변경규제에 대한 이러한 사전적 협력 경험에 의해서 촉진되었음은 명백하다. 이와 관련하여 당시부터 지금까지 군사훈련학교로서 공격에 대한 저항능력을 유지하고 변경인의 충직하고 투박한 자질을 개발해 온 변경의 중요성이 언급될 수 있을 것이다.

이 글의 범위 내에서 대륙을 가로지르는 다른 변경들을 추적하는 것이 불가능하지는 않을 것이다. 18세기의 여행자들은 남부의 사탕수수 숲과 피바인 초지peavine pastures에서 "소축사"를 발견했고, "소몰이꾼"들은 소떼를 찰스턴Charleston, 필라델피아Philadelphia, 뉴욕까지 이끌고 갔

---

47 역주: 모두 이로쿼이어를 사용하는 미국 북동부 지역의 강력한 인디언 부족연합. 인디언 5부족에 후일 투스카로라족이 가입하여 인디언 6부족을 구성함.

48 역주: 1754년 북미에서 프랑스와 대립하고 있던 영국이 프랑스에 대한 연합전선을 구축하기 위해 영국 통상위원회의 주재를 통해 소집한 회의로 코네티컷, 매릴랜드, 매사추세츠, 뉴햄프셔, 뉴욕, 펜실베이니아, 로드아일랜드 식민지의 대표가 참석함.

다.[49] 1812년 전쟁the War of 1812[50] 말기의 여행자들은 1,000마리가 넘는 소와 돼지 떼가 오하이오 내륙으로부터 펜실베이니아로 이동하면서 필라델피아 시장에 내다 팔려고 살을 찌우는 모습을 목격하기도 했다.[51] 목장과 소와 목가적인 삶을 지닌 대평원 일대는 과거의 현상이면서 또 오늘날의 현상이기도 하다. 캐롤라이나 소축사의 경험은 텍사스 목장주들을 이끌었다. 목장주 변경의 급속한 확산을 도와준 요소는 운송수단이 없는 먼 지역의 경우 생산물이 소량이거나 혹은 스스로 운반될 수 있어야 했다는 것, 그래서 목축업자가 자신의 생산물을 시장으로 쉽게 운반할 수 있었다는 것 등이었다. 이러한 대규모 목장이 그 후 목장이 위치한 지역사회의 농업사에 미친 효과를 연구해야 한다.

인구조사 보고서의 지도는 농민 변경의 불균등한 전진 상황을 보여주고 있는데, 이 지도를 보면 어떤 정착지는 혓바닥처럼 불쑥 튀어나와 있고 미개척의 황무지는 움푹 들어간 모습을 하고 있다. 이러한 현상은 부분적으로는 인디언의 저항에 따른 것이며, 또 부분적으로는 강의 계곡과 경로에 따른 것이다. 그리고 부분적으로는 변경 흡인 중심부의 불균등한 힘에 따른 것이기도 하다. 이러한 중요한 흡인 중심부로는 비옥하며 편리하게 위치한 토지, 식염천, 광산, 군초소 등이 언급될 수 있다.

인디언으로부터 정착민을 보호하기 위한 변경의 군초소는 또한 인디언 지역을 개방시키기 위한 쐐기로서 정착지의 핵심요소였다.[52] 이와

---

49 Lodge, "English Colonies", p.152과 인용들; Logan, "Hist. of Upper South Carolina", i, p.151.

50 역주 : 1812년 6월부터 1815년 2월까지 미국과 영국, 그리고 양국의 동맹국 사이에서 벌어진 전쟁. 베를린 칙령 이후 미국의 선박, 선원이 영국 해군에 나포되는 일이 자주 생기자 미국의 대영감정이 악화되어 전쟁이 발발함. 1814년 12월 24일 겐트 조약으로 종결됨.

51 Flint, "Recollections", p.9.

관련하여 정착선을 결정하는데 있어서 정부군과 탐험 원정대를 언급해야 한다. 그러나 가장 중요한 원정대는 루이스와 클라크 시기부터 정부 원정대의 불가피한 부분이었던 초기의 경로 개척자, 인디언 안내인, 상인과 사냥꾼, 프랑스 여행자들에게 크게 의존하고 있다.[53] 각 원정대는 서부전진에 있어서 그 이전에 있었던 요소들의 전형이었다.

흥미로운 논문에서 빅터 헨Victor Hehn[54]은 소금이 초기 유럽의 발전에 미친 영향을 추적하였는데, 그는 소금이 정착선과 행정형태에 어떻게 영향을 미쳤는지를 지적하였다. 같은 연구를 미국의 식염천에 대해서도 진행할 수 있다. 초기 정착민들은 소금이 필요해서 해안에 묶여 있을 수밖에 없었는데, 이는 소금 없이 고기를 보관하거나 편안하게 살아 갈 수가 없었기 때문이다. 1752년 슈팽겐부르크August Gottlieb Spangenburg 주교는 노스캐롤라이나에서 자신이 땅을 찾고 있던 한 식민지에 대해서 "생산하거나 경작할 수 없는 소금과 기타 필수품이 필요하게 될 것이다. 300마일이나 떨어진 먼 거리에 있는 찰스턴에 가거나 그렇지 않으면 제임스강the James의 지류에 위치해 있어서 여기에서 300마일 떨어져 있는 볼링스포인트인브이Boling's Point in V로 가야만 한다. (…중략…) 이것도 아니면 얼마나 걸릴 지 모르겠지만 케이프피어강the Cape Fear에서 소금이 유입되는 로어노크강the Roanoke을 따라 내려가야 한다"라고 기록하고 있다.[55] 이는 전형적인 예시가 될 것이다. 소금을 찾아 매년 순례의

---

52 Monette, "Mississippi Valley", i, p.344를 참조하기 바람.
53 Coues', "Lewis and Clark's Expedition", i, pp.2 · 253~259; Benton, in Cong. Record, xxiii, p.57.
54 Hehn, *Das Salz*(Berlin, 1873).
55 Col. Records of N. C., v, p.3.

길을 떠나는 것이 필수적이었다. 그래서 초기 정착민들은 가축 혹은 가죽 그리고 인삼뿌리를 가져다가 매년 파종기 이후 점차 행렬을 해변으로 보냈다.[56] 이는 정보의 측면에서 영향력이 있는 중요한 조치로 판명되었는데, 이것이 개척자들이 동부에서 어떤 일들이 진행되는지를 알 수 있는 유일한 방법이었기 때문이다. 그러나 캐너와강the Kanawha, 그리고 홀스턴강the Holston, 또한 켄터키와 뉴욕 중심부에서 식염천이 발견되자, 서부는 동부 해안지역에 대한 의존에서 자유롭게 되었다. 정착지가 산맥들을 건너서 형성될 수 있게 해 준 것은 부분적으로 이러한 식염천을 발견할 수 있었기 때문이다.

개척자들과 해안지방 사이에 산맥이 놓이면서 새로운 미국주의Americanism의 질서가 등장했다. 즉 서부와 동부가 서로 접촉을 끊기 시작한 것이다. 한쪽의 바다(대서양쪽 바다—역주)에서 산맥에 걸쳐 형성된 정착촌은 그 배후지와 연결되면서 어떤 유대를 형성하고 있었다. 그러나 그 산맥 너머의 사람들은 점점 더 독립적으로 변했다. 동부는 미국의 전진에 대해서 편협한 관점을 지녔고, 산 너머의 사람들을 거의 잊게 되었다. 켄터키와 테네시의 역사는 이러한 주장의 진실을 웅변적으로 입증하고 있다. 동부는 서부 팽창을 막고 제한하기 시작했다. 웹스터Daniel Webster가 비록 그의 정치에서 앨러게이니산맥은 없다고 선언했지만, 정치 일반에서 앨러게이니산맥은 매우 중요한 요소였다.

야생동물에 대한 수렵은 사냥꾼과 상인을, 초지의 사용은 목축업자를 서쪽으로 이동시켰고, 하천 계곡지대와 초원의 처녀지는 농부를 끌

---

56 Findley, "History of the Insurrection in the Four Western Counties of Pennsylvania in the Year 1794"(Philadelphia, 1796), p.35.

어들였다. 비옥한 토양은 농부 변경에 대한 가장 지속적인 매력 포인트였다. 버지니아 사람들은 초기 식민지 시절 토지에 대한 갈망으로 강을 따라서 캐롤라이나로 내려갔다. 마찬가지로 매사추세츠 사람들도 토지를 찾아 펜실베이니아와 뉴욕으로 이주했다. 사람들이 동부의 토지에 모두 정착하자, 이들은 이 지역을 넘어서 서쪽으로 이주해 갔다. 사냥꾼, 상인, 목축업자, 농부, 측량가의 직업을 모두 겸비한 위대한 오지사람인 다니엘 부운Daniel Boone은 상인들로부터 그들이 인디언을 만나러 가는 길에 쉬어가곤 했던 야드킨강 상류 일대의 토지가 비옥하다는 사실을 알고서, 아버지와 함께 고향인 펜실베이니아를 떠나서 그레이트 밸리the Great Valley 지역을 따라 내려가 야드킨강으로 향했다. 상인들로부터 켄터키의 사냥감과 풍부한 초지에 관해 전해 들은 부운은 농부들을 위해서 그 지역에 이르는 길을 개척했다. 거기에서 부운은 미주리 변경으로 갔는데, 거기서 그의 정착지는 오랜 동안 변경의 상징물이었다. 여기서 다시 부운은 문명에로의 길을 열어 소금지대, 길, 그리고 토지를 발견했다. 부운의 아들은 로키산맥 길의 가장 초기 사냥꾼 가운데 한 명이었으며, 부운의 일행은 현재의 덴버Denver 자리에 가장 먼저 야영한 것으로 전해진다. 부운의 손자인 콜로라도의 부운A. J. Boone 대령은 로키산맥 인디언들 가운데 하나의 권력적 존재였으며, 정부에 의해 대리인으로 임명되었다. 킷 카아슨Kit Carson의 어머니 역시 부운 일가의 사람이었다.[57] 이렇게 보면 부운의 가족은 대륙을 가로질러 온 오지사람의 전진을 전형적으로 보여준다.

---

57   Hale, "Daniel Boone"(pamphlet).

농부들은 일련의 구분된 파도처럼 전진해 갔다. 보스턴Boston에서 1837
년에 발간된 펙John Mason Peck의 『서부에 대한 새로운 안내*New Guide to the Wes
t*』에는 아래와 같은 매우 시사적인 문장이 나타난다.

일반적으로 서부의 모든 정착지에서는 대양의 파도처럼 세 가지 종류의
집단이 순서대로 밀려 들어왔다. 처음에는 개척자들이었는데, 이들은 가족
의 생존을 위해서 "방목지"라고 불리는 식물의 자연스러운 성장물과 사냥으
로부터의 수입에 주로 의존한다. 이들의 농경도구는 조야한 것으로 대부분
직접 만든 것이며, 이들의 노력은 주로 옥수수 수확과 "가정용 채소밭"에 집
중되어 있다. 가정용 채소밭이란 양배추, 콩, 옥수수, 상추, 감자 등을 재배하
기 위한 별 볼품없는 텃밭이다. 통나무집과 흔히 마구간과 옥수수 창고, 20여
에이커의 땅이 목재로 둘러싸여 있고 울타리가 쳐져 있는 것 등이 거주에는
충분하다.
　개척자가 땅의 소유자가 되느냐의 여부는 별로 중요하지 않다. 그는 일시
적 소유자이고, 집세를 내지 않으며 "영지의 주인"처럼 독립적이다. 말과 소
한 필 그리고 돼지 사육자 한두 사람을 거느리고 가족과 함께 숲을 헤치고
들어가 새로운 카운티 혹은 주의 창설자가 된다. 그는 자기 오두막집을 짓고
주위로 유사한 취향과 습관을 지닌 다른 가족들을 불러 모아 그 방목지가
어느 정도 조용해지고 또 사냥이 좀 위험해질 때까지, —혹은 좀 더 빈번한
사례로 말하자면— 이웃들이 주변에 몰려 붐비게 되고, 길과 다리 그리고
밭이 그를 성가시게 해서 자유로운 행동공간이 부족해 질 때까지 거주한다.
선점법(the preemption law)에 따라서 최초 개척자는 오두막집과 옥수수
밭을 다음 이주민에게 처분할 수 있다. 그는 자신의 셈법에 따라서 "더 나은

곳으로 헤쳐 나가거나", "새로운 땅을 구매하기 위해서 떠나거나", 혹은 같은 과정을 반복해서 다시 시작하기 위해서 아칸사(Arkansas)나 텍사스 (Texas)로 떠난다. 그 다음 번 이주민 집단은 토지를 구입하고 밭을 계속 사서 모으며, 길을 내고 하천 위에 엉성한 다리를 놓고, 유리창과 벽돌 혹은 돌로 만든 굴뚝이 있는 통나무집을 짓고, 때때로 과수원을 조성하며, 방앗간, 학교와 법원건물 등을 세워 평범하고 근면하며 문명화된 삶의 그림과 형태를 보여준다.

또 다른 이주민 집단이 몰려오는데, 자본을 가지고 사업을 일으키는 사람들이 그들이다. 정착민은 재산을 팔아서 재산의 상승이익을 얻을 준비가 되어 있고, 더 내륙으로 들어가서 이번에는 자신이 자본가와 사업가가 된다. 조그마한 마을이 널찍한 타운이나 도회지가 된다. 이제 크고 튼튼한 벽돌건물, 넓은 밭, 과수원, 정원, 대학, 그리고 교회가 보이게 된다. 넓은 천, 비단, 밀짚모자, 크레이프(crape), 그리고 모든 세련된 장식품, 귀중품, 고상해 보이는 물품, 소소한 물품, 시류에 따르는 물품 등이 유행하게 된다. 이런 식으로 계속해서 이주민의 파도가 서쪽으로 밀려온다. 그래도 진정한 엘도라도는 여전히 더 멀리에 있다. 첫 두 집단의 일부는 총체적인 이동 가운데에서 움직이지 않고 남아서 자신의 습관과 조건을 향상시켜 사회계층의 상층부로 올라간다.

저자인 펙은 첫 번째 이주민 집단, 즉 진정한 개척자들과 함께 오랜 기간 이동했다. 그는 또한 두 번째 이주민 집단과도 수년간 함께 지냈다. 이제 세 번째 집단의 물결이 인디애나, 일리노이, 미주리 등 넓은 지역을 휩쓸어 가고 있다. 서부의 경우 이주는 이제 거의 하나의 습관처럼 되어버렸다. 나이가 쉰이 되지 않았음에도 새로운 장소에서 네 번째, 다섯 번째, 여섯 번째 정착하게 되는 수백 명의 사람들이 생겨난다. 단지 몇 백 마일의 땅만 팔아 없애 버리면 다시 약간의 오지의 삶과 풍습의 다양성이 나타난다.[58]

모험을 좋아해서 이주해 온 개척자 농부를 제외하고 보면 좀 더 안정적인 농부의 이주는 이해하기 쉽다. 이주민들이 변경의 값싼 토지에 끌린 것은 분명하며, 심지어 첫 이주 농민들도 이러한 토지의 영향을 강하게 느꼈다. 해가 지날수록 비윤작성 작물로 인해 수확이 줄어드는 토지에 살던 농민들이 명목가격으로 변경의 처녀지를 제공받았다. 점점 늘어나는 이들의 가족 수는 더 많은 토지를 요구하고 있었으며, 변경의 값싼 토지는 소중한 것이었다. 고갈되지 않고 값싸며 쉽게 경작할 수 있는 초원 토지에 대한 경쟁은 농부들로 하여금 서부로 이주하여 새로운 변경에서 계속 토지를 고갈하도록 하거나 혹은 집중형 경작을 채택하게 만들었다. 그래서 북서부the Northwest(현재의 중서부 북부지역인 구북서부the Old Northwest[59]를 지칭하는 것으로 보임-역주)의 경우 1890년의 인구조사에 의하면 다수의 카운티들에서 인구가 절대적 혹은 상대적으로 줄어드는 현상이 나타났다. 이러한 주들은 농부들을 평원지대로 보내고 있었고, 스스로는 집중형 경작과 제조업에 종사하기 시작하였다. 이러한 일이

---

58 Baily, "Tour in the Unsettled Parts of North America"(London, 1856), pp.217~219(이 글에서는 1796년에 대해 유사한 분석이 이루어짐)를 비교해 보기 바람. 또한 아래 글도 참조하기 바람. Collot, "Journey in North America"(Paris, 1826), p.109; "Observations on the North American Land Company"(London, 1796), pp.xv・144; Logan, "History of Upper South Carolina."

59 역주: 현재의 오하이오, 인디애나, 일리노이, 미시간, 위스콘신주 등 앨러게이니산맥 너머와 대평원 사이의 지역으로 오늘날 미국 중서부의 핵심적 지역임.

나타나기 10년 전 오하이오는 동일한 이행의 단계를 보여주었었다. 그래서 토지에 대한 요구와 황무지의 자유로움에 대한 사랑은 변경을 지속적으로 만들어 나갔다.

다양한 종류의 변경과, 대체로 변경 그 자체의 시각에서 그 전진 양식을 설명했으나, 이제 이러한 현상이 동부the East와 구대륙the Old World (유럽-역주)에 대해 미친 영향을 연구해 볼 수 있을 것이다. 더욱 주목할 만한 효과 몇 가지를 빠르게 설명하고 넘어 가고자 한다.

첫째, 변경은 미국인the American people이라는 합성된 민족성the composite nationality의 구성을 촉진하였음에 주목해야 한다. 동부 해안지역은 압도적으로 영국적이었지만, 이후 이주민의 물결은 대륙을 횡단하여 주인없는 토지로 흘러갔다. 이는 초기 식민지 시대부터의 사례이다. 스코틀랜드계 아일랜드인과 팔츠 출신 독일인, 즉 "펜실베이니아 독일인"들은 식민지 변경의 평판에 대한 지배적 요인이 되었다. 이들 민족과 함께 노동계약이 끝나면서 변경으로 이주해 온 해방된 기한제 노동자, 즉 무임도항 이주민redemptioner[60]도 있었다. 버지니아의 스포츠우드 총독은 1717년에 "우리 변경지대 거주자들은 계약 노동자로 이곳에 이동해 와서 계약기간 이후 토지가 주어지고, 거기서 큰 노동을 들이지 않고 생필품을 얻을 수 있는 곳에 정착한다"라고 적고 있다.[61] 일반적으로 이들 무임도항 이주민들은 영국계 사람들이 아니었다. 변경의 한 가운데에서 이들은 미국화되어 해방되었으며 또한 혼합인종으로 융화되었는데, 민족성

---

60   역주 : 미국으로 오는 선박여행 운임을 지불할 능력이 없어서 미국 내 다른 사람이 운임을 지불해 주는 대신 미국에 도착한 이후 이들의 기한제 계약노동자로 일하게 된 사람.
61   "Spotswood Papers", in Collections of Virginia Historical Society, i, ii.

이나 혹은 성격에 있어서도 영국적이지 않았다.

이러한 과정은 초기부터 지금까지 계속되고 있다. 18세기 중반 버크 Edmund Burke와 기타 저술가들은 "펜실베이니아가 언어, 풍속, 심지어 성향에 있어서도 전적으로 외국화되는 위험으로 인해 위협에 처해 있다"고 믿었다.[62] 남부의 변경에 있었던 독일계 민족 혹은 스코틀랜드계 아일랜드 민족은 단지 이러한 경향이 좀 덜할 뿐이었다. 이미 금세기 중반 위스콘신의 독일계 민족은 현저히 많아져서, 주도적 평론가들은 이들의 식민화가 집중되어 미국에서 독일인 주a German state가 탄생할 것을 기대하기도 했다.[63] 이러한 사례들은 미국에서 영어가 공통적으로 사용되고 있다는 사실을 잘못 해석하면 미국의 모든 종족이 모두 영국계일 것이라는 믿음이 오류일 수 있음을 일깨워주고 있다.

다른 한편으로 보면 변경의 전진은 영국에 대한 의존도를 감소시켰다. 특히 남부해안은 다양한 산업시설이 부족하여 대부분의 공급품을 영국에 의존하고 있었다. 남부의 경우는 심지어 식량을 북부의 식민지에 의존하기도 했다. 사우스캐롤라이나의 총독이었던 글렌James Glenn은 18세기 중반에 다음과 같이 기술한 바 있다.

뉴욕이나 필라델피아와 우리의 교역은 빵, 밀가루, 맥주, 햄, 베이컨 등과 그들이 생산한 기타 모든 것을 구입하기 위해서 우리가 다른 지역에서 벌어들인 얼마 안 되는 돈을 다 고갈시키는 그런 종류의 것이었다. 부지런하면서 번성하고 있는 독일인들이 정착한 새로운 군구들이 맥주를 제외하고 이 물품

---

62   Burke, "European Settlements"(1765 ed.), ii, p.200.
63   Everest, in "Wisconsin Historical Collections", xii, pp.7 ff.

들을 우리에게 공급해 주기 시작하고 있다. 이는 분명히 해상운송의 규모와 우리 교역의 출현을 감소시키는 것이지만, 결코 우리에게 피해를 주는 것은 아니다.[64]

변경은 곧 상인에 대한 수요를 창출하였다. 변경이 해안으로부터 멀어지면서 영국이 자신의 물품을 직접 소비자의 부두까지 공급하고 안정적 곡물을 운반하는 것은 점점 더 불가능해졌다. 그래서 안정적 곡물은 상당 기간 다양화된 농경에 자리를 내어주게 되었다. 변경 행위의 이러한 단계의 효과가 북부에 지니는 영향력은 변경 전진이 보스턴, 뉴욕, 볼티모어Baltimore와 같은 해안지대 도시들이, 워싱턴George Washington이 "부상하는 제국의 광대하고 가치 있는 교역"이라고 부른 것과 경쟁 관계에 들어설 때 인식되었다.

국민정부의 권한을 가장 발전시키고 정부 행위에 있어서 가장 큰 역할을 한 법률은 변경에 따라 영향을 받았다. 저술가들은 관세, 토지, 내륙개발 등의 주제를 노예문제에 부차적인 것으로 논의해 왔다. 그러나 미국사를 제대로 바라보면 노예문제는 하나의 사건으로 보일 것이다. 금세기 전반기의 종반에서 남북전쟁이 종결되는 기간까지 노예문제는 결코 그것만이 중요한 이슈라고 할 수는 없으나 일차적으로 중요한 이슈로 부상하였다. 그러나 이러한 사실이 예컨대 1828년에 이르는 형성기의 우리 헌정사를 단 한 권에 다루고, 1828년에서 1861년까지 주로 노예제도의 역사를 『미국의 헌정사Constitutional History of the United states』라는

---

64   Weston, "Documents connected with History of South Carolina", p.61.

제목하에서 6권에 걸쳐 다루는 폰 홀스트 박사를 정당화해 주지는 않는다. 미국 국민주의 성장과 미국 정치제도의 전개는 변경의 전진에 의존하고 있다. 로즈James Ford Rhodes와 같은 극히 최근의 저술가도 "1850년 타협the Compromise of 1850[65] 이후의 미국사"에서 서부로의 전진에 의해서 요청된 법률은 노예제를 둘러싼 갈등에 따라 등장한 것으로 다루었다.

이는 잘못된 시각이다. 개척자는 해안의 물품이 필요했고, 그래서 내륙개발과 철도법률이라는 거대한 일련의 법률이 강력한 국민주의화의 효과를 가지고 시작되었다. 내륙개발을 둘러싸고 대논쟁이 있었는데, 이때 엄중한 헌정적 문제들이 논의되었다. 투표결과를 보면 지역적 집단화 현상이 나타나는데, 이는 역사가에게 매우 중요한 현상이었다. 국가가 서부로 전진해 나아감에 따라서 여기저기 산만하게 건설공사가 생겨나기 시작했다.[66] 그러나 서부는 농장을 공장으로 변화시키는 것에 만족할 수 없었다. "서부의 해리Harry"라고 불리는 클레이Henry Clay의 지도에 따라 공장을 농장으로 바꾸라는 아우성과 함께 보호관세가 통과되었다. 공적 토지의 처분은 변경에 의해 영향을 받은 국가적 입법의 세 번째 중요한 주제였다.

공적 토지는 정부의 전국화와 발전에 매우 중요한 힘이 되었다. 토지가 많은 주와 그렇지 않은 주 사이의 갈등과 1787년 조례the Ordinance of 1787[67]의 효과는 더 이상 토론이 필요하지 않다.[68] 행정적으로 보면 변경

---

65 역주 : 텍사스 합병과 이에 따른 멕시코 전쟁 이후 영토확장 문제로 인해 발생한 남부의 노예주들과 북부의 자유주들 간의 대립을 종결시킨 5개의 연방 법률을 통한 타협. 이 타협으로 캔자스-네브라스카법이 제정되기 이전까지 미국의 분열과 내전을 막을 수 있었음.
66 예를 들어 1824년 1월 3일 클레이의 하원연설을 참조하기 바람.
67 역주 : 1787년 7월 13일 미국 연맹의회에서 통과된 조례로 북서부 조례로도 불림. 애팔래치아산맥 북부의 오대호 이남, 미시시피강 동부, 오하이오강 북부를 미국 최초의 북서

은 일반정부general government(연방정부의 의미 – 역주)의 최고의 그리고 가장 핵심적 행위를 요구했다. 루이지애나 매입the purchase of Louisiana[69]은 국민주의 입법의 새로운 영역과 엄격한 헌법해석[70]의 몰락 계기를 제공했다는 점을 고려할 때 아마 공화국 역사에서 헌정의 변곡점일 것이다. 그러나 루이지애나 매입은 변경의 필요와 요구에 의해 나타난 것이었다. 변경주가 연방에 가입하면서 국가 권력은 성장하였다. 이런 취지에서 칼훈의 기념비 헌정식의 연설에서 라마르Lucius Q. C. Lamar 씨는 "1789년에 주들이 연방정부의 창조자들이었다면, 1861년에는 연방정부가 절반이 훨씬 넘는 주들의 창조자가 되었다"라고 설명하였다.

공적 토지의 판매와 처분의 관점에서 공적 소유지를 고려해 보면 또다시 변경을 접하게 된다. 토지를 다루는 미국의 정책은 유럽의 과학적 관리와 첨예하게 대조된다. 공적 소유지를 수익원으로 만들고 정착지가 꽉 들어차도록 하기 위해서 이주민에게 소유지를 제공하지 않으려는 노력은 허사였다. 동부the East의 시기와 공포는 변경인들의 요구에 직면하여 무기력해졌다. 존 퀸시 애담스John Qunicy Adams는 "국가 소유지를 진보적이고 끊임없는 내륙개발의 재원으로 삼으려고 했던 내 행정체계는 실패했다"라고 고백할 수밖에 없었다. 그 이유는 명백하다. 즉 그 행정체계는 서부가 요구가 아니었다. 서부는 오히려 땅을 요구했다. 애담

부 영지로 구성함.

68　다음의 훌륭한 논문을 참조하기 바람. H. B. Adams, "Maryland's Influence on the Land Cessions"; 또한 다음 논문도 참조하기 바람. President Welling, in Papers American Historical Association, iii, p.411.

69　역주 : 1803년에 미국이 프랑스로부터 루이지애나 일대를 1,500만 달러에 매입한 사건.

70　역주 : "엄격한 헌법 해석"은 헌법의 내용을 헌법제정 당시 용어 선택의 의도에 맞게 엄격하게 의미로 해석해야 한다는 견해. 여기서는 연방주의를 중앙정부의 수립보다는 주권을 지닌 주들 간의 계약으로 해석하는 견해를 지칭함.

스는 그 상황을 "남부의 노예소유주들은 서부의 토지를 활용하여 뇌물로 삼아 서부지역의 협력을 얻어 냈다. 그리하여 그들은 서부 주들에게 자신들 지분의 공적 토지를 양도하고 서부주들이 그 모든 토지를 자기 수중에 장악하려는 계획을 지원해 주었다"라고 말했다. 토머스 H. 벤턴Thomas H. Benton이 이러한 체계의 발안자였는데, 그는 클레이의 미국체계the American system[71] 대신에 이러한 체계를 제안했고, 서부의 주도적 정치인으로 클레이를 대체하려 했다. 클레이는 칼훈과의 관세타협에 따라서 자신의 미국체계를 포기했다. 동시에 클레이는 연방의 모든 주에 대해서 공적 토지의 판매수익을 배분하려는 계획을 제시하였다. 이러한 목적을 담은 그의 법안은 양원을 통과했으나, 잭슨Andrew Jackson 대통령에 의해 거부되었다. 잭슨 대통령은 1832년 12월의 연두교서에서 모든 공적 토지는 무상으로 개별적 개척자들과 그 토지가 속한 주에게 양도되어야 한다고 공식적으로 제안하였다.[72]

헨리 클레이는 "대통령과 의회에 제시된 어떠한 주제도 공적 토지보다 더 파장이 큰 것은 없을 것이다"라고 말했다. 미국적 삶의 정치, 경제, 사회적 측면에 대한 정부 토지정책의 광범위한 파장을 고려해 본다면, 클레이의 주장에 동의하게 될 것이다. 그러나 이러한 법안은 변경의 영향 아래, 그리고 벤튼이나 잭슨과 같은 서부 정치인의 주도하에서 구성되었다. 이러한 관점에서 인디애나주의 스콧Scott 상원의원은 1841년 "나는 선점법이 정착민들의 관습 혹은 관습법을 단순히 확인해주는 것

---

71 역주 : 19세기 전반 휘그당의 이념으로 미국의 산업화를 위한 보호관세, 내륙개발, 국립은행 설립 등의 주장을 골자로 함.
72 Adams' Memoirs, ix, pp.247~248.

이라고 생각한다"라고 말했다.

요컨대 국민주의를 표방하는 휘그당the Whig party[73]의 미국체계의 표상인 토지, 관세, 내륙개발 등과 관련된 법률은 변경의 생각과 필요에 따라서 구성되었다. 그러나 변경이 대서양 해안지역의 지역주의에 대항한 것은 단지 입법행위에서만은 아니었다. 변경인들은 다른 지역보다 동부 해안 식민지 중부지역the Middle region[74]에 더 유사성을 보였다. 펜실베이니아는 변경 이주의 종묘판이었고, 비록 정착민들을 그레이트 밸리를 따라서 버지니아 서부와 캐롤라이나로 이주시켰지만, 여전히 이들 남부 변경인들의 산업사회는 후일 남부 전역에 걸쳐 자신의 산업유형을 확산시킨 남부 해안지대보다는 늘 식민지 중부지역과 더 비슷했다.

뉴욕항에서 들어가게 되는 식민지 중부지역은 유럽 전역에 대해 개방되어 있는 문호였다. 남부 해안지대는 따뜻한 기후와 노예노동에 따라 변화되어 커다란 대농장에서 영주처럼 살고 있던 전형적인 영국인의 모습을 보여주고 있었다. 뉴잉글랜드는 청교도주의Puritanism라는 특별한 영국적 특징을 나타내고 있었다. 그러나 식민지 중부지역은 다른 지역보다 덜 영국적이었다. 이 지역은 널리 혼합된 민족, 다양한 사회, 타운과 카운티가 혼합된 지방정부 체계, 다양한 경제생활, 수많은 종파를 지니고 있었다. 간단히 말해서 이 지역은 뉴잉글랜드와 남부, 동부와 서부 사이에서 중재하는 위치에 있던 지역이었다. 이 지역은 현재 미국이 보여주는 합성적 국민성과 함께, 계곡이나 작은 정착지를 점유하면

73　역주 : 19세기 전반기 제2차 정당체계 당시 민주당과 대립하면서 상공업 계급을 기반으로 한 미국의 경제적 발전과 연방정부 역할확대를 주장한 정당. 내륙개발에 적극적이었음.
74　역주 : 최초의 뉴잉글랜드 식민지와 그 아래 남부지역 사이에 있는 식민지 지역으로 대체로 현재의 뉴욕, 뉴저지, 펜실베이니아, 델러웨어주 등을 포함함.

서 유럽 지도의 다양성을 반영하는 비영국계 집단의 병존을 나타내 주고 있었다. 이 지역은 비록 국민적national(전국적 특징을 대표하고 있다는 의미로 보임 – 역주)이라고 할 수는 없으나 민주적이었고 지역적인 색채는 없었다. 또한 "까다롭지 않고 관용적이며 유유자적한" 지역으로서 물질적 번영에 깊이 뿌리 내리고 있었다. 이 지역은 근대 미국의 전형적인 모습을 보여주고 있었다. 이 지역은 단지 남부와 북부 사이에 있었을 뿐만이 아니라, 정착지역에 대해서 변경을 닫을 만한 장벽이 없었고 또한 수로 연결체계를 구비하고 있었다. 식민지 중부지역은 남부와 북부뿐만 아니라 동부와 서부를 연결하고 있어서 가장 지역적 색채가 적었다. 그래서 이 지역은 전형적인 미국적 지역이 되었다. 식민지 중부지역에 의해 변경으로부터 차단된 뉴잉글랜드 사람들조차도 서부로 가는 길에 뉴욕이나 펜실베이니아에서 머무르면 그 도중에 자신의 지역색이 무디어져 버렸다.[75]

목화문화가 남부 내륙으로 확산되면서 남부의 해안지대와 나머지 지역 간의 차이가 허물어졌고 남부의 이해관계를 노예제도에 결착시켰다. 이러한 과정의 결과가 나타나기 전에, 종족, 사회, 산업에 있어서 펜실베이니아와 유사한 양상을 보인 남부의 서부일대는 조상의 믿음에서 떨어져 나와 내륙개발 입법과 국민주의로 이행하는 경향을 보였다. 헌법수정을 위해서 소집된 1829~1830년 버지니아 헌법회의the Virginia Convention[76]에서 해안지대 카운티의 하나인 체스터필드Chesterfield의 리이

---

75 The Ægis(Madison, Wis.), November 4, 1892에 실린 저자의 논문.
76 역주 : 동부 대농장주에 의한 주선거구 게리맨더링과 재산권에 따른 투표 등에 불만을 품은 서부 버지니아 개척자들의 요구에 의해 1829년 소집되어 1830년까지 계속된 버지니아주 헌법 개정회의.

Benjamin W. Leigh는 다음과 같이 선언하였다.

이 회의가 열리게 된 주요 불만 가운데 하나이며, 헌법상 부여된 국가 권위에 대한 우리의 존경을 끊으려고 한 헨리(Henry), 메이슨(Mason), 펜들턴(Pendelton)의 정서를 경멸하도록 가르친 우리 선조의 과업에 대한 존경을 억제하는데 가장 강력한 영향력을 지닌 것은 자만에 가득 찬 내륙개발의 열정입니다. 나는 완벽한 지식에 근거해서 이 이야기를 하는 것인데, 이는 서부 신사들에 의해서 이러한 사항이 반복적으로 공언되었기 때문입니다. 알버말(Albemarle)에서 온 신사인 고든(Gordon)씨에게 말하건대, 의회를 다시 조직하여 버지니아 역시 연방정부라는 차에 편승하도록 함으로써 버지니아가 핵심이 되어 주장한 바 주 권리의 원칙(the doctrine of State rights)[77]을 전복하고 내륙개발에 관한 연방정부의 간섭에 대하여 버지니아가 설정한 장벽을 제거하는 것이 이러한 혁명의 공을 굴리기 시작한 사람들의 또 하나의 주요 목표였습니다.

제퍼슨Thomas Jefferson의 민주주의를 먼로James Monroe의 국민주의적 공화주의와 앤드류 잭슨의 민주주의로 변경시킨 것은 이러한 서부지역의 국민주의적 경향이었다. 1812년 전쟁 당시의 서부, 클레이, 그리고 벤턴과 해리슨William Herny Harrison 그리고 앤드류 잭슨의 서부는 식민지 중부지역 주들과 산맥에 의해서 동부 해안지대와 격리되어 국민주의적 경향과 고유의 유대감을 지니게 되었다.[78] 미시시피강the Father of Waters의

---

77   역주 : 주의 주권의 원리. 연방정부가 주정부의 권한을 지나치게 간섭하는 것에 대해 주
     정부가 반대할 수 있다는 주장. 연방을 주간의 계약으로 보는 관점에 입각한 원칙.

조류에 힘입어 남북이 서로 만나 하나의 국가를 이루었다. 주간 이주는 꾸준히 계속해 왔고, 생각과 제도의 상호 번영과정이 나타났다. 서부변경에서 노예제를 둘러싼 지역 간 맹렬한 갈등은 이러한 진술의 진실성을 약화시키지 않는다. 오히려 그 갈등은 이러한 진술의 진실성을 입증한다. 노예제는 가라앉지 않는 지역적 추세이지만, 서부에서 노예제는 지역적인 채로 남아 있을 수 없었다. "나는 이 정부가 반노예제도, 반자유민으로서 항구적으로 있을 수 있다고 믿지 않는다. 이 정부는 어떤 하나의 모든 것이 되거나, 아니면 다른 나머지의 모든 것이 될 것이다"라고 선언한 사람은 변경인 가운데 가장 위대한 사람(에이브러햄 링컨을 지칭—역주)이었다. 국가 안에서 교역처럼 국민주의를 위해서 작동하는 것도 없다. 인구이동은 지역주의의 종언이며, 서부변경은 저항할 수 없을 정도로 인구를 요동치게 만들었다. 그 효과는 멀리 변경에서 역으로 도달하여 대서양 연안과 심지어 구대륙에까지 심각한 영향력을 행사하였다.

그러나 변경의 가장 중요한 효과는 미국과 유럽에서 민주주의의 발전에 있었다. 이미 지적한 대로 변경은 개인주의의 산물이다. 합성된 사회는 황무지에 의해 가족에 근거한 일종의 원시적 조직으로 급격히 변화하였다. 이러한 추세는 반사회적이다. 이 추세는 통제, 특히 어떠한 형태이든 직접적 통제에 대한 반감을 일으킨다. 세금징수자는 억압의 대리인으로 간주된다. 오스굿Herbert L. Osgood 교수는 한 탁월한 논문[79]에서 식민지에 두루 펴져 있는 변경조건이 개인적 자유가 모든 효과적 정부의 부재와 종종 혼동되곤 하는 미국혁명의 설명에 있어서 중요한 요

---

78 다음의 논문과 비교하기 바람. Roosevelt, "Thomas Benton", ch. I.
79 *Political Science Quarterly*, ii, p.457. Sumner, "Alexander Hamilton", chs. ii~vii.

소임을 지적하였다. 그 동일한 조건들이 연맹confederacy[80] 시기 강력한 정부의 수립에 따른 어려움을 설명하는 데 도움을 준다. 변경 개인주의는 처음부터 민주주의를 조장하였다.

미국 탄생 후 첫 세기의 1사분기에 연방에 가입한 변경 주들은 민주적 선거권과 함께 미국에 편입되었으며, 사람들이 모여든 옛 연방주the older States에 극도로 중요한 반작용의 효과를 보여주었다. 선거권의 확대는 필수 불가결해졌다. 1821년 자기 주의 헌법회의에서 선거권의 확대를 강제한 것은 서부 뉴욕이었다. 동부 해안지대가 1830년 헌법에 더욱 자유주의적인 선거법 조항을 두도록 압박하여, 변경지역에도 해안지대의 귀족과 마찬가지로 좀 더 거의 비례적 대표제도를 부여하라고 강제한 것은 서부 버지니아였다. 미국에서 효과적 무기로서 민주주의의 등장은 잭슨과 윌리엄 헨리 해리슨의 지도하에 서부가 압도적 영향력을 행사하면서부터 시작되었다. 그리고 이는 그 말에 담긴 모든 좋고 나쁜 함의와 함께 변경의 승리를 의미했다.[81] 1830년 변경 민주주의의 위상에 대한 흥미로운 하나의 예시는 이미 언급한 버지니아 회의에서 다음과 같이 나타났다. 서부 버지니아의 한 대표는 다음과 같이 천명했다.

그러나, 귀하, 제가 두려워해야 할 것은 서부지역의 인구증가가 아닙니다. 그것(두려워해야 할 것−역주)은 산바람과 서부의 관습이 이 이주민들에게 불어 넣은 정력입니다. 귀하, 이들은 부활하였습니다. 정치적으로 말이지요.

---

80 역주 : 1776년 독립선언 이후 미국이 연방정부로 탄생하기 이전 국가연합 형태인 연맹 의회를 중심으로 협력을 유지하던 당시의 정부체계. 오늘날의 국가연합과 유사한 체계를 취함.
81 다음의 논문과 비교하기 바람. Wilson, "Division and Reunion", pp.15·24.

이들은 곧 실제로 **일하는 정치인**(working politicians)이 됩니다. **말하는 정치인**(talking politician)과 **일하는** 정치인의 차이는 말이지요, 귀하, 어머어마하게 큽니다. 버지니아(The Old Dominion)는 위대한 웅변가, 유능한 정책의 형이상학자, 모든 심오한 정치경제의 질문에 대해서 시시콜콜 논의하는 사람들을 배출하는 것으로 오랫동안 유명했습니다. 그러나 지역에 거주하거나 혹은 의회에서 돌아오면 그들은 노예에게 부채질하게 하곤 잠들었습니다. 그러나 논리, 형이상학, 변론 등에서 옛 버지니아 정치인에게는 뒤떨어지지만, 펜실베이니아, 뉴욕, 오하이오, 서부 버지니아의 정치인들은 집으로 돌아오면 정장을 벗고 쟁기를 집어 듭니다. 이것이, 귀하, 그에게 뼈와 근육이되고 그의 공화주의가 순수하고 전염되지 않게 해 줍니다.

자유롭게 처분할 수 있는 토지가 있는 한 능력을 발휘할 기회는 존재하며, 경제적 힘은 정치적 힘을 마련해 준다. 그러나 이기심과 개인주의 성향이 강하며, 행정적 경험과 교육을 용납하지 못하고, 적절한 경계를 넘어서서까지 개인의 자유를 요구하는, 주인없는 토지에서 탄생한 민주주의는 그 좋은 점과 함께 위험도 지니고 있다. 미국의 개인주의는 엽관제도spoils system[82]와 고도로 개발된 시민정신의 부족에 따른 모든 명백한 악습을 가능하게 하는 안일한 정부의 업무처리 문제를 불러 왔다. 이와 관련하여 느슨한 상도덕, 인플레된 지폐, 무허가 은행업을 허용하는 변경 현황의 영향력에 주목해야 한다. 식민지 시기 및 혁명 시기의 변경

---

[82] 역주: 선거를 통해 정권을 장악한 정당이 공직을 일종의 '전리품'으로 보면서 선거에서 자신을 지지해 준 사람에게 공직을 배분하는 제도. 미국의 경우 대체로 1830년대 잭슨 민주주의의 도래와 함께 시작됨. 이후 19세기 말 혁신주의 운동 당시 공무원 개혁운동의 분위기 속에서 지식인과 개혁정치인의 비판 대상이 됨.

은 최악의 통화 현상이 다수 발원한 지역이었다.[83]

1812년 전쟁 당시 서부는 당시 변경의 현상을 반복했던 반면, 1837 년 위기 당시 투기와 무허가 은행업은 그 다음 주들이 속한 새로운 변경 지대에서 발생하였다. 그래서 재정 건전성이 방만했던 이들 각 시기는 일단의 새로운 변경사회가 나타난 시기와 일치했으며, 대체로 연속적 으로 등장한 이들 변경지역과 지역적으로 일치했다. 최근의 민중주의[84] 적인 소요가 적절한 사례이다. 지금 민중주의자들의 교조와 어떠한 연 관성도 부정하는 많은 주들은 자신의 이전 발전단계에서는 민중주의적 이념을 고수했었다. 원시사회는 선진사회의 복잡한 영업적 이해관계를 지적으로 파악할 수 없었다. 지폐 소요와 관련된 이러한 지역의 지속적 출현은 미국사에서 변경을 가장 중요한 요소로서 따로 떼어 내 연구할 수 있다는 또 다른 증거이다.[85]

동부는 언제나 규제되지 않은 변경의 전진에 따른 결과를 두려워했 고, 또한 이를 규제하려 했다. 영국 당국이었다면 대서양 연안 식민지의 상류 수원水源 정착을 규제했을 것이며, "모피 교역이 감소하지 않도록

---

83 변경 상황과 미국혁명 시기 조세제도와의 관계에 대해서는 아래 문헌을 참조하기 바람. Sumner, "Alexander Hamilton", ch. iii.

84 역주 : 미국사에서 민중주의(populism)는 경우 가장 넓은 의미에서 동부의 산업 및 금융 특권층에 대항하여 나타난 중서부 농민의 저항운동을 지칭함. 화폐부족으로 인한 유동 성의 확대, 보호무역 반대, 직접민주주의 등을 주장함.

85 나는 변경의 무법적 특징이 충분히 잘 알려져 있기 때문에 이를 강조하는 것을 자제해 왔다. 도박꾼과 무법자, 캐롤라이나의 규제자이자 캘리포니아의 자경단원들은 문명발 전의 물결이 감당한 인간의 유형이자, 법의 권위가 부재한 곳에 자발적 권위기관의 성장 유형이었다. 다음의 문헌들과 비교하기 바람. Barrows, "United States of Yesterday and Tomorrow"; Shinn, "Mining Camps"; Bancroft, "Popular Tribunals." 변경의 최악의 사악 한 행위뿐만 아니라 유머, 용기 그리고 무례한 용맹함 등은 미국인들의 성격, 언어, 문학 에 쉽게 사라지지 않을 자취를 남겼다.

야만인(인디언-역주)들이 조용히 불모지를 즐기도록 그대로 두었을 것이다." 이러한 진술은 다음과 같은 버크의 아주 인상적인 항의를 야기했다.

만약 토지교부를 중단한다면 어떤 일이 벌어지겠는가? 사람들은 교부허가도 없이 토지를 점령하려 할 것이다. 그들은 이미 많은 곳에서 그렇게 땅을 점령했다. 이들 불모지의 모든 곳에 주둔군을 배치할 수는 없는 노릇이다. 만약 어느 한 곳에서 이들을 몰아내면, 그들은 해마다 경작을 계속하면서 자신이 소유한 가축들과 함께 다른 곳으로 이동할 것이다. 변경 정착지의 많은 사람들은 이미 특정한 상황에 거의 집착하지 않는다. 이미 그들은 애팔래치아산맥의 정상까지 이른 적이 있었다. 거기서부터 그들은 자기 앞에 펼쳐진 500평방 마일에 달하는 광대한 평원, 드넓고 풍요로우며 평탄한 초지를 보았다. 이 대지 위로 그들은 조금도 꺼리지 않고 거침없이 걸어갈 것이다. 그들은 생활습관의 변화와 함께 자신의 풍습을 변화시키고, 자신들과 인연을 끊은 정부를 이내 잊어버리고, 영국계 타타르족이 될 것이다. 그리고 당신의 요새 없는 변경에 사납고 저항할 수 없는 기병대를 쏟아 부어 당신의 총독과 참의원, 조세징수관과 감사관, 그리고 이들에게 귀속된 모든 노예의 주인이 될 것이다. 이러한 현상이 "생육하고 번성하라"라는 신의 명령이자 축복을 범죄로 금하고 악으로 억압하려 한 결과가 될 것이며, 아마 반드시 곧 그런 결과를 가져올 것이다. 이것은 결국 하나님이 명백한 명령으로 사람의 자손에게 부여한 토지를 야생동물의 서식지로 묶어두려는 노력의 행복한 결말이 될 것이다.

그러나 변경의 전진을 제한하고 그 운명을 통제하려는 욕구는 영국정부만 가진 것이 아니었다. 해안지대의 버지니아[86]와 사우스캐롤라이나 South Carolina[87] 역시 자기 의회에서 해안지대의 우위를 확보하기 위해서 식민지의 선거구를 자의적이고 당파적으로 설정했다. 워싱턴은 북서지역에 한 번에 하나씩 주를 수립하려고 하였다. 그리고 제퍼슨은 미시시피강 동쪽의 인디언 정착지와 맞바꾸어 이들에게 북위 32도 이북 루이지애나 매입지를 제공하기 위해서 이 지역을 정착지에서 보류시키고자 하였다. 그는 "이쪽 지역에 인구가 가득 차게 되는 경우, 강의 발원지에서 어귀까지 서안지대의 주들을 활용하지 않고 두다가 인구가 늘면 하나하나 조밀하게 전진해 갈 수 있다"라고 적기도 하였다. 매디슨James Madison은 심지어 프랑스 장관에게 미국은 미시시피강 동쪽 연안까지 인구를 확장하는 데 관심이 없고 오히려 이를 두려워한다고 주장하기도 했다.

1824년 오리건 문제the Oregon question[88]가 토의되었을 때, 버지니아의 스미스Alexander Smyth는 너무나 많은 토지가 시장으로 유입되어 해안지대 주의 핵심적 인구가 고갈되고 있다고 불평하면서, 미시시피강 너머 두 층의 주들 외부 한계선에 미국의 경계를 위한 불변의 선을 긋고자 했다. 서부의 운명에 대해서 가장 광범위한 견해를 지녔던 토머스 벤턴조차도 "로키산맥을 따라서 공화국의 서부경계가 설정되어야 하며, 전설

---

86 Debates in the Constitutional Convention, 1829~1830.
87 McCrady, "Eminent and Representative Men of the Carolinas", i, p.43; Calhoun's Works, i, pp.401~406.
88 역주 : 북미의 태평양 연안 북서부지역의 정치적 분할에 따른 영토분쟁. 1872년 오리건 조약으로 현재 미국과 캐나다의 국경선이 확정됨.

적인 신인 테르미누스Terminus(로마신화에 나오는 경계의 신 - 역주)의 동상도 결코 다시 내릴 수 없도록 로키산맥 정상에 세워야 한다"고 선언하였다.[89] 그러나 경계를 설정하려 하거나 혹은 토지 매매와 정착을 제한하려 하거나 간에, 서부지역의 정치적 힘을 박탈하려는 모든 시도는 무위로 끝났다. 정착지 변경은 꾸준히 전진했으며, 그와 함께 개인주의, 민주주의, 국민주의도 나타났고 동부지역과 구대륙에 강력한 영향력을 행사하였다.

동부가 변경을 규제하려는 가장 효과적인 노력은 주간 이동과 조직화된 협회가 행한 교육적, 종교적 활동을 통해서 나타났다. 1835년 라이먼 비이처Lyman Beecher 박사는 "우리나라의 종교적, 정치적 운명은 서부에서 결정되는 것이 마찬가지로 명백하다"라고 선언하였고, 서부 인구는 "연방의 모든 주 그리고 유럽의 모든 국가에서 소집되어 봇물처럼 들이닥치고 있고, 윤리적 보존을 위해서 정신을 훈육하고 양심과 마음을 단련시키는 제도의 즉각적, 총체적 행동을 요구하고 있다. 그래서 생각과 습관이 매우 다양하고, 그 지역에 대한 지식이 매우 최근의 것이고 불완전하며, 서부지대의 정착지가 매우 드문드문 있기 때문에, 필요한 제도를 즉각 입법화할 동질적인 공공의 정서가 마련되어 있지 않다. 그러나 이들 제도는 즉각적으로 가장 완전하고 강력하게 필요하다. 나라는 '하루 만에 태어나고 있다.' (…중략…) 그러나 서부라는 넓은 세계의 정신, 양심, 그리고 심장을 구성하기 위한 위대한 제도가 제때 구비되지 않은 마당에, 서부의 번영이 매우 광대한 힘을 발휘하게 된다면 이

---

89   1825년 3월 1일 상원 연설; Register of Debates, i, 721.

지역은 어떻게 되겠는가? 이런 일이 있어서는 절대로 안 된다. (…중략…) 서부가 어떻게 되든지 아랑곳하지 않은 채, 동부의 그 누구도 조용히 앉아서 자유를 꿈꾸어서는 안 된다. (…중략…) 서부의 운명은 곧 우리의 운명이다"라고 지적하였다.[90]

뉴잉글랜드의 양심에 대한 호소와 함께, 비이처 박사는 다른 종교 교파들이 뉴잉글랜드 교파보다 선수를 치지 않도록 뉴잉글랜드 지역의 공포에 대한 호소를 추가한 것이었다. 뉴잉글랜드의 설교자와 학교 교사들은 서부에 대해서 자신들의 영향력을 각인시켰다. 뉴잉글랜드의 정치적, 경제적 통제로부터 서부가 해방되리라는 두려움에는 서부가 뉴잉글랜드의 종교로부터 벗어나지 않을까 하는 두려움도 함께 있었다. 『가정선교Home Missionary』의 편집자는 위스콘신에서 정착지가 북쪽으로 빠르게 확장되고 있다는 보고서에 대해 1850년에 논평을 가하면서 "이러한 정착지의 확대에 대해서 기뻐해야 할 것인지 혹은 탄식해야 할 것인지 잘 모르겠다. 우리나라의 물질적 자원과 번영을 증대시키는 것이라면 무엇이든지 호의를 보여야 하겠지만, 점점 더 먼 곳으로 이렇게 정착지가 확산해 가면서 은총의 수단에 대한 공급이 상대적으로 점점 적어지는 것을 잊을 수는 없다"고 적고 있다.

이러한 생각에 따라서 국내 선교단체가 수립되었고 서부의 대학들이 설립되었다. 필라델피아, 뉴욕, 볼티모어와 같은 해안지역의 도시들이 서부교역의 지배권을 두고 다투고 있을 때, 다양한 교단들은 서부지역의 영혼을 위해서 경쟁하였다. 이에 따라서 뉴잉글랜드에서 출발한 하

---

90 Plea for the West(Cincinnati, 1835), pp.11 ff.

나의 지적 흐름이 서부에서 풍성하게 나타났다. 다른 지역들도 선교사들을 파견하였으나, 진정한 갈등은 지역 간 갈등이 아니라 교파들 사이에 있었다. 이동하는 변경의 존재로 인해 다양한 교단에 공급된 권력경쟁과 팽창경향은 미국의 종교조직의 성격에 중요한 결과를 가져왔음이 분명하다. 소규모 변경 타운에서 경쟁하는 교회의 증가는 심각하고 지속적인 효과를 드러내고 있었다. 변경의 종교적 측면은 연구가 필요한 우리 역사의 한 장이다.

변경의 조건과 함께 매우 중요한 지적 특징이 나타났다. 식민지 시절부터 각 변경을 따라서 움직여 간 여행자들의 작품들은 어떤 공통의 특징을 서술하는데, 이러한 특징은 한편으로는 줄어들기도 하지만, 더욱 고도화된 사회조직이 성공할 때에도 그 기원한 장소에서 유산으로 계속해서 나타난다. 그 결과 미국 지성의 현저한 특징은 변경으로 인해 나타난 것이다. 명민함과 호기심과 결함 있는 투박함과 강인함, 편의품을 바로 만들어 내는 실용적이고 창의적인 성향, 예술성은 떨어지지만 위대한 결과물을 만들어 내는 강력한 성격의 수완 있는 사물 지배력, 쉼 없이 각성한 상태의 정력,[91] 선과 악을 위해서 모두 작동하는 압도적 개인주의, 자유에 수반되는 낙천성과 생동감, 이 모든 것이 변경의 특징이며 변경의 존재로 인해 생성된 것이다.

---

[91] 식민지 여행자들은 모두 식민지인들의 침착한 성격에 대해 언급했다. 그러한 사람들이 어떻게 긴장된 신경성 활력을 발달시켜서 그들의 특징으로 성숙시킬 수 있었는지에 대해 자주 질문을 제기했다. 다음의 문헌과 비교해 보기 바람. Sumner, "Alexander Hamilton", p.98, 그리고 Adams, "History of the United States", i, p.60; ix, pp.240~241. 그 전환은 1812년 전쟁이 끝날 무렵 뚜렷해진 것으로 보이는데, 이 시기는 이해관계가 서부의 개발에 집중되고 서부의 에너지가 주목받았던 시기였다. Grund, "Americans", ii, ch. i.

신대륙의 해양으로 콜롬버스Christopher Columbus의 선단이 항해를 시작한 이래, 미국은 기회의 또 다른 이름이 되었다. 미국인은 개방되어 있을 뿐만 아니라 그들에게 강요되기까지 한 지속적 확장으로부터 특징적 성향을 체득하게 되었다. 확장적인 미국적 삶의 성격이 이제 전적으로 정지되었다고 주장하는 사람은 무분별한 사람이다. 이동성은 미국적 삶의 지배적 사실이며, 이러한 이동이라는 훈련이 국민에게 효과가 없는 것이 아닌 한, 미국의 에너지는 그 행사를 위해서 더 넓은 평원을 계속 요구할 것이다.

그러나 주인없는 토지라는 선물은 이제 다시는 저절로 나타나지 않을 것이다. 당분간 변경에서는 관습의 유대가 붕괴하고 무절제가 승리할 것이다. **백지상태의 마음**tabula rasa은 없다. 자신의 조건을 받아들이라는 고압적 요구와 함께 견고한 미국적 환경이 저기 자리 잡고 있다. 사물을 처리하는 전승된 방식이 또한 자리 잡고 있다. 그러나 환경과 관습에도 불구하고 각 변경은 새로운 기회의 장, 과거의 속박에서 벗어날 출구를 제공하고 있다. 신선함, 확신, 그리고 구사회에 대한 경멸감, 구사회의 속박과 생각에 대한 참을 수 없는 불만, 그리고 구사회의 교훈에 대한 무관심 등이 변경을 따라다니고 있다. 지중해가 관습의 구속을 끊어 버리고, 새로운 경험을 제공하며, 새로운 제도와 행위를 불러내면서 그리스인들에게 영향을 미친 것과 마찬가지로, 점점 깊숙이 나아가는 변경은 직접적으로는 미국에 그리고 더 멀리는 유럽 국가에게까지 영향을 미치고 있다. 미국 발견 이후 400년이 되는 지금, 헌법 제정 이래 백년의 삶이 끝나는 지금, 변경은 없어졌고 이와 함께 미국사의 첫 번째 시기가 막을 내렸다.

2장
매사추세츠 베이 식민지 최초의
공식적 변경*

「미국사에 있어서 변경의 의의」라는 글에서 나는 1890년 인구조사 감독관의 다음과 같은 성명을 내 교재로 사용했다.

1880년을 포함하여 그 해까지 우리나라에는 정착지 변경지역이 있었다. 그러나 현재 비정착 지역은 따로 따로 형성된 정착촌들로 침투되어 거의 변경선이 존재한다고 볼 수 없다. 따라서 그 정도나 서부로의 이동 등을 논의할 때, 변경지역은 더 이상 인구조사 보고서에 있을 자리가 없다

이러한 성명이 있기 2세기 전인 1690년에 매사추세츠 식민지 의회the General Court¹의 한 위원회는 식민지 의회가 변경이 될 곳을 결정하여 각

---

* 1914년 4월 매사추세츠 식민지 협회(the Colonial Society of Massachusetts) 간행물, xvii, 250~271. 협회의 승인을 받아 재출간하였다.
1 역주: 미국 식민지 시대 초기의 입법부에 해당하는 기구로서 법원의 기능도 아울러 맡았음. 식민지 총독, 총독의 자문기구인 참의회와 함께 초기 식민지 시대에 정부의 일부

변경 타운에 주요 경비 인력으로 40명의 주둔군을 배치하는 문제를 담당할 위원회를 제안하였다.[2] 매사추세츠 변경선을 설정하려는 이러한 공식적 시도와 국가적 변경선의 종식을 알리는 공식적인 성명 사이의 기간 동안 서부 팽창은 미국사에서 가장 중요한 유일한 과정이었다.

그러나 "변경 타운"이라는 명칭은 새로운 것이 아니었다. 1645년까지만 해도 콘코드Concord, 서드베리Sudbury, 데덤Dedham 등의 거주민들은 "오지 타운으로 매우 인구가 적어서" 당국의 허락 없이는 이동하는 것이 금지되어 있었다.[3] 1669년 어떤 타운들은 "변경 타운"으로서 입법의 의제가 되었으며,[4] 필립왕 전쟁King Phillip's War[5] 당시에는 변경 타운에 대한 다양한 법률이 있었다.[6] 1675~1676년 회기 동안에 빌러리카Billerica에서 콘코드강the Concord으로, 여기에서 메리맥강the Merrimac으로, 그리고 강을 내려가 매사추세츠만the Bay까지 "항해할 수 있는" 찰스강the Charles에 방책이나 돌로 8피트 정도 되는 높이의 장벽을 건설하여 "전체 지역의 사람, 집, 상품과 가축의 보호와 안전을 위해서 적의 광포함과 분노로부터 보호할 수 있게 하자"는 내용이 제안되었다.[7]

를 구성함. 자유민 혹은 타운별로 선출된 자유민의 대표로 구성되었음. 이러한 대표들은 자신이 선발된 지방의 행정관의 역할도 수행하였음.

2 Massachusetts Archives, xxxvi, p.150.

3 Massachusetts Colony Records, ii, p.122.

4 *Ibid.*, vol. iv, ii 일부, p.439; Massachusetts Archives, cvii, pp.160~161.

5 역주 : 1675년에서 1678년 사이 토지 갈등을 둘러싸고 미국 뉴잉글랜드의 왐파노아그 인디언 부족과 플리머스 식민지를 구축한 식민지인들 간에 벌어진 전쟁으로 제1차 인디언 전쟁으로도 불림. 왐파노아그족 부족장인 메타코메트가 '필립'이라는 이름을 채택해서 필립왕 전쟁으로 불림.

6 예를 들어 다음을 참조하기 바람. Massachusetts Colony Records, v, 79; Green, "Groton During the Indian Wars", p.39; L. K. Mathews, "Expansion of New England", p.58.

7 Massachusetts Archives, lxviii, pp.174~176.

그러나 일종의 로마의 성벽을 쌓은 것과 같은 이러한 계획은 당시 변경인들에게 호소력을 발휘하지 못했다. 이는 낡은 방어방식이었다. 이러한 방식이 낡은 것임은 몸통 갑옷과 투구, 창, 화승총, 푸르케트^{four-quettes}, 탄약대 등이 필립왕 전쟁 시기에 이르러서는 더 이상 사용되지 않은 초기 청교도 체제의 중무장 병사의 무기들로서 지금은 있을 수 없는 장비라는 점에 의해서 입증되었다. 화승총을 장전하고 발사하는 공식적 무기 교범에 제공된 57장의 자세 도면은 재빠른 인디언을 추격하기에는 너무 큰 장애가 되었다. 이러한 변경시대에 병사들은 보다 산개散開한 대형과 인디언 전사의 행동이 보여준 것과 같은 가벼운 장비에 적응되어 있었다.[8]

청교도 문명의 외곽지대 정착민들은 공격을 막아내고 해마다 미국 정착지를 황무지로 이동시켜 전진의 선을 더 밀어붙이는 과업을 담당했다. 미국의 사상과 언술에서 "변경"이라는 용어는 유럽처럼 정치적 경계를 의미하기보다는 정착의 끝자리를 의미하게 되었다. 1690년에 이르면 정착 변경과 군사적 방어 변경은 일치하고 있음이 명백했다. 인구가 황무지로 전진해 감에 따라서, 그리고 한편으로는 정착지와 다른 한편으로는 유럽의 지원을 받은 인디언들 사이로 새롭게 노출된 지역을 계속 가져옴에 따라서, 군사적 변경은 대서양 연안이 아니라 아직 획득되지 않은 황무지의 외부를 형성하고 있는 움직이는 선으로 생각되었다. 군사적 변경은 특허장의 한계선을 따라 형성된 요새화된 경계일 수 없었다. 왜냐하면 이러한 한계선은 남해^{the South Sea}[9]까지 확장되어 있

---

8 Osgood, "American Colonies in the Seventeenth Century", i, p.501 및 인용사항; Publications of this Society, xii, pp.38~39을 참조하기 바람.

었고, 자매 식민지의 경계와 충돌하고 있었다. 방어대상은 이러한 팽창하는 사회의 외곽이며, 이동하는 "서부"의 위치에 따라서 명칭과 수정을 요구하는 변화하는 변경이었기 때문이었다.

이러한 새로운 변경의 중요성을 보여주려면 버지니아의 사례를 보면 된다. 버지니아는 매사추세츠와 거의 같은 시기에 유사한 변화를 겪었고, 리치먼드Richmond, 피터스버그Petersburg 등 강 어귀 인근의 첫 번째 폭포인 강 "입구heads"에 변경 타운 즉 "공동 주거지역"을 수립하려 하였다.[10]

런던회사the London Company[11] 활동의 종식 무렵 제임스강을 따라서 도입된 버지니아의 "특수 대농장" 시스템은 뉴잉글랜드 타운에 대한 하나의 유형을 보여주었다. 이 늦은 시기에 뉴잉글랜드는 법률에 의해 변경 정착지를 수립하려는 버지니아의 노력에 대한 모델을 제공했는지도 모른다.

매사추세츠 식민지 의회의 1694~1695년의 3월 12일 법령은 이주 허가를 먼저 얻지 않는 한 (토지주인의 경우라면) 토지손실을 형벌로 감수해야 하고 (토지주인이 아닌 경우라면) 투옥을 감수해야 하므로 거주민이 떠날 수 없는 곳으로 "변경 타운"을 규정하였다.[12] 이들 11개의 변경 타운에는 웰즈Wells, 요크York, 동부변경의 키터리Kittery, 에임즈베리Amesbury,

---

9　역주: 대발견의 시대의 용어인 'Mar del Sur'의 번역어로 태평양을 지칭하는 것으로 보임.

10　Hening, "Statutes at Large", iii, p.204: 뉴잉글랜드 타운 사례의 영향력에 관해서는 1 Massachusetts Historical Collections, v, p.129를 참조하기 바람. 버지니아 변경 상황에 대해서는 Alvord and Bidgood, "First Explorations of the Trans-Allegheny Region", pp.23~34·93~95를 보기 바람. P. A. Bruce, "Institutional History of Virginia", ii, p.97는 17세기에 변경 방어에 대해 논의했다.

11　역주: 영국 제임스 1세의 특허장에 의해 북미에서 식민지 정착과 확립을 목적으로 1606년 설립되어 1624년에 폐지된 회사.

12　Massachusetts Archives, lxx, 240; Massachusetts Province Laws, i, pp.194·293.

헤이버힐Haverhill, 던스터블Dunstable, 쳄스포드Chelmsford, 그로턴Groton, 랭커스터Lancaster, 말보로Marlborough, 디어필드Deerfield 등이 포함되어 있었다.[13] 1699~1700년 3월 이 법령은 "비록 처음 명명되었을 때에 변경은 아니었으나 다른 어떤 타운보다 적의 공격에 더 취약한" 솔즈베리Salisbury, 앤도버Andover,[14] 빌러리카, 해트필드Hatfield, 해들리Hadley, 웨스트필드Westfield, 노샘턴Northampton 등 7개 타운에 브룩필드Brookfield, 멘던Mendon, 우드스톡Woodstock을 추가하면서 다시 제정되었다.[15]

1704년 봄 코네티컷Connecticut 식민지 의회는 매사추세츠 법령을 유사하게 따르면서, 포기할 수 없는 변경 타운으로 심스베리Symsbury, 워터베리Waterbury, 댄베리Danbury, 콜체스터Colchester, 윈댐Windham, 맨스필드Mansfield, 플레인필드Plainfield 등을 지명하였다.

따라서 17세기가 저물고 18세기가 시작될 무렵에는 뉴잉글랜드의 경우 공식적으로 지정된 변경선이 있었다. 이러한 열거된 타운을 거쳐 가는 선이 표시하는 지역은 다음과 같다.

---

13   1692~1693년 3월 3일에 접수된 "황무지인 서드베리(Sudbury), 콩코드(Concord), 마알베리(Marlbury), 나틱(Natick), 셔번(Sherburne)과 웨스터리(Westerly) 사이에 있는 그 먼 땅에 교부된 다양한 농장의 정착민들"의 청원서에서 청원인들은 하나님께 예배드리기 위한 수단을 얻기 위해서 세금완화와 나틱 지역으로의 확대를 요청하면서 다음과 같이 말했다.
"우리는 변경 타운에 거주하는 사람들이 겪는 현재의 어려운 상황 때문에 어려움을 피해 도망치는 사람들이 지금의 전쟁과 그에 따른 고적한 상황 속에서 지금까지 경험하지 않은 장소로 물러나려 한다는 것과, 그래서 그들이 그에 따라 발생하는 공적 세금의 큰 부담에서 풀려날 수도 있다는 것을 모르지 않습니다. 일부 사람들은 이미 물러났습니다. 그러나 질투하는 하나님의 손에서 도망할 수 없는 것을 아는 우리로서는 하나님, 왕, 그리고 가족들에 대한 의무를 수행하게 해주는 조치를 취하는 것이 의무라고 여기고 있습니다."(Massachusetts Archives, cxiii, p.1)
14   1658년 청원서에서 앤도버는 스스로를 "멀리 떨어진 고지대 농장"이라고 말하고 있다.(Massachusetts Archives, cxii, p.99)
15   Massachusetts Province Laws, i, p.402.

① 위니페소키 호수(the Winnepesaukee Lake)를 경유하여 인디언 지역으로부터 위협에 처한 곳, 즉 동부해안 일대 및 메리맥강 상류와 그 일대 지류의 정착지 외곽지역

② 챔플레인 호수(the Lake Champlain)와 위누스키강(the Winooski River)으로 해서 코네티컷강(the Connecticut)에 이르는 경로를 따라 나타나는 캐나다 인디언(the Canadian Indians)의 위협에 처한 코네티컷 밸리(the Connecticut Valley) 상부의 정착지대 말단 지역

③ 결정질 암석이 후일 셰이즈의 반란(Shays' Rebellion),[16] 연방헌법 채택에 대한 반대, 방기된 농장 등의 근거지를 제공해준 열악한 농업지역의 변두리를 형성하고 있는 경계지 타운

④ 이들 변경 사이에 위치한 고립된 저지대인 브룩필드

이 뉴잉글랜드 정착지 외에도 뉴욕 일대에도 정착지가 있었다. 이 지역은 허드슨강the Hudson을 따라서 모호크족the Mohawk[17]을 위협한 인디언 5부족과, 챔플레인 호수와 조지 호수Lake George를 경유하여 허드슨강을 위협한 프랑스인들과 캐나다 인디언에 대항하여 알바니Albany와 스키넥터디Schenectady가 초소로 기능을 수행한 곳까지 올라간다.[18] 이들 인디언

---

16 역주 : 1786~1787년 대니얼 셰이즈(Daniel Shays)의 주도하에 매사추세츠의 가난한 농민들이 부채의 증가에 반대하여 일으킨 무장봉기. 해안지대와 서부 내륙지역 간의 갈등을 잘 보여주는 사례임.

17 역주 : 북아메리카의 동부해안과 오대호 부근에 거주하던 인디언 부족으로, 이로쿼이 연맹 중 최동단에 위치함. 허드슨강 서쪽의 뉴욕 북부의 모호크강 계곡이 근거지였음.

18 1660~1700년간의 편리한 정착지 지도는 E. Channing, "History of the United States", i, pp.510~511, ii, end; Avery, "History of the United States and its People", ii, p.398를 참조하기 바람. 필립왕 전쟁이 끝날 무렵의 상황에 대한 유용한 당대의 지도로는 1677년 보스턴에서 출판된 Hubbard, "Narrative"을 보기 바람. L. K. Mathews, "Expansion of

들과 동물 모피 거래에 종사한 주요 알바니 시민 간의 사악한 관계는 심지어 전쟁 시기에도 뉴잉글랜드의 변경 타운의 희생을 감수하며 허드슨강 변경을 보호하려는 경향이 있었다.

동물 모피 상인, 목축업 개척자, 소규모 신참 농부, 수출을 위한 집중형 다양성 경작 종사 농부 등 변경 유형의 공통적 결과가 비록 혼재된 형태이기는 하나 뉴잉글랜드지역에 나타났다. 상인들과 그들의 초소는 변경 타운을 위한 기초를 놓아주었고,[19] 목축업은 초기 농부들에게 가장 중요한 것이었다.[20] 그러나 그 단계는 급속도로 연속적으로 일어났고 서로 혼합되어 있었다. 필립왕 전쟁 이후 알바니가 여전히 동물 모피 교역 단계에 머물렀던 반면, 뉴잉글랜드 변경 타운은 오히려 거점 식민지와 같이 인디언에 대한 군농복합형 초소였다.

캐나다와 변경 타운 간의 국경전투 이야기는 변경의 삶과 제도에 대한 광범위한 자료를 제공해 준다. 그러나 여기서 전쟁의 전개에 대해 다루지는 않을 것이다. 방책을 두른 공회당 광장, 요새화된 개별 주둔지 가옥, 학살과 포로 등은 뉴잉글랜드 역사의 익숙한 모습이다. 인디언은 뉴잉글랜드 변경의 제도뿐만 아니라 정신과 도덕에 대해서도 매우 실질적인 영향을 미쳤다. 가톨릭으로 개종하여 인디언처럼 칠하고 인디

New England", pp.56~57 · 70도 참조하기 바람.

19 Weeden, "Economic and Social History of New England", pp.90 · 95 · 129~132; F. J. Turner, "Indian Trade in Wisconsin", p.13; McIlwain, "Wraxall's Abridgement", introduction; 타운의 역사는 초기 인디언 교역상들의 초소, 인디언 토지 할양지로의 이전, 타운 교부토지의 중요성에 대한 증거로 가득하다.

20 Weeden, *loc. cit.*, pp.64~67; M. Egleston, "New England Land System", pp.31~32; Sheldon, "Deerfield", i, pp.37 · 206 · 267~268; Connecticut Colonial Records, vii, p.111, 1727의 소 낙인 삽화들.

언 복장을 한 채 인디언말을 하면서[21] 포로상태에서 돌아와 변경 타운을 방문한 청교도들과, 포로였던 청교도 엄마의 혼혈 아동들은 이러한 이야기의 선정적인 부분을 전해 준다. 그러나 인디언에 대한 변경 타운 사람들의 예외적인 관계뿐만 아니라, 교역 관계에 있어서도 인디언 변경이 청교도 영국 식민지인에 미친 변혁적 영향에 대한 명백한 증거들이 있다.

예컨대 1703~1704년에 매사추세츠 식민지 의회는 "황무지에 인접한 변경"[22]이라는 특별 카운티에서 사용하도록 500켤레의 눈신발과, 같은 숫자의 가죽신을 주문하였다. 1704년 변경 타운과 주둔지를 언급한 후 코네티컷은 "위에 적은 영국과 인디언이 경우에 따라서는 그들의 지휘자의 재량에 따라 단체로 접근해 오는 적을 발견하기 위해, 특히 웨스트필드Westfield에서 우사터너크Ousatunnuck까지 숲을 돌아다니라고 명령했다.[23] 적에 대항했거나 대항하려는 우리 군대를 격려하기 위해 본 의회는 공공 재정에서 이 식민지에서 살해된 적의 남성 두피마다 5파운드의 청구를 허용한다"라고 말하기도 했다.[24] 매사추세츠는 적의 두피가 남자, 여자, 혹은 청년의 것인지에 따라서, 그리고 급여를 받는 정규군이 획득한 것인지 복무중인 지원자가 획득한 것인지 혹은 급여를 받지 않는 지원자가 획득한 것인지에 따라서 금액에 차등을 두어 포상금을 지불하였다.[25]

---

21 Hutchinson, "History"(1795), ii, p.129의 주석은 그로턴(Groton) 사람들의 그러한 사례를 이야기하고 있음; 또한 Parkman, "Half-Century", vol. i, ch. iv, citing Maurault, "Histoire des Abenakis", p.377도 참조하기 바람.
22 Massachusetts Archives, lxxi, pp.4·84~85·87~88.
23 Hoosatonic.
24 Connecticut Records, iv, pp.463~464.

변경 적응과정의 가장 두드러진 단계 가운데 하나는 1703년 가을 "인디언이 곰을 사냥하는 것처럼 인디언을 사냥하기 위해" 개의 사용을 촉구하는 노샘턴의 솔로몬 스토다드Soloman Stoddard 목사의 제안이었다. 이 주장은 개가 너무 빨라서 타운사람들이 잡을 수 없는 수많은 인디언을 잡을 것이며, 이러한 방법을 비인간적인 것으로 취급하지는 말아야 한다는 내용이었다. 인디언은 "늑대처럼 움직이니까 늑대처럼 취급해야 한다"는 것이었다.[26] 실제로 매사추세츠는 1706년 더 나은 변경 안보를 위해서 개를 사육하고 증식하기 위한 법령을 통과시켰고, 1708년 매사추세츠와 코네티컷은 개를 풀어 인디언을 추적하는 비용을 정부 재정에서 충당하였다.[27]

이렇게 해서 우리에게 이제는 익숙한 상황에 이르게 되는데, 이는 곧 다음과 같다. 매사추세츠 변경인은 이후 자신의 서부 계승자처럼 인디언을 증오하였다. 커튼 매더Cotton Mather의 용어로 "황색 뱀들(인디언-역주)"을 끝까지 좇아가서 법령에 따라 두피를 벗겨야 하며, 하버드 졸업생으로 피그와케트의 담가the Ballad of Pigwacket[28]의 영웅인 이 목사가 적어도 한 번은 보여준 것처럼, 많은 "인디언들이 살육되었고, 그리고 총탄이 그의 주위를 날아갈 때에도 그는 이 가운데 몇 명의 두피를 벗겼다."[29]

25　Massachusetts Colony Records, v, p.72; Massachusetts Province Laws, i, pp.176・211・292・558・594・600; Massachusetts Archives, lxxi, pp.7・89・102. Publications of this Society, vii, 275~278을 참조하기 바람.

26　Sheldon, "Deerfield", i, p.290.

27　Judd, "Hadley", p.272; 4 Massachusetts Historical Collections, ii, p.235.

28　역주 : 1725년 영국군과 아베나키 인디언 부족 사이에 벌어진 피그와케트 전투에 대한 이야기.

29　Farmer and Moore, "Collections", iii, p.64. 더 먼 서부의 변경 여성으로는 열 명의 인디언 머리가죽 전리품을 들고 50파운드의 현상금을 받은 헤이버힐(Haverhill)의 한나 더스턴

변경선으로 둘러싸인 지역 내에는 필립왕 전쟁 당시 패배한 인디언들이 일부 잔존해 있었다. 그들은 인디언 보호구역 내에서 술에 취해 사는 몰락한 생존자들이었는데, 이들 가운데에서 선교사들은 별 성과를 내지 못하면서 활동하고 있었다. 이들은 후일의 변경과 마찬가지로 변경 타운에 골칫거리였다.[30] 이미 언급한 것처럼 변경 타운에는 산재한 주둔지 가옥이 있었고, 미국혁명 당시 켄터키나 1812년 전쟁 당시 인디애나와 일리노이의 지역 요새, 즉 기지와 유사한 목책의 구조물이 있었지만, 하나의 차이점은 특히 주목할 만하다. 켄터키나 테네시의 시골뜨기처럼 더 명백한 사례뿐만 아니라 앨러게이니산맥의 동부능선을 따라서 펜실베이니아에서 고지대 남부the Upland South[31]까지 도착한 변경인의 경우, 변경 타운은 이전 정착지역의 군사적 보호를 수용하기에는 주요 정착지역에서 너무 떨어져 고립되어 있었다. 동부 해안 타운에 인접해 있었기 때문에 뉴잉글랜드 변경의 경우는 그렇지 않았다. 17세기 버지니아의 경우처럼 이 지역에 대해서는 식민지 당국이 변경 보호를 위해 상당히 많은 조치를 취했고, 변경타운 스스로도 목소리 높여 지원을 요청하였다. 이 단계의 변경 방어는 특별히 연구할 필요가 있지만, 지금은 식민지 당국이 변경 타운의 민병대를 사용한 것뿐만 아니라, 변경에 주둔군을 보냈다는 것과 식민지 당국이 주둔지를 이동하는 순찰대를 사용했다는 점을 상기하면 충분하다.[32]

(Hannah Dustan)보다 더 극단적인 대표적 인물은 찾을 수는 없다.(Parkman, "Frontenac", 1898, p.407, note)

30 기독교 인디언을 보호했던 사람들에 대한 분노의 예로는 F. W. Gookin, "Daniel Gookin", pp.145~155 참조하기 바람.

31 역주 : 남부 애팔래치아산맥, 오자크산맥, 그리고 애팔래치아산맥과 오자크산맥 사이의 고지대를 포함하는 광범위한 지역을 지칭함.

이러한 사항들은 정규군 초소, 그리고 원격지의 군사변경을 전진시킨 순찰대, 기마병, 기병대, 기마경찰 등의 전형이었다. 18세기 초반 여전히 해안에 인접해 있으면서 뉴잉글랜드로부터 남북 캐롤라이나에 이르는 이들 군사 경계선을 추적하는 것은 가능하다. 1840년에 이르면 이 경계선은 미시시피강 상류의 포트스넬링Fort Snelling에서 여러 초소를 통과하여 텍사스의 사빈강 경계the Sabine boundary에까지 이르렀고, 오늘날 멕시코 주변과 태평양 인근 초소에까지 이르렀다.

주둔군의 지원이 필요하다는 변경의 호소에 관한 몇 가지 사례들은 군사적 변경의 초기 형태를 이해하는 데 도움이 될 것이다. 웰스Wells 지역은 1689년 6월 30일 다음과 같이 요청하고 있다.

첫째, 각하께서 우리가 건초와 옥수수를 수확하는 동안(우리는 스스로를 지키면서 일과를 수행할 수는 없습니다), 우리를 보호해 줄 수 있고, 또한 상황에 발생할 때 적을 추적하여 분쇄할 수 있는 28명의 훌륭하고 민첩한 사람을 신속히 파견에 주기를 요청합니다.

둘째, 이러한 사람들이 무기, 총탄, 장비 등을 완전히 구비하고, 나라를 위해 이것이 전면전이 되기를 요청합니다.[33]

"여전히 취약하여 스스로 주둔군을 유지하고 또한 생존을 위해 꼭 필

---

32   예를 들어 Massachusetts Archives, lxx, p.261; Bailey, "Andover", p.179; Metcalf, "Annals of Mendon", p.63; Proceedings Massachusetts Historical Society, xliii, pp.504~519. Parkman의 "Frontenac"(Boston, 1898), p.390와 "Half-Century of Conflict"(Boston, 1898), i, p.55 등의 문헌은 변경 방어를 묘사하고 있다.

33   Massachusetts Archives, cvii, p.155.

요한 것으로 가축 건초를 얻기 위해서 사람을 보내야 하는 일 등 이 두 가지를 모두 할 수는 없는” 던스터블은 1689년 7월 23일 한 달 동안 “우리가 건초를 거두는 동안 타운을 순찰할” 20명의 보병을 보내 달라고 청원하였다. 그렇지 않을 경우 이들은 그곳을 떠날 수밖에 없다고 말했다.[34] 이러한 분위기를 더 잘 지적해 주는 것은 1675~1676년 3월 11일 총독과 참의회에 대한 랭커스터의 청원서였다. 랭커스터의 청원서는 “하나님이 귀하를 우리의 아버지로 삼으셨기에, 귀하는 우리에게 아버지의 온정이 있으십니다”라고 적고 있었다. 이들은 호위대와 원조를 요구했는데, 이러한 지원이 없으면 떠나야만 하는 상황이었다.[35] 1678년 디어필드는 식민지 의회에 대해 “아버지와 같은 온정으로 귀하가 기꺼이 우리를 돌보아 주시고 귀하의 품 안에 우리를 지켜주시지 않으면, 우리는 갑자기 마지막 숨을 거둘 것 같습니다”라고 탄원하였다.[36]

당대의 위험, 변경 타운의 고초, 그리고 이러한 특별한 변경이 손실과 상처에 대해 보상을 요구했던 것은 다른 타운에서 나온 유사한 청원서에서도 많이 나타나고 있었다.[37] 간혹 이러한 매우 솔직한 자기 동정과 의존적 태도를 목사의 표현방식으로, 그리고 세금감면의 욕구로 돌리려는 유혹에 빠지기도 했다. 그리고 후자는 다른 지역에서는 종교보다는 폭동과 좀 더 관련된 변경의 특징이었다.

다양한 청원서의 한 사례로서 1704년 그로턴Groton의 다음과 같은 청원서는 시사적이다. 이 청원서에서 목사의 역할은 아마도 없는 것 같다.

34 *Ibid.*, cvii, p.230; 230 a도 참조하기 바람.
35 Massachusetts Archives, lxviii, p.156.
36 Sheldon, “Deerfield”, i, p.189.
37 Massachusetts Archives, lxxi, 46~48 · 131 · 134~135 *et passim.*

① 무한한 지혜로 만물에 질서를 부여하는 하나님의 전능한 손을 통해, 비통한 경험처럼 적으로 인해 매우 위험한 이 지역에 사는 것이 우리의 운명이기는 하나, 이전과 지금 우리는 큰 손실과 좌절을 겪었고, 특히 작년에는 어떤 이는 죽고, 어떤 이는 잡혀가고, 어떤 이는 다른 곳으로 가는 등 너무나 많은 사람을 잃었습니다. 옥수수와 가축, 말, 건초 등도 많이 잃었는데, 이로 인해 우리는 매우 빈곤한 상황에 처하게 되었고, 매우 비참해서 더 이상 살아가기에는 열악한 상황에 놓이게 되었습니다. 이에 대한 전달자로서 귀하에게 알려 드립니다.

② 이 모든 것보다 더한 것은 우리의 목회자인 호바드 씨(Mr. Hobard)가 일 년 이상 하나님의 명령을 우리에게 전달하실 수 없었다는 것입니다. 우리는 우리 이웃 교회의 로랜트 장로들(Raurant Elders)과 상의했고, 그들은 우리에게 다른 목사님을 고용하여 호바드 씨를 도와주고 우리의 사정을 각하에게 전달하라고 충고해 주었습니다. 우리는 매우 가난하고 타운으로나 지역으로나 숫자가 적어서 사례비를 낼 돈이 거의 남아 있지 않습니다. 그리고 우리는 변경 타운으로 위험에 취약해서 출입이 안전하지 않습니다. 그러나 오랫동안 우리는 생명의 위험을 감수하며 식량을 구했고, 당국의 명령에 따라서 주둔지와 요새를 건설하는 부담을 져서 매우 어려운 상태에 처하게 되었습니다. 우리 거주민들 가운데 몇 사람은 타운을 떠났고, 우리를 격려해줄 조치가 이행되지 않으면 다른 사람들도 떠나려고 채비하고 있습니다. 우리는 매우 사람이 적고 가난해서 두 명의 목사님에 대해 사례비를 지불할 수 없지만, 목사님 없이는 살 수도 없습니다. 우리는 적을 부단히 감시하고 감독하는데 너무나 많은 시간을 사용했기 때문에 별로 남은 것이 없습니다. 정말 우리는 거의 2년 동안

군인처럼 살았습니다. 그래서 각하께서 우리의 안전과 우리에 대한 지원을 위해서 더 나은 방법을 찾아 줄 수 없다고 하시면, 우리는 타운으로 지속해 나갈 수 없습니다. 우리 세금을 감면해 주시든지, 당국이 명령한 몇몇 요새 건설에 대한 비용을 대신 지불하시든지, 그렇지 않으면 우리 타운 거주자의 반이 급여를 받게 하거나 이웃 타운에 가서 우리 자신을 돌볼 수 있게 하는 자유를 부여해 주셔야 합니다. (…중략…) 이렇게 해주시면 각하께서는 우리 불쌍한 청원인들이 지금 맞이하고 있는 많은 곤경과 싸우도록 격려해주는 것이 될 것입니다.[38]

---

38 Massachusetts Archives, lxxi, p.107: cf. Metcalf, "Mendon", p.130; Sheldon, "Deerfield", i, p.288. 1755년과 1774년 버지니아 변경도 비슷한 상황을 보였다. 그 예로 Thwaites, "France in America", pp.193~195에 있는 워싱턴의 저술(Washington's Writings)에 대한 인용문, 그리고 Thwaites and Kellogg, "Dunmore's War", pp.227~228 et passim에 있는 변경서신을 참조하기 바람; 1742년 7월 30일 자 버지니아의 구치(William Gooch)총독에게 보낸 다음의 청원서는 스코틀랜드계 아일랜드인 변경과의 비교 근거를 제공한다. "저희 청원인들은 겸허히 각하의 충성스럽고(Loly) 충실한 신민(Subganckes)들이 저희의 생명과 저희가 가진 모든 것을 매우 위험한 각하의 버지니아 오지 정착에 위험을 무릅쓰고 쏟아 부었다는 것을 보여드렸습니다. 왜냐하면 그 지역은 이 오지에 최초로 정착한 각하의 신민인 우리 몇몇에게 해롭다고 입증된 이교도의 길(Hathins Road to ware)이기 때문입니다. 그리고 각하의 허니빌(Honibill) 청원인인 저희들은 얼마 전에 각하에게 각하의 가장 충직한 신민인 저희들이 생각할 때 가장 적절한 사람, 각하께서 이교도를 징벌할 때(ye voilince of ye Haithen)에 저희를 돌보아 주고 각하께서 이교도를 징벌할 때 각하의 나라와 당신의 불쌍한 소그백(Sogbacks)의 이익을 지켜줄 가슴과 용기를 지닌 사람을 우리에게 파견해 달라고 청원했습니다. 그러나 우리는 각하께서 지도자로 추종자 장교들과 함께 존 맥도웰(John McDowell)을 지명하고, 이에 각하께서 동의하시면 각하의 가장 충직하고 겸손한 청원인들에게 매우 만족스러울 것이라는 희망에 따라, 겸허히 저희가 이러한 것을 얻지 못하고 있다는 것을 각하께 감히 다시 한번 알려 드리고자 합니다. 그리고 우리는 의무의 유대감으로 매일 기도합니다."(Calendar of Virginia State Papers, i, p.235)(이 터너 원문의 각주 번역에 있어서 미국 정착 초기의 영어가 사용되어 번역이 매우 어려운 부분은 터너의 각주에 나오는 단어를 병기했고, 전후 문맥에 따라서 번역하였음을 밝혀 둠)

변경 타운 사람들은 보호소에 강제로 수용되고 생명을 걸고 식량을 구하는 등 노출된 변경을 지키면서, 한편으로는 세금을 내는 것에 어려움을 느끼고 있었다. 게다가 타운 세금을 전혀 내지 않으면서 변경인들의 노력으로 혜택을 보는 부재 소유자에 대한 불만도 있었다. 이에 대해서는 나중에 더 이야기할 것이다.

식민지 정부에 대해 혜택을 요구하는 이 청원서를 신뢰한다면, 우리는 다른 변경인들과는 달리 이 변경인들이 권위에 어느 정도 복종하는 경향이 있음을 인정하게 되는데, 이는 실제로는 전적으로 사실로 입증된 것은 아니다.[39] 자세히 읽어 보면 아무리 신중하게 표현했더라도 이러한 청원서는 실은 세금에 대한 불만, 자신들 대신 기존 식민지가 비용을 지출하라는 요구, 부재 소유자에 대한 비판, 자신들이 동부 정착지의 방어에 필수적인 변경의 지위를 포기할 수도 있음을 시사하고 있음을 알 수 있다.

변경의 특징인 강력한 불복종 정신은 1694년 핀천John Pynchon의 진술에서도 명확하게 드러난다. 핀천은 해트필드, 해들리, 스프링필드Springfield 등의 요새가 무너져가는 것을 불평하면서 "이 사람들은 고집이 세다. 자기가 하고 싶을 때 하고, 그렇지 않으면 전혀 하지 않는다"라고 기술한 바 있다.[40] 인력모집을 제대로 할 수 없었던 것과 관련하여 거든 샐턴스털Gurdon Saltonstall은 헤이버힐Haverhill에서 거의 같은 내용을 담아 "나는 더

---

39 그러나 대륙회의(Continental Congress)에 대한 남부개척자들의 청원서에는 존중을 표하는 내용이 있었다. 하지만 그 대륙회의가 먼 거리에 있었다는 점에서 그 존중하는 마음은 평가절하될 수 있다. 이와 관련하여 F. J. Turner, "Western State-Making in the Revolutionary Era"(*American Historical Review*, i, pp.70 · 251)를 참조하기 바람. 세금감면 요구는 거기 인용된 청원서들의 일반적인 특징이다.
40 Proceedings Massachusetts Historical Society, xliii, pp.506 ff.

이상 헤이버힐 사람을 위해서 변호하지 않을 것이다"라고 적으면서, "우리가 뭘 해야 좋은지, 뭘 할 수 있고 해야만 하는지 말해 줄 수 있는 적절한 사람을 보내 달라. 나는 헛수고만 했다. 어떤 사람들은 이렇게 하고, 어떤 사람들은 저렇게 하고, 또 자기 마음대로 다르게 한다. 제멋대로 한다"라고 불만을 토로했다.[41] 이는 변경 연구자에게는 익숙한 말이다.

그 후의 변경의 사례와 마찬가지로 정착지 경계선에서 공통의 위협의 존재는 매사추세츠 타운이 연합 방어행동을 취하도록 결속시켰을 뿐만 아니라 다른 식민지들도 결집시켰다. 후일의 변경이 국민주의의 유인책이었듯이 당시의 변경은 지역 연합에 대한 유인책이었다. 1692년 코네티컷 강변의 매사추세츠 타운들에 지원병을 보냈을 때,[42] 핀천이 적었던 것처럼 코네티컷은 "어떤 의미에서 거의 적의 수중에 들어가 있는" 디어필드 사람들이 자신의 변경이며,[43] 지리적 사실이 인위적 식민지 경계선보다 더 급박하다는 점을 깨닫고 있다. 그래서 코네티컷은 지역 간 적대감을 무너뜨린 조치도 취하였다. 1689년 매사추세츠와 코네티컷이 프랑스인에 대항해 인디언의 도움을 얻고자 뉴욕과 함께 식민지 인디언에게 선물을 보내는 과정에서 알바니에 대표를 파견했을 때,[44] 그들은 자신의 지도자들이 표현한 것처럼 알바니가 이 노출된 영역에서 변경의 요충지임을 인지하고 있었다. 리빙스턴Robert Livingston은 1690년 코네티컷의 지원에 감사를 표현하면서 "각하께서는 알바니를 알바니로 보지 마

---

41 *Ibid.*, xliii, p.518.
42 Connecticut Colonial Records, iv, p.67.
43 1693~1694년 2월 22일의 청원에서 디어필드는 그 스스로를 "웨스트햄프셔 카운티의 가장 변경에 있는 마을"이라 칭하였다.(Massachusetts Archives, cxiii, p.57 a)
44 Judd, "Hadley", p.249.

시고 각하 식민지의 변경, 국왕 폐하가 다스리는 국가들의 변경으로 여겨주시기를 희망합니다"라고 말했다.[45]

미국 변경의 핵심은 변경이 변경 후방 사람의 팽창적 에너지를 기록하고, 그 존재의 법칙으로 인해 새 정복지로 향한 전진을 계속 그려내는 생생한 선이라는 점이다. 이것이 당시 뉴잉글랜드 변경에 있어서 가장 중요한 상황일 것이다. 메인 해안the Maine coast을 둘러싸고 있는 피로 물든 긴 동부 변경선은 매우 중요하다. 이는 그 선이 오늘날까지 견디어 온 메인 사람들의 삶과 특성에 서부적 색조를 부여했기 때문이다. 또한 그 선이 세인트로렌스강the St. Lawrence 어귀까지 뉴잉글랜드가 전진한 선으로서, 이 강을 고수했던 나라들과의 외교적 협상에 이르게 했기 때문이다. 메리맥강 일대의 일련의 타운들은 이 지역을 뉴햄프셔New Hampshire의 황무지로 계속 유혹했다. 코네티컷강the Connecticut river의 타운들은 꾸준히 물길을 따라 정착하면서 올라와 그 지류를 따라서 하우자토닉강the Hoosatonic과 버몬트Vermont의 녹색산맥the Green Mountains 사이의 계곡에까지 이르렀다. 1723년 말에 이르면 매사추세츠 식민지 의회는 다음과 같이 결의하기도 하였다.

이곳과 이웃하는 코네티컷 정부의 경우 노스필드(Northfield) 위에 이퀴벌런트랜즈(Equivalent Lands)라 불리는 땅의 가장 편리한 곳에 통나무집을 건설하는 것과, 거기에 40명의 영국인과 서부 인디언으로 구성된 유능한 사람들을 배치하는 것은 모든 서부 변경에 매우 유익할 것이다. 그들은 코네

---

45   W. D. Schuyler-Lighthall, "Glorious Enterprise", p.16.

티컷강, 웨스트강(the West), 아터크리크(Otter Creek), 그리고 가끔 머내드나크산(the Great Manadnuck) 위의 동쪽을 따라 올라가, 멀리에서 변경 타운으로 접근해 오는 적을 발견하기 위한 순찰에 활용될 것이다.[46]

"변경 타운"은 쇄도할 준비를 하고 있었다. 머지않아 포트더머Fort Dummer가 "통나무집"을 대체했으며, 더버크셔즈the Berkshires와 버몬트가 새로운 변경이 되었다. 허드슨강도 챔플레인 호수와 몬트리올Montreal로 이르는 길을 알려 주는 또 다른 전진선으로 인식되었고, 변경의 공격적 전진을 통해 보호책이 확보되어야 한다는 요구를 불러냈다. "캐나다는 정복되어야 한다Canada delenda est"는 선언은 뉴욕뿐만 아니라 뉴잉글랜드에서도 결집의 구호가 되었고, 외교적 압력과 군사적 원정이 합쳐져서 프랑스와 인디언과의 전쟁 기간 그리고 혁명 기간 동안에도 이어졌다. 이때 코네티컷과 매사추세츠 변경 타운 자손들은 인디언과의 전투에 익숙해져 있던 앨런Ethan Allen과 그의 동료들을 따라 북쪽으로 갔다.[47]

이들 최초의 공식적 변경의 군사적이고 팽창적인 경향을 언급했으니, 다음으로 그 사회적, 경제적, 정치적 측면으로 넘어가 보기로 한다.

---

46 Sheldon, "Deerfield", i, p.405.
47 1775년 앨런은 캐나다 인디언에게 다음과 같이 적어 주었다. "나는 너희 전사들이 와서 보고 내가 국왕의 정규군과 싸우는 것을 도와주기를 원한다. 너희들이 알고 있다시피 그들은 상관이나 병사 모두 밀착해서 함께 모여 있고, 나의 부하들은 인디언처럼 싸우고 있다. 그리고 나는 너희 전사들이 나 그리고 내 병사들과 형제처럼 연합하여 국왕의 정규군을 매복 공격하기 바란다. 만약 너희가 수락한다면, 나는 돈, 담요, 도끼, 칼, 도료 등 육군에 있는 어떤 것이라도 형제처럼 제공할 것이다. 그리고 너희와 함께 숲으로 함께 가서 정찰할 것이다. 그리고 내 부하들과 너희 부하들은 함께 자고 먹고 마시고 정규군에 대항해 싸울 것이다. 왜냐하면 정규군이 우리의 형제들을 먼저 죽였기 때문이다."(American Archives, 4th Series, ii, p.714)

이 최초 변경은 어느 정도까지 동부 자본의 투자처였으며 이들 자본의 정치적 통제의 대상이었는가? 이 변경과 동부해안의 정착 자산가 계급 간에 적대감의 증거는 있었는가? 부단한 민주주의, 조세와 통제에 대한 분노, 그리고 서부 개척자와 동부 자본가 사이의 갈등이 다른 지역 변경의 특징이었는데, 여기에서도 유사한 현상의 증거가 있는가? 변경에서 "민중주의적" 경향이 나타났으며, 이러한 경향을 설명해 주는 분노가 있었는가?[48]

뉴욕과 버지니아 같은 식민지에서는 심지어 교부토지에도 실제로 이미 정착민이 있었는데, 그 토지는 참의회 의원이나 그들의 영향력 있는 동료들에게 주어졌다. 뉴잉글랜드의 경우 토지체계는 비상업적 정책에 근거해 있다는 인상을 줄 정도로, 인정된 정착민에 대한 토지의 사전 무상교부를 통해 새로운 청교도 타운을 만들었다는 식으로 서술되어 있다. 그러나 이러한 서술은 전적으로 사실에 부합하는 것은 아니다. 부재 소유자 측도 경제적 이해관계를 가지고 있었다는 점, 정부에 대해 영향력 있는 사람들이 토지교부를 받은 사람들 가운데 종종 있었다는 점 등도 사실이다. 멜빌 이글스턴Melville Egleston은 그 상황을 "식민지 의회는 어느 정도 신뢰할 수 있는 사람의 영향력 아래 있지 않은 이상 새로운 농장을 인정하지 않으려고 조심스럽게 조치했다. 그리고 보통 이들의 신청에 따라서 행동을 취했다"라고 적고 있다.[49] 나중에 보게 되겠지만, 변경은 이 관행을 항상 매우 우호적인 견지에서만 본 것은 아니었다.

---

48 A. McF. Davis, "The Shays Rebellion a Political Aftermath"(Proceedings American Antiquarian Society, xxi, pp.58・62・75~79)와 비교해 보기 바람.
49 "Land System of the New England Colonies", p.30.

새 타운은 어떤 경우에는 정착민들이 넓은 사적 교부토지 및 그 주변에 집결한 결과였던 것으로 보인다. 더 빈번하게는 새 타운은 옛 타운의 경계가 넓어지면서 주변의 넓은 땅으로 확산되어 공회당에 쉽게 접근하기 어렵게 된 후, 옛 타운의 정착민이 이를 별도의 타운으로 인정해 달라고 요청하면서 생겨난 결과이다. 어떤 경우에 새 타운은 배정되지 않은 땅에 웅크리고 거주한 결과이기도 하고, 혹은 인디언의 토지소유권Indian title을 구매한 이후 이에 대한 추인을 요구한 결과이기도 하다. 다른 경우는 정착에 앞서 토지교부가 일어난 경우이다.

1636년까지만 해도 식민지 의회는 의원magistrates[50] 다수의 허가 없이는 새로운 농장으로 갈 수 없다고 규정했다.[51] 이는 법적 상황을 명확히 한 것이었으나, 이것이 실제 상황을 대변한다고 결론짓는 것은 위험하다. 어떤 경우이든 정착민은 최종적으로 식민지 의회의 동의를 확보할 필요성이 있었을 것이다. 이는 의원에 대해 정치적 영향력을 지닌 지도급 인사에 대한 토지교부를 통해서 순조롭게 진행될 수 있었다. 17세기와 18세기 초 변경의 청원서에 나타난 부재 소유자에 대한 불평은 이런 현상이 발생했음을 지적해 주고 있는 것 같다. 18세기에 이르면 지도급 인사에 대한 토지교부와 교부토지의 경제적, 정치적 동기는 점점 더 명확해진다. 이런 모든 주제는 특별한 연구 주제가 되어야 한다. 여기에서 제기하는 것은 단지 어떤 문제점만을 제시하는 것이다.[52]

---

50 역주: 초기 식민지 의회의 자유민 대표(delegate)로서 타운별로 선출되어 지방행정관의 역할도 겸함.

51 Massachusetts Colony Records, i, p.167.

52 Weeden, "Economic and Social History of New England", i, pp.270~271; Gookin, "Daniel Gookin", pp.106~161 등과 비교해 보기 바람. 그리고 어떻게 언급된 다양한 요소들이 한 마을에서 결합될 수 있었는지에 대한 예시를 위해서는 우스터(Worcester)의

변경 정착민들은 동부 타운에서 편안하게 있으면서 자기가 소유한 농토에 들인 개척자의 노동과 피의 대가로 이익을 보는 부재 소유자를 비판했다. 타운 역사가가 기록한 몇 가지 사례가 이를 설명해 줄 것이다. 메리맥 밸리the Merrimac Valley의 타운 가운데 솔즈베리는 브래드스트리트Simon Bradstreet씨나 토머스 더들리Thomas Dudley의 아들 더들리Samuel Dudley를 포함하여 20여 명의 부재 소유자에게 교부된 땅을 토대로 건설되었다. 그런데 이들 가운데 단지 두 사람만이 실제로 솔즈베리에서 살다가 죽었다.[53] 에임즈베리는 솔즈베리에서 분리되었는데, 그 협정 서명자의 반수는 기호로 서명했다. 헤이버힐은 입스위치Ipswich의 목사인 워드씨Mr. Ward와 그의 사위 질스 퍼민Giles Firmin 그리고 기타 몇 사람의 청원 이후에 자리를 잡을 수 있었다. 1640년 윈스럽John Winthrop 총독에게 보낸 편지에서 퍼민은 "다른 사람들은 들판에 살기 위해 고의로 이리저리 돌아다니기만 하는데", 입스위치는 자신이 그 타운에서 3년 동안 머물러야 하며 그렇지 않으면 그 토지를 팔 수 없다는 조건하에서 자신에게 토지를 주었다고 불평하고 있다.[54]

던스터블의 넓은 교부토지는 1652년의 조사 이후 토지를 교부받은 주도자들의 결합에 의해서 성사되었다. 이러한 교부토지 가운데에는 매사추세츠 고대 명예 포병회사the Ancient and Honorable Artillery Company[55]에 부여된 것과 보스턴의 토머스 브래틀Thomas Brattle에게 교부된 것도 있었

역사를 참조하기 바람.

53 F. Merrill, "Amesbury", pp.5 · 50.
54 B. L. Mirick, "Haverhill", pp.9~10.
55 역주 : 북미에서 가장 오래된 공인 군사조직. 1638년 윈스럽 총독이 매사추세츠 지역의 민병대 회사의 장교들을 훈련시키기 위한 목적으로 이 조직을 공인함.

다. 명백히 이 토지는 원래의 피교부자가 아닌 사람들에 의해 주로 정착된 것이다.[56] 그로턴은 1685년 지방세를 내는데 "비거주민"이 원조하도록 청구하자고 투표했고, 1679년 식민지 의회는 그로턴에 땅을 소유한 비거주민이 거주민처럼 토지에 대한 세금을 내도록 명령했다.[57] 랭커스터 인근 나샤웨이Nashaway는 다양한 철골장인들을 포함한 소유주들에게 배분되었는데, 이는 아마도 철공소의 기대감을 의미하는 것이며, 원래 소유주는 거의 실제로 그 타운에 살지 않았다.[58] 1653~1654년의 토지교부는 식민지 의회에 의해서 아래 사항 등을 나열하면서 이루어졌다.

① 식민지 의회는 1647년 "나샤웨이 농장의 명령과 처분은 전적으로 식민지 의회의 권한으로 한다."
② "나샤웨이에 이미 아홉 가족이 있고 자유민과 기타 사람들 몇몇이 — 그 가운데 몇 명은 이 청원서에 언급되어 있다 — 거기 가서 정착하려 하는 점을 고려한다."

1660년 브레인트리Braintree 사람들이 시작한 멘던은 특히 중요한 사례이다. 1681년 거주민들은 비록 "천장이 있는 집에 살면서도 주님의 집이 세워져야 한다고 말하는 그런 부류의 사람"은 아니지만, 그럼에도 "자신들은 물론 소유주 — 이들 소유주의 땅값은 우리가 공적 작업을 수

---

56 Green, "Early Records of Groton", pp.49 · 70 · 90.
57 Ibid.
58 Worcester County History, i, pp.2~3.

행해서 많이 올랐고, 우리가 이 땅을 떠나게 된다면 아무 가치도 없게 될 것이다―가 자신들과 함께 타운 유지의 경비를 평등하게 감당하지 않으면 맥이 빠지게 된다. 아직 우리에게 나타나지 않은 사람들은(부재 소유주―역주) 우리 소유주 가운데 위대하고 훨씬 능력 있는 사람들이다" 라고 탄원하였다.[59] 1684년 도시행정위원들은 두 명을 제외하고 소유주의 절반은 다른 곳에 거주하고 있다고 식민지 의회에 알려주었다. 그들은 "해외에 있는 소유주들은 우리가 땅과 가축에 대해서 지불하는 만큼 자신들이 자신의 땅에 대해서 지불해야 하는지 그 이유를 모르겠다고 반대하고 있다. 이에 대해 우리는 여기에 대한 충분한 이유가 없다고 해도, 이유가 없는 것을 공급할 훨씬 더 충분한 필요성이 있다고 확신한다고 응답한다"라고 지방의회에 알리고 있다.[60] 이것이 변경의 진정한 목소리였다.

내틱 인디언the Natick Indian[61] 보류지가 위치한 것에 대한 보상으로 토지를 교부 받은 데덤이 토지의 상당 부분을 처음에 보유하고 있었기 때문에, 디어필드는 또 다른 유형을 제시한다. 디어필드의 데덤 소유지분은 종종 투기자들의 수중에 들어갔는데, 디어필드의 조심성 있는 역사가인 셸던George Sheldon은 데덤 사람 가운데 한 사람도 토지가 교부된 지

---

59 J. G. Metcalf, "Annals of Mendon", p.85.
60 P.96. Roosevelt, "Winning of the West", ii, p.398에 있는 1780년 켄터키의 청원서(the Kentucky petition of 1780)와 Turner, "Western State-Making"(*American Historical Review*, i, p.262)에 인용된, 부재자 토지 자격을 보유한 버지니아 "나밥스"(the Virginia "Nabobs")를 공격한 그 변경에서 온 편지(the letter from that frontier)를 비교해 보기 바람. 그들은 "이 땅이 속한 그 **위대한 사람들**이 와서 지키게 하라"라고 말했다.
61 역주 : 뉴잉글랜드, 뉴욕, 온타리오, 퀘벡 일대의 인디언 부족을 지칭하는 17세기 용어. 이들은 비자발적이거나 자발적으로 기독교로 개종함.

역의 거주민이 아니었다고 선언하고 있다. 1678년 디어필드는 식민지 의회에 대해서 다음과 같이 청원하였다.

그 토지의 가장 핵심이며 좋은 부분, 그 토양의 좋은 부분, 위치로 볼 때 가장 좋은 부분이 타운의 제일 중앙에 위치하여 기쁘실 지도 모르겠습니다. 분량으로 보면 거의 절반이 8인 혹은 9인의 소유주에 속하는데, 그들은 한 사람도 우리와 함께 정착지에서 살고 있지 않습니다. 이에 대해 우리는 통탄할 일이라고 판단하였는데, 이는 이러한 상황이 바뀌지 않으면 미래는 견딜 수 없을 것이라고 생각했기 때문입니다. 오 매더 목사님 (…중략…) 우리 스스로는 이 소유주들을 설득하지 않으면 그리고 상당히 쉬운 조건으로 자신의 권리를 매각하지 않으면 이 농장이 망가질까 판단되어 상당히 좌절해 있습니다. (…중략…) 그러나 농장의 주요 부분이 이를 스스로 개선할 수 없는 사람의 손에 있는 한, 어느 누구도 공민적 혹은 성경적 관점에서 그 토지를 더 나은 것으로 만들 만한 소작인을 결코 배치하지 않을 것입니다. 그와 우리 자신과 그리고 열심히 일을 하려고 하는 모든 다른 사람들은 매우 좌절해 있습니다.[62]

후일 코네티컷의 한 타운이 된 우드스톡은 록스베리Roxbury 타운에 공여된 니프먹Nipmuc 지역의 토지교부로 만들어졌다. 주변에 인디언이 여전히 결집하던 교역소 근처에 농장이 있던 정착민들은 "이주해 나간 사람들"이라고 불린 반면, "이주해 가지 않은 사람들"은 록스베리에 남아

---

62   Sheldon, "Deerfield", i, pp.188~189.

있던 사람들이었으며, 이들이 새로운 교부토지의 절반을 보유하고 있었다. 이들 비이주민들은 정착을 촉진하도록 이주해 나간 사람들에게 돈을 지불했다는 점도 덧붙여 말해 두어야 한다.

이러한 소유주의 부재와 신흥 타운의 토지에 대한 상업적 태도는 이후 18세기에도 더욱 명백해졌다. 예컨대 레스터Leicester는 1713년 식민지 의회에 의해서 승인되었다. 20개의 지분은 22명의 소유주들에게 분배되었는데, 여기에는 제러마이어 더머Jeremiah Dummer, 폴 더들리Paul Dudley 검찰총장, 폴 더들리와 마찬가지로 총독인 조셉 더들리Joseph Dudley의 아들인 윌리엄 더들리William Dudley, 후일 총독의 아버지인 토마스 허친슨Thomas Hutchinson, 정치지도자인 존 클라크John Clark, 대법원장의 아들인 사무엘 시월Samuel Sewall 등이 속해 있었다. 이들은 모두 영향력 있는 인사들이었으며, 누구 한 사람도 레스터의 거주민이 아니었다. 이들 소유주들은 자신들에게 토지교부가 허락된 조건 가운데 하나를 충족시키기 위해서, 50가구를 타운의 절반인 동부지역에 거주하도록 유인했고, 타운의 나머지 절반은 자신들의 절대 자산으로 남겨두었다.[63]

1716년 「몇 가지 종류의 은행에 대한 약간의 고찰」이라는 제목의 통화 관련 책자의 저자는 예전에 토지가 쉽게 획득될 수 있을 때에는 훌륭한 사람들이 기한제 계약노동자indentured servant[64]로 이주해 왔으나, 이제 오는 사람들은 도망자, 도둑, 난동을 일으키는 사람들이라고 말하고 있

---

63 이러한 사실들은 E. Washburn, "Leicester", pp.5~15의 권위에 의거해 서술되었다. Weeden, "Economic and Social History of New England", ii, p.505, 주석 4에 인용된 Major Stephen Sewall to Jeremiah Dummer, 1717와 비교해 보기 바람.

64 역주 : 미국 식민지 시대 초기 미국에 선박여행 운임 등을 미리 지불해 준 이후 선이주민 토착 식민지인에게 일정 기간 무임금으로 고용되어 일하기로 계약하고 이주해 온 유럽 사람들. 후일 이들을 고용한 농장주들과 토지분배 등의 문제를 놓고 갈등함.

다. 그의 견해에 따르면 이 문제에 대한 해결책은 계약기간이 종료될 때 이들에게 살 수 있는 집을 제공하여 기한제 계약노동자를 끌어 들이는 것이었다.[65] 따라서 저자는 타운을 4 혹은 5평방 마일로 조성하여 50 혹은 60에이커의 땅을 이들 기한제 계약노동자에게 주어야 한다고 주장하고 있다.[66] 매사추세츠 흑인 노예의 증가에 대한 우려가 이러한 제안의 이유였던 것으로 보인다. 이는 토지를 처분하는 현재의 관행이 가난한 사람의 필요를 돌보지 않았다는 점을 알려준다.

그러나 매사추세츠는 이러한 토지 공여정책 제안을 따르지 않았다. 반대로 분명 금융세력의 압력뿐만 아니라, 분리되어 있는 변경 간의 길을 따라 지속적 정착선을 만들고 논란 있는 지역 내의 여러 타운들에게 토지를 공여하여 경계 주장을 보호하기 위해 타운을 설치하려는 욕망에 따라, 식민지 의회는 1715년에서 1762년 간 자본가의 투기와 식민화를 중요한 요소로 하는 조건하에서 매사추세츠의 잔여 공적 소유지를 처분하였다.[67] 1762년 매사추세츠가 더버크셔즈에 있는 일단의 타운들을 타운 전체로 계산하여 최고의 가격을 부른 매수자에게 팔았을 때,[68] 사회 및 종교적 관념에서 경제적 관념으로의 이전은 완성되었으며, 변경은 "땅 투기"로의 변화에 의해서 매우 크게 영향을 받았다.

그러나 한편으로는 분명히 동부의 이상과 영향력을 서부에서 보존하

---

65 다음의 저술에 나오는 버지니아 체계와 비교하기 바람. Bruce, "Economic History of Virginia in the Seventeenth Century", ii, pp.42~43.

66 이 항목에 있어서 우리 동료인 Andrew McF. Davis에 신세졌다: 그의 "Colonial Currency Reprints", i, pp.335~349를 참조하기 바람.

67 Hutchinson, "History of Massachusetts"(1768), ii, pp.331~332는 건설적인 논평을 하고 있다. A. C. Ford, "Colonial Precedents of Our National Land System", p.84; L. K. Mathews, "Expansion of New England", pp.82 ff.

68 J. G. Holland, "Western Massachusetts", p.197.

려는 욕망에 따라, 변경 정착에 있어서 종교적, 사회적 요소에 대한 인정도 증가하고 있었다. 토지가 교부된 타운 내에 공인된 목사의 부양과 학교를 위한 토지를 남겨두자는 규정은 17세기에 나타나며, 18세기에는 변경 타운에 대한 토지교부의 일반적 특징이 되었다.[69] 뉴잉글랜드의 이러한 관행은 처음부터 연방정부가 공립 초등학교와 주립대학교를 지원하기 위해 공적 토지에서 땅을 교부하는 체계의 토대가 되었으며, 후일 서부 주들에 대해 상당한 영향력을 발휘했다.

토지문제에 대한 불만의 또 다른 이유는 타운 내 토지교부가 평민을 기준으로 이루어지는 체계에 의해 마련되었다는 점이다. 모든 경우는 아니지만 많은 경우 타운의 토지분배에 있어서 소유주를 지도해 온 원칙은 익숙하며 랭커스터 타운의 기록에 다음과 같이 잘 적혀 있다.

그리고 토지가 대부분 부자와 가난한 자에게 동등하게 배정되어 있는 반면, 부분적으로는 타운이 흩어지는 것을 방지하기 위해서, 그리고 부분적으로는 형편이 좋지 않은 사람에 대한 자선과 배려에서 (하나님의 법률인) 평등이 준수되어야 한다. 그래서 우리는 협약을 통해서 다음과 같이 합의한다. 2차 배분과 이후 모든 토지 배분은 우리가 할 수 있는 한 **사람들의 상태에 맞추어 평등의 원칙**을 더욱 준수하여 처리될 것이다. 본인의 상황으로 볼 때 집과 주변 경작지에서 자신이 소유할 만한 것보다 더 많이 가진 사람들은 더 적게 소유하게 될 것이다. 반대의 경우는 더 많이 가지게 될 것이다.[70]

69　Jos. Schafer, "Origin of the System of Land Grants for Education", pp.25~33.
70　H. D. Hurd(ed.), "History of Worcester County", i, p.6.

"평등"이라는 이러한 독특한 교조는 식민지 역사 초기에 불만을 만들어 냈다. 윈스럽은 1634년 보스턴 위원회의 경우 그와 그의 동료들을 지배했던 원리에 대해 그들의 토지 배분은 "부분적으로 교역을 소홀히 하는 것을 막기 위해서" 이루어졌다고 설명했다. 이는 많은 함의를 지닌 개념이었다. 이러한 개념은 제조업 지역인 뉴잉글랜드가 국가의 공적 소유지 문제에 대해 서부와 노동자 측이 요구한 무상 토지불하 혹은 저가 토지정책에 반대한 이유의 근저에 있었다. 주인없는 토지로의 노동이동은 남아 있는 사람들에 대해서 더 많은 임금을 지불해야 함을 의미했다. 기득권층이 그들이 인정한 형태의 사회를 촉진하기 위해 타운의 토지를 사용한다는 것은 당연히 이주에 대해서 어느 정도 효과를 미쳤음에 틀림없다.

그러나 보다 주요한 분쟁의 원천은 계급으로서 비소유주와 대조되는, 타운의 공적 소유지에 대한 타운 소유주들의 관계와 관련해서였다. 그 이전 초기 옛 타운에서 소유주 회합과 타운 회의를 분리시킬 필요성은 새로운 이주민이 많아졌을 때만큼 그리 크지 않았다. 점점 더 새로운 이주민들이 전혀 토지를 교부받지 못하거나, 혹은 미분할 타운 토지 소유권을 지닌 소유주 회합에의 참여가 허락되지 않았다. 타운 회의 측으로부터 자기들이 타운 토지를 다룰 권리가 있다는 주장이 특히 매사추세츠 헤이버힐, 코네티컷의 심스베리, 그리고 코네티컷 밸리의 변경 타운에서 심각하게 대두되었다.[71] 1751년 조나단 에드워즈Jonathan Edwards는 노샘턴에 40년 혹은 50년간 "영국의 궁정과 향신 당파처럼 두 개의

---

71   Egleston, "Land System of the New England Colonies", pp.39~41.

파당이 존재했다. (…중략…) 첫 번째 파당은 거대 토지 소유주, 토지와 다른 문제에 대해서 우려하는 당사자들을 포함했다"라고 단언했다.[72] 공유지를 소유주 간에 개인 소유지로 분할하려는 경향은 18세기까지는 현저히 드러나지 않았다. 그러나 어떤 사람들을 타운 토지소유에서 배제하고 이미 많은 토지를 지닌 사람들에게 혜택을 주는 토지분배에서 "평등"이라는 원칙은 특혜를 받지 않는 계층에 속한 야심가들이 새 타운으로 떠나게 하는 유인책이 되었음에 틀림없다. 종교적 불화와 결합하면서 18세기 변경 타운이 조성될 무렵, 변경사회는 점점 더 민주적으로 변화되어 기존질서에 불만을 제기하며 권위에 대한 존경심이 약화되었다. 소유자 독점의 토지 통제권이 변경 정착인에게 영향을 미친 정도를 조사해야만 더버크셔즈, 버몬트, 뉴햄프셔 내지의 상대적 급진주의가 이해될 수 있다.

이러한 변경에 관해서 검토되어야 할 마지막 양상은 더 오래된 지역의 보수주의자가 서부전진 운동에 대해서 지니고 있던 태도이다. 1812년 전쟁 시기 드와이트Timothy Dwight 총장은 "숲 속의 변경인"에 대해서 매우 비판적이었으나, 서부 이동 속에서 "혁신"에 대한 격정적 옹호자의 탈출을 허용하여 뉴잉글랜드 제도에 대한 안전밸브가 생겼다고 보았다.[73]

코튼 매더는 17세기 말엽 보수적 정서의 전형적 대변인이 아닐지도 모르지만, 그의 저술은 뉴잉글랜드의 첫 번째 서부 식민지에 대한 보스턴만Boston Bay의 태도를 부분적으로 반영하고 있다. 1694년 「지나간 놀

---

72 *Ibid.*, p.41.
73 T. Dwight, "Travels"(1821), ii, pp.459~463.

라운 사건들, 뉴잉글랜드의 보호와 피해」를 저술하면서 그는 다음과 같이 말했다.

한 동안 공유토지 봉쇄는 양처럼 순했을 이웃들이 서로 물어뜯고 서로 잡아먹게 만들었다. (…중략…) 우리 옛 사람들, 그 가운데 어느 누가 하나님의 제도 **밖으로 벗어나** 다시 자신과 무지한 자신의 가족들이 **희망 없이 멸망할** 새 정착지로 몰려갈 것인가? 지금까지 그렇게 한 사람들은 희생을 치르면서 **산울타리의 잘못된 쪽으로** 빠져들었다는 것을 알게 되었다. 생각해보라. 여기서 **이런 일을 더 행해야 하는가?** 우리는 민수기 22, 23장에서 발람(Balaam)[74]에 대해서 읽는데, 이 세상을 얻은 다음 불법적으로 어려운 지경으로 떠나야 했을 때, 그는 피해를 보면서 **벽에 몰렸다.** (…중략…) 아니, 인간들은 세속적 이익을 위해서 **뜨거운 태양**을 향해 **나아가려** 할 때 **벽을 뚫고** 돌진하며, **주님의 천사**는 그들의 적이 된다.

1707년 「잘 방어된 변경」이라는 글에서 매더는 개척자들에게 그들이 황갈색 뱀이 사는 "핫사르마네트Hatsarmaneth"에 거주하고 "아골 골짝에서 사는 사람"이며, "이 세상의 빈자"라고 확신하게 하였다. 이러한 주장에는 의미가 있을지도 모른다. 그는 또한 "교회 없는 마을들이 우리에게 닥친 **전쟁으로 완전히 붕괴된 채** 그토록 오래 있었는데, 정규적으로 **교회**가 있었던 마을들은 일반적으로 더 **지각 있는 하늘의 보호**하에 있었다는 것을 아는 것은 놀랍다"라고도 말했다. 그는 "여러분, 잘 조성된 **교회-국**

---

74 역주: 구약성경 민수기에 등장하는 거짓 선지자. 발람은 모압의 발락왕의 꼬임에 빠져 이스라엘 민족을 잘못된 길로 인도하여 결국 멸망의 길로 감.

가는 당신을 놀라운 정도로 강하게 만들 것입니다"라고도 말했다. 그는 불경한 욕설, 격렬한 저주, 안식일을 지키지 않는 것, 음란함, 정직하지 않은 것, 목사의 사례비를 사취하여 하나님의 것을 빼앗은 것, 술 취함, 환락 등에서 멀리하라고 권했으며, 또한 심지어 인디언들도 가정기도를 한다고 알려 주기도 했다. 1840년대 미시시피 밸리the Mississippi Valley의 변경 구원을 위해서 선교 기부금을 요청한 그의 계승자처럼, 뉴잉글랜드의 이 초기 대변자는 개척자들을 기다리고 있을지도 모르는 억류captivity의 관점에서 반가톨릭주의 교육을 강조했다.

요약하자면 초기의 전형인 매사추세츠 변경에서 후기 변경의 특징 가운데 나타나는 많은 요소가 발견된다. 이 변경은 인디언 지역의 변두리에 위치해 있었으며 전진하는 경향이 있었다. 이 변경은 공격적 자질을 불러내고 사람들의 제도뿐만 아니라 심리와 도덕에 대해서도 황무지 상황의 특징을 드러냈다. 이 변경은 공동의 방어를 요구하여 통합의 요소가 되었다. 변경은 예비적 모피교역의 토대 위에 설립되었고, 동부의 재산소유자(부재 소유주)와 민주적 개척자 간의 연합적이면서도 종종 적대적인 힘에 의해 정착되었다. 동부는 변경을 규제하며 통제하려 하였다. 개인주의적이고 민주적 경향은 황무지 상황과, 그리고 정착민들이 변경으로 이주해 오기 이전에 거주했던 타운의 소유주와 비소유주 간의 사전 갈등 등의 두 요소에 의해 두드러졌다. 옛 지역공동체 관행의 통제와 성직자 단체의 보수적 영향으로부터의 탈출은 혁신의 경향을 증대시켰다. 마지막으로 타운은 적어도 동부 기존질서의 어느 한 탁월한 대변자의 관점에서는 사회 주축세력이 이전할 장소로는 바람직하지 않은 곳으로 여겨졌다. 변경을 투자대상으로 보려는 유혹은 성직자들에 의해 "하나님이 만들어 주신 제도"에 대한 위험으로 여겨졌다. 변경은 "산울타리의 잘못된 쪽"이었다.

그러나 뉴잉글랜드 사람들은 "산울타리의 잘못된 쪽"으로 지속적으로 이주했다. 1695년의 변경 타운은 단순히 보스턴의 변두리에 지나지 않았다. 한 세기 후 변경은 버몬트, 서부 뉴욕, 와이오밍 밸리the Wyoming Valley,[75] 코네티컷 보류지the Connecticut Reserve, 구북서부 영지the Old Northwest Territory[76]의 오하이오 회사the Ohio Company[77]를 포함했다. 남북전쟁 시기에 이르면 뉴잉글랜드의 변경 타운은 중서부the Middle West[78]의 초원지대를 차지했고, 모르몬교의 유타Utah와 태평양 연안으로도 이식되었다. 뉴잉글랜드의 자손들은 국가의 이상에 영향을 미치고 국가의 운명을 결정할 지역에서 서부의 대뉴잉글랜드Greater New England[79]의 조직자, 산업의 수장, 정치 지도자, 교육체계의 설립자, 종교 예언자가 되었다. 이는 코턴 매더와 같은 사람들의 눈으로는 볼 수 없는 방식이었다.

---

75 역주 : 와이오밍 밸리는 현재의 와이오밍주가 아니라 펜실베이니아주에 있는 지역임.

76 역주 : 현재의 오하이오, 인디애나, 일리노이, 미시간, 위스콘신주 등 구북서부 일대로 구성된 준주.

77 역주 : 1748년 버지니아 사람들이 오하이오 영토 내 버지니아 사람들의 정착과 인디언과의 교역을 위해 만든 토지 투기회사.

78 역주 : 대체로 현재의 미국 지역구분상 북부중앙구역(the North Central division)에 속하는 오하이오, 인디애나, 미시간, 위스콘신주 등의 지역과 루이지애나 매입으로 미국에 편입된 미주리, 아이오와, 미네소타, 캔자스, 네브라스카, 노스다코타, 사우스다코타주 등을 포함하는 남북의 광대한 지역.

79 역주 : 뉴잉글랜드가 최초로 서부변경을 개척하여 중부 및 서부 뉴욕, 오하이오 일부 등으로 진출하여 영역을 넓힌 지역을 총체적으로 지칭함.

3장
구서부^{*1}

이 장이 다루는 것은 가장 오래된 서부the oldest West가 아니다. 가장 오래된 서부는 대서양 연안이었다. 대강 말하자면 식민지 정착지가 대서양 연안으로부터 대략 100마일 거리에 있는 내륙까지 팽창하는 데에는 인디언 전투와 벌목이라는 한 세기의 기간이 걸렸다. 이 시기 동안 어떤 지역에는 사람의 손길이 거의 닿지 않았다. 17세기와 18세기 초반 가장 인근에 있는 황무지에 대한 정복은 해안지역의 통제권을 넘겨주었고(해안지역의 통제권을 약화시켰다는 의미로 보임—역주) 내가 지금 논의하고자 하는 서부로의 새로운 팽창의 길을 열어 주었다.

『서부의 획득The Winning of the West』에서 루스벨트Theodore Roosevelt는 비록 1769년부터 1774년까지 앨러게이니산맥의 개척자들과 그들의 사회적

---

* 『1908년 위스콘신 역사협회 논문집(*Proceedings of the State Historical Society of Wisconsin for 1908*)』. 협회의 허락을 얻어 재출간하였다.
1 역주: 터너의 저술에서 '구서부'는 일반적으로 뉴잉글랜드와 앨러게이니산맥 중간에 남북으로 길게 위치한 지역으로, 대체로 현재의 펜실베이니아와 뉴욕 그리고 버지니아, 사우스캐롤라이나, 노스캐롤라이나주 등을 포함함.

조건을 서술한 훌륭한 글로 자신의 설명에 대한 서문으로 삼았지만, 그는 주로 앨러게이니산맥 너머 지역과 18세기 후반을 다루었다. 그러나 그가 이미 형성된 개척사회에 관심이 있었다는 점, 뉴잉글랜드 변경과 서부 획득과정에서 그 변경의 역할을 무시했다는 점, 뉴잉글랜드와 오대호 연안 사이에 획득해야 할 하나의 서부a West가 있었음을 인정하지 않았다는 점 등을 지적해 두는 것이 중요하다. 간단히 말해서 그는 변경 사람들의 남쪽 반 정도에 의한 앨러게이니산맥 너머의 서부 획득에 관심이 있었다.

그렇다면 17세기의 해안 식민 정착지와 18세기 후반 앨러게이니산맥 너머 정착지 사이에 어떤 서부 중간지대a western area intermediate가 존재한다고 보아야 한다. 이 지역을 골라서 나는 구서부the Old West라는 이름으로 부르고 1676년에서 1763년에 이르는 시기를 통해 논의하고자 한다. 이 지역은 뉴잉글랜드 오지, 모호크 밸리the Mohawk Valley, 펜실베이니아의 그레이트 밸리the Great Valley of Pennsylvania, 셰난도 밸리the Shenandoah Valley, 피드먼트 지역the Piedmont 등 앨러게이니산맥과 "폭포선the fall line"으로 표기된 대서양 연안 강들의 항행 입구 사이에 있는 남부의 내지나 고지대를 포함한다.[2]

---

2   1660년 정착지역에 대해서는 Channing, "United Stales"(N.Y., 1905), i, p.510에 있는 로우이스 매튜스(Lois Mathews)의 지도와 Avery, "United States"(Cleveland, 1905), ii, following p.398에 있는 알버트 쿡 마이어스(Albert Cook Myers)의 지도를 참조하기 바람. Channing, ii, p.603 이하에는 매리언 F. 랜싱(Marion F. Lansing)의 정착지 지도가 있는데, 이 지도는 특히 양대 캐롤라이나의 내륙을 보여주는 부분에서 상당히 보수적이다. 정착지의 전진을 연구하는데 유용한 18세기 중엽 동시대의 지도들로는 Mitchell, "Map of the British Colonies"(1755); Evans, "Middle British Colonies"(1758); Jefferson and Frye, "Map of Virginia"(1751·1755) 등이 있음. 지리적 조건에 대해서는 다음의 지도와 글을 참조하기 바람. Powell, "Physiographic Regions"(N.Y., 1896)과 Willis, "Northern

이 기간 동안 이 지역에는 서부사회의 특징을 보여주는 많은 초기 흔적들이 발견되었다. 이는 대서양 연안지역이 유럽과 매우 밀접한 관계를 지니고 있는 반면, 그 변경의 경험은 이에 반하는 것으로서 다른 방향으로 발전했기 때문이다. 식민지 오지가 식민지 전쟁과 관련하여서만 역사가들에게 그토록 오랜 기간 호소력을 발휘했던 것은 불행한 일이다. 왜냐하면 오지사회의 발전, 그 제도와 정신적 태도 모두 연구할 필요가 있기 때문이다. 식민지 오지의 역사는 주별, 타운별 혹은 독일이나 스코틀랜드계 아일랜드 이민과 같은 특별한 상황의 논의에서 개별적으로 다루어져 왔다. 총체적으로 보아 구서부는 그 통일성을 은폐하는 주간의 경계를 지우고, 특수한 파편적 연구를 서로 연관시키며, 사회형성의 이해를 위한 자료상의 틈을 채울 경우에만 적절히 평가될 수 있다. 이 논문은 이 분야에 대한 완전한 성과라기보다는 탐색적 연구이며, 구서부의 전모를 드러내는 연구라기보다는 그러한 연구를 위한 계획인 셈이다.

앞에 제시된 시기의 끝은 1763년 정도일 것이며, 그 시작은 1676년과 1700년 사이일 것이다. 이 기간의 종료는 1763년 파리의 평화the Peace of Paris[3]와 앨러게이니산맥 너머의 정착을 금지하는 같은 해의 왕령(1763년 포고령을 지칭함—역주)에 따른다. 이 시기쯤이면 구서부의 정책은 꽤 성취되었고, 산맥을 넘어 버몬트와 뉴햄프셔의 내지를 향한 "서부의 강들Western Waters"[4]로의 새로운 전진이 이루어졌다. 앨러게이니산맥 너

　　　Appalachians", in "Physiography of the United States"(N.Y., 1896), pp.73~82 · 169~176 · 196~201.
3　　역주 : 7년 전쟁과 프렌치 인디언 전쟁의 결과로 맺어진 파리 강화조약 이후의 평화.
4　　역주 : 앨러게이니산맥 너머 현재 중서부 지방을 남북으로 관통하는 미시시피강과 그

머에 있는 정착지의 고립과 이들이 형성된 당시인 미국혁명 시기의 특수한 상황과 이념 등은 내가 이야기하고자 하는 시기와 서부의 후기 확장 기간을 자연스럽게 구분해 준다.

이 시기의 시작은 서쪽으로는 전진 작전 기지로서 작동한 해안지역의 서로 다른 식민지화 시기 때문에 어쩔 수 없이 확정짓기가 어렵다. 구서부로의 가장 활력적인 이동은 1730년 이후에 나타났다. 그러나 1676년 필립왕 전쟁으로 불리는 진 빠지는 인디언과의 전투를 마친 후에 뉴잉글랜드는 기존 정착지를 안전한 것으로 여기고 내륙 정복을 계속 완수해 나갈 수 있었다. 뉴잉글랜드는 1690년에서 1760년 기간에 치러진 프랑스인과 인디언과의 전쟁 동안 뉴욕과 캐나다로부터 변경을 침입한 외부 인디언 부족과 싸웠고, 또한 초기 청교도의 식민화 환경과는 다른 변경하에서 이러한 과업을 수행했다. 1676년 버지니아는 변경이 있는 폭포선을 따라 인디언과 가장 치열했던 전쟁을 치르고 있는 중이었고, 식민지에서 귀족의 통제를 저지하려는 민주세력의 패배로 나타난 사회적 반란도 경험하고 있었다.[5] 시작 날짜는 버지니아 해안지대가 스스로를 변경지역으로 여긴 시기의 끝, 따라서 내륙에서의 더 특수한 이해관계의 시작을 의미한다.

오지로의 이전에서 북부지역을 먼저 검토해 보자. 우리가 논의하기로 한 시기에 자기 지역의 빈 공간을 향한 뉴잉글랜드의 팽창은 중부 및 서부뉴욕, 와이오밍 밸리, 오하이오의 코네티컷 보류지, 북서부의 초원

지류들인 오하이오강, 일리노이강, 아칸사강 등을 지칭. 미국 최초의 식민지인 뉴잉글랜드에서 보면 앨러게이니산맥 너머에 위치하기 때문에 서부의 강들로 불림.

5   Osgood, "American Colonies"(N. Y., 1907), iii, chap.iii를 참조하기 바람.

지역 등 대뉴잉글랜드에 정착한 사람들이 이들 내륙 뉴잉글랜드 사람들이었다는 점으로 보아 많은 면에서 해안지역과 대조되며, 서부역사에서 특별한 의미를 지닌 내륙사회의 형성을 귀결하였다. 구서부는 이러한 내지 뉴잉글랜드를 포함하고 있었다는 것을 이해하는 것이 중요하다.

17세기가 종료될 때 뉴잉글랜드 상황은 당시 변경에서 침략에 노출된 11개의 타운을 명기한 1694년 매사추세츠법에 나타난다. 이 법에 따르면 이들 11개 타운 가운데 어떤 타운도 토지소유자의 자유보유권 상실 혹은 다른 거주자의 벌금이라는 손실과 함께 총독과 참의회의 허가 없이 자발적으로 방기되면 안 되는 지역이었다.[6]

따라서 이 변경 정착민들은 실질적으로 주둔군이나 "거점식민지"가 되었다. 타운의 방책 안으로 밀려들어와서 가난에도 불구하고 인디언의 공격에 대처해야 했던 정착민들의 고초는 1704년 디어필드의 목사인 윌리엄스John Williams의 남성적이지만 애처로운 편지에 나타나 있다.[7] 파크먼Francis Parkman은 다름과 같은 말로 일반적 상황을 간명하게 설명하고 있다.[8]

뉴잉글랜드의 노출된 변경은 이삼백 마일 정도로 길며 거의 외부의 영향을 받지 않는 숲을 통해 여기저기 산만하게 흩어져 있는 농장과 작은 마을들로 구성되었다. (…중략…) 소위 마을이라는 곳에도 집들은 서로 멀리 떨어

---

6 앞의 제2장을 참조하기 바람.
7 Sheldon, "Deerfield"(Deerfield, Mass., 1895), i, p.288.
8 Parkman, "Frontenac"(Boston, 1898), p.390; "Half Century of Conflict"(Boston, 1898), i, p.55에 있는 1704년 디어필드에 대한 서술과 비교하기 바람.

져 있었는데, 해변을 제외하면 사람들이 농업으로 생활했기 때문이었다. 그럴 수 있는 사람들은 자신의 집에 울타리로 방책을 하거나 혹은 견고한 나무로 집을 지어 구멍을 내었고, 통나무집처럼 돌출한 이층을 두었으며, 때로는 집 사방의 구석 한 곳 이상에 포대(砲臺)를 두었다. 위기 시에는 더 많은 정착지에서 무장한 사람들이 이와 같이 요새화된 집들 대부분을 점유했고, 이러한 집들은 이웃들의 피난처로 사용되었다.

위기가 오면 후일 켄터키의 "주둔지"처럼 외지의 정착민들이 이러한 장소로 몰려들었다. 이와 같은 변경의 조건에도 불구하고 외지 타운들은 지속적으로 증가해 갔다. 1720년과 18세기 중반 사이에 정착지가 하우자토닉강과 그 측면 계곡을 거슬러 올라와 더버크셔즈에까지 이르렀다. 1720년경 리치필드Litchfield가 설립되었다. 1725년에는 셰필드Sheffield, 1730년에는 그레이트배링턴Great Barrington이 만들어졌다. 1735년에는 도로가 나서 웨스트필드Westfield와 하우자토닉강 일대의 정착지 사이에 타운들이 곧 들어섰고, 이들을 코네티컷강과 그 지류를 따라 있었던 일련의 옛 타운들과 연결시켰다.

이 시기에 산재된 형태로 종종 환영받지 못한 스코틀랜드계 아일랜드인 정착지가 조성되었다. 이 정착지들은 님묵스족the Nimpmucks[9]으로부터 필립왕 전쟁 때 획득된 지역뿐만 아니라 런던데리Londonderry, 뉴햄프셔, 더버크셔즈와 같은 곳이며, 이곳으로 위그노Huguenots들도 이주해 왔다.[10]

---

9   역주 : 매사추세츠 일대에 거주하며 알곤킨어를 사용했던 인디언 부족의 하나.
10   Hanna, "Scotch Irish"(N. Y. and London, 1902), ii, pp.17~24.

조지왕 전쟁King George's War[11] 당시 코네티컷강 정착민들은 자신의 변경방어가 키인Keene, 찰스타운Charlestown, 제4요새Number Four: 오늘날 뉴햄프셔, 디어필드강 입구의 포트셜리Fort Shirley(오늘날의 히스Heath), 그리고 포트펠럼Fort Pelham(오늘날의 로우Rowe) 등의 장소처럼 대충 만든 방책임을 알게 되었다. 반면 포트매사추세츠(오늘날의 애덤스Adams)는 하우자토닉 밸리the Hoosatonic Valley로 이르는 하우작 입구를 지켜주고 있었다. 이들 변경 주둔지와 뉴잉글랜드 오지 정착민들의 자기 방어는 파크먼의 기록에 잘 서술되어 있다.[12] 전쟁 종결 시기에 정착지는 더버크셔즈로 확대되었는데, 거기에는 네녹스Nennox, 웨스트하우자익West Hoosaic(오늘날의 윌리엄스타운Williamstown), 그리고 피츠필드가 18세기 중반에 만들어졌다. 최후의 프렌치 인디언 전쟁the French Indian War[13]의 전투로 인해서 중지되었다가, 변경은 파리조약(1763) 이후 버몬트와 뉴햄프셔 내륙 안으로 매우 빠른 속도로 계속 확대되었다. 익명의 작가는 미국혁명 전야에 당시 상황에 대한 당대의 견해를 전해주고 있다.[14]

잔여 교부토지의 가장 풍요로운 지역은 넓고 풍부한 토양에 여전히 사람이 살지 않는 곳으로 크라운포인트(Crown Point)를 향한 코네티컷강의 북부지류에 인접한 지역이다. 뉴햄프셔의 북부지역, 메인지역(the Province of Maine), 새가다호크(Sagadahock) 일대는 아직 정착되지 않은 지역과 비교

---

11 역주 : 영국 조지 2세의 치세에 수행된 영국과 프랑스 간의 식민지 전쟁의 하나.
12 "Half Century of Conflict", ii, pp.214~234.
13 역주 : 1754년부터 1763년까지 북미주의 영국 식민지와 프랑스 식민지 사이에 벌어진 전쟁. 북미주 인디언 부족들이 각각 영국과 프랑스를 도와 참전함. 터너의 책에서는 영국의 시각에서 "프랑스와 인디언과의 전쟁"으로도 표현됨.
14 "American Husbandry"(London, 1775), i, p.47.

하면 거의 정착지가 없을 정도로 일부만 정착민이 있는 곳이었다. (…중략…) 지역은 평화가 도래한 이래로 매우 빠르게 정착되어 가고 있었다는 점을 이야기해 두어야겠다. 코네티컷 강변의 농장은 매일 구 항구인 더머를 넘어서 거의 30마일씩 확장되어 가고 있다. 그리고 몇 년 후면 거의 200마일 떨어져 있는 커해서(Kohasser)에 도착할 것이다. 어떤 지역의 10분의 1 정도에 정착하는 것이 아니라, 새로 온 사람들은 이웃들 주변에 정착하지 않고 정기적으로 계속 나아가 20 혹은 30마일을 갈지라도 자신들이 가장 좋아하는 장소를 택할 것이다. 이것은 유럽의 사교적 성향의 사람들에게는 매우 이상하게 보이겠지만, 미국인들은 다른 농부들을 가까운 주변의 이웃에서 보지 않는다. 미국인들은 이런 종류의 문제에서 물길로 20 혹은 30마일 가는 것을 거리로 생각하지 않는다. 게다가 정착지 사이의 중간지대가 곧 사람으로 차게 될 것이라고 보는 나라에서는 더욱 그렇다. 코네티컷강과 아터크리크에 접한 챔플레인 호수 사이와 그리고 새크라멘트 호수(Lake Sacrament)와 여기로 흘러들어가는 강들을 따라서, 그리고 우드크리크(Wood Creek) 전체 일대는 평화가 도래한 이후 많은 정착지가 만들어졌다.[15]

따라서 거의 100년간 뉴잉글랜드 사회는 프랑스 및 인디언과의 거의 계속되는 전쟁 사이마다 새로운 변경으로 확대되었다. 아마 이들 변경의 가장 뚜렷한 특징은 정착지 사회유형의 중요성일 것이다. 달리 말하자면 교육, 윤리, 종교 등에 있어서 청교도적 윤리를 지닌 타운의 사회유형에 관한 것이다. 이는 뉴잉글랜드의 정치인들과 연대기 편찬자들

---

15 1700년과 비교해 볼 경우 1760년의 뉴잉글랜드 정착지 규모에 대해서는 1700년과 비교하여 책 마지막 부분 Channing, "United States", ii의 지도를 참조하기 바람.

에게는 언제나 자랑거리였다. 이는 홀랜드Josiah Gilbert Holland가 자신의 「서부 매사추세츠」에서 한 말에 잘 나타나 있는데, 여기서 그는 자신의 판단에 의하면 윤리, 교육, 도회풍이 잘 보존되어 있던 코네티컷 밸리의 마을 정착지에 대해 논평하고 있다.

이러한 정책의 영향력은 서부의 고독한 정착민의 오두막 옆에 서 있을 때 잘 평가될 수 있다. 서부에서는 심지어 동부사람도 풍습 면에서 촌사람이 되고, 그 자식도 교육을 못 받고 성장하며, 안식일을 모르게 되고, 종교와 의무가 마음과 삶의 통제력이 되지 못한다.

정착지의 사회유형의 진정한 가치가 무엇이든지 간에 뉴잉글랜드에서 정착지의 수립은 회중교회 종교 조직Congregational religious organization[16]과 식민지 정부가 토지를 불하한 그 일대 식민지의 토지체계 — 구역으로 떼어 개인에게 주지 않고 타운 차원에서 소유자 집단에게 주었는데, 그들은 다시 대가 없이 거주민에게 토지를 할당함 — 와 긴밀하게 연결되어 있었다. 타운을 수립하는 전형적 방식은 다음과 같았다. 식민지 의회는 새로운 정착지를 수립하고자 승인을 얻은 일단의 사람들의 신청을 받아, 그들이 요구하는 토지를 검토하고 그 적합성에 대해 보고하는 위원회를 지명하여 구성한다. 그러면 6평방 마일 정도의 다양한 지역에서 토지교부에 대한 명령서가 발부된다. 특히 18세기에는 학교와 목회를 지원하기 위해서 일정한 타운의 땅을 남겨두는 것이 일반적이었다.

---

16   역주: 회중교회는 영국의 칼빈주의 개신교회의 일파로서 회중(會中) 중심의 교회운영이라는 특징을 보임. 미국 식민지 초기 뉴잉글랜드의 주도적 개신교 교파가 됨.

이것이 매우 중요한 서부사회의 특징인 학교와 대학교를 위한 연방 토지교부의 기원이었다.[17] 식민지 의회는 또한 공동 토지에 대한 규제, 거주민을 받아들이는 조건 등을 만들었고, 새로운 정착지가 변경에 생성될 때마다 그 사회적 구조에 대해 강한 통제권을 유지했다.

이러한 관행은 특히 17세기의 순수성에서 볼 때, 오지의 정착에 관한 다른 식민지의 관행과 현저히 달랐다. 이 기간의 대부분에 걸쳐 뉴잉글랜드는 면역免役지대quit-rents[18]를 제외하고 보면 개인이나 회사에 대한 판매수입의 원천으로 공적 토지를 사용하지는 않았다. 또한 버지니아 유형을 모방하여 50에이커에 해당하는 교부토지인 "인두권人頭權, head rights"[19]으로 개별 정착민을 유인하지도 않았다. 또한 뉴잉글랜드 집단의 식민지는 특별한 업무를 근거로, 혹은 정부에 대한 영향을 이유로, 혹은 토지를 교부받는 사람이 자신의 토지에 정착민을 받을 것이라는 이론에 따라서, 개인에 대해 광범위한 토지교부를 시행하지도 않았다. 뉴잉글랜드 식민지는 공동체를 수립한다는 목적으로 타운의 소유주가 된 집단에게 토지를 공여하였다. 이들 소유주들은 토지를 신탁하여 청교도 이상의 지속성을 확보한다는 제한조건하에서 거주자에게 그 토지를 할당하였다.

17　Schafer, "Land Grants for Education", Univ. of Wis. *Bulletin*(Madison, 1902), chap.iv.

18　역주 : 일반적으로 식민지 시대의 미국에서 정착민 토지소유자에게 교부된 토지의 일부에 대해서 정부가 요구하는 일종의 세금. 다른 용역이나 부담을 전부 면제받는 조건으로 지불하는 지대. 통상 교부토지의 면적에 따라 지대가 결정되었음.

19　역주 : 미국 식민지 시대 초기에 빈 토지는 많았고 이를 경작할 노동자는 적었던 현실 속에서 미국으로의 이주민 증가를 노린 일종의 인센티브제도 새로운 정착민에게 토지를 분양해 주는 제도인 인두권은 미국 이주민에 대한 선박운임을 제공하는 자에게도 제공됨. 그 결과 계약노동자의 도미 운임을 제공하는 사람에게도 토지가 분양되어 이를 이용하여 많은 토지를 축적한 상층계층과 그렇지 못한 계층 간의 갈등이 발생함.

17세기 대부분의 기간 동안 소유주들은 이러한 이론에 따라 정착민들에게 토지를 부여하였다. 그러나 정착지 밀도가 높아지고 옛 타운에서 토지가 점점 줄어들면서, 소유주들은 미정착 토지에 대한 법적 권리를 주장하여, 이를 소유주 집단에 속하지 않은 거주민과 공유하는 것을 거부하기 시작했다. 이러한 구별은 특히 18세기에 타운에서 공적 토지의 소유와 처분을 둘러싸고 계급갈등을 가져왔다.[20]

새로운 정착지는 자연선택의 과정을 거쳐 분노 때문이건 야심 때문이건 간에 정착에 대해 가장 만족하지 못하는 사람들에게 기회를 주었다. 이러한 사실은 변경에서 서부적 경향을 만들었다. 그러나 그 이유로 인해 새로운 정착지를 만드는 기회가 일반화된 것은 토지체계의 본래적 이상이 변화하고 나서야 비로소 시작되었다. 새로운 타운이 수립되는 조건 가운데 경제적, 정치적 이상이 종교적, 사회적 이상을 대치하면서 이러한 과정이 더욱 가능해졌다.

그러한 변화는 17세기 후반과 18세기 동안 진척되었다. 1713년, 1715년, 그리고 1727년 매사추세츠는 경계에 대한 권한을 보호하기 위해서 정착지에 앞서 타운을 설립하는 정책을 결정했다. 1736년 매사추세츠는 뉴햄프셔 경계 근처에 5개의 타운을 설치했고, 한 해 전에는 하우자토닉 밸리와 코네티컷 밸리 정착지를 연결하기 위해서 4개의 인근 타운을 개설하였다.[21] 인접하지 않은 지역에 대한 교부토지는 그 소유주가

---

20 뉴잉글랜드의 토지체계에 대해서는 Osgood, "American Colonies"(N.Y., 1904), i, chap.xi; Egleston, "Land System of the New England Colonies", Johns Hopkins Univ. *Studies* (Baltimore, 1886), iv 등을 참조하기 바람. 뉴잉글랜드 타운제도에 대한 우호적 견해에 대해서는 "Mass. Hist. Colls"(Boston, 1835), 1st series, v, p.129에 있는 1696년 버지니아에 대한 설명과 비교하기 바람. 그리고 1700년경 버지니아의 입법에 대한 뉴잉글랜드 체계의 가능성 있는 영향력에 대해 주목하기 바람. 앞의 제2장을 참조하기 바람.

이주를 희망하는 이들에게 토지를 팔았던 구타운에게 주어졌다.

　리치필드 타운의 역사는 점증하는 경제적 변수의 중요성을 보여 주고 있다. 코네티컷이 앤드로스Edmund Andros가 식민지 이익을 침해하면서 공적 토지를 처분할지도 모른다고 우려했을 때, 의회는 형식적으로는 토지를 그의 수중에서 거두어들이는 수단을 통해 서부 코네티컷의 커다란 일부 지역을 하트포드Hartford와 윈저Windsor에 교부하였다. 그러나 이들 타운은 위험이 지난 후에 토지 포기를 거부했고, 그 일부를 팔려고 했다.[22] 식민지 당국이 소유를 주장하자 반란이 일어났고, 사태는 마침내 1719년 리치필드에 타운 교부토지에 맞추어 정착민이 살도록 허용함으로써 타협에 이르게 되었다. 반면 식민지 당국은 코네티컷 북서부의 더 큰 지역을 보유하게 되었다. 1737년 식민지 당국은 마지막 비정착지를 분양매각하여 처분했다. 1762년 매사추세츠는 더버크셔즈에 있는 일군의 전체 타운들을 가장 높은 가격에 매수인에게 판매했다.[23]

　그러나 이러한 경향의 가장 충격적 예는 총독인 웬트워쓰Benning Went-

21　Amelia C. Ford, "Colonial Precedents of our National Land System", citing Massachusetts Bay, House of Rep."Journal", 1715, pp.5・22・46; Hutchinson, "History of Massachusetts Bay"(London, 1768), ii, p.331; Holland, "Western Massachusetts"(Springfield, 1855), pp.66, 169.

22　"Conn. Colon. Records"(Hartford, 1874), viii, p.134.

23　Holland, "Western Massachusetts", p.197. "History of Massachusetts Bay", ii, pp.331〜332에 나타난 허친슨(Hutchinson)의 논평을 참조하기 바람. 서스케하나 회사(Susquehanna Company)에 대해서 와이오밍 밸리, 펜실베이니아의 토지교부를 확보하기 위한 코네티컷 사람들의 조치와, 후자 식민지의 경우 전유되지 않은 토지는 하나도 없다는 코네티컷 총독의 말을 비교해 보기 바람― "Pa. Colon. Records"(Harrisburg, 1851), v, p.771; "Pa. Archives", 2d series, xviii는 와이오밍 밸리 지역의 토지체계에 대한 매우 귀중한 정보가 들어있는 중요한 문서를 포함하고 있다. 또한 야주(Yazoo) 삼각주 지역의 미시시피 식민지에 대한 라이먼(Lyman) 장군의 계획도 참조하기 바람. 이러한 모든 사항은 토지에 대한 압박과 투기 성향을 가리키고 있다.

worth의 「뉴햄프셔 토지교부」에서 나타난다. 그는 주로 1760년경에 코네티컷 서부의 130개 타운을 당시 뉴햄프셔와 뉴욕 사이에서 분쟁이 있었던 지금의 버몬트주에 교부하였다. 이러한 교부토지는 형식적으로는 다른 타운 교부토지와 꽤나 같은 종류의 것이었다. 그러나 땅은 현찰을 찾아 평화 도래 이후 그린마운틴the Green Mountain 지역으로 몰려든 토지 구매자 무리에게 자신을 권리를 팔려고 서둘렀던 투기꾼들에게 주로 처분되었다.

이것이 공적 토지에 대한 개별적 투기와 관련하여 서부 정착지의 이동에 어떻게 영향을 미쳤는지, 그리고 이 투기가 최고의 토지를 획득하고 타운의 건립위치를 구상하며 "호황" 가운데 새 공동체를 건설하기 위한 경쟁적 이동에서 자연스럽게 등장한 지도자뿐만 아니라 토지 중 개인에게 어떻게 경력을 열어주는지를 지적하는 것은 필요하지 않다. 뉴잉글랜드 사람들의 이동성향은 이러한 토지정책의 점진적 변화에 의해 증대되었다. 거주지역 인근에 대한 애착은 줄어들었다. 그 이후의 기간을 보면 뉴잉글랜드가 개인적 성공, 경쟁적 상황 속에서 기회를 찾아 우위를 점한 자수성가한 사람을 점점 더 존경하였음을 알 수 있다. 타운 정착지에 대한 옛 지배, 마을의 풍속 단속, 그리고 전통적 계급지배는 서서히 사라졌다. 지역공동체의 정착과 고착된 청교도적 습관과 이상은 뉴잉글랜드 사람들이 정착한 지역에서 지속적인 영향력을 발휘했다. 그러나 조직화된 지역공동체에서 확산된 전통적 습관과 함께 개인주의가 중요한 역할을 수행하기 시작한 것은 혁명 직전 이 구서부에서였다.

버몬트 타운들의 시작은 변경이라는 특징적 조건하에서 뉴잉글랜드 사람들이 민주적 개척자가 되는 능력을 이전보다 더욱 풍성하게 드러내 주었다. 버몬트 타운들의 경제적 삶은 단순했으며 자족적인 것이었다. 타운들은 이들 "그린 마운틴 소년들Green Mountain Boys"[24]이 뉴욕의 권위에 저항했던 어려운 시기에 자신의 토지 소유를 보호하기 위해서 기꺼이 린치법(버몬트 역사의 독자에서 자작나무 인장(birch seal)의 사용은 익히 알려져 있다)을 채택했다. 그들은 후에 변경의 직선적 성격으로 인해 독립혁명의 주가 되었고, 여러 측면에서 그들의 혁명기 역사는 독립 자치정부권의 주장이나 변경 분리주의에 있어서 켄터키나 테네시 정착민의 역사와 유사했다.[25] 버몬트는 어쩌면 뉴잉글랜드의 변경운동의 정점일지 모른다.

이 시기에 이르면 두 개의 구별된 뉴잉글랜드가 존재하게 되는데, 하나는 해변의 뉴잉글랜드로서 상업적 이익과 기성 회중교회에 의해 지배되고 있었다. 다른 뉴잉글랜드는 원시 농업지역으로 민주적 원칙을 고수했으며, 그 일대의 다양한 세력은 구 지역공동체가 느꼈던 "혁신"의 공포에 대해 점점 더 무관심해지고 있었다. 이미 토지 투기회사들이 미시시피강 하류에서뿐만 아니라 펜실베이니아의 와이오밍 밸리에서 뉴잉글랜드 정착지를 시작하고 있었다. 그리고 스톡브리지Stockbridge에 있었던 것과 같은 인디언 내부의 뉴잉글랜드 선교단은 서부를 향해 주목할 정도로 종교적, 교육적으로 확산해 가고 있었다.

이러한 팽창운동이 주로 남부에서 북부로 하천의 계곡을 따라 진행

---

24 역주 : 버몬트 지역 산악지대는 다른 이름으로 '그린 마운틴즈'로 불리는데, 버몬트 지역이 독립한 후 영국에 대항하여 싸운 애국 민병대를 '그린 마운틴 소년들'이라고 불렀음.
25 버몬트와 영국인 간의 거래와 켄터키 및 테네시 지도자들과 스페인인 및 영국인 간의 협상을 비교해 보기 바란다. 버몬트의 혁명철학과 영향력에 대한 참고문헌으로는 *Amer. Hist. Review*, i, p.252, note 2를 참조하기 바람.

되었다는 이유로 인해, 그 운동이 서서히 성장하고 있던 사회적 특성에 있어서 본질적으로 서부이동이었다는 점을 간과해서는 안 된다. 변경 상황 아래 뉴잉글랜드 구중심부에서 먼 곳에 있는 메인 해변의 긴 정착지에 살던 사람들조차, 메인이 월등히 "동부"라는 사실에도 불구하고 서부인과 더 가까운 자질과 민주정신을 개발해 갔다.[26]

　구서부가 조성되는 이 시기의 식민지 중부지역의 변경은 두 지역으로 나뉘어 있었는데, 마침 이들 두 지역은 뉴욕과 펜실베이니아 식민지와 일치했다. 펜실베이니아 정착의 추세는 그레이트 밸리 지역으로 이주하는 것이었으며, 더 나아가 남부의 고지대로 가는 것이었다. 반면에 뉴욕 정착의 전개는 뉴잉글랜드와 같이 허드슨강의 선을 따라서 주로 북부로 향하는 것이었다.

　허드슨강과 모호크강은 18세기 이 시기의 구서부를 구성하고 있었다. 여기에 서스케하나강the Susquehanna의 연원을 따라서 허드슨강 지류인 월킬강the Wallkill, 모호크강 인근의 체리 밸리Cherry Valley가 연결되어 있었다. 더버크셔즈는 허드슨강을 막아서 동쪽으로 흐르게 했고, 애드론댁스강the Adirondacks과 캣스킬즈강the Catskills를 막아서 서쪽으로 흐르게 했다. 모호크 밸리가 산맥지대로 흘러 들어갈 때, 이로쿼이족은 그런 좁은 선을 따라서 전진하기에는 너무나 강한 상대였다. 허드슨강의 좁은 지대를 따라서 있는 밀집된 정착지만이 인디언 장벽을 넘는데 필요한 동력을 제공할 수 있었을 것이다. 그런데 그러한 압력이 없었다. 이행해야 할 과업과는 대조적으로 인구는 비교적 희소했기 때문이었다.

26　H. C. Emery, "Artemas Jean Haynes"(New Haven, 1908), pp.8~10를 참조하기 바람.

따라서 뉴욕의 경우 가장 토론이 필요한 사안은 다른 지역처럼 팽창의 역사가 아니라 팽창력의 부재였다.

모피 교역은 허드슨강까지 이르렀고 모호크강과 합류하는 전략적 지점에서 정착이 시작되었다. 모피 상인들 이후 일련의 개척자들이 뒤따르지는 않았다. 뉴욕의 인구밀도를 제한하고, 뉴욕 변경의 정착을 저지하며, 그곳의 조건을 결정하는 데 있어서 가장 중요한 요소 가운데 하나는 식민지의 토지체제였다.

허드슨강 하류를 따라 지주patroon[27]들에게 토지를 교부했던 시절부터 거대한 장원great estate은 토지사용의 일반적인 형태였다. 한때 렌설라르스베이크Rensselaerswyck 장원[28]은 74만 에이커 이상에 이르렀다. 이러한 거대한 지주 농장은 영국 총독들도 승인하였는데, 그들은 자신의 집권 시기가 되면 유사한 정책을 시행했다. 1732년에 이르면 250만 에이커에 이르는 땅이 장원 토지교부에 사용되었다.[29] 1764년에 콜든Cadwallader Colden 총독은 사치스러운 토지교부 세 건에 대해서 다음과 같이 기록하고 있다,

소유주들이 주장하듯이 각각 100만 에이커 이상의 토지를 포함하고 있었고, 몇몇 다른 토지교부는 20만 이상의 토지를 포함하고 있었다. (…중략…) 이러한 토지교부가 지역의 커다란 영역을 차지했지만, 이들 토지교부는 사소

---

27 역주 : 'patroon'은 17세기 북미 동부의 네덜란드 식민지에서 대규모 장원을 소유한 사람을 지칭함.

28 역주 : 현재 뉴욕주 알바니 근처 허드슨강 일대에 위치한 장원으로 원래 1630년 네덜란드의 서인도 회사가 네덜란드 상인인 반 렌설라르(Kiliaen van Rensselaer)에게 양도한 토지.

29 Ballagh, in *Amer. Hist. Assoc.* "Report", 1897, p.110.

한 승인절차를 통해서 이루어졌다. 이 지역의 훨씬 더 많은 영역은 지역공동체에 대해 어떠한 혜택도 가져다주지 않으면서도 여전히 경작되지 않은 상태로 있었고, 마찬가지로 그 일대에서 땅에 정착하고 개선하는 데 좌절요인이 되었다. 왜냐하면 그 경계의 불확실성으로 인해서 이들 거대한 토지의 권리 소유자들은 매일 자신의 땅이라고 더 자처하고 다녔고, 지루하고 꽤 비싼 소송을 통해서 근처에서 교부토지를 얻어 낸 가난한 가정을 억압하고 파괴했다.[30]

그는 또한 "거대한 땅의 소유주들은 그 지역의 다른 토지소유자들이 내는 면역지대에서 면제되어 있을 뿐만 아니라, 의회에서의 영향력을 통해 자기 땅에 부과되는 모든 다른 공적 세금도 내지 않았다"라고 덧붙였다.

1769년 웨스트체스터 카운티Westchester County 거주자 가운데 적어도 5/6은 그 지역 대농장의 경계 내에서 살고 있었던 것으로 추정되었다.[31] 알바니 카운티Albany County의 경우 리빙스턴Livingston 장원[32]은 7개의 근대적 타운에 걸쳐 있었고, 거대한 반 렌서라르Van Rensselaer 장원은 허드슨강을 따라서 가로, 세로 24, 28마일에 널리 퍼져있었다. 모호크강에 인접해서 더 멀리로는 윌리엄 존슨William Johnson 경의 거대한 소유지가 있었다.[33]

---

30 "N. Y. Colon. Docs", vii, pp.654·795.

31 Becker, in *Amer. Hist. Review*, vi, p.261.

32 역주 : 뉴욕의 사업가인 로버트 리빙스턴이 알바니 남쪽 허드슨 강변의 광대한 토지를 불하받아 개척한 장원.

33 Becker, *loc. cit.* 뉴욕의 교부토지 지도의 경우, O'Callaghan, "Doc. Hist. of N. Y."(Albany, 1850), i, pp.421·774를 참조하기 바람; 특히 Southier, "Chorographical Map of New York"과 Winsor, "America", v, p.236을 참조하기 바람. 일반적으로 이들 교부토지에 대해서는 다음 문헌을 참조하기 바람. "Doc. Hist. of N. Y.", i, pp.249~257; "N. Y. Colon. Docs",

교부토지가 넓었을 뿐만 아니라, 소유주는 토지—가축도 마찬가지였다—의 판매보다는 대여를, 그리고 지분으로 대가를 받는 것을 선호했다. 따라서 정착민들은 더 자유로운 토지정책이 성행하는 변경으로 가는 것을 선호했다. 한때 최종적으로 펜실베이니아와 남부의 고지대를 추구한 독일인 정착민의 물결이 뉴욕으로 흘러들어오는 것도 가능해 보였다. 1710년 헌터Robert Hunter 총독은 리빙스턴 장원의 한 영역을 구입하여 해군용품을 생산하기 위해 거의 1,500개의 팔츠 장원Palatines[34]을 설치했다.[35] 그러나 그러한 시도는 곧 실패했다. 독일인들은 토지교부를 요구하고 모호크강의 지류인 쇼하리크리크Schoharie Creek 일대의 인디언들에게 문의하여 그리로 이주하였으나, 총독이 이미 그 땅을 교부했다는 것을 알게 되었다. 그래서 다시 마을은 분산되어 일부는 남고 다른 일부는 모호크강을 따라서 더 올라갔다. 그리고 거기서 독일인 집단에 가입한 사람들은 혁명 당시 허키머Nicholas Herkimer가 독일인 변경인들을 거느리고 오리스커니Oriskany 전투[36]에서 영국의 공격을 저지한 바

iv, pp.397·791·874; v, pp.459·651·805; vi, pp.486·549·743·876·950; Kip, "Olden Time"(N. Y., 1872), p.12; Scharf, "History of Westchester County"(Phila., 1886), i, p.91; Libby, "Distribution of Vote on Ratification of Constitution"(Madison, 1894), pp.21 ~25. 뉴팔츠(New Paltz) 등을 포함한 월킬강 지역에 대해서는 다음을 참조하기 바람. Eager, "Outline History of Orange County, New York"(Newburgh, 1846~1847); Ruttenber and Clark, "History of Orange County"(Phila., 1881), pp.11~20. 뉴욕의 체리 밸리와 서스케하나강 상류의 정착지 일반에 대해서는 다음을 참조하기 바람: Halsey, "Old New York Frontier", pp.5·119와 O'Callaghan, "Doc. Hist. of N. Y.", i, pp.421·774에 있는 드 위트(De Witt)와 수시어(Southier)의 지도 오랜지 카운티의 프랑스 위그노교도와 스코틀랜드계 아일랜드 사람, 그리고 체리 밸리의 스코틀랜드계 아일랜드 정착민들과 그들의 런던 데리와의 관계, 이에 더하여 매사추세츠의 스톡브리지(Stockbridge)에서 서스케하나강 상류로 가는 선교단 방문을 주목하기 바란다.

34 역주: 헌터 총독이 뉴욕으로 수천 명의 독일 팔츠지역 난민을 정착시킨 장원.

35 Lord, "Industrial Experiments"(Baltimore, 1898), p.45; Diffenderfer, "German Exodus" (Lancaster, Pa., 1897).

있는 지역에 있는 팔라틴브리지Palatine Bridge 근처에 변경 정착지를 건설하였다. 이러한 정착지들은 모호크 밸리의 가장 효과적 군사 방어지가 되었다. 그리고 다른 일단의 독일인들은 서스케하나강으로 건너감으로써 툴페호켄크리크Tulpehocken Creek에서 펜실베이니아의 그레이트 밸리 지역의 독일 정착촌의 중요한 중심부가 형성되었다.[37]

따라서 이 시기 뉴욕변경을 향한 이동 역사의 가장 중요한 양상은 광대한 빈 토지를 소유한 식민지 간 정착지 경쟁에 있어서, 중세적 소유권과 비민주적 제한을 부과하여 정착민들을 착취한 사람들이 확실히 패배한다는 증거였다.

장원적 관행은 정착지역으로서 뉴욕에 대해 오명을 가져다주었는데, 어떤 식민지 지역에서는 실제적인 기회가 있었다는 점도 이를 막지는 못했다. 이 시기 동안 구서부 인디언 6부족에 대한 보호권과 이들의 영토에 대한 차후의 권한을 확보하고, 이 지역을 프랑스의 영향력에서 격리한 뉴욕 총독의 외교는 뉴욕이 미국 팽창운동에 가장 효과적으로 공헌한 것이었다. 미국혁명 기간 중 설리번John Sullivan의 탐험[38] — 이 과정에서 뉴잉글랜드 군인들이 뛰어난 역할을 담당하였다 — 이후 이들 부족의 토지를 획득했을 때, 이 지역이 식민화된 것은 뉴잉글랜드인들이 내륙으로 쇄도해서 나타난 것이었다. 이러한 내륙과 서부 뉴욕지역의 정착이 가능했던 것은 뉴잉글랜드 정착지 확대 후반기에 우세했던 상

---

36 역주 : 미국 혁명전쟁 당시인 1777년 8월 미국 민병대와 왕당파 식민지인들 간에 벌어진 치열한 전투.
37 본문의 후술하는 부분을 참조하기 바람.
38 역주 : 미국 혁명전쟁 당시 대륙연합군의 장군인 존 설리번이 1779년 영국을 지원한 이로쿼이 인디언의 여러 부족을 섬멸한 작전.

황과 같은 상황 아래에서였다.

그 결과는 뉴욕이 두 개의 구별되는 사람들로 분할되었다는 점이다. 한 집단은 허드슨 밸리the Hudson Valley를 따라 정착한 사람들이며, 다른 집단은 내륙의 양키 개척자들이었다. 그러나 버몬트 정착지처럼 중부 및 서부 뉴욕의 정착지는 앨러게이니산맥 너머에 있는 서부가 정복된 시기에 속하는 이야기였다.

펜실베이니아의 구서부 지역 정착지를 남부 고지대를 점령한 이주 물결의 일부로 생각하는 것이 가장 좋으며, 이 문제로 진입하기 전에 동부해안에서 서부로 진행해 간 내륙 이동 부분을 조사하는 것이 더 유익할 것이다. 먼저 그 이동의 과정과 중요성을 더 잘 이해하기 위해서 17세기 후반 버지니아 폭포선을 따라 있었던 이들 고지대의 동쪽 끝 지역의 상황을 관찰해보자.

버지니아에서 베이컨의 반란Bacon's Rebellion[39] 시절 인디언의 공격에 대항하기 위해서 강의 폭포를 따라 흐르는 변경선을 보호하기 위해 많은 노력이 경주되었다. 지리학자들이 항행의 발원지이며 해양 혹은 저지대[40] 남부의 경계라고 부르는 "폭포선"은 워싱턴Washington으로부터 리치먼드를 거쳐서 노스캐롤라이나North Carolina의 랄리Raleigh나 사우스캐롤라이나의 콜롬비아Columbia로 흘러간다. 지금까지 내륙으로 가장 먼저 전진한 버지니아는 17세기 말엽 이 선을 따라서 군사 변경선을 설

---

39 역주 : 1676년 베이컨(Nathaniel Bacon)의 주도하에 버지니아 식민지 주민들이 통치자인 윌리엄 버클리(William Berkely)에 대항하여 일으킨 무장반란.

40 역주 : '저지대'는 대서양을 접한 동부 해안지역을 지칭함. 그 서부의 애팔래치아산맥 혹은 그 인근의 산이나 고원지대보다 고도가 낮은 지역이라서 통칭 저지대로 불림. 대체로 초기 식민지 시대의 정착지역임

정하는 것이 필요하다고 보았다. 1675년 법령이 만들어졌는데,[41] 이 법령은 500명으로 구성된 급여지급 군대가 내륙 및 가장 안전한 곳에서 차출되어 인디언과 대적하고 있는 "강 입구"와 기타 지역에 배치되어야 한다고 규정했다. "강 입구"가 의미하는 바는 다음과 같이 이들 포구의 몇 개가 강의 폭포 혹은 해안지대 위에 있다는 사실로 드러난다.

> 스태포드 카운티(Stafford County)의 포토맥강(the Potomac) 하류의 포구, 래퍼해노크강(the Rappahannock)의 폭포 인근 포구, 매타포니강 (the Mattapony)의 포구, 파문키강(the Pamunky)의 포구, (리치먼드 근처의) 제임스강의 폭포에 있는 포구, 애퍼매톡스강(the Appomattox)의 폭포에 있는 포구, 블랙워터강(the Blackwater), 낸스몬드강(the Nansemond), 애코맥 반도(the Accomac peninsula)에 있는 포구 등 모두 동부 버지니아에 있는 포구들

또한 1679년에는 유사한 조항이 만들어지고[42] 특히 흥미로운 법률이 통과되어 각각 "래파해노크강과 제임스강의 어구에 땅을 조성하기 위해서" 로렌스 스미스 소령Major Lawrence Smith과 윌리엄 버드(I) 대위Captain William Byrd(I)에게 준장원형 토지를 부여하려 하였다. 그러나 이 계획은 영국 당국의 승인이 없어서 실패했다.[43] 그러나 현재의 리치먼드 자리 근처에 있는 제임스강의 폭포의 버드, 래퍼해노크강의 로버트 베벌리

---

41   Hening, "Va. Statutes at Large"(N. Y., 1823), ii, p.326.
42   *Ibid.*, p.433.
43   Bassett, "Writings of William Byrd"(N. Y., 1901), p.xxi.

Robert Beverley, 그리고 요크강the York과 포토맥강의 기타 변경 사령관들은 계속해서 식민지 방어를 맡고 있었다. 기마대원 체계는 1691년에 구성되어 큰 강의 "입구"나 폭포에 중위 1인, 병사 11인, 그리고 2인의 인디언이 적을 찾아 정찰하였고,[44] 인디언 경계선은 엄격히 규정되었다.

1701년 18세기가 시작되는 해에 이르면 버지니아 의회는 정착지가 변경을 방어하는 가장 좋은 수단이 될 것이며, "이 정부 내의 토지변경의 공동생활 지역에 정착하는 가장 좋은 방법은 사람들 단체가 이러한 종류의 일을 추진하도록 유인하는 격려수단을 활용하는 방식일 것이다"라고 결론지었다.[45] 각 "단체society"에 20인 미만의 사람을 두는 것은 적절하지 않다고 판정되었고, 1만 에이커 이상 3만 에이커 미만의 토지를 변경인들에게 주어 단체 공동으로 소유하도록 하는 조항이 마련되었다. 그 토지를 정리하고 운영하는 권한과 거기에 정착하고 그 토지를 경작하는 권한은 단체에 있었다. 버지니아가 조사비용과 "공동거주co-habitation" 장소로 200에이커의 땅에 대한 최초 20년간의 면역지대를 내주기로 하였다. 이 200에이커 내에서 각 구성원은 3만 에이커를 차지할 때까지 거주용으로 반半 에이커의 지분, 그리고 그 다음에 인접해 있는 200에이커에 대한 권리를 보유하게 되었다. 단체의 구성원은 20년 동안 세금에서 면제되었고, 스스로가 부과한 것이 아니면 군사의무에서도 면제되었다. 뉴잉글랜드 타운을 닮은 것이 명확했다. 옛 법률은

---

44 Hening, iii, p.82. 17세기에는 거의 매년 연속적으로 유사한 법안이 통과되었다; cf. *loc. cit.*, pp.98·115·119·126·164. 이 체계는 1722년 중단되었다. Beverley, "Virginia and its Government"(London, 1722), p.234를 참조하기 바람. 1836년 위스콘신 준주 닷지(Henry Dodge) 주지사의 제안을 비교하는 것은 흥미롭다. Wis. Terr. House of Reps. "Journal", 1836, pp.11 이하를 참조하기 바람.

45 Hening, iii, pp.204~209.

다음과 같이 적고 있다.

이 법률의 진정한 의도와 의미를 항상 다음과 같이 규정한다. 이 법률에 따라 교부될 500에이커의 토지마다 계속해서 16세에서 60세 사이의 신체 건강하고, 능력 있고, 일할 수 있는 기독교도 남성 1인이 있어야 한다. 이 남성은 잘 구비된 머시킷총과 성냥, 좋은 권총, 날카로운 시메터(simeter), 도끼와 5파운드의 좋은 피스톨 화약, 20파운드의 큰 납색 탄환, 사냥에 필요하거나 유용한 화약이나 산탄 외에 이 법률에 따라 규정된 대로 요새 내에 비치될 백조나 거위 사냥용 산탄도 계속 지급받을 것이다. 또한 용맹스러운 기독교도 남성은 기하학적 평방 측정으로 200에이커의 공간에서 혹은 편의에 따라서 그 수치에 근접한 공간에서 주거지를 갖게 될 것이다. 2년 이내에 이 단체는 "공동거주지"의 가운데에 반 에이커를 적어도 13피트 길이와 지름 6인치의 튼튼한 울타리로 만들어야 하고, 그 울타리는 이중이어야 하며 적어도 땅속에 3피트는 들어가야 한다.

이런 내용이 1701년 버지니아 저지대 변경인 모임의 생각이었고, 버지니아가 남부 고지대로 인구를 확산시킬 수 있었던 변경 타운들의 생각이었다. 그러나 버지니아에 사선射線을 지키기 위해서 실제로 도착한 "용맹스러운 기독교도 남성"은 "성냥"과 "시메터" 대신 장총을 지닌 스코틀랜드계 아일랜드인과 독일인이었고, 이들은 모두 끊임없이 이동하는 부류여서 200에이커 공간 내에 계속 거주할 수 없었다. 그럼에도 불구하고 요새화된 타운 주변에 거주한 단체들과 이후의 켄터키 "주둔지" 사이에는 유사한 점들이 있었다.[46]

18세기가 시작될 무렵 땅에 대한 저지대 버지니아의 집착이 심해져서 거대한 농장에 큰 황무지 땅덩이를 비축해두는 것이 매우 일반적이었다. 그래서 버지니아 당국은 최우량의 토지는 모두 점유되었으며,[47] 이주민들은 항행 가능한 하천 근처의 싼 땅을 찾아서 노스캐롤라이나로 넘어가고 있다고 모국에 보고했다. 버지니아의 피드먼트 지역도 주목의 대상이 되었는데, 이때쯤이 되면 이 일대의 인디언들이 정복되었기 때문이다. 이제 수입이나 정착에 대한 인두권뿐만 아니라,[48] 50에이커당 5실링 스털링shilings sterling에 구입하는 토지를 획득할 수 있게 되었고, 토지투기는 곧 새 지역으로 옮겨졌다.

피드먼트고원은 이미 어느 정도 개척되어 있었다. 17세기 중반에 이르면 모피 상인들은 제임스강 남서부 길을 따라 400마일을 가서 카토바족the Catawbas[49]과 체로키족the Cherokees을 잇달아 만났다. 이미 보았듯이 윌리엄 버드(I) 대위는 저지대 양질의 땅을 획득하고 경계선의 백작a Count of the Border처럼 제임스강의 폭포에 있는 초소를 방어하고 있었다. 뿐만 아니라 그도 이러한 모피 교역에 종사하여 이 길을 따라서 캐롤라이나 지역의 피드먼트고원을 통해 동물의 등짐 운반대열을 보냈고,[50]

---

46 Va. "Revised Code"(1819), ii, p.357에 수록되어 있는 1779년의 법과 "Ranck's Boones-borough"(Louisville, 1901)을 비교하기 바람.

47 Bassett, "Writings of Byrd", p.xii; "Calendar of British State Papers, Am. and W. I.", 1677~1680(London, 1896), p.168.

48 Bassett, *loc. cit.*, p.x, and Hening, iii, p.304.(1705)

49 역주 : 노스캐롤라이나와 사우스캐롤라이나의 경계를 따라 미국 남동부에 거주했던 인디언 부족.

50 Bassett, "Writings of Byrd", pp.xvii, xviii은 버드(Byrd)의 이동 경로에 대한 설명을 인용했다. Logan, "Upper South Carolina"(Columbia, 1859), i, p.167; 어데어(Adair)는 다소 나중에 그 거래를 설명한다. 다음의 저술을 비교해 보기 바람. Bartram, "Travels"(London, 1792), *passim*, and Monette, "Mississippi Valley"(N. Y., 1846), ii, p.13.

그 지역의 풍요로운 초원지대에 주목했다. 찰스타운 상인들은 이러한 교역을 위해 경쟁에 뛰어들었다.

곧 옛 정착지의 목축업자들이 상인들로부터 이 땅의 풍요로운 초원과 피번초지에 대해서 듣고서는 모피 상인들을 따라와 피드먼트고원 대농장의 선 너머로 여기저기 "소울타리" 혹은 목장을 세웠다. 17세기 말에 이르면 심지어 야생의 말과 가축 떼가 버지니아 정착지의 외곽을 배회했고, 농장주들은 가축들을 울타리 안으로 몰아 어느 정도 훗날 대평원의 목장운영 방식처럼 낙인을 찍었다.[51] 이제 소몰이꾼과 소울타리[52]는 고지대로 들어가기 시작했다. 이때쯤이면 인디언들은 버지니아 피드먼트 고지대 대부분 지역에서 예속상태로 전락하였고, 1712년 스포츠우드 총독이 보고한 대로 "우리 변경에서 고요히 살면서 거주민들과 거래하였다."[53]

이 시기쯤 캐롤라이나 지역에서 투스카로라족the Tuscaroras[54]과 예매시족the Yemassees[55]이 패배한 후, 그곳에도 비슷한 확장의 기회가 존재했다.

---

51 Bruce, "Economic Hist. of Va."(N. Y., 1896), i, pp.473 · 475 · 477.

52 소울타리(cow-pens)에 대한 설명은 다음 문헌을 참조하기 바람. Logan, "History of Upper S. C.", i, p.151; Bartram, "Travels", p.308. 피드먼트고원에서의 목축 일반에 대해서는 다음 문헌들을 참조하기 바람. Gregg, "Old Cheraws"(N.Y., 1867), pp.68 · 108~110; Salley, "Orangeburg"(Orangeburg, 1898), pp.219~221; Lawson, "New Voyage to Carolina"(Raleigh, 1860), p.135; Ramsay, "South Carolina"(Charleston, 1809), i, p.207; J. F. D. Smyth, "Tour"(London, 1784), i, p.143, ii, pp.78 · 97; Foote, "Sketches of N. C."(N. Y., 1846), p.77; "N. C. Colon. Records"(Raleigh, 1887), v, pp.xli, 1193 · 1223; "American Husbandry"(London, 1775), i, pp.336 · 350 · 384; Hening, v. pp.176 · 245.

53 Spotswood, "Letters"(Richmond, 1882), i, p.167; 다음과 비교하기 바람. Va. Magazine, iii, pp.120 · 189.

54 역주 : 이로쿼이 연맹 6부족 중 마지막에 추가된 인디언 부족. 뉴욕과 캐나다, 노스캐롤라이나에 근거지를 두고 있었음.

55 역주 : 북미 인디언 다민족 연합체 부족으로 사바나강 근처 조지아 북부 해안지역에 거주하다가 이후 플로리다 북동부로 옮겨간 부족.

가축 몰이꾼들은 가축 떼를 이곳저곳 옮기면서 몰고 다녔다. 초지가 일 년 내내 충분하다고 생각될 경우 가끔 가축은 축사 근처에서 계속 모이기도 했다. 가축은 찰스타운까지, 그리고 후일에는 가끔 필라델피아나 볼티모어 시장까지 이동해 나아갔다. 18세기 중반에 이르면 사우스캐롤라이나에서 가축 사이에 병이 창궐했고,[56] 노스캐롤라이나에서는 가축의 7/8이 죽어 나갔다. 우리 시대에 북부의 목축업자들이 텍사스 열병Texas fever[57]으로부터 가축을 보호하기 위해서 시도한 것처럼, 버지니아는 이 병을 피하기 위해 변경 카운티를 통과하여 가축을 몰아가는 것에 대한 규제안을 만들었다. 그래서 동부해안으로부터 온 목축업자들은 모피 상인을 따라서 고지대까지 갔다. 이미 먼저 온 농부들은 같은 지역으로 흩어져 나가고 있었고, 곧 펜실베이니아에서 그 지역으로 흘러들어온 이주민 물결에 의해 수적으로 압도되었다.

동시대 작가들은 고지대에 대해 극찬을 늘어놓았다. 자신이 쓴 「쉽고 친절한 설득」(1705)이라는 글에서 머케미Francis Makemie는 "너희 나라의 가장 좋고, 부유하고, 건강한 지역은 모든 강의 폭포를 넘어서서 산맥에 이르기까지 사람들이 아직 거주해야 하는 지역이다"라고 선언하였다. 자신이 쓴 「버지니아의 현재 상황」(1724)라는 글에서 존스Hugh Jones는 해안지대 운송 등의 편리함에 대해서 언급하였다. 그러나 숲지대의 한 가운데에 있는 초원과 습지에 대해서 비록 덜 힘주어 말하고 있다고는 해도, 그 해안지대가 "목축업자들에게 도움이 되는 고지대와 황야 정도로

---

56 "N. C. Colon. Records", v, p.xli.
57 역주 : 원충(protozoan)에 의해서 발병하여 가축 진드기에 의해서 옮기는 가축 전염병의 하나.

풍요롭지는 않다"고 말했다. 사실 피드먼트 고지대는 결코 사람들이 상상한 것처럼 끊임없는 숲지대는 아니었는데, 이는 이 지역이 자연적 초지가 있는 지역일 뿐만 아니라, 인디언들이 넓은 지역에 걸쳐 숲을 소각하였기 때문이었다.[58] 이 지역은 숲과 초지가 결합되어 있는 드문 지역으로 맑은 하천이 흐르고 기후가 온화한 곳이었다.[59]

버지니아 점령은 스포츠우드 총독이 변경에 대해서 지닌 관심에서 특별한 힘을 얻었다. 1710년 그는 버지니아 정착지가 제임스강의 한쪽 측면만을 따라서 이동하도록 함으로써, 개척자들의 전진대열이 중심부 프랑스 초소의 약화된 선을 치게 하여 프랑스의 내륙지역 지배를 차단하는 계획을 제안하였다. 같은 해 그는 일단의 기병을 블루리지산맥the Blue Ridge 정상까지 파견했는데, 거기서 그들은 버지니아 밸리the Valley of Virginia를 내려다볼 수 있었다.[60] 1714년 그는 스스로 식민지 개척자로 적극적으로 변화하였다. 래퍼해노크강 폭포 위 30마일에 있는 래피댄강the Rapidan 강변 저맨나Germanna[61]에서 철공소를 운영하고 변경에서 정찰대원으로 활동하기 위해서 독일인 무임도항 이주민들이 — 이들은

---

58 Lawson, "Carolina"(Raleigh, 1860)는 18세기 초반에 대한 서술해 주고 있다. 그의 지도는 Avery, "United States"(Cleveland, 1907), iii, p.224에 다시 제시되어 있다.

59 18세기 중반 양대 캐롤라이나의 피드먼트고원의 장단점은 "N. C. Colon. Records", v, pp.6~7 · 13~14에 있는 슈팽겐부르크(Spangenburg)의 일기에 서술되어 있다. 다음 문헌을 비교하기 바람. "American Husbandry", i, pp.220 · 332 · 357 · 388.

60 Spotswood, "Letters", i, p.40.

61 저매나에 대해서는 다음을 참조하기 바람.: Spotswood, "Letters"(index); Fontaine's journal in A. Maury, "Huguenot Family"(1853), p.268; Jones, "Present State of Virginia"(N.Y., 1865), p.59; Bassett, "Writings of Byrd", p.356; Va. Magazine, xiii, pp.362 · 365; vi, p.385; xii, pp.342 · 350; xiv, p.136. 버지니아 남부 변경의 인디언 교역에 대한 스포츠우드의 관심은 그의 크리스티나 요새(Fort Christina) 작전에 설명되어 있으며, 위의 참고문헌에서 그것에 관한 정보를 얻을 수 있다. 스포츠우드의 셰난도 밸리 탐험에 대한 당대의 설명은 위에서 인용한 폰테인(Fontaine)의 여행이다.

3장_ 구서부　121

임금을 지불한 것에 대한 대가로 수년간 무임금으로 일하기로 동의하였다—거주하는 조그만 마을을 만들었다. 1716년 거기에서 스포츠우드와 일단의 버지니아 남자들이 2개 중대의 정찰대와 4명의 인디언과 함께 여름 2주간 블루리지산맥을 건너서 셰난도 밸리까지 여행을 떠났다. 총독 자신이 이름 붙였듯이 "그래서 산을 가로질러 가는 것은 즐겁다Sic juvat transcendere montes"가 이들 황금 편자 기사단Knights of the Golden Horse Shoe[62]의 모토였다. 그러나 이들은 운명적으로 변경을 점령하게 되어 있던 "용맹스러운 기독교 남성"은 아니었다.

래퍼해노크강을 따라 전진하는데 스포츠우드가 관심을 가진 것은 아마도 1720년 스포트실베이니아Spotsylvania와 브런즈위크Brunswick가 버지니아의 변경 카운티로 조직된 사실을 설명해 준다.[63] 버지니아 식민지는 500달러를 교회에, 1,000달러를 이들 카운티 거주자들의 총과 탄약을 위해 기부하였다. 높은 산 너머 프랑스인과 인디언에 대한 공포가 이러한 전진의 이유가 되었다. 이들 새 카운티로 사람들을 끌어들이기 위한 노력에 따라 정착민들은 1723년 인두권 체계하의 토지구입으로부터 면제되었고, 1721년 이후 7년 동안 면역지대를 내는 것에서도 면제되었다. 그렇게 획득한 무상 교부토지는 1,000에이커를 넘지 못하게 되어 있었다. 이는 곧 7,000에이커로 확장되었으나, 일정 기간 안에 일정 수효의 가족정착을 요구하는 조항과 함께였다. 1729년 스포츠우드는 버지니아 참의회로부터 "권리"를 만들어 내고 이 카운티에서 그가 보유한

---

62 역주: 1716년 스포츠우드 버지니아 총독이 주도한 식민지의 서부 탐험대.
63 다음의 탁월한 논문을 참조하기 바람. C. E. Kemper, in *Va. Magazine*, xii, on "Early Westward Movement in Virginia."

5만 9,786에이커에 대한 면역지대를 지불하라는 명령을 받았다.

　참의회가 취한 다른 유사한 행동들은 큰 자산이 그 지역에서 생겨나고 있다는 점과, 확대되는 지역과 접한 상태에서 대농장 체계가 변경 민주주의를 수립하는 것이 사실상 어렵다는 것을 보여주었다.[64] 따라서 셰난도 밸리를 점령할 즈음에는 버지니아의 이 일대에 정착한 가족에 대해 각각 1,000에이커의 교부토지를 주는 관습이 수립되었다.[65] 총독과 참의회에 영향력이 있는 토지 대농장 주인들은 일정 수효의 가족을 정착시키고 개간의 요구를 만족시킨다는 조건으로 수천 에이커의 교부토지를 확보했다. 그래서 원래 실제 정착민에 대한 직접 토지교부를 의도하였던 것이 빈번히 베벌리William Beverley 같은 대농장주들에 대한 토지교부로 변모되었다. 그들은 통상 면역지대를 유보해 주는 교부토지를 팔 목적으로 스코틀랜드계 아일랜드인 혹은 독일인 정착민의 이주를 촉진하거나, 혹은 셰난도 밸리로 자연스럽게 유입되어 오는 것을 이용했다. 가족에 대한 관대한 토지교부는 정착 조건을 만족시키면서도 이들 투기 농장주로 하여금 교부토지를 많이 소유하도록 해 주었다. 실질적 경작이나 목축 조항[66]에 대한 느슨한 요구와 아마도 더 느슨한 강제 조항 아래 그런 황무지를 보유하는 것은 어렵지 않았다. 이러한 조건들은 향후 버지니아의 피드먼트 고지와 밸리 일대 땅에 대해 일련의 귀족 농장주의 활동 반경이 확대되도록 해 주었다. 그러나 판 메터스Van Meters, 스토버Stover, 루이스 가문과 같은 독일인과 스코틀랜드계 아일랜드인

64　다음의 문헌을 비교하기 바람. Phillips, "Origin and Growth of the Southern Black Belts", in *Amer. Hist. Review*, xi, p.799.

65　*Va. Magazine*, xiii, p.113.

66　"Revised Code of Virginia"(Richmond, 1819), ii, p.339.

등 새로운 정착민들의 상당수는 정착민 거주지를 찾아내고 스스로 교부토지를 확보하는 능력을 보여주었다는 점도 덧붙여 말해야 한다.

셰난도 밸리 북부에는 페어팩스 경Lord Fairfax : Thomas Fairfax의 농장이 600만 에이커 정도 있었는데, 이 땅은 노던넥Northern Neck의 옛 컬페퍼Culpeper와 알링턴Arlington 교부토지로부터 미망인의 상속지분으로 그 가문에 귀속된 것이다. 1748년 젊은 워싱턴은 포토맥강 상류를 따라서 이 농장을 조사하였는데, 밤하늘을 바라보면서 변경의 삶을 배웠다.

페어팩스 경은 그린웨이 장원Greenway manor[67]을 설립하고[68] 그의 영역을 다른 장원들로 분할하여 100에이커당 20실링으로 이미 그 지대에 정착한 사람들에게 99년간 임대해 주었다. 반면에 새로 정착해 온 사람들에게는 무조건 토지소유권fee simple[69]으로 같은 분량의 토지에 대해서 2실링의 연간 면역지대를 강요했다. 소송은 이곳에서 토지소유권을 다년간 불확실하게 했다. 마찬가지로 스톤턴Staunton 근처 베벌리의 장원은 적절한 수효의 가족을 그 땅에 거주시킨다는 조건으로 11만 8,000 에이커의 토지를 베벌리와 그 관련자들에게 교부하였음을 보여 주었다.[70] 따라서 이 변경의 투기적 농장주들은 토지점령운동에 함께 참여했고 내륙에서 귀족적 요소를 창출하였다. 그러나 독일인 정착민뿐만

---

67 역주 : 버지니아 식민지의 클라크 카운티에 있던 페어팩스 경 소유의 장원.
68 *Mag. Amer. Hist.*, xiii, pp.217, 230; Winsor, "Narr. and Crit. Hist. of America", v, p.268; Kercheval, "The Valley"(Winchester, Va., 1833), pp.67・209; *Va. Magazine*, xiii, p.115.
69 역주 : 토지에 대한 완전한 소유권은 영주 등 원소유주에 있으며, 실제 토지를 사용하는 사람에 대해서 원소유주는 조세, 강제매입, 경찰권 등을 행사할 수 있어서 사용권이 제한될 수 있게 한 토지 소유제도
70 "William and Mary College Quarterly"(Williamsburg, 1895), iii, p.226. 이곳과 보던(Borden)의 장원의 위치에 관해서는 다음의 문헌을 참조하기 바람. Jefferson and Frye, "Map of Virginia, 1751."

아니라 점증하는 스코틀랜드계 아일랜드 이주민은 자연조건의 차이와 더불어 해안지대 버지니아와는 다른 모습으로 내륙을 또 다른 버지니아로 만들었다.

정착지가 래퍼해노크강을 따라 올라가고 이주민들이 북쪽에서 셰난도 계곡으로 들어오기 시작하면서, 정착지도 제임스강을 따라 폭포 너머로 올라갔으며 모피 상인의 초소까지 도달했다.[71] 1728년 구치랜드 카운티Goochland County가 시작되었고, 인구 증가로 인해서 1729년에는 폭포일대에 도시(리치먼드)를 하나 건설하자는 제안이 등장했다. 래퍼해노크강 강변과 마찬가지로 제임스강 상류를 따라 투기적 대농장주가 인두권을 구입했고, 교부토지를 보유하기 위해 정착민과 소작인을 거주하게 하였다.[72] 이 지역으로 버지니아 토착민, 영국의 이주민, 기타 지역의 몇몇 대표들이 들어왔는데, 이들 가운데 어떤 사람들은 제임스강을 따라서 올라왔고, 어떤 사람들은 요크강을 따라 올라왔으며, 또 다른 사람들은 블루리지산맥 양측의 남향기류를 타고 도착하였다.

1730년 이전에는 리배나강the Rivanna 어귀 위로는 거주자들이 거의 없었다. 1732년에 피터 제퍼슨Peter Jefferson은 그 강이 흘러들어 가는 산 사이 동쪽 입구에 1,000에이커의 땅을 특허로 획득하였고, 바로 그 변경지역에서 1743년 후일의 농장인 몬티첼로Montecello 근처에서 토머스 제퍼슨이 태어났다. 그의 주변에는 선견지명이 있었던 토지 독점상인뿐만 아니라 개척자 농부들도 있었다. 주로 그의 지역은 민주적 변경인들, 즉 저지대의 기존 교회와 토지 향신층과는 생각이 다른 스코틀랜드

---

71 Brown, "The Cabells"(Boston, 1895), p.53.
72 *Loc. cit.*, pp.57 · 66.

계 아일랜드인 장로교도, 퀘이커교도, 침례교도, 그리고 다른 교단 신봉자들이 사는 지역이었다.[73] 제퍼슨이 태어난 지역사회는 제퍼슨에게서 자신들의 이상에 대한 강력한 대변인을 발견하였다.[74] 패트릭 헨리 Patrick Henry는 1736년 리치먼드에서 멀지 않은 폭포 위 지역에서 태어났는데, 그 역시 혁명시기 내륙 버지니아의 대변인이었다. 간단히 말해서 다양한 종파, 대농장주 지도자뿐만 아니라 독립적 자영농으로 구성된 지역사회가 이미 형성되고 있었다. 이 지역사회는 당연히 팽창적이어서 계속 서부로 이동하는 변경을 따라 존재한 미점령 토지에서, 그리고 노예소유 농장주의 귀족적 경향보다는 개척자의 민주적 이상이 지배한 이 18세기에서 거래의 기회를 보았다. 두 종류의 뉴잉글랜드가 있었듯이, 이 시기 즈음에는 두 종류의 버지니아가 존재했고 고지대는 구서부에 속했다.

해안으로부터 폭포선을 가로질러 나아간 전진 이동은 버지니아보다 노스캐롤라이나에서 훨씬 늦었다. 투스카로라 전쟁the Tuscarora War (1712 ~1713)[75] 이후 팸리코사운드Pamlico Sound[76] 서부의 넓은 지역이 열리게 되었다(1724). 북쪽 로아노크강the Roanoke 인근 지역은 그 이전 대부분 버지니아로부터 변경 정착민들을 받아들이기 시작했다. 그들의 특색은 버드William Byrd(II)의 "분할선Dividing Line"에 흥미롭게 묘사되어 있다.

---

73 Meade, "Old Churches"(Phila., 1861), 2 vols; Foote, "Sketches"(Phila., 1855); Brown, "The Cabells", p.68.

74 *Atlantic Monthly*, vol. xci, pp.83 이하; Ford, "Writing of Thomas Jefferson"(N.Y., 1892), i, pp.xix.

75 역주 : 영국의 식민지였던 노스캐롤라이나에서 원주민인 투스카로라 인디언 부족과 영국 및 영국을 지원한 예마시 인디언 부족 간의 전쟁. 전쟁 패배 이후 투스카로라족은 인디언 보류지로 물러남.

76 역주 : 노스캐롤라이나 동부 해안에서 강과 바다가 만나는 어귀에 형성된 거대한 석호

1728년 버지니아 경계선을 따라 올라간 가장 먼 곳의 거주민은 로아노크강의 지류인 그레이트크리크Great Creek 근처의 변경인들이었다.[77] 노스캐롤라이나 위원들은 170마일을 간 뒤 이미 가장 외부에 사는 정착민 지역을 50마일 넘어섰고, 한 동안 그 선을 따라서 더 갈 필요가 없으리라는 이유로 전진을 중지했다. 그러나 버지니아의 탐사자들은 이미 투기자들이 그 땅을 차지했음을 지적했다. 웰던Weldon에서 파이에트빌Fayetteville까지의 선은 대강 노스캐롤라이나의 산재한 인구 4,000명의 서부 경계를 이루고 있었다.[78]

정착민의 느린 전진은 부분적으로는 이후의 캐롤라이나 정착, 투스카로라족과 예매시족 전쟁에서 볼 수 있었듯 전진하는 사람들의 측면에서 보면 인디언들이 계속 골칫거리였다는 점, 그리고 폭포선과 나란히 있는 소나무 황야가 정착민에게 매력적이지 않은 불모지를 조성했다는 점 때문이었다. 노스캐롤라이나 저지대는 17세기 말부터 버지니아로부터의 인구 유입에 대한 일종의 남부접경이었고, 격동의 민주주의, 종파와 민족의 다양성, 원시적 조건 등에 있어서 다양한 방식으로 내륙지방에 동화되어 있었다. 그러나 공적 토지의 방만한 경영, "무기입 특허장blank patent"[79]의 사용 및 기타 회피방법 등은 정착민의 인두권

77 Byrd, "Dividing Line"(Richmond, 1866), pp.85 · 271.
78 "N. C. Colon. Records", iii, p.xiii. Compare Hawks, "Hist. of North Carolina"(Fayetteville, 1859), map of precincts, 1663~1729.
79 역주 : 실제로 소유하지 않은 상태에서 향후 조사할 토지를 개척자 스스로 특허장에 적게 하고, 이후 그 미개척 지역의 실제 조사내용을 기입할 경우 이를 공여토지로 부여하는 제도 식민지 당국은 개별적으로 서명할 필요 없는 편리함을 활용하여 이러한 특허장을 미리 발부하였는데, 그 결과 개척자는 그 땅에 대한 사전적인 권리를 주장할 수 있게 되었음.

과 함께 대규모 토지보유를 가능하게 했다. 버지니아와 마찬가지로 여기에서도 식민지 전역에 걸쳐서 대규모의 재산성 토지공여가 확대되었고, 그랜빌 경Lord Granville의 소유토지는 노스캐롤라이나의 북쪽 절반을 포함하였다. 이 지역 내에서 토지판매와 면역지대는 소유주 대리인이 관리하였는데, 그 결과 농업적 특성에 따른 불확실성과 혼란이 혁명시기까지 이어졌다. 마찬가지로 일정 규모의 정착민들이 들어오면서 대규모 투기성 소유지도 있었는데, 그리로 변경인들이 들어왔다.[80] 그러나 이러한 체계는 이후 이주해 온 사람들의 대리인들이 와쵸비아Wachovia의 모라비아인들the Moravians의 식민지[81]처럼 식민지 건설을 가능하게 해 주었다.[82] 그래서 정착민들이 북부로부터 고지대로 들어온 시기에는, 버지니아와 유사한 토지체계가 존재하게 되었다. 공동소유지는 1평방 마일(640에이커)이었으나, 실제로 이는 거대한 농장의 축적을 막지 않았다.[83] 버지니아 피드먼트 지역은 상당 수준 동부해안에서 확대된 것이었으나, 노스캐롤라이나는 1730년에 이르면 동부해안의 영향을 거의 받지 않았다.[84]

사우스캐롤라이나도 마찬가지였다. 1730년까지 정착은 동부 해안지대에서 80마일 정도도 진행하지 못했고, 이는 심지어 저지대의 정착지에서도 그랬다. 거대한 농장건설을 위해 저지대 전부를 흡수하는 것은

---

80 Raper, "North Carolina"(N.Y., 1904), chap.v; W. R. Smith, "South Carolina"(N.Y., 1903), pp.48 · 57.
81 역주 : 모라비아인들이 현재 노스캐롤라이나주의 포시스 카운티(식민지 시대에는 베사바라로 불림)에 정착하며 만든 지역.
82 Clewell, "Wachovia"(N.Y., 1902).
83 Ballagh, in Amer. Hist. Assoc. "Report", 1897, pp.120~121은 다음의 문헌을 인용하였음. Bassett, in "Law Quarterly Review", April, 1895, pp.159~161.
84 Hawks, "North Carolina"의 지도를 참조하기 바람.

다른 곳과 마찬가지로 여기에서도 명확했다.[85] 1732년 공적 토지 감독 관은 1732년 찰스턴의 100마일 이내에, 혹은 강이나 항해 가능한 강의 20마일 이내에는 1,000에이커도 안 되는 땅이 미소유로 남아 있었다고 보고했다. 1729년 국왕은 각각 2,000에이커 규모의 11개 군구townships 를 직사각형 형태로 조성하라고 명령했다. 이들 군구는 첫 10년 이후 매 100에이커당 1년에 4실링의 면역지대를, 혹은 면적에 비례하여 지대를 내게 하여, 실제 각 정착민에 대해 50에이커씩으로 분할되어 배분 되었다.[86] 1732년 외국 개신교도를 끌어들이기 위해서 고안된 이들 군 구는 식민지의 큰 강변에 조성되었다. 이 군구들이 폭포선 동쪽 중앙지 대, 소나무 사막지대, 혹은 식민지 남부 구석의 말라리아 지역에 위치했 기 때문에, 독일인 무임도항 이주민 정착지를 개척한 노스에디스토강 the North Edisto 근처의 오랜지버그Orangeburg[87]를 제외하고는 모두 도시로 서 생존가능성이 없었다. 블랙리버강Black River 강변 윌리엄스버그Willi-amsburg로 이주해 온 스코틀랜드계 아일랜드인 장로교도들은 선견지명 이 있었던 퓨리Jean-Pierre Purry의 지도력에 따라 참혹한 기후 속에 서배나 강 하류the lower Savannah의 퍼리스버그Purrysburg에 정착한 스위스인들처럼 어려움을 겪었다. 펜실베이니아에서 이주해온 웨일스 식민지인들에게

---

85   McCrady, "South Carolina", 1719~1776(N.Y., 1899), pp.149, 151; Smith, "South Carolina", p.40; Ballagh, in Amer. Hist. Assoc. "Report", 1897, pp.117~119; Brevard, "Digest of S. C. Laws"(Charleston, 1857), i, p.xi.

86   McCrady, "South Carolina", pp.121 이하; Phillips, "Transportation in the Eastern Cotton Belt"(N.Y., 1908), p.51.

87   이곳은 원래 11개 타운에 제공된 것은 아니었다. 이곳의 역사에 대해서는 Salley, "Orangeburg"를 참조하기 바람. 대략 1769년의 변경 상황은 pp.219 이하에 설명되어 있 다. 9쪽 반대편의 지도를 참조하기 바람.

는 50에이커의 인두권하에서 마리온 카운티Marion County의 그레이트피디강the Great Pedee에 접한 17만 3,000에이커를 포함하여 "웨일스 지대"the Welsh tract라고 불리는 교부토지, 그리고 물품, 도구, 가축 등의 포상금이 주어졌다.[88]

폭포선 동쪽에서 진행된 이러한 시도들은 북부의 정착민들이 도래하기에 앞서서 우리의 타운 — 이 타운들은 정치적으로 구성된 행정단위가 되었고 입법부에 대표를 지니게 된다 — 을 조성하고 외국인들을 끌어들이려는 식민시대의 정책을 보여주는 것으로 흥미롭다.

1732년 조지아 정착은 피드먼트고원을 향한 식민지화의 남부선을 완성하였다. 식민지 특허장에 명기되어 있듯이 조지아 식민지의 목표 가운데에는 빈민구제와 변경보호가 포함되어 있었다. 구식민지에서 이미 명백하게 드러난 것처럼 대농장 토지를 매점하려는 경향에 대항하기 위해 조지아 식민지 위탁 관리자는 50에이커의 교부토지는 양도되어서도 분할되어서도 안 되며, 남성 상속자에게 계승되어야 하고, 계승자가 없는 경우는 위탁관리자들에게 반환되어야 한다고 규정하였다. 500에이커 이상의 토지교부는 허용되지 않았고, 이러한 토지도 소유자가 10명의 식민지인을 정착시킨다는 조건하에 교부되었다. 그러나 지역 상황과 이웃 식민지와의 경쟁 및 전례하에서 이러한 민주주의를 위해 토지보유권을 제한하려는 이러한 시도는 1750년에 이르러 붕괴되었고, 조지아의 토지체계는 기타 남부지역의 식민지와 차이가 없게 되었다.[89]

---

88 Gregg, "Old Cheraws", p.44.
89 Ballagh, *loc. cit.*, pp.119~120.

1734년 살즈버거즈Salzburgers는 서배나Savannah 위에 있었는데, 7년이 안 되어 1,200명의 독일인 개신교도가 조지아 변경 인근에 정착해 있었다. 반면에 알타마하강the Altamaha 입구 근처 대리언Darien에 있는 스코틀랜드 북부 고지대인Scotch Highlanders[90]의 정착지는 남부 변경을 보호하고 있었다. 모피 교역상들이 출발하여 체로키족을 방문한 인디언 무역항인 어거스타Augusta에서는 변경 전진의 익숙한 풍경이 완성되었다.[91]

우리는 지금까지 대략 17세기 말부터 18세기 초반까지 저지대로부터 서쪽으로 진행되어 온 변경정착의 이동을 개괄해 보았다. 원정착민들은 옛 지역의 좋은 땅들을 독점했다. 기한제 고용노동자들과 새 정착민들은 인두권을 얻거나 새 타운을 건설할 장소를 찾아서 변경으로 왔다. 모험적이고 투기를 좋아하는 거대한 농장주들은 새 지역에서 큰 소유지를 획득하여, 이 광대한 교부토지에 정착하고 그 토지를 경작해야 한다는 요구사항을 만족시킬 새 정착민들을 데려와 대농장 소유주와 함께 소규모 소유주의 자영농 계층을 만들어 냈다. 새 정착민들 가운데 긴 안목을 지녔던 사람들은 농장주의 모범을 따랐고, 더 큰 토지를 교부해 달라고 청원했다. 그동안 한때 기한제 고용노동자였던 에이브러햄 우드Abraham Wood, 강의 "입구"에 있는 초소에서 인디언 무역에 종사하면서 변경보호, 개척, 조사 등을 함께 진행했던 윌리엄 버드(I)와 같은 개척자는 피드먼트 고지대와 같은 더 멀고 풍요로운 토지를 알려 주었다. 이미 18세기 전반에 변경인들은 저지대의 전통적 교회 추종자들과

---

90   역주 : 스코틀랜드의 북부 산악지역 고지대에 살던 사람들. 18~19세기를 거쳐 미국으로 많은 사람들이 이주해 옴.

91   Bartram, "Travels", pp.18 · 36 · 308에 있는 1773년 조지아 변경 상인, 목축업자, 토지 투기꾼에 대한 서술을 비교하여 참조하기 바람.

는 다른 종교적 신앙을 지닌 스코틀랜드계 아일랜드인, 독일인, 웨일스인, 그리고 위그노 프랑스인 정착민들의 넓은 대표성을 유지한 채, 조야한 단계의 민주주의 공동체를 발전시키는 경향을 보였다. 이 지역으로의 노예이동은 중요하지 않았지만, 알려지지 않은 것은 아니었다.

1730년 버지니아 밸리는 버지니아의 피드먼트 지역과 캐롤라이나 지역의 피드먼트고원처럼 사실상 정착지가 아니었다. 동부해변의 확장으로 점령된 지역의 너머에 있는 북부로부터 사람이 살지 않던 버지니아 밸리 지역과 피드먼트로의 정착민 이주는, 그것이 지리적으로 해변으로부터의 서부이동과는 분리되어 있었다는 점에서 중요했다. 그 중요성은 또한 규모에 있어서 민주세력을 충원하고, 장기간 저지대 유형으로의 사회적 동화 과정을 지연시킬 수 있었다는 점이다.

이미 지적했듯이 특히 캐롤라이나 지역에서는 대략 넓이가 80마일 정도 되는 소나무 황야 일대가 폭포선을 따라 나란히 늘어서 있어서, 항행의 선두에 닿기도 전에 이 지역을 가로질러 서쪽으로 전진하는 것을 좌절시켰다. 버지니아에서는 블루리지산맥이 거의 비슷한 효과를 지닌 장애물이 되어 서부로의 전진 이동에서 셰난도 밸리를 분리시켰다. 동시에 이 밸리는 서부 펜실베이니아의 앨러게이니산맥의 동부 변두리를 따라서 나란히 있는 그레이트 밸리의 연장에 불과했으며, 그 산맥 골짜기 안에 컴버랜드 밸리Cumberland Valley와 해거스타운 밸리Hagerstown Valley를 포함하고 있었다. 간단히 말해서 넓고 비옥한 토양의 석회암 지대가 남쪽으로 펜실베이니아에서 남서부 버지니아까지 치솟은 산 안에 늘어져 있었다. 그리고 여기에는 협곡들이 캐롤라이나 피드먼트고원으로 내려가는 길을 열어 주었다. 펜실베이니아로부터 아래로 내려오는, 일종의 반도와 같이 찔러 들어오는 이 전체 지역은 저지대에서 서부로 이동하기 위해서는 비교적 접근하기가 어려웠고, 펜실베이니아로 들어오는 사람들에게는 그만큼 접근하기 쉬웠다.[92]

그래서 1730년부터 1760년까지 한 세대의 정착민들이 이 산골짜기를 따라서 남부 고지대인 피드먼트로 쏟아져 들어와 인위적 식민지 경계선을 가로지르는 새로운 사회와 경제영역을 지속적으로 창출하고, 대서양 해변에서 서쪽으로 진행하는 지방정부의 순조로운 확장을 어렵게 하며, 옛 퀘이커 식민지와 대조되는 새로운 펜실베이니아와, 저지대 남부와 대조되는 새로운 남부를 건설하는 상황이 나타났다.

그 출발부터 펜실베이니아는 황무지 속에서 자유를 추구하는 반국교회 교파의 고향으로 선전되었다. 그러나 대강 1717년부터 독일인 무임도항 이주민이 독일에서 대거 출국하자 비로소 독일 팔츠지역과 그 주변 지역으로부터 독일인이 몰려와서,[93] 미국혁명 시기에 이르면 이들이 펜실베이니아 전체 인구의 1/3이 되었다. 1775년에는 20만 명 이상의 독일인들이 주로 구서부의 변경 영역을 따라서 13개의 식민지에 살게 된 것으로 조심스럽게 추정된다. 이들 가운데 10만 명은 주로 여전히 "펜실베이니아 독일인" 거주지로 알려진 그레이트 밸리 지역 등 펜실베이니아에 거주하고 있었다.[94]

지면 부족으로 인해 이러한 식민화의 이동을 모두 서술하지는 못한

---

92 다음 문헌을 참조하기 바람. Willis, "Northern Appalachians", in "Physiography of the U.S." in National Geog. Soc. "Monographs"(N.Y., 1895), no. 6.

93 Diffenderfer, "German Immigration into Pennsylvania", in Pa. German Soc. "Proc.", v, p.10; "Redemptioners"(Lancaster, Pa., 1900).

94 A. B. Faust, "German Element in the United States."

다.[95] 사우스마운틴산the South Mountain의 능선이 낮게 솟아 있고 거기에 이르는 협곡으로 인해 펜실베이니아 그레이트 밸리의 비옥한 화강암 지역으로 들어가는 것은 쉽다. 매릴랜드Maryland와 버지니아에서 비슷한 계곡을 따라서 남쪽으로 계속 사람들이 들어오는 것은 자연스러운 것인데, 특히 늘어나는 도미 국내 이주민들이 땅값을 올라놓았기 때문이다.[96] 1719년 펜실베이니아 토지에 대한 소유주의 값은 100에이커 당 10파운드였고, 면역지대로는 2실링이었다. 1732년 이 가격은 15.5 파운드와 에이커당 반 페니의 면역지대가 되었다.[97] 독일인들이 대규모로 도래한 1718년에서 1732년에 이르는 기간 동안 토지관리는 혼돈에 빠졌고, 많은 사람들이 무자격 불법거주자로 정착하였다.[98] 이는 미국으로 건너오기 위한 교통편을 확보하기 위해서 수년간의 고용을 조건으로 자신들의 노동을 판 가난한 무임 도항이주민들에게는 행운이었다.

1726년에 이르면 10만 명의 불법거주자가 있는 것으로 추정되었다.[99] 그리고 1732년과 1740년 사이에 점유된 67만 에이커 가운데 40만 에이커가 토지교부 없이 정착되었다.[100] 그럼에도 불구하고 이 토지는 결국 이자와 함께 그 비용을 지불해야만 했고, 불법거주자에 대한 선

---

95 다음 문헌들을 참조하기 바람. Kuhns, "German and Swiss Settlements of Pennsylvania"(N.Y., 1901); Wayland, "German Element of the Shenandoah Valley"(N.Y., 1908); Channing, "United States", ii, p.421; Griffin, "List of Works Relating to the Germans in the U. S."(Library of Congress, Wash., 1904).

96 Myers, "Irish Quakers"(Swarthmore, Pa., 1902), p.70에 있는 삽화에서 편지를 참조하기 바람.

97 Shepherd, "Proprietary Government in Pennsylvania"(N.Y., 1896), p.34.

98 Gordon, "Pennsylvania"(Phila., 1829), p.225.

99 Shepherd, *loc. cit.*, pp.49~51.

100 Ballagh, Amer. Hist. Assoc. "Report", 1897, pp.112~113. 다음 문헌을 비교하여 참조하기 바람. Smith, "St. Clair Papers"(Cincinnati, 1882), ii, p.101.

점권의 양허는 이를 더욱 쉽게 만들어 주었다. 그러나 1755년이 되어서야 비로소 총독은 구매하지 않는 주인없는 토지를 제공했고, 이 토지는 앨러게이니산맥의 서부에서만 얻을 수 있었다.[101]

신용체계가 펜실베이니아의 난국을 덜어주기는 했지만, 펜실베이니아 토지는 매릴랜드의 토지와 경쟁하여 1717년과 1738년 사이에는 100에이커당 40실링에 제공되었고, 1738년에는 5파운드로 상향되었다.[102] 다시 언급되겠지만 이와 함께 버지니아 밸리에서는 가족당 1,000에이커의 무상 교부토지가 제공되고 있었다. 비록 셰난도 밸리의 넓은 지대는 페어팩스 경뿐만 아니라 베벌리, 보던Benjamin Borden, 그리고 카터 가문the Carters과 같은 투기자에게 교부되었으나, 토지 소유자들은 펜실베이니아 토지사무국보다 100에이커당 6 혹은 7파운드 정도 싸게 판매하였다.[103] 따라서 1726년부터 1734년 사이에는 독일인들이 이 지역에 들어오기 시작했고,[104] 곧 그들은 정착지를 캐롤라이나의 피드먼트고원까지 확장하였다.[105] 특히 글렌 총독이 1755년 이 식민지의 넓은 서부지역을 체로키족으로부터 매입한 후에는, 그들은 사우스캐롤라이나에서 찰스턴을 경유해서 온 도미 국내 이주민에게 고용되었다.

---

101 Shepherd, *loc. cit.*, p.50.
102 Mereness, "Maryland"(N.Y., 1901), p.77.
103 "Calendar Va. State Papers"(Richmond, 1875), i, p.217. 이러한 교부토지에 대해서는 다음 문헌을 참조하기 바람. Kemper, "Early Westward Movement in Virginia" in Va. Mag., xii and xiii; Wayland, "German Element of the Shenandoah Valley", *William and Mary College Quarterly*, iii. 대농장주와 새로운 도래자 등 양대 투기자들은 곧 앨러게이니산맥 너머 토지를 신청했다.
104 1794년 버지니아 주하원은 주의 가장 중요한 법률을 독일어로 출판하기로 결의하였다.
105 다음 문헌을 참조하기 바람: Bernheim, "German Settlements in the Carolinas"(Phila., 1872); Clewell, "Wachovia"; Allen, "German Palatines in N.C."(Raleigh, 1905).

1750년에서 미국혁명 시기 사이에 캐롤라이나 지역의 이 정착민의 숫자는 대폭 증가하였다.

따라서 뉴욕의 모호크강 입구에서 조지아의 서배나에 걸쳐서 거의 연속적인 독일인 정착지대가 건설되었다. 이들은 최고의 토지를 발견했고, 넓고 잘 채워진 헛간, 양질의 가축, 천으로 덮인 큰 마차가 증명해주듯이 토지를 집중적이고 알뜰하게 경작하는 방법을 알고 있었다. 이들은 루터교, 개혁교회, 모라비아교,[106] 매노나이트교,[107] 그리고 기타 많은 소수의 교단 등으로 구분되는데 종종 같은 종파 집단으로 모여 사는 것을 선호했다. 이들을 방문한 펜실베이니아의 모라비아교 선교사의 일기장은 상위 교단이 식민지와 어떻게 연락을 취하고 있었는지,[108] 그리고 전체 독일인 변경지역과 펜실베이니아 독일인 변경 간의 연대의식이 얼마나 긴밀했는지를 보여준다.

버지니아 밸리와 피드먼트에 독일인이 정착한 것과 함께 스코틀랜드계 아일랜드인의 이주도 진행되었다.[109] 이들 저지대 스코틀랜드인들은 17세기 초반 얼스터Ulster(북아일랜드의 도시─역주)에 정착하였었다. 존 녹

---

106 역주: 18세기에 창설된 개신교 교파로 루터의 종교개혁 이전에 존재한 최초의 신교 교파. 15세기 보헤미아와 모라비아에서 후스파 운동을 일으킨 보헤미아 형제단이 그 기원임.

107 역주: 종교개혁 시기에 등장한 개신교 종파. 메노파라고도 불리는데 이는 멘노 시몬스(Menno Simons)의 신학을 따르는 자들이라는 뜻에서 비롯됨. 종교와 국가의 분리, 평화주의를 주요 특징으로 함.

108 참조자료를 찾아보기 위해서는 Wayland, *loc. cit.*의 참고문헌과, 특히 *Va. Mag.*, xi, pp.113 · 225 · 370; xii, pp.55 · 134 · 271; "German American Annals", N. S. iii, pp.342 · 369; iv, p.16; Clewell, "Wachovia; N. C. Colon. Records", v, pp.1~14 등을 참조하기 바람.

109 스코틀랜드계 아일랜드인에 대해서는 Green, "Scotch-Irish in America", Amer. Antiquarian Soc. "Proceedings", April, 1895에 있는 참고문헌을 참조하기 바람; Hanna, "Scotch-Irish"(N.Y., 1902)는 그 주제에 대한 포괄적 설명을 제시하고 있다. 또한 Myers, "Irish Quakers"도 참조하기 바람.

스John Knox의 추종자들인 그들은 스코틀랜드 장로교의 본래적인 저항적 개인주의와 혁명적 기질을 지니고 있었다. 그들은 구약성경의 토대 위에서, 그리고 협약 혹은 계약에 의한 정부론을 믿으며 성장하였다. 아일랜드에서 그들의 투쟁적 자질은 자신들의 완고한 저항이 제임스 2세 James II의 희망을 방해한 런던데리의 포위[110]에서 드러났었다. 그러나 종교적, 정치적 무력화가 이 얼스터 사람들을 짓눌렀고, 그들은 여기에 불만을 품고 어려운 곤경을 피하고자 고국을 떠났다. 그들의 미국 이주는 집중적인 독일인 이주와 같은 시기에 이루어졌다. 미국혁명 시기에 이르면 대강 펜실베이니아 인구의 1/3은 스코틀랜드계 아일랜드인이었다. 아마도 매우 후하게 계산한 것이겠지만, 1730년과 1770년 사이에 50만 명 정도가 미국으로 이주해 온 것으로 추정된다.[111] 특히 1745년의 반란the Rebellion of 1745[112] 이후 다수의 스코틀랜드 북부 고지대인이 건너와 미국의 스코틀랜드계 인구를 증가시켰다.[113] 상당수의 스코틀랜드계 아일랜드인들은 뉴잉글랜드로 갔다.[114] 청교도의 냉대로 인해서 이들은 우스터Worcester 인근의 비정착지대, 더버크셔즈 일대의 변경지역, 그리고 남부 뉴햄프셔의 런던데리Londonderry(앞에 있는 스코클랜드의 런던데

---

110 역주 : 1688년 명예혁명으로 프랑스로 도주한 영국의 제임스 2세가 프랑스의 지원으로 다시 영국으로 건너와 1689년 스코틀랜드의 데리(Derry)를 포위하고 점령하려 한 사건. 스코틀랜드인들은 성공적으로 포위에 저항함.

111 Fiske, "Old Virginia"(Boston, 1897), ii, p.394. 다음 문헌과 비교하여 참조하기 바람. Linehan, "The Irish Scots and the Scotch-Irish"(Concord, N.H., 1902).

112 역주 : 명예혁명 이후 1688년에서 1746년에 걸쳐 영국에서 폐위된 제임스 2세의 복위를 목표로 여러 차례 폭동이 발생했는데 그 가운데 하나. 주도세력은 제임스 2세를 추종한 자코바이트(the Jacobites)였음.

113 다음 문헌을 참조하기 바람. MacLean, "Scotch Highlanders in America"(Cleveland, 1900).

114 Hanna, "Scotch-Irish", ii, pp.17~24.

리와 동명의 북미주 타운 – 역주)로 이주했다. 이곳에서 호레이스 그릴리 Horace Greeley와 S. P. 체이스Salmon p. Chase의 조상뿐만 아니라, 프렌치 인디언 전쟁의 변경 지도자이자 혁명전쟁 당시 베닝턴Bennington의 영웅인 존 스타크John Stark 등이 등장하였다. 뉴욕에서는 스코틀랜드계 아일랜드인의 정착지가 체리 밸리의 변경에 건설되었다.[115] 스코틀랜드 북부 고지대인들은 모호크강 지역으로 와서,[116] 윌리엄 존슨경을 추종했고 혁명전쟁 당시 토리파 습격자Tory raiders[117]들이 되었다.

그러나 스코틀랜드계 아일랜드인의 권력 중심은 펜실베이니아에 있었다. "이 대담하고 가난한 이방인들은 토지소유 자격을 내놓으라고 요청하면, 그에 대한 변명으로 (그들이 아니라 – 역주) 우리가 식민지 정착민을 구걸했고 또 그 요구에 따라서 왔다"고 말했다.[118] 그리고 그들은 "매우 많은 사람들이 일하면서 식량을 경작하려 하는데도 그렇게 많은 땅이 놀고 있다는 것은 하나님과 자연의 법에 저촉된다"고 주장하면서, 특히 펜실베이니아와 매릴랜드 간의 분쟁지역에 있는 빈 토지에 불법적으로 거주하여 자신들을 몰아내려는 노력에도 불구하고 버티고 남아 있었다. 그레이트 밸리 지역이 독일인의 수중에 있다는 것을 알고서 그들은 랭커스터에서 베드포드로 이어지는 인디언 교역로를 따라서 자신들의 초소를 건설하였다. 그들은 컴버랜드 밸리를 점령하였고 1760년 이전에는 골짜기 조금 넘어 유니어타강the Juniata까지 밀고 올라가서 그 지류를 따라서 흩어졌다. 1768년에 이르러 그들은 인디언과 문제를 일

---

115 Halsey, "Old New York Frontier"(N.Y., 1901).
116 MacLean, pp.196~230.
117 역주 : 미국혁명파에 반대하여 영국 왕실을 지지했던 세력.
118 Hanna, ii, pp.60·63에 있는 1724년 펜(Penn)의 대리인인 로건(Logan)의 말이다.

으키지 않기 위해서 레드스톤 지역Redstone country에서 떨어져 있으라고 경고를 받기도 하였다. 미국혁명 시기에 이르면 그들의 정착지는 피츠 버그Pittsburgh를 중심으로 조성되었고, 피츠버그로부터 펜실베이니아 역사에서 하나의 새로운 시대가 열렸다. 프렌치 인디언 전쟁 이전 짐을 싣고 행렬을 이루어 오하이오 밸리의 개척지로 들어간 사람들은 스코틀랜드계 아일랜드인과 독일계 모피 상인들이었다.[119] 문명과 야만 사이에서 중개자의 역할을 한 사람들은 크로건George Croghan 같은 아일랜드인이나 콘래드 와이저Conrad Weiser나 크리스천 포스트Christian Post 같은 독일인들이었다.[120]

독일인들처럼 스코틀랜드계 아일랜드인들도 셰난도 밸리로 들어갔으며,[121] 계속해서 남부의 고지대로 나아갔다. 1738년 필라델피아 장로교 교회회의의 대표단이 버지니아 총독에게 가서 종교적 자유의 안전에 대한 확약을 받았다. 캐롤라이나 역시 동일한 정책을 약속하였다. 1760년이 되면 스코틀랜드계 아일랜드인 장로교회가 뉴잉글랜드 변경에서부터 사우스캐롤라이나 변경으로 확장되었다. 이 지역은 독일인 지역과 부분적으로 겹치지만, 대체로 스코틀랜드계 아일랜드인들은 산맥 쪽으로 계속 나아가 이 변경의 외부경계까지 전진하는 경향을 보였다. 이러한 변경으로의 연합적인 흐름에는 잉글랜드인, 웨일스인, 아일랜드 퀘이커 교도, 프랑스의 위그노도 있었다.[122]

---

119 Winsor, "Mississippi Basin"(Boston, 1895), pp.238~243.
120 다음의 문헌을 참조하기 바람. Thwaites, "Early Western Travels"(Cleveland, 1904~1906), i; Walton, "Conrad Weiser"(Phila., 1900); Heckewelder, "Narrative"(Phila., 1820).
121 Christian, "Scotch-Irish Settlers in the Valley of Virginia"(Richmond, 1860).
122 루스벨트(Theodore Roosevelt)는 그의 "Winning of the West"(N.Y., 1889~1896), i, chap.v에서 이 사회의 재미있는 그림을 보여준다. 또한 그의 인용문과 특히 Doddridge,

18세기 중반 셰난도 계곡을 따라서 피드먼트로 진행하는 이러한 이동대열 가운데에는 다니엘 부운, 존 시비어John Sevier, 제임스 로버트슨 James Robertson, 그리고 존 C. 칼훈, 에이브러햄 링컨, 제퍼슨 데이비스 Jefferson Davis, 스톤월 잭슨Stonewall Jackson, 제임스 K. 포크James K. Polk, 샘 휴스턴Sam Houston, 데이비드 크로킷David Crokett 등의 선조들이 있었다. 한편 앤드류 잭슨의 아버지도 같은 시기에 대서양 해변으로부터 캐롤라이나의 피드먼트에 도착하였다. 토머스 제퍼슨의 집이 블루리지산맥의 끝자락인 변경에 있었던 것을 상기하면, 우리는 이러한 이름들이 미국의 삶에 있어서 공격적이고 팽창적 운동을 대변한다는 점을 알 수 있다.

이들의 도래는 앨러게이니산맥을 가로질러 켄터키와 테네시에의 정착, 루이지애나 매입, 루이스와 클라크의 대륙횡단 탐험, 1812~1815년 전쟁에서 걸프평원the Gulf Plains의 정복, 텍사스 병합,[123] 캘리포니아 및 스페인령 남서부의 획득 등을 예견해 주는 것이었다. 이들은 또한 앤드류 잭슨과 에이브러햄 링컨 등에게서 두 가지 측면으로 드러나는 변경 민주주의를 보여 주고 있다. 이는 감정의 파도에 민감하면서 "고도의 종교적 능력을 지닌" 지도자에게 호응하는, 그리고 행동에 있어서 신속하고 직접적인 민주주의를 의미한다.

남부 고지대를 향한 이러한 북쪽으로의 이동은 1765년 여름과 겨울에 1,000대가 넘는 이주민 마차가 솔즈베리를 통과했다는 노스캐롤라이나 트라이언William Tryon 총독의 성명에 나타나 있다.[124] 가족, 가족의

"Settlements and Indian Wars"(Wellsburgh, W.Va., 1824)를 참조하기 바람.

123 역주 : 1836년 멕시코에 독립을 선언한 텍사스 공화국을 미국이 1845년에 의회의 결의로 미국의 제28번째 주로 병합한 조치. 루이지애나 매입과 함께 서부로의 미국 영토팽창의 상징적 사건임.

집단 혹은 신도별로 이주민들은 종종 가축을 함께 몰려 왔다. 1746년 100명이 안 되는 전사들이 오랜지와 노스캐롤라이나의 서부 카운티에 있었던 반면, 1753년에는 컴버랜드에 있던 1,000명의 스코틀랜드인에 더하여 확실히 3,000명 정도의 사람들이 머물게 되었다. 그들은 힐스 보로Hillsboro와 파이에트빌Fayetteville에서 산맥에 이르기까지 그 지역에 걸쳐 다소 빽빽하게 살고 있었다.[125] 바세트John Spencer Bassett는 장로교도 들은 뉴욕과 펜실베이니아의 교단회의에서 첫 목사를 받았고 이후 자 신들의 신학생을 프린스턴 대학Princeton College에 파견했다고 말했다. "이 지역 거주자들은 당시 뉴번Newbern이나 이든턴Edenton에 대해서 아 는 것보다 필라델피아에 대해서 더 많은 것을 알고 있었다."[126]

이제 우리는 결론적으로 18세기 전반 이 새로운 변경의 점령 결과, 즉 구서부의 형성의 결과에 대해서 간단히 이야기할 때가 되었다.

[1] 뉴잉글랜드에서 조지아에 이르는 선을 따라서 모두 전투변경이 형성되었는데, 이 변경은 프랑스인과 인디언의 공격을 막아냈고, 미국 혁명 동안에는 없어서는 안 될 역할을 수행하였다. 이 사실의 중요성은 이 시기 산발적 국경전쟁에 대한 광범위한 연구에 의해서만 밝혀질 수 있을 것이다. 우리는 로저스Robert Rogers가 뉴잉글랜드 수색대를 인솔하 는 것과 워싱턴이 사냥복 셔츠를 입고 변경인들과 함께 버지니아 내지 를 방어하는 것을 살펴보아야 한다. 캐나다, 챔플레인 호수, 허드슨강,

---

124 Bassett, in Amer. Hist. Assoc. "Report", 1894, p.145.
125 "N. C. Colon. Records", v, pp.xxxix · xl; cf. p.xxi.
126 Loc. cit., pp.146~147.

뉴욕(오리스카니, 체리 밸리, 이로쿼이족 인디언에 대한 설리번의 정벌), 와이오밍 밸리, 서부 펜실베이니아, 버지니아 밸리, 그리고 남부의 오지 등 주변의 모든 전투가 이러한 관점에서 하나로 간주될 때 구서부의 의미가 보다 명백해질 것이다.

[2] 본질에 있어서 대서양 연안 식민사회와는 다른 새로운 사회가 수립되었다. 그것은 민주적, 자족적, 원시적 농경사회로서 저지대 지역공동체보다 개인주의가 훨씬 두드러졌다. 기한제 계약노동자와 노예는 그 노동체계의 정상적인 부분이 아니었다. 그 사회는 주요 상품생산이 아니라 곡물과 목축에 종사했고, 해안지역에 운송판매한 모피류를 통해서 부족한 정화正貨: specie를 부분적으로 공급하고 있었다. 그러나 사냥꾼 무리들은 이미 훨씬 더 앞질러 나아갔다. 오늘날 목축지역에서 그래온 것처럼 소울타리와 방목장은 소규모 농장에 자리를 내주고 있었다. 그 사회는 부와 여가의 지역이 아니라 열심히 일하는 것과 빈곤의 지역이었다. 모두 그런 것은 아니었지만 학교와 교회는 심각한 어려움을 겪으면서 확보되었다.[127] 그러나 변경 생활의 자연적 추세에도 불구하고 내륙의 많은 지역은 뚜렷한 종교적 분위기를 보여주었다.

[3] 구서부는 국내시장을 개발하고 해상 및 곡물재배 분야에서 알 수

---

127 존 C. 칼훈(Calhoun), 맥더프(McDuff), 르가레(Legaré), 페티그루(Petigru)를 포함한 학생들이 황무지에서 교육받은 서배너강 상류 사우스캐롤라이나에 있는 모제스 웨덜(Moses Waddell) 목사의 학교에 대한 흥미로운 설명을 참조하시오 그들은 숲속의 통나무 오두막에서 살면서, 스스로 물품을 공급하거나 아니면 근처에서 기숙사 생활을 했으며, 아침기도를 하기 위해 호른 신호에 따라서 통나무 학교로 불려간 다음, 무리를 지어 숲으로 흩어져 공부했다. Hunt, "Calhoun"(Phila., 1907), p.13.

있듯이 산업부문의 대유럽 종속을 줄인 내부 교역운동을 시작하였다. 사람들이 오지에 정착하면서 보스턴 등 기타 뉴잉글랜드 타운들이 교역의 중심으로 성장하였을 뿐만 아니라, 밸리 지역과 피드먼트를 따라서 훨씬 더 중요한 교역이 발생하였다. 그레이트 밸리의 독일인 농부들은 필라델피아와 특히 1730년에 조성된 볼티모어에 린넨 직물, 니트 양말, 깡통 버터, 견과류, 곡물 등을 가져왔다. 볼티모어로는 셰난도 밸리에서 온 교역도 이루어졌는데, 피드먼트고원부터 모피상 행렬, 소와 돼지 떼들이 시장으로 몰려 들어왔다.[128] 제임스강 상류에 정착민이 증가하자 1737년 제임스강 폭포지역에 리치먼드시가 건설되었다. 이미 저지대 담배재배 귀족들은 내륙 버지니아 및 매릴랜드의 곡물재배 지역과 경쟁하기 시작하였다. 캐롤라이나 내륙이 성장함에 따라서 찰스턴도 번영하였다. 18세기 중반에 사우스캐롤라이나의 글렌 총독은 식민지 해상운송이 명백히 감소하는 현상에 대해서 다음과 같이 설명하였다.[129]

뉴욕이나 필라델피아와 우리의 교역은 빵, 밀가루, 맥주, 햄, 베이컨 등과 그들이 생산한 기타 모든 것을 구입하기 위해서 우리가 다른 지역에서 벌어들인 얼마 안 되는 돈을 다 고갈시키는 그런 종류의 것이었다. 부지런하면서 번성하고 있는 독일인들이 정착한 새로운 군구들이 맥주를 제외하고 이 물품들을 우리에게 공급해 주기 시작하고 있다.

---

128 Scharf, "Maryland"(Baltimore, 1879), ii, p.61, chaps. i과 xviii; Kercheval, "The Valley."
129 Weston, "Documents", p.82.

곧 이러한 내륙교역은 해변지역의 도시 간에 상업적 우위를 점하기 위한 경쟁자를 출현시켰고 이는 지금도 계속되고 있다. 내륙개선의 문제는 긴급했고, 법률을 통해 도로, 연락선, 다리, 하천 개선 등의 규정이 늘어나고 있었다.[130] 이러한 기본적 시설들은 국가경제를 위해서 조성되었으며, 동시에 대외무역의 새로운 원천이 만들어졌다.

[4] 구서부는 토착주의nativism[131]와 낮은 수준의 편의 문제를 야기했다. 뉴잉글랜드에는 스코틀랜드계 아일랜드인 장로교도들이 청교도인들에 의해 푸대접을 받아 밀려나고 있었었다.[132] 펜실베이니아에는 독일인과 스코틀랜드계 아일랜드인이 대규모 도착하면서 불안이 확대되었다. 아닌 게 아니라 독일 팔츠인들의 이민을 제한하자는 법안이 통과되었으나 거부권의 행사로 좌절되었다.[133] 프랭클린Benjamin Franklin과 같은 예민한 관찰자는 1753년 펜실베이니아가 그 언어를 보존하지 못할 것이며 정부가 위험해질 것이라고 우려하였다.[134] 그는 "나는 그들(독일인이나 스코틀랜드계 아일랜드인−역주)이 우리 선거에 간섭하는 것을 겸손하게 거부한 때를 기억하고 있는데, 지금은 떼로 몰려와서 한두 개의 카운티를 제외하고 모두 휩쓸어 가고 있다"라고 외쳤다. 그리고 그는 영

---

130 예컨대 다음 문헌을 참조하기 바람. Phillips, "Transportation in the Eastern Cotton Belt", pp.21~53.
131 역주 : 미국의 최초 이주민인 영국인들이 미국의 진정한 국민이며, 이후 이주한 다른 유럽계 이주민이나 기타 다른 대륙출신의 이주민은 미국의 진정한 국민이 아니라는 반이주민정서. 선이주민 우선주의.
132 Hanna, "Scotch-Irish", ii, pp.19, 22~24.
133 Cobb, "Story of the Palatines"(Wilkes-Barre, Pa., 1897), p.300, citing "Penn. Colon. Records", iv, pp.225 · 345.
134 "Works"(Bigelow ed.), ii, pp.296~299.

국계 사람들이 그들에게 독일어로 연설해서 그들의 편견을 제거할 수 없을 것이라고 개탄하였다.[135] 더글러스 박사Dr. Douglas는 펜실베이니아가 "외국인의 식민지로 전락할 것"이며, 주변지역의 평온을 위험에 처하게 할 것이라고 우려하였다.[136] 에드먼드 버크는 독일인들이 자신들의 학교, 문학, 언어를 고수하고 있고, 영국인과 섞이지 않은 넓은 토지를 보유하고 있다고 후회하면서, 독일인들이 영국 식민지인들과 섞여서 한 민족이 되지 않고, 식민지가 전적으로 외국인의 식민지가 될 위협에 처했다고 우려하였다. 그는 또한 "이 외국인들은 우리 민족을 능가하는 근면, 검소, 강한 생활력으로 인해 어떤 의미에서는 여러 지역에서 우리 민족을 몰아냈다"고 적고 있다.[137] 이는 일단의 후기 변경인들이 우리로 하여금 익숙하게 만든 현상이다. 사실의 관점에서 보면 "펜실베이니아의 독일인"은 우리 역사를 관통하여 매우 동화되기 어려운 지역의 사람으로 남게 되었고, 이는 펜실베이니아 정치에 상응하는 영향을 미치게 되었다. 이러한 비영국계 이주민의 변경 도래는 이로 인해 영향을 받은 모든 식민지에 대해서 귀화와 외래인에 의한 토지소유의 문제를 야기하였다.[138]

[5] 매우 넓은 지역이 경제생활, 사회구조, 그리고 이념의 측면에서 대서양 해안지역과 다르게 된 이러한 변경사회의 창설은 내륙과 해안

---

135 *Ibid.*, iii, p.297; cf. p.221을 보기 바람.
136 "Summary"(1755), ii, p.326.
137 "European Settlements"(London, 1793), ii, p.200(1765); 같은 취지로 *cf.* Franklin, "Works"(N.Y., 1905~1907), ii, p.221을 보기 바람.
138 Proper, "Colonial Immigration Laws", in Columbia Univ., "Studies", xii.

간에 적대감을 조성하였는데, 이러한 적대감은 흥미로운 방식으로 전개되었다. 통상 이러한 적대감은 해안의 재산계급과 정화가 부족하여 지폐와 조세기반의 재조정이 필요한 내륙의 부채계급 간의 갈등, 조세, 수수료, 토지, 사법 행정상 결함이 있거나 부정한 지역정부를 둘러싼 갈등, 지역 내의 소수인구에도 불구하고 해안이 지배할 수 있게 해준 입법부 선거구 획정을 둘러싼 갈등, 교회와 국가의 완전한 분리를 둘러싼 갈등, 그리고 후기에는 노예, 내륙개발, 그리고 정당정치 일반을 둘러싼 갈등 등의 형태를 띠고 있었다. 이 갈등은 또한 미국혁명의 정치철학 및 미국 민주주의의 발전과 밀접하게 관련되어 있었다. 미국혁명 이전 거의 모든 식민지에는 주로 영국 당국과 연합한 동부 자산가들인 특권 당파와, 서부와 도시에서 가장 강력했던 민주 계급 간의 투쟁이 진행 중에 있었다.

이 주제는 여기에 할당된 분량보다 더 많은 논의가 있어야 하지만, 변경 전체와 함께 이 부분과 관련한 여러 상황들을 서둘러 조망한 것은 이를 통해 적어도 그 논점을 부각할 수 있을 것이라고 생각했기 때문이다.

전체적으로 볼 때 뉴잉글랜드의 갈등이 확연하지는 않았다. 오지의 문제 있는 지역정부의 결과로 여겨진 갈등은 타운 체계의 효율에 의해서 대처되었다. 그러나 내륙과 해안지역 간에는 선거구 배정과 종교적 자유를 둘러싼 갈등이 존재했다. 전자(선거구 배정─역주)는 매사추세츠와 뉴햄프셔 정부에 대해 재정부담과 불공정한 입법대표성을 줄여달라고 청원하기 위해 소집된 1776년 매사추세츠 드래컷Dracut 회의에서 나타난다. 뉴햄프셔의 16개 접경 타운이 이 회의에 대표를 보냈다. 2년 후 그 뉴햄프셔 타운들은 버몬트와 연합하려 했다.[139] 미국혁명에 참가한 지역인 버몬트 자체가 해안지역으로부터 벗어나려는 내륙의 동일한 추세의 한 사례였다.[140] 이 시기 매사추세츠는 더 최근에 희소하게 정착한 내륙지역 및 그 서부에 고착된 지폐파와 해안지대의 자산가 계급 사이의 경쟁을 목격하였다.[141] 1787~1788년간 셰이즈의 반란과 반연방파의 반대는 동일한 내륙지역에서 그 지지 지역을 발견할 수 있었다.[142]

종교적 갈등은 반국교회 교파가 강하고 회중교회의 특권에 대한 반대가 있었던 민주적 성향의 내지가, 마침내 뉴햄프셔, 코네티컷, 매사추세츠에서 완전한 기성교회 철폐를 최종적으로 확보할 때까지 지속되었다. 그러나 이는 후대에 속하는 일이었다.[143] 펜실베이니아는 이러한 지역 간 갈등의 명확한 사례를 제공하고 있다. 1764년 변경의 "팩스턴 소년들Paxton Boys"[144]의 기념의식은 이 식민지의 구지역과 정치적 특권을 공유할 권리를 요구했고, 5개의 변경 카운티들은 단지 10명의 대표를 선발했을 뿐인데 체스터, 벅스Bucks, 그리고 필라델피아의 카운티들은 필라델피아시와 함께 26명의 대표를 선발한 선거구 배분에 대해서 항의했다.[145] 변경지역은 해안지역의 지배세력인 퀘이커파the Quaker party[146]

---

139 Libby, "Distribution of the Vote on the Federal Constitution", Univ. of Wis. *Bulletin*, pp.8, 9, and citations. 특히 "New Hampshire State Papers", x, pp.228 이하를 참조하기 바람.

140 Libby, *loc. cit.*, pp.12~14 · 46 · 54~57.

141 Farrand, in *Yale Review*, May, 1908, p.52와 인용문들.

142 Libby, *loc. cit.*

143 다음 문헌을 참조하기 바람. Turner, "Rise of the New West"(Amer. Nation series, N.Y., 1906), pp.16~18.

144 역주 : 프렌치 인디언 전쟁 이후 중부 펜실베이니아의 서스케하나 강변에서 1763년 이 지역 인디언에게 보복하기 위해서 스코틀랜드 얼스터 출신의 개신교도 변경인으로 결성된 단체.

145 Parkman, "Pontiac"(Boston, 1851), ii, p.352.

146 역주 : 17세기 중반 영국과 북미 식민지에서 일어난 급진적 청교도운동에서 출발한 종파. 사회개혁에 많은 노력을 기울였고, 후일 노예제 철폐, 여성권리 신장, 금주령, 사형제

가 인디언에 대해 내륙을 보호해주지 못한 것에 대해서 불만을 토로하였다.[147] 퀘이커교도가 지배하던 부유한 이 세 구카운티는 서부의 성장을 두려워한 나머지 새로운 카운티를 거의 만들지 않았고, 구지역의 다수를 보존하기 위해서 각각 (새로운 카운티의-역주) 대표성을 제한하였다. 동시에 구카운티들은 재산자격을 통해서 민주적 도시 인구의 위험에 대처하였다. 내륙 식민지의 불만 항목 가운데에는 선거구 배분과 대표성 외에도 오지 카운티의 규모로 인해 카운티 의석에 대한 접근성의 어려움이 있었다.

링컨 박사Charles Henry Lincoln는 주로 장로교 카운티의 작품인 1776년 헌법회의(펜실베이니아 헌법제정을 위한 필라델피아 헌법회의를 지칭-역주)의 승리에서 그 절정에 이른 오지 카운티의 투쟁을 잘 제시하고 있다.[148] 사실 펜실베이니아에는 나란히 진행된 두 개의 혁명이 있었다. 그 하나는 해안지역의 자산계급인 구지배층 퀘이커파에 대한 반항이며, 다른 하나는 이 식민지에서 내륙의 승리로 인해서만 가능한 영국에 대한 저항이었다.

1710년 버지니아에서 스포츠우드 총독은 구카운티들은 크기가 작은 반면, 새 카운티들은 경우에 따라 길이가 90마일 정도나 되어 거주민들이 식민지 의회까지 30 혹은 40마일을 이동하지 않을 수 없다고 불평을 토로하였다. 어떤 카운티들은 1,700개의 십일조 징수가구를 거두었

도 폐지, 형법 개혁, 정신병자들에 대한 보호 등을 주장했음.
147 Shepherd, "Proprietary Government in Pennsylvania", in Columbia Univ. *Studies*, vi, pp.546 이하. 다음 문헌들을 비교하여 참조하기 바람. Watson, "Annals", ii, p.259; Green, "Provincial America"(Amer. Nation series, N.Y., 1905), p.234.
148 Lincoln, "Revolutionary Movement in Pennsylvania"(Boston, 1901); McMaster and Stone, "Pennsylvania and the Federal Constitution"(Lancaster, 1888).

는데, 불과 12평방 마일의 카운티들은 500개의 십일조 징수가구를 두었다. 치안판사justices of the peace들은 월례 법원으로 40 혹은 50마일씩 이동하는 것을 좋아하지 않았다. 마찬가지로 교구의 규모에 있어서도 차이가 있었다. 예컨대 제임스강 상류의 바리나Varina 교구는 900개의 십일조 징수가구가 있었는데, 이들 가운데 많은 사람들은 교회로부터 50마일 떨어진 곳에 살고 있었다. 그러나 교구위원회은 원거리 교구민들이 분리해 나가는 것은 허용하지 않았는데, 이는 그렇게 허용할 경우 남아있는 교구민들에 대한 교구징수 액수가 증가할 것이기 때문이었다. 교구위원회는 "비국교도들이 스스로의 견해를 만들어 내어 이 식민지가 비국교도의 혼합비중이 폐하의 다른 어떤 대농장보다 적기 때문에 향유하고 있는 영국 국교회의 행복한 기득권을 흔들어 버릴 기회를 부여할지도 모르기 때문에, 그리고 일단 교회에 분열이 스며들면 이는 곧 시민정부에 파벌을 창조할 것이기 때문에" 두려워하였다.

우리는 이러한 스포츠우드 총독의 두려움이 근거가 있다는 것을 이미 보았다. 오지의 비국교도가 증가하면서 기성교회에 대한 불만이 커져갔다. 미국혁명이 도래한 다음, 오지를 배경으로 하여 제퍼슨은 마침내 기성교회를 파괴할 수 있었고, 또한 해변지역의 담배재배 귀족들이 근거하고 있는 한사상속entails(限嗣相續 : 지정된 직계만이 상속할 수 있다는 원칙-역주) 및 장자상속제를 분쇄할 수 있었다. 노예제를 서서히 철폐하고 대중교육을 보급하자고 한 제퍼슨의 욕망은 더 한층 나아간 내륙 태도의 사례이다. 간단히 말해서 제퍼슨적 민주주의는 정교분리의 이념, 대중교육에 대한 소망, 특권에 대한 혐오와 함께, 버지니아의 서부사회에 의해 깊이 영향을 받았다.

그러나 버지니아의 개혁운동은 불평등한 선거구 배분에 대한 불만을 치료할 수는 없었다. 1780년 제퍼슨은 각 카운티에 대해서 평등한 입법대표를 허용하는 관행은 인구가 많은 대규모의 내륙지역을 희생하는 대신, 해안지대의 소규모 다수 카운티에게 통제권을 부여할 것이라고 지적하였다. 그는 "그래서 폭포선 아래의 1만 9,000명이 이 주의 다른 지역에 사는 3만 명 이상의 사람들에게 법률을 부과하며 행정부 및 사법부의 모든 주요 공직자를 임명하고 있다"라고 적었다.[149] 이로 인해 해안지역과 내륙 간의 오랜 갈등이 시작되었는데, 이는 노예인구가 폭포선을 가로질러 이동하고, 더 나아가 해안지대와 내륙지역을 거의 동화시켰을 때에 비로소 종식되었다.

이러한 변화를 경험하지 않는 산악지역에서는 웨스트버지니아West Virginia라는 독립주가 경쟁의 기념물이 되었다. 1829~1830년의 전당대회에서 대의代議의 철학이 전체적으로 논의되었고, 해안지역은 수적 다수의 공격으로부터 재산을 보호하기 위해 자신의 통제권을 옹호하였다. 그들은 내륙이 내륙개발에 필요한 자금을 확보하기 위해서 자신들의 노예에게 세금을 부과할 것이라고 우려하였다. 도드리지Phillip Doddridge는 이를 다음과 같이 표현하였다.[150]

원칙은 노예재산의 소유자는 매우 커져 버린 백인 다수의 광포함으로부터

---

149 "Notes on Virginia." Ford, "Writings of Thomas Jefferson", iii, p.222에 있는 선거구 배정표를 참조하기 바람.
150 "Debates of the Virginia State Convention, 1829~1830"(Richmond, 1854), p.87. 이러한 논쟁들은 노예를 포함하여 저지대 대농장주의 재산 보호와 미국혁명의 정치철학을 조화시키는 것이 어렵다는 점을 지적하는 자료의 저장고가 된다.

재산을 지키기 위해서 아무리 그 숫자가 적다고 해도 정부의 모든 권한을 보유해야 한다는 것이다. 이 원칙이 한 치도 흔들려서는 안 된다. 소수파가 약해지면 약해질수록, 자기들의 원칙에 따라 권력에 대한 그들(다수―역주)의 욕구는 더욱 커질 것이기 때문이다.

체스터필드Chesterfield County 카운티의 리이는 또한 다음과 같이 선언하였다.[151]

사실에 대한 호기심 때문에 이렇게 말하지만, 물질적이든지 윤리적이든지 우리가 사는 지역의 남부 여러 주 가운데 어느 곳에서도 어떤 악이 발생한다면, 이는 북쪽으로 향하지 않고 남풍을 오염시키지 않을 것이라는 점은 주목할 만하다. 반면에 북쪽에서 어떤 질병이라도 발생한다면, 이는 반드시 남쪽으로 확산되어 곧 우리를 침략할 것이다. 독감, 천연두, 유사천연두, 파리, 순회재판제도, 보편선거권 등은 모두 북쪽에서 온다. **그리고 이들은 항상 큰 강의 폭포 위를 가로 지른다.** 아래에서는 물길 사이에 있는 넓은 물의 지대가 이들의 진로를 효과적으로 정지시키는 것 같다.

버지니아 고지대와 저지대 간의 대립과 북부와 그 밸리 및 피드먼트 식민지 간의 연대감의 친밀도는 이런 무의식적인 증언에서 가장 잘 드러난다. 양대 캐롤라이나에서 소나무 황야와 폭포선 너머 고지대 남부는 해안지대에 대해 비슷한 분노를 품고 있었다. 그러나 분할 지대가 더

---

151 *Loc. cit.,* p.407.

강하게 만들어져 있었기 때문에 불만은 더욱 강했다. 북쪽으로부터 피드먼트고원을 따라 아래로 흘러오는 오지 정착의 조류는 지방정부의 선을 가로질러 갔으며, 해안지역으로부터의 식민지의 정규적 발전 진로를 흩뜨려 놓았다.[152] 통상의 관행에 따르면 노스캐롤라이나의 대규모 카운티와 사우스캐롤라이나의 교구는 동부연안을 따라가면서 구정착지로부터 미정착 내륙으로 진출하게 되어 있었다.

그러나 피드먼트 정착민들은 자신의 사회질서를 가져왔고, 멀리 해안지방에 사는 구농장주들에 의해서 잘 통치될 수 없었다. 이는 사우스캐롤라이나의 상황으로 설명될 수 있을 것이다. 찰스턴의 식민지 의회는 카운티 및 선거구 법정을 흡수하였는데, 치안판사의 사소한 관할권만 예외로 하였다. 이는 매년 부분적으로 거기에 정규적으로 거주하던 대농장주에게는 좋은 것이었으나, 법원으로부터 먼 곳에 있는 내륙의 정착민에게는 억압의 원인이었다. 증인 인솔의 어려움, 법률의 지연, 그 비용은 모두 무분별한 채무자의 면책뿐만 아니라 법조자의 도피를 야기했다. 관리들의 갈취와 종종 마소 도둑과의 충돌, 그리고 정규적 법률집행의 결여는 사우스캐롤라이나 내륙인들로 하여금 스스로 사건을 처리하게 하였고, 1764년 "규제자Regulators"[153]라는 이름으로 사형법私刑法; lynch law을 관리하기 위한 결사체를 조직하게 만들었다. 정부파인 "스코빌추종자Scovillites"와 규제자들은 1769년 살루다강the Saluda 강변에서 무

---

152 McCrady, "South Carolina, 1719~1776", p.623.
153 역주 : 미국 식민지 시대에 노스캐롤라이나 동부 해안지대 중심으로 정치가 운영되어 서부 내륙지역에 대해 부당하게 부과되는 세금과 정부의 폭정에 대항하여 조직된 일종의 저항단체. 정부의 부패와 과도한 세금을 '규제'한다는 취지에서 스스로 '규제자'로 명명함.

장한 채 대립하였으나, 적대행위는 피할 수 있었고 개선 조치가 통과되어 미국혁명 시기까지 어려움을 완화해주었다.[154] 그러나 여전히 정의롭지 못한 입법 대표성에 대한 분노는 남아 있었다.[155] 칼훈은 이를 다음과 같이 표현했다.

북부지대는 미국혁명이 시작될 때까지 정부에 대표가 없었고, 주의 구성 요소로서 정치적 존재감이 없었다. 아닌 게 아니라 혁명기간 동안 그리고 1790년에 지금의 헌법이 만들어질 때까지 그 정치적 비중은 정부 내에서 거의 느낄 수 없었다. 그때 그 지역이 가장 인구가 많은 지방이 되었음에도 불구하고, 권력은 헌법에 따라 그 지역을 모든 정부의 분야에서 소수파로 남겨 놓게끔 분배되었다.

심지어 1794년에도 내륙지역 지도자들은 전체 인구의 4/5가 1/5에 의해 통치된다고 주장하였다. 1808년 헌법(사우스캐롤라이나의 헌법을 의미—역주)이 개정되고서야 이러한 어려움이 해소되었고, 그 효과는 상원의 통제권을 저지대에 주고 하원의 통제권을 고지대에 주어 상호 거부권을 주는 것으로 귀결되었다.[156] 이러한 사우스캐롤라이나의 경험은 칼훈의 무효화nullification 원칙[157]과 또한 그의 "동시 다수concurrent majorit

---

154 Brevard, "Digest of S. C. Laws", i, pp.xxiv, 253; McCrady, "South Carolina, 1719~1776", p.637; Schaper, "Sectionalism in South Carolina", in Amer. Hist. Assoc. "Report", 1900, i, pp.334~338.

155 Schaper, *loc. cit.*, pp.338~339; Calhoun, "Works"(N.Y., 1851~1859), i, p.402; Columbia(S.C.) Gazette, Aug. 1, 1794; Ramsay, "South Carolina", pp.64~66 · 195 · 217; Elliot, "Debates", iv, pp.288~289 · 296~299 · 305 · 309 · 312.

156 Schaper, *loc. cit.*, pp.440~447 이하.

157 역주 : "미국 연방은 각 주 동의에 근거한 계약"이라는 관점에서 출발하여, 주의 주권

y"[158] 이론의 바탕이 되는 정치철학의 역사적 근거를 제공해 주었다.[159] 그러나 이러한 조정은 블랙벨트black belt[160]가 내륙으로 들어오면서 피드먼트고원 일부지역을 저지대 이념으로 동화시킨 이후에야 가능했다.

노스캐롤라이나의 고지대로 눈을 돌려보면 유사한 이야기가 등장하지만, 더 비극적 결과가 나타남을 알 수 있다. 지방관리들은 총독과 그가 임명한 참의회에 의해서 선발되었다. 그래서 권력은 모두 저지대의 공식적 "동심원"에 집중되어 있었다. 내륙 사람들은 강압적 요금과 인두세에 대해 분노했는데, 세금은 오지의 가난한 정착민들에게 불평등한 부담을 지게 만들어져 있었다. 그 세금은 징수 목적인 부채 청산을 위한 충분한 자금이 마련된 이후에도 지속되었으나, 부패한 관리들은 세금을 납부하지 않았다.

1770년의 보고서에 의하면 이 지역의 모든 카운티에는 카운티 당 적어도 한 명의 관리가 채무를 갚지 않고 있었다.[161] 이 세금은 이 식민지의 거의 유일한 세금인데 정금으로 징수되어 창고제도warehouse system로 운영되었다. 이에 따라 주요 생산품으로 낼 수 있었지만, 해안지대에서는 익숙한 방식인 반면에 내륙에서는 적용되지 않았다. 정금은 구입하기가 매우 어려웠다. 농민들은 정금이 부족한 상황에서 저지대의 지배적 농장주가 임명한 관리가 놓고 있는 토지를 자신의 투기자 친구들에

과 자치를 강조하여 주가 스스로 위헌이라고 생각하는 연방법은 이를 거부하고 무효화할 수 있다는 주장.
158 역주: 소수파의 보호를 위한 것으로서 다수의 정책이 입법화되기 위해서는 의회의 하원과 상원 양대 기관에서 모두 다수가 이에 찬성하여야 한다는 주장.
159 Turner, "Rise of the New West", pp.50~52·331; Calhoun, "Works", i, pp.400~405.
160 역주: 원래 비옥한 토양의 진한 색을 띤 미국 남부의 일부 지역을 의미했으나, 이 지역에 흑인노예를 통한 목화재배가 성행하면서 흑인 노예노동이 실행되는 지역을 의미하게 됨.
161 "N. C. Colon. Records", vii, pp.xiv~xvii.

게 파는 것을 보았다. 변호사들과 법원 수수료가 따라가게 되었다.

간단히 말해서 내륙은 자신들이 착취되고 있다고 느꼈으며,[162] 입법부는 그 모든 권한이 저지대에 있었기 때문에 이에 대한 해결책을 가지고 있지 못했다. 지폐를 확보하려는 노력은 국왕의 훈령에 따른 총독의 반대로 실패했다. 통화는 내륙에서 인구가 빠르게 증가하고 있는 바로 그때에 줄어들고 있었다.[163] 뉴잉글랜드에서처럼 셰이즈의 반란 기간에는 사법부와 법률가에 대한 격렬한 반감이 존재했고, 그 반란은 당연히 조세 및 법과 질서가 부과하는 제약에 대한 변경의 혐오와 무관하지 않았다는 점을 이해해야 한다. 1766년과 1768년 고지대 카운티들이 반대세력을 조직하기 위해서 모임을 가졌고, 하나의 "결사체"가 만들어졌는데,[164] 그 구성원들은 스스로 법에 동의할 수 있을 때까지 더 이상 세금이나 잡세를 내지 않기로 서약했다.

자칭 규제자들은 1768년 가을 거의 4,000명 정도가 모여서 조정의 조건을 확보하려 했다. 1770년 힐스보로의 식민지 의회에 폭도가 난입했다. 의회는 오지를 회유하려는 조치를 몇 가지 통과시켰다. 그러나 이들 조치가 작동하기 전에 대체로 저지대 출신 사람으로 구성된 1,200

---

162 다음의 문헌들을 참조하기 바람. Bassett, "Regulators of N. C.", in Amer. Hist. Assoc. "Report", 1894, pp.141(bibliog.) 이하; "N. C. Colon. Records", pp.vii~x(손더(Saunder) 의 서론은 중요하다); Caruthers, "David Caldwell"(Greensborough, N. C., 1842); Waddell, "Colonial Officer"(Raleigh, 1890); M. De L. Haywood, "Governor William Tryon"(Raleigh, N.C., 1903); Clewell, "Wachovia", chap.x; W. E. Fitch, "Some Neglected History of N. C."(N.Y., 1905); L. A. McCorkle and F. Nash, in "N. C. Booklet"(Raleigh, 1901~1907), iii; Wheeler, "North Carolina", ii, pp.301 이하; Cutter, "Lynch Law", chap.ii. and iii.

163 Bassett, loc. cit., p.152.

164 Wheeler, "North Carolina", ii, pp.301~306; "N. C. Colon. Records", vii, pp.251 · 699.

명이 넘는 트라이언 총독의 민병대가 1771년 5월 앨러먼스 전투the battle of the Alamance에서 대강 2,000명 정도의 규제자들의 잡종군대와 대치했다. 많은 사람이 죽고 다쳤으며, 규제자들은 흩어졌고, 6,000명이 넘는 사람들이 야영지로 와서 식민지 당국에 대한 충성을 서약했다. 이 전투는 종종 그리 언급되는 것처럼 최초의 미국혁명 전투는 아니다. 왜냐하면 이 전투는 인지세법the stamp act[165]과 거의 혹은 전혀 관계가 없었기 때문이다. 그리고 관련된 다수 변경인들은 앨러먼스 전투에서 저지대 혁명군 지도자들에 대한 바로 그 적개심으로 인해 이후 영국에 대항하여 싸우기를 거부하였다. 캐롤라이나 내륙은 미국혁명 기간 동안 이웃 사람들이 토리와 휘그 간의 내부갈등에 참여한 지역이었다.

그러나 비록 후일 노스캐롤라이나에서 혁명의 대의를 언명한 다수의 사람들에 대항하여 전개된 싸움이기는 했지만, 앨러먼스 전투는 특권에 대항해 정치적 권리와 권력의 평등을 추구한 투쟁이었다는 의미에서 실로 미국혁명의 전초전이었다. 내륙의 중요성을 인정할 필요성에 따라서 1776년 이 식민지의 회의에서 양보가 나타났다. "헌법의 44개조 항 가운데 13개가 규제자들이 추구한 개혁의 구현물이다."[166] 그러나 수백 명의 노스캐롤라이나 오지인들이 산을 가로질러 테네시와 켄터키로 이주해 갔고, 이들 가운데 많은 사람들이 규제자 지역의 핵심지역으로부터 건너오게 된 것도 바로 이 시기였다. 그들은 자신의 지역공동체에서 정부를 창립하기 위해 "결사체"라는 도구를 사용하였다.[167]

---

165 역주 : 1765년 영국이 미국 식민지에 인지세 부과를 결정한 법. 신문, 팜플렛 등의 출판물, 법적 증명서, 허가증 등에 유료인지를 붙이는 것을 의무화한 법으로 식민지인들의 분노를 일으켜 미국혁명의 도화선이 됨.
166 "N. C. Colon. Records", viii, p.xix.

선거구 배정의 문제에 있어서 노스캐롤라이나는 인구가 피드먼트에 압도적으로 분포하게 된 후에도 해안지역의 손에 동일한 권력을 맡기는 행태를 보였다.[168]

뉴잉글랜드에서 조지아에 이르는 내륙지역인 구서부가 해안지대에 대해 공통의 불만을 지니고 있다는 점을 보여주기 위해, 그리고 구서부가 대부분 지역에서 자신의 정당한 대표성을 박탈당했으며 그 대다수 지역정부에서 무시되고 억압받았다는 것을 보여주기 위해, 지금까지 제시된 증거의 통일성에 대해서 언급하는 것은 필요하지 않다. 동부와 특권 계급에 대한 서부의 익숙한 민주적 투쟁은 전체 경계선을 따라 드러났다. 이 현상은 각 주의 역사로서 파악하기보다는 하나의 단위로서 고려되어야만 한다. 이는 해안에 대한 내륙의 투쟁이었다.

[6] 이미 언급된 양상과 별도로 미국혁명 기간 동안 아마도 가장 주목할 만한 서부의 활동은, 구서부의 많은 종파들이 미국이 완전한 종교적 자유, 자유로운 교회를 지닌 세속 국가로 되게 하여 문명에 크게 기여하면서 수행한 역할에 있다. 특히 오지의 영향하에서 미국혁명 시기 펜실베이니아와 버지니아의 헌법은 종교적 자유를 보장해 주었다. 노스캐롤라이나 고지대가 유사한 결과를 확보한 효과는 비록 당분간 효력을 보이지는 못했지만 주목할 만하다.[169]

---

167 Turner, in *Amer. Hist. Review,* i, p.76.
168 "N. C. Colon. Records", vii, pp.xiv~xxiv.
169 Weeks, "Church and State in North Carolina"(Baltimore, 1893); "N.C. Colon. Records", x, p.870; Curry, "Establishment and Disestablishment"(Phila., 1889); C. F. James, "Documentary History of the Struggle for Religious Liberty in Virginia"(Lynchburg, Va., 1900); Semple, "The Virginia Baptists"(Richmond, 1810); Amer. Hist. Assoc. "Papers", ii,

[7] 이 시기의 인구증가에 따라 해안지역은 점차 내륙지역의 요구에 순응해 갔다. 이는 주의 수도가 저지대에서 폭포선과 밸리로 이전한 것에서 드러날 수도 있다. 1779년 버지니아는 정부 소재지를 윌리엄스버그에서 리치먼드로 옮겼다. 1790년 사우스캐롤라이나는 찰스턴에서 콜롬비아로 옮겼고, 노스캐롤라이나는 이든턴에서 랄리Raleigh로, 1797년 뉴욕은 뉴욕시에서 알바니로, 1799년 펜실베이니아는 필라델피아에서 랭커스터로 이전했다.

[8] 신헌법의 민주적 측면은 당대에 유행한 혁명철학뿐만 아니라 변경에 의해서도 영향을 받았다. 그리고 이 기간 동안 지폐, 유예stay, 그리고 법화法貨; tender 등에 대한 수요는 내륙에서 가장 강력했다. 셰이즈의 반란을 지지한 것은 이 지역이었다. 중요한 예외가 있으나 더 강한 정부와 지폐 상실을 두려워하여 연방헌법의 비준에 저항한 곳도 이 지역이었다.

[9] 내륙은 후일 해안지역에 대해 노예제도를 지속적으로 반대한다는 입장을 고수했는데, 이러한 반대는 버지니아와 노스캐롤라이나 및 사우스캐롤라이나의 내륙지역에서 행해졌다. 1830~1840년에 이르는 10년간 버지니아와 노스캐롤라이나 양자 모두가 점진적으로 노예제 폐지 수단을 발견할 수 없었는지는 확실하지 않았다. 동일한 영향력이 피드먼트 개척자가 19세기 전반기에 인디애나와 일리노이로 대거 이주하

p.21; iii, pp.205 · 213.

는 현상의 많은 부분을 설명해 준다.[170]

[10] 산을 가로질러 "서부의 강들"에 정착하여 스스로 토지를 소유하며 통화를 결정할 수 있고, 일반적으로 구서부의 이상에 맞게 스스로 다스리고 저지대의 통제에서 벗어나 새 주들을 건설하려는 개척자들의 욕구가 왕성했던 지역도 있었다. 이들은 필요할 경우 이미 동부 13개 주에서 독립해 있었다. 켄터키와 테네시뿐만 아니라 버몬트도 이러한 측면에서 고려되어야 한다.[171]

[11] 구서부의 토지체계는 앨러게이니산맥 너머 서부의 토지체계로의 발전에 대한 선례를 제공해 주었다.[172] 펜실베이니아와 캐롤라이나의 불법거주자들은 다른 변경에서 활동을 반복하는 것이 쉽다는 것을 알게 되었다. 선점 법칙은 확립된 특징이 되었다. 미국혁명은 펜실베이니아의 남아 있는 토지뿐만 아니라, 페어팩스 경, 그랜빌 경, 그리고 맥컬로Henry McCulloh의 넓은 토지소유권을 몰수할 기회를 주었다. 640에이커(혹은 1평방 마일) 노스캐롤라이나 선점단위와 변경토지 포상은

---

170 다음의 문헌을 참조하기 바람. Ballagh, "Slavery in Virginia", Johns Hopkins Univ. "Studies", extra, xxiv; Bassett, "Slavery and Servitude in the Colony of North Carolina", *Id.*, xiv, pp.169~254; Bassett, "Slavery in the State of North Carolina", *Id.*, xvii; Bassett, "Antislavery Leaders in North Carolina", Id., xvi; Weeks, "Southern Quakers", *Id.*, xv, extra; Schaper, "Sectionalism in South Carolina", Amer. Hist. Assoc. "Report", 1900; Turner, "Rise of the New West", pp.54~56 · 76~78 · 80 · 90 · 150~152.

171 다음의 문헌을 참조하기 바람. F. J. Turner, "State-Making in the West During the Revolutionary Era", in *American Historical Review*, i, p.70.

172 Hening, x, p.35; "Public Acts of N.C.", i, pp.204 · 306; "Revised Code of Va., 1819", ii, p.357; Roosevelt, "Winning of the West", i, p.261; ii, pp.92 · 220.

1779년 버지니아가 변경 초소에 수여한 땅이 되었고, 이후 연방 토지 체계에서 "구역section"이 되었다. 서부의 강들 지역 일대의 400에이커 토지에 대한 버지니아의 선점권, 혹은 1778년 이전에 온 사람들에 대한 1,000에이커 토지에 대한 선점권은 본질에 있어서 구서부에서 익숙했던 체계의 연장이었다.

1,000에이커당 한 가족이 정착한다는 조건에서 밸리 지역의 10만 에이커가 넘는 땅을 베벌리에게 교부한 것과 보던, 카터Robert Carter, 그리고 루이스에게 비슷하게 토지를 교부한 것은 이후 오하이오 회사에 대한 거대한 토지교부로 이어졌다. 유력한 버지니아 농장주와 일부 변경인을 포함한 오하이오 회사는 7년간 100가구를 정착시킨다는 조건으로 1749년 오하이오강 상류에 있는 20만 에이커의 토지를 요구하였고, 이것이 완수될 경우 추가적으로 30만 에이커의 토지를 요구하려 했다. 이는 그 지역에 독일인들을 정착시키기 위해 제안되었다.

1749년 버지니아 참의회의 명령에 따라서 왕립 토지회사the Loyal Land Company[173]는 4년 이내에 그 분량에 대한 "권리"를 구입한다는 조건으로 버지니아 남쪽 경계의 서부와 북부의 80만 에이커를 차지할 수 있었다. 이 회사는 정착민들에게 100에이커당 3파운드에 많은 땅을 팔았으나, 최종적으로는 그 권리를 상실했다. 리 가문the Lees, 워싱턴 가문the Washingtons, 그리고 기타 거대한 버지니아 농장주를 회원으로 포함한 미시시피 회사the Mississippi Company[174]는 1769년 서부지역에 250만 에이커

---

173 역주: 1749년 버지니아에서 서부 버지니아 내륙으로 정착민을 모집하여 보내기 위해 설립된 토지 투기회사.
174 역주: 1684년 설립되어 북미와 서인도 제도의 프랑스 식민지에서 사업을 독점한 기업. 1717년부터는 웨스트 회사, 1719년부터는 인디즈 회사라 불림.

의 토지를 신청하였다. 서스케하나 회사the Susquehanna Company[175]와 라이
먼Lyman의 미시시피 회사Mississippi Company와 같이 뉴잉글랜드에서 기원
한 유사한 토지회사들은 북부의 구서부에서와 같은 성향을 보였다. 마
리에타Marietta에 정착한 뉴잉글랜드의 오하이오 제휴회사the Ohio Company
of Associates[176]는 타운 소유주들과 매우 유사한 모습을 보였다.

그 회사들은 단지 당시 많은 회사들 가운데 가장 주목할 만한 회사들
일 뿐인데, 이 회사들이 구서부의 투기가 낳은 자연스러운 산물이었음
은 분명하다. 프렌치 인디언 전쟁에 참가한 군인들의 군사 토지 포상지
를 확보하고, 투기를 위해서 7만 에이커가 넘는 토지를 점령할 때까지,
웨스트버지니아 토지를 선택해 간 워싱턴은 이러한 추세의 매우 훌륭한
사례가 된다. 그는 또한 독일 팔츠인을 데려와 자신의 땅에 식민지로 삼
으려는 생각도 했다. 트랜실베이니아와 밴달리아 회사the Trnsylvania and
Vandalia의 성립은 훨씬 더 큰 규모로 나타난 자연스러운 발전이었다.[177]

[12] 내가 그냥 간단히 언급하고자 하는 구서부의 최종단계는 결론
적으로 산맥(앨러게이니산맥 – 역주) 너머 지역에 대한 식민화이다. 이러한
운동의 본질적 통일성은 어떻게 뉴잉글랜드의 구서부가 북부 메인, 뉴
햄프셔, 버몬트, 애디론딕산맥the Adirondacks, 중부와 서부 뉴욕, 와이오
밍 밸리(한때 코네티컷의 리치필드의 일부로 구성되었던 지역), 마리에타 인근

---

175 역주 : 1753년 펜실베이니아 와이오밍 밸리의 개발을 목적으로 코네티컷에 설립된 회사.
176 역주 : 북서부 영지의 오하이오 지역을 개발하기 위해서 1786년 매사추세츠의 보스턴
     에서 설립된 회사. 1788년 북서부 영지의 첫 영구 정착지로 오하이오 지역에 마리에타
     장원을 설립함.
177 Alden, "New Governments West of the Alleghanies"(Madison, 1897)는 이러한 식민지들
     에 대한 설명해 주고 있다.

오하이오 회사의 지역, 코네티컷의 이리 호수Lake Eire 주변의 서부 보류지Western Reserve 등에 정착했는지에 관한 연구, 그리고 남부의 그레이트밸리와 피드먼트고원의 개척자들이 앨러게이니산맥을 넘어 서부의 강에 정착했는지에 의해서도 나타난다. 자신의 펜실베이니아 집을 떠나서 야드킨강으로 출발하면서, 그리고 다시 야드킨강을 떠나 테네시와켄터키로 건너가면서, 다니엘 부운은 그 전체 과정에 참여했고 그 후에는 미주리에까지 이르렀다.[178] 구서부의 사회적 환경과 이상은 앨러게이니산맥 너머 서부의 환경과 이상을 형성했다.

남부 변경인들이 보여준 통제에 분노하는 개별적 식민화의 정신과뉴잉글랜드 개척자들이 추구한 공동체 중심의 식민화와 통제 정신 간의 중요한 차이는 이후 서부역사에 깊은 흔적을 남겼다.[179] 구서부는 식민화 단위로서 뉴잉글랜드 지방에서조차 타운의 중요성을 약화시켰다. 남부지역에서 버지니아, 사우스캐롤라이나, 조지아에서처럼 법률을 통해 타운을 조성하려는 노력은 실패했다. 이러한 노력들은 황무지 조건앞에서 사라져갔다. 그러나 일반적으로 보면 북부로의 이주는 공동체적이었고, 남부로의 이주는 개인적이었다. 주로 뉴욕을 포함한 뉴잉글랜드고원처럼 북부 식민화로 조성된 구서부 지역과, 버지니아 밸리와남부 고지대에 대한 남부 식민화로 조성된 구서부 지역 간에 존재했던차이는 중서부와 미시시피 밸리의 역사에 반영되어 있다.

---

178 Thwaites, "Daniel Boone"(N.Y., 1902);
179 Turner, in "Alumni Quarterly of the University of Illinois", ii, 133~136.

4장
중서부*

미국의 지역 명명법은 아직도 혼돈스럽다. 한때 "서부"는 앨러게이니 산맥 너머 모든 지역을 기술했다. 그러나 이 용어는 별 볼일 없이 그 확정성을 상실했다. 정착지 확산의 속도는 과거의 용어법을 파괴했지만, 아직 새로운 대체 용어가 일반적으로 받아들여지지 않고 있다. "중서부"는 대중에 의해 다양하게 사용된 용어이지만, 이 논문의 목적상 인구조사 보고서에서 북부중앙구역the North Central division이라는 이름에 포함된 지역에 적용된다. 그리고 오하이오, 인디애나, 미시간, 위스콘신(이상은 오하이오강 북서쪽 구영지), 그리고 미주리, 아이오와, 미네소타, 캔자스, 네브래스카, 노스다코타North Dakota, 사우스다코타South Dakota 등 루이지애나 매입에 따른 미시시피강 너머 이들의 자매지역들을 포함한다.

이는 제국적 영역이다. 프랑스, 독일, 이탈리아, 오스트리아-헝가리 등 중부유럽의 거대한 국가들이 이 지역에 놓인다고 해도, 중서부는 여

---

*　1901년 12월 자 『월간 국제(*International Monthly*)』에 감사의 말을 전한다.

전혀 다 채워지지 않고서도 남아 있는 영역을 보여줄 것이다. 피츠버그, 클리블랜드Cleveland, 버펄로는 동부 여러 주로 가는 관문이 되고 있다. 캔자스시티, 오마하Omaha, 세인트폴-미니에폴리스St. Paul-Minneapolis, 덜루스-슈피리어Duluth-Superior는 그 서부지역을 지배하고 있다. 신시내티 Cincinnati와 세인트루이스는 남부 경계에 위치해 있다. 그리고 시카고는 중부에 군림하고 있다. 보스턴, 뉴욕, 필라델피아, 볼티모어와 대서양 연안과의 관계는 이들 도시들이 중서부 지역에 대해 가진 관계와 같다. 오대호와 미시시피강은 오하이오강과 미주리강을 지류로 해서 중서부를 묶어주는 거대한 수로체계를 구성하고 있다. 이곳은 공화국의 경제적, 정치적 중심부이다. 한쪽 끝에는 초원의 민중주의가 있고, 다른 한쪽 끝에는 피츠버그에서 전형화된 자본주의가 있다. 중서부 내의 지역적 차이가 클지라도, 이 지역에 지형학, 정착사, 경제적, 사회적 삶에 있어서 하나의 존재로 연구하게 만드는 통일성과 상호의존성이 있다. 그러나 이 논문의 제한된 범위 속에서 이토록 광대한 지역에 대한 평가는 기껏해야 개괄적인 요약에 그칠 뿐일 것이며, 이러한 요약을 통해 가능한 한 미국사에서 이 지역이 차지하는 위상을 설명하기 위해서 오래되고 잘 알려진 사실들을 선별할 것이다.

그러한 작업의 어려움에도 불구하고 이처럼 크게 개괄하는 것에는 분명히 장점이 있다. 우리는 미국의 인위적 경계에 주의를 집중하여 고정함으로써 미국의 서부발전에서 중요한 사항을 알아차리지 못했다. 예컨대 우리의 식민지 체계는 스페인 전쟁과 함께 시작된 것이 아니다. 미국은 공화국 시작부터 식민사와 식민정책을 지니고 있었다. 그러나 이들은 "주간이동"과 "영토조직"이라는 명칭하에 감추어져 있었다.

미국인들은 넓은 황무지를 소유해 왔다. 각자의 특성을 지닌 넓은 지리적 영역은 이러한 이주경로를 가로지르고 있었고, 각 지역은 경제적, 사회적 변형을 위한 특별한 환경을 제공했다. 주간 경계선의 중요성을 과소평가할 수는 있지만, 주의 영역이 아니라 지리적 영역으로 우리의 시선을 돌리면 몇 가지 사실을 새로운 관점에서 볼 수 있다. 그러면 미국의 지리적 영역들이 어떤 면에서 유럽의 나라들과 비교될 수 있는지와, 각 지역은 고유한 점령 및 개발의 역사를 지녔다는 점이 명확해 진다. 프란시스 워커Francis Walker 장군은 한때 "정착과정은 우리 국민들에게 10년마다 스위스, 영국, 이탈리아, 그리고 나중에는 프랑스나 독일처럼 넓은 영토를 점령할 것을 요구해 왔다"라고 말했다. 중서부의 정복과 개발에 대해 특별한 관심을 보이는 것은 미국 민주주의의 성취 가운데 바로 이러한 광대함의 요소가 있었기 때문이다. 현재의 미국에 대한 이러한 정복과 발전의 효과는 근본적으로 중요한 것이었다.

지리적으로 중서부는 오대호와 프레이리 대초원의 지역들the Provinces of the Lake and Prairie Plains과 경계를 같이 한다. 그러나 캔자스와 네브래스카의 많은 부분과 양대 다코타의 서부는 대평원에 속한다. 오자크산맥the Ozark Mountains은 미주리의 일부이고, 오하이오와 인디애나 남부지역들은 앨러게이니고원으로 합쳐진다. 오대호 및 프레이리 대초원 지역과 미국의 기타 지역과의 관계는 중서부의 의미에 있어서 중요한 요소이다. 북부에는 캐나다와 유사한 지역이 있다. 오대호 지역은 동부 및 인구밀도가 높은 북미 절반의 전체 중심지이며, 이 지역은 캐나다와 중서부 사람들을 하나로 묶어준다. 이 지역은 남부에서 걸프평원 지역의 상부 지역과 만나고, 미시시피강은 이들을 결합해 준다. 오대호 지역은 서부에서 서서히 대평원으로 합쳐진다. 미주리강과 그 지류들, 그리고 태평양 철도는 통합의 유대를 제공해 준다. 또 하나의 다른 효과적 유대는 평원의 가축과 초원의 옥수수의 상호의존성이다. 오대호 지역은 동부에서 앨러게이니산맥과 뉴잉글랜드고원을 만나고, 오하이오강 상류와 이리 운하로 이들과 연결된다. 여기에서 산업 생활의 상호작용과 정착의 역사적 사실이 밀접한 관계를 만들어 왔다. 북부중앙의 대부분 지역과 북부 대서양the North Atlantic 지역 간의 밀접한 결합은 인구조사 도록圖錄의 산업 및 사회 지도를 검토해 본 사람들에게 인상 깊게 다가온다. 이러한 지역 간 관계로 인해 중서부는 캐나다와 미국 간의, 그리고 북부 대서양의 집중된 자산 및 제조업과 느슨하게 정착지가 조성된 서부의 탄광, 목축, 농업생산 주들 간의 중재자이다. 중서부는 한때 훨씬 더 가까웠던 남부와 결합되어 있고, 곧 새로운 힘을 통해 자신을 과시하게 된다. 따라서 우리는 미국 경계 내에서 구대륙 국가들 간에 존재했던 문제와 유사한 지역 간 교역과 통상의 문제를 맞이하게 되었다.

대부분의 오대호와 프레이리 대초원 지역에서는 로렌타이드 빙하the Laurentide glacier가, 열악한 지역에 위치한 농부들이 토지를 다시 비옥하게 만들기 위해서 반드시 구입해야 하는 석회암과 기타 암석 가루가 풍부한 부유물을 살포하였다. 태고의 호수로부터 형성된 퇴적토양이 초원의 다른 지역의 토양을 기름하게 하는 데 기여하였다. 전체적으로 볼 때 프레이리 대초원은 흑해 주변의 일부 지역을 제외하고 보면 미국이나 유럽의 다른 어떤 지역보다도 비옥하다. 이 평원은 국가의 곡창지대로 구획되어 있는 지역이다. 그러나 이 지역은 곡창지대 이상이다. 슈퍼리어 호수Lake Superior의 암석 호숫가에는 몬태나Montana의 구리광만이 경합할 수 있는 구리광이 숨겨져 있고,[1] 미국 선철鉄鐵: pig iron의 80%의 생산에 필요한 광맥을 공급하는 철광지대가 있다. 대평원은 이들 철광지대와 오하이오 밸리의 탄광지역 사이에 대로 역할을 해준다. 오하이오 밸리의 가스와 석유 매장지대, 일리노이, 아이오와, 미시간, 그리고 동부 캔자스의 석탄, 오자크 지역과 미시시피 밸리 상부의 납과 아연 등 모든 것이 중서부의 지하자원의 자산을 제공해 주고 있다.

미국의 원시적 숲은 한때 이 지역의 넓은 영역에 걸쳐서 그 그늘을 드리우고 있었다. 오하이오, 인디애나, 남부 미시간, 그리고 중부 위스콘신은 모두 거의 고상한 낙엽수로 덮여 있었다. 미시시피강과 일리노이강the Illinois River의 넓은 저지대를 따라 남부 일리노이와 남부 및 남서부 미주리에는 이와 비슷한 숲이 울창했다. 북쪽으로 미시간, 위스콘신, 미네소타에 낙엽수림이 다시 울창해지고, 이어서 초원의 나무 없는 대지로 사라질 때까지 오대호를 따라서 넓은 지역을 휩쓸고 간 어두운 흰색의 소나무 황무지가 활엽수hard woods와 섞여서 나타났다. 그 이외의 지대에는 숲 가운데 개활지가 있고 서쪽과 북서쪽으로 구부러지는 넓은 초원의 풀이 있어서, 물을 대지 않고 농업에 필요한 충분한 강수량 선 너머로 대평원의 준건조지대로 들어간다.

18세기 중반 이 지역의 숲지대는 알곤퀸어the Algonquin tongue[2]을 사용하는 다수의 인디언 종족이 차지하고 있었는데, 그 종족들은 물길을 따라 흩어져 살며 거대한 황무지에 걸쳐 생활하면서 전투를 하고 교역을 하기도 하였다. 초원과 대평원의 서쪽 끝은 수족the Sioux[3]이 장악하고 있

---

1   1901.
2   역주: 오타와강 연안 및 로렌스강 북부 지류에 따라 살고 있던 북미 인디언족의 언어.

었는데, 이들은 이 넓은 영토를 가로질러 들소를 사냥하고 다녔다. 이들 평원의 기마부족과 오대호와 오하이오강의 카누를 탄 부족은 문명인이 상대해야만 했던 종족들이었다. 왜냐하면 이들 인디언 부족들이 새로운 땅을 차지하기 위해 백인이 싸워 온 아마도 가장 사나운 토착 종족이기 때문이었다.

프랑스인들은 이 지역을 차지하기 위해서 거의 싸움을 벌이지 않았다. 프랑스인들은 원주민들과 형제관계를 맺고 이들과 교역하고 결혼하면서 중서부를 개척하였다. 그러나 이들은 이 황무지를 발견하고서 얼마 안 되어 곧 그곳을 떠났다. 조지 워싱턴이 이들에게 프랑스로 퇴거하라는 버지니아의 소환장을 가지고 피츠버그에 도착했을 때, 디트로이트와 빈센Vincennes 주변, 일리노이 지역, 그리고 먼 곳의 호수와 강가의 인디언 마을 안에 흩어져 살던 대략 6,000~7,000명 정도의 프랑스인들이 이 일대를 차지하고 있었다. 워싱턴을 통해서 운명이 "부상하는 제국"의 문을 열라고 두드린 것이다. 프랑스는 인디언과 함께 지휘관과 순찰대를 오대호와 미시시피강 상류의 초소에서 서둘러 퇴각시켰다. 그러나 이는 허사였다. 영국 지배에 대한 폰티악Pontiac[4]의 광범위한 인디언 봉기의 여파 역시 소용이 없었다. 오하이오강, 미시시피강, 오대호 사이의 땅을 소유하게 된 영국은 이 지역을 퀘벡지역the Province of Quebec 의 일부로 조직하였다. 조지 로저스 클라크George Rogers Clark의 과감한 정복은 미국 혁명전쟁의 종결 시에 일리노이를 버지니아의 군사적 지배

---

3   역주 : 수어(Sioux language)를 사용하는 북미 평원의 인디언으로, 7개의 집단이 하나의 연합을 이루고 생활했음.
4   역주 : 1763년에서 1766년까지 오대호 지역을 점령하려는 영국군에 대항하여 폰티악 전쟁을 수행한 오다와 인디언 부족의 추장.

하에 두도록 해 주었다.

그러나 영국이 구북서부의 나머지 지역에 걸쳐서 통제권을 행사하고 있었다. 비록 미국혁명을 종결시킨 조약에 의해 이 지역을 양도했지만, 영국은 수년간 인디언들과 모피 교역의 여주인으로 남아 있었다. 셸번 경Lord Shelburne이 북서부를 미국에 양보한 것에 대해서 의회에서 비판받았을 때, 주요 불만은 그가 미국인들을 "우리 모피 무역의 따뜻한 덮개"로 감쌌다는 것이었고, 이때 그의 방어용 대답은 양도된 지역의 모피교역이 그것을 위해 계속 전쟁해야 할 만큼 충분히 수익이 있는 것은 아니라는 점이었다. 그러나 영국 정부는 인디언 교역이 북서부 지역의 보유를 요구하고 있다고 확신했고, 따라서 평화조약에도 불구하고 사실상 그곳에 초소를 유지했다. 영국의 식민지상植民地相인 던더스Henry Dundas가 1792년 그의 목표는 캐나다와 미국 사이에 인디언을 통한 장벽을 두는 것이라고 선언했을 때, 그는 이러한 취지의 정책을 표방한 것이었다. 캐나다 당국은 북서부 지역을 인디언 완충지대로 보존하는 정책을 추구하면서 오하이오강 너머 미국인 정착지에 대한 저항에서 인디언들을 지원했다. 인디언 보류지Indian reserve로서 북서부라는 개념은 이 지역의 미래를 예견하고 미국 팽창의 힘을 측정할 줄 모른 영국인들의 무능함을 극명하게 보여주는 것이었다.

버지니아, 뉴욕, 매사추세츠, 코네티컷의 양도에 의해서 건국 초기의 의회는 명목상 광대한 공적 소유지, 그리고 국가적 권위의 행사를 위한 영역을 소유하게 되었다. 국가 권력의 발전에 있어서 이 사실의 중요성은 과대평가된 것 같지는 않다. 첫 번째 결과는 1787년 조례의 완성이었는데, 이 조례는 구북서부에 대해서 이들 주들이 연방에 가입한다는 조항과 함께 준주準州정부를 제공하였다. 이러한 연방 식민지 체계는 새로운 국가 소유지는 종속적 지역으로 통치되어서는 안 되며, 자매주들과 함께 집단으로 연방정부 가입해야 한다는 점을 확인해 주었다.[5] 노예제를 배제하는 조항의 중요성이 종종 지적되어 온 반면, 연방 식민조직에 대한 조항은 우리의 실제적 발전에 적어도 동등하게 영향력이 있었던 것 같다. 당시 조례가 지닌 이러한 특징의 전체적 중요성은 태평양을 향한 서부 팽창에 있어서 영토와 주에 관한 미국의 정책에 대한 이 지역의 지속적 영향력, 그리고 미국인들이 새로운 도서 소유지에서 통치문제에 접근한 정치적 선입견을 고려할 때 평가될 수 있다.

1785년 토지조례the Land Ordinance of 1785[6] 역시 이와 관련하여 주목할 가치가 있다. 왜냐하면 이는 그 규정에 따라서 거의 모든 중서부 지역이 정부 측량가에 의해서 직사각형의 지역과 군구로 분리되었고, 이러한 분리선에 의해서 정착민들은 쉽고 확실하게 자신들의 농장을 세울 수 있었으며, 수목관리원은 "포티forty"[7]를 수립할 수 있었기 때문이다. 중서부의 지역적 조직에 있어서 이러한 선들은 중요한 역할을 했다.

이 논문의 범위 내에서 중서부 점령사를 자세히 설명하는 것은 불가능하지만, 이 지역으로 인구가 흘러들어오는 큰 양상을 개괄적으로 설명해 볼 수는 있다. 매사추세츠 사람들은 오하이오 회사를 설립하여 조

---

5   Turner, "Western State-Making in the Revolutionary Era", in *Am. Historical Review*, i, pp.70 이하를 참조하기 바람.
6   역주: 1785년 5월 20일 미국 연맹의회에서 채택된 조례. 미개척 서부지역에서 개척자가 농장을 경작할 자격을 규정한 표준화된 체계를 구비하여, 공적 토지를 판매하고 이를 위해 토지측량 등을 실시하는 계기를 마련함.
7   역주: 하나의 정사각형 모양의 군구를 1/4로 나누고, 나눠진 네 영역을 다시 1/4로 나눈 40에이커의 땅을 의미하는 것으로 보임.

례의 자유주의적 조문을 만들어 내는 데 영향력을 발휘했다. 군인증명서로 지불된 그들의 토지 구입은 로드아일랜드Rohde Island주보다 더 큰 지역을 포함했다. 1788년 마리에타에서 포트 하머Fort Harmar의 비호하에 총알을 막을 수 있는 매사추세츠 사람들의 바지선이 최초의 뉴잉글랜드 식민지 이민단을 상륙시켰다. 뉴저지New Jersey 식민지 이민단은 심스 구입the Symmes Purchase[8]에 따라서 곧 이후 신시내티에 정착하였다. 그래서 미국 문명은 오하이오강을 건너게 되었다. 디트로이트와 인디애나 및 일리노이에 있던 프랑스 정착지는 다른 시기에 속해 있었고 자신들의 고유한 이상을 지니고 있었다. 그러나 중서부 숲으로 미국인 개척자들이 들어오면서 새로운 시대가 시작되었다. 인디언들은 영국의 정신적 지원하에 침입에 저항하였고, 인디언과의 전쟁이 잇달았다. 1795년 웨인Wayne 정복은 클리블랜드로부터 현재의 오하이오 서부경계의 중간 지점에 있는 포트 리커버리Fort Recovery까지 오하이오주를 가로질러 불규칙적으로 연장된 그린빌선the Greenville line으로 인디언들을 몰아냈고, 인디애나의 일정 지역들을 확보했다.

동일한 시기에 제이 조약Jay's treaty[9]은 영국 초소의 철수를 가져 왔다. 새로운 땅이 개척자들에게 열리면서 이후 새로운 정착지가 빠르게 조성되었다. 코네티컷은 이리 호수 근처에 있는 자신의 보류 토지를 회사들에게 처분했고, 1796년 모제스 클리블랜드Moses Cleveland 장군은 그의

---

8 역주 : 1788년 뉴저지의 판사 존 클레브스 심스(John Cleves Symmes)가 마이애미 회사를 설립하여 북서부 영지 가운데 현재의 해밀턴, 버틀러, 그리고 오하이오 남서부 워렌 카운티의 총 31만 1,682에이커의 땅을 대륙회의로부터 매입한 사건.

9 역주 : 미국독립 이후 조성된 영국과 미국 간의 긴장관계를 해소하기 위해서 1794년 체결된 미국과 영국 사이의 국제조약.

이름을 딴 도시까지 도달했다. 이것이 중서부의 새로운 뉴잉글랜드 식민지이며, 모체인 코네티컷주 정도로 큰 지역으로 지금까지도 뉴잉글랜드의 특징을 유지하고 있는 서부 보류지에 대한 지배의 시작이었다. 버지니아와 켄터키 정착민들은 버지니아 군복무 보상토지the Virginia Military Bounty Lands를 추구했고, 1796년 여기에 칠리코트Chillicothe를 건설한 것이 남부로부터의 정착의 중심지가 되었다. 이 지역은 켄터키 석회암 지역의 연장이었고, 자연스럽게 켄터키주로부터 이주민을 끌어들였다. 오하이오의 역사는 뉴잉글랜드, 중부, 남부 식민지들 간의 상호작용에 의해서 깊이 채색되어 있다.

나폴레옹의 양도로 미국이 미시시피강 너머 루이지애나 지역의 넓은 공간을 매입하게 된 19세기가 시작되었을 때, 개척자들은 오하이오강과 이리 호수를 따라서 있는 숲의 외곽 정도까지만 들어왔다. 그러나 1810년이 되면 정부는 오하이오강과 와바쉬 밸리the Wabash Valley를 올라가서 서부 보류지의 확보되지 않은 지역과 인디애나의 넓은 지역에 대한 인디언의 소유자격을 말소시켰다. 이러한 금지조치는 뉴잉글랜드의 교역을 파괴하였고, 이 시민들에게 빚과 세금을 압박하는 효과를 가져왔다. "대형 포장마차"의 선조격인 양키 이주민의 마차행렬은 이미 오하이오를 향해서 펜실베이니아를 가로질러 가기 시작했다. 그리고 이제 이들 이주민의 숫자는 대폭적으로 증가했다. 노스캐롤라이나 오지인들은 인디애나 거주지로 몰려들어 그 주에 독특한 인디애나 촌뜨기의 맛을 가미했다. 그리고 다른 남부사람들도 따라 들어와서 북부 이주민의 숫자를 능가했고 인디애나의 동부 끝자락을 찾아갔다.

테쿰세Tecumthe는 자신의 사냥터로 사람들이 들어오는 것을 보고 절박감에 도끼를 들고 다른 인디언들과 광범위하게 연합하였고 영국에 보호를 요청했다. 인디언 전쟁은 1812년 전쟁으로 번졌고 정착민들은 캐나다 땅을 자신의 제국으로 추가하려 했으나 실패했다. 전쟁에 이은 외교교섭에서 영국은 그린빌선을 넘어 구북서부를 수립하여 캐나다와 미국 사이의 항구적인 인디언 장애물을 수립하려 하였다. 그러나 이러한 요구는 거부되었고 1818년 조약에 의해 인디언들은 더 북쪽으로 밀려갔다. 그동안 인디언 관련 조약들은 남부 일리노이의 추가적 땅을 풀어 주었고, 개척자들은 구프랑스 정착지의 경계를 넓혀가고 있었다. 개척자들은 나무가 없고 운송시설로부터 먼 거리에 있지만 오로지 방목지로만 적합한 초원지대의 풍요로운 사바나지역을 회피하여 활엽수 지대로 들어섰다. 20세기 초반에는 이들은 꺽쇠모양의 대열로 일리노이 밸리the Illinois Valley를 올라가고 있었다.

남부 집단은 이러한 도끼 소유자 군단의 주요한 부분을 구성했다. 에이브러햄 링컨의 아버지는 1816년 인디애나 숲으로 들어선 켄터키인 무리에 가입했고, 소년(에이브러햄 링컨-역주)은 나무를 잘라 숲속에서 집을 짓는 것을 배울 때 즈음 1830년 일리노이의 생거몬 카운티Sanga-mon county에 이르렀다. 링컨은 당시의 개척자를 대변한다. 그러나 그의 도끼는 다른 사람들의 도끼보다 더 깊이 들어갔고, 워싱턴에 있는 그의 큰 근육질 손의 석고모형은 시카고의 포트 디어본Fort Dearborn이 황량한 시골의 군사적 초소에 불과했던 시절에 이들 변경 통나무 장인의 훈련을 상징하고 있다. 일리노이의 활엽수 지대에 들어서자, 개척자의 이동은 다시 미주리 밸리로도 향했다. 프랑스의 납 광산업자들은 이미 남동부 지역을 개척했었고, 남부 산악지대에 살던 사람들은 미주리강을 따라서 올라갔었다. 그러나 이제 오하이오 밸리와 테네시강 상류로부터 농장주들이 따라 들어와 노예노동을 위해 퇴적토양을 찾았다. 노예가 없는 일리노이의 남쪽 경계를 건너온 그들은 그 주가 그토록 많은 정착민을 상실한 것을 후회하게 만들었다.

1810년에서 1820년까지 10년간 중서부 전체를 보면 정착지가 이리 호수의 주변에서 활모양으로 확대되어 오하이오강의 기슭을 따라서 미시시피강에 연결되었고, 거기서 그 강을 따라서 미주리강을 올라가 그 주의 중심에 이른다는 것을 알게 된다. 그 후 10년은 증기선의 사용 증가가 특징이다. 개척자들은 강을 더 거슬러 올라가 활엽수림을 헤치며 초원지대까지 가서 디트로이트에 속해 있는 지역과 남서부 미시간에서 추가적 정착지를 조성하였다. 남부사람들은 북서부 일리노이, 남서부 위스콘신, 북동부 아이오와의 갤러너Galena 납 광산지역에서 이미 활동을 시작하고 있었다. 그리고 미시간과 오하이오를 제외한다면, 중서부에 대한 이 모든 정착지의 범람에 있어서 지배적인 요소는 남부적인 것으로, 특히 켄터키, 버지니아, 노스캐롤라이나 등에서 기원한 것이었다. 정착지는 운송수단으로 여전히 강에 의존했으며, 강 사이의 지역에 정착지는 많지 않았다. 미시시피강은 중서부 생산품의 주요한 출구였다. 피츠버그는 그 지역에 대한 공급품 대부분을 제공했으나 뉴올리언스New Orleans가 그 작물을 받아들였다. 구전국도로the Old National road[10]는 조금씩 건설되었고, 전반적으로 너무 늦게 건설되어서 이 초기시대에 중서부 전역에 교역망이 될 수는 없었다. 그러나 그 도로는 남부의 인구유

---

10   역주: 19세기 초반 연방정부에 의해서 최초로 건설된 도로로 매릴랜드주의 컴버랜드
      에서 일리노이주의 밴달리아에 이름.

입 흐름의 북쪽 경계가 되어 콜럼버스, 인디애나폴리스Indianapolis, 그리고 밴달리아Vandalia를 통과하고 있었다.

1830년부터 1850년까지 20년간 중서부 인구구성에 큰 변화가 있었다. 1825년 이리 운하의 개통은 획기적 사건이었다. 이리운하는 북서부 교통에서 새로운 출입구를 제공하였다. 버펄로는 성장하기 시작했고, 뉴욕시는 지역시장에서 거대한 상업 중심지로 변화했다. 그러나 훨씬 더 중요한 것은 새로운 이민의 대로로서 이리 운하가 차지하고 있는 위치였다.

동부해안으로부터 뉴잉글랜드 사람들이 이주해 오는 과정에서 세 갈래의 이동이 특히 중요했다. 즉 위쪽 코네티컷과 하우자토닉 밸리의 해안에서 시작해서 매사추세츠를 거쳐 버몬트로 이르는 이동, 여기에서 중부와 서부 뉴욕으로 가는 이동, 그리고 구북서부의 내륙으로 가는 이동이 그것이다. 이 단계 가운데 두 번째 단계는 대략 1790년부터 1820년까지의 세대에 해당했다. 그 이후 제2세대는 새 토지를 찾아 나설 준비가 되어 있었다. 그리고 이리 운하와 호수항행이 이 새 토지를 그들에게, 그리고 버몬트 사람들과 그 밖에 뉴잉글랜드의 모험가들에게 열어주었다. 1830년대에 이미 서술된 정착지 북부로 대거 쏟아져 들어 온 사람들은 이러한 뉴욕-뉴잉글랜드의 연합 이주 흐름이었다. 새 정착민들은 미시간과 위스콘신의 남부 카운티, 일리노이의 북부지역, 그리고 인디애나의 북부와 중부지역의 일부를 채워 들어갔다. 펜실베이니아와 오하이오는 유사한 유형의 사람들을 인접 지역으로 보냈다. 아이오와에서는 남부집단과 이들 정착민들이 결합한 인구의 이동 흐름이 이 주의 남동부에서 미시시피강의 나무가 우거진 지류지역을 찾아갔다. 법적 권위체가 없는 상태에서 당시 초기시대에는 이들이 17세기 1사분기에 코네티컷 밸리에 "불법적으로 정착했던" 매사추세츠 사람들의 행동과 비견될 수 있을 정도로 불법거주자 정부와 토지 협의회를 만들었다.

거대한 전진운동이 등장했는데, 이 운동은 참나무 개활지와 초원을 소유하고, 수많은 소규모 도시뿐만 아니라 시카고, 밀워키Milwaukee, 세인트폴, 미니애폴리스와 같은 도시를 조성하며, 남부집단에 의한 지배를 온건한 청교도 요소로 대치시켰다. 1850년대 초반의 철도체계는 미시시피강을 북대서양 해안지대와 묶어주었다. 뉴올리언스는 중서부에 대한 출구로서의 지위를 뉴욕에게 내주었고, 강변 정착의 시대는 강변 간 정착과 철도운송의 시대에 의해 계승되었다. 정치적, 사회적 이상의 변화는 적어도 경제적 연계의 변화와 동등했고, 전체적으로 이러한 힘들은 뉴잉글랜드, 뉴욕, 그리고 새로이 정착된 서부 간의 긴밀한 유기적 통일을 만들어냈다. 중서부에 대한 뉴잉글랜드의 영향력을 평가할 때, 뉴욕에서 온 정착민들은 주로 후세대 뉴잉글랜드 사람들이었다는 것을 잊어서는 안 된다.

동부로부터의 이주의 흐름과 함께 독일계 이주민들이 중서부로 들어왔다. 거의 대부분이 (독일의-역주) 팔츠, 뷔르템베르크Würtemberg, 그리고 그 인접지역 출신인 50만 명이 넘는 사람들이 1830년에서 1850년 사이 미국으로 왔고, 그 다음 10년간 거의 100만이 넘는 독일인들이 다시 들어왔다. 이들 가운데 많은 사람들은 중서부로 가서 특히 중부 산등성이를 따라서 오하이오의 새 지역과 신시내티에서 개척자가 되었다. 이들은 미시간 호수를 따라서 위스콘신 카운티의 활엽수지대를 차지했고, 많은 사람들이 미주리, 일리노이, 인디애나, 그리고 아이오와의 강변 타운으로 들어갔다. 1830년대와 1840년대의 이주민들은 예외적으로 많은 숫자의, 교육 수준이 높은 강력한 지도자들, 즉 자유주의적 독일 국가의 이상을 위해서 투쟁하다가 실패했으나 미국에서 자신들이 정착한 지역에 대해 중요한 지적 힘을 제공한 남성들을 포함하고 있었다. 이들은 자신들의 사회적 가치를 추구하던 가운데 뉴잉글랜드의 청교도 집단과 충돌하였고, 이러한 지속적 경쟁의 결과는 타협이었다. 모든 주 가운데 위스콘신이 독일인들의 영향을 가장 깊이 받았다.

따라서 1850년대 후반에 이르면 중서부에 대한 통제는 북부지역으로 넘어갔고, 이 지역은 그 주요 집단으로 중서부, 뉴잉글랜드, 독일의 대표자들을 포함하고 있었다. 오하이오강 이북의 남부사람들은 강 이남의 남부사람들과 여러 면에서 달랐다. 중요한 예외가 있기는 하지만 그들은 남부의 별 볼 것 없는 계급 사이에서 대부분 출현했다. 그러나 초기 개척자의 삶은 대규모 농장에는 적합하지 않았고, 조례(the Ordinance: 북서부 영지에서 노예제를 불법화한 1787년 조례를 의미하는 것으로 보임 - 역주)하에서 노예제는 배제되어 있었다. 그래서 중서부의 이들 남부지역, 특히 인디애나와 일리노이는 남부와 북부 사이에서 중간지대를 구성하고 있었다. 미시시피강은 여전히 연합의 접착제 역할을 수행했고, 1812년 전쟁의 종결 때까지 남북으로 뻗어 있는 밸리(the Valley: 미시시피 밸리를 지칭하는 것으로 보임 - 역주) 지역은 근본적으로 동일한 사회적 조직을 지니고 있었다.

다음에 등장하는 사항을 이해하기 위해 우리는 걸프평원 점령의 개요를 기억해야만 한다. 정착지역이 오하이오강을 건너 북서부로 진출하고 있는 동안, 남서부the Southwest를 향한 목화문화와 흑인 노예제도의 확산은 마찬가지로 중요한 것이었다. 뉴잉글랜드의 주들과 뉴욕이 중서부를 점령하고 있듯이, 버지니아, 양대 캐롤라이나, 조지아는 걸프만의 여러 주들을 점령하고 있었다. 그러나 북서부의 경우와 마찬가지로 원래 정착집단the original stock의 수정현상이 새로운 환경 속에서 나타났다. 더 강한 활력과 창의력이 새로운 남부지역에서 등장했다. 자신들이 사는 지역을 활용하려는 개척자들의 헌신은 노예제도를 가부장적 토대에서 상업적 토대로 변화시켰다. 북서부에서 나타난 동일한 팽창적 경향이 걸프만의 주들에서 더 호전적 풍모를 풍기면서 스스로 드러났다. 이들 주들은 행동계획을 지니고 있었다. 에이브러햄 링컨은 켄터키에서 인디애나, 그리고 일리노이로 이주하였다. 제퍼슨 데이비스는 켄터키에서 루이지애나로, 그리고 거기서 미시시피로 같은 시기에 이주하였다. 같은 지역에서 출발한 이 두 사람은 상이한 환경으로 정착해 가는 분기적 흐름을 대변해 주었다. 서부로의 이러한 적대적 이주 흐름의 결과는 호수 및 초원 사람들과 걸프평원 사람들 간에 벌어진, 미시시피 밸리를 차지하기 위한 갈등이었다. 이는 미국 북부지역과 남부지역 간 갈등에 있어서 결정적으로 중요한 부분이었다. 노예제도와 주의 주권state sovereignty에 대해 이슈로서의 힘을 부여한 것은 이러한 문제가 팽창적 국가에 있어서 공동 지역에 대한 지배권 문제를 포함하고 있다는 사실이었다. 노예제도를 둘러싼 거대한 갈등의 원인과 해결에 있어서 중서부의 위치는 매우 중요한 것이었다.

오하이오, 인디애나, 일리노이의 초기 역사를 보면, 수정된 형태의 노예제도가 유색인종 하인의 고용계약 체계하에 존재했다. 인디애나와 일리노이의 남부출신 개척자들이 노예제도를 다시 도입하려 했던 노력은 북서부에서 친노예제도 집단의 중요성을 지적해 주고 있다. 그러나 노예제와 관련하여 경쟁하는 이주민 흐름의 가장 중요한 초기 발현은 미주리 타협the Missouri Compromise[11]을 둘러싼 경쟁에서 드러난다. 자연조 건뿐만 아니라 1787년 조례의 역사적 장애물은 오하이오강 북서부의 반노예제 정착민들에게 유리하였다. 그러나 정착행렬이 미시시피강을 건너고 경합하는 정착행렬이 루이지애나 매입 지역에서 섞이면서 갈등 이 시작되었다. 1850년 타협이 일리노이 상원의원 더글러스Stephen A. Douglas에게 1854년 캔자스-네브래스카 법안the Kansas-Nebraska bill[12]을 발 의하여 이 문제를 재개할 기회를 줄 때까지, 중서부에 대한 절충안을 제 공한 미주리 타협안을 소개한 것은 양대 정착 흐름 속에 지역구민을 모 두 지닌 일리노이인(더글러스-역주)이었다. "불법정착인 주권", 즉 자신 들 경계 내에서 노예제도 문제를 결정할 준주의 권한이라는 원칙에 따 라서, 더글러스는 미시간의 캐스Lewis Cass가 이전에 선포하여 애호된 서 부의 정치적 이념을 활용하였다. 더글러스는 노예제 확산에 대한 중서 부 지역의 압도적인 반감과는 달리 지역 자치정부에 대한 이 지역의 애 정을 제시했다. 동시에 그는 앤드류 잭슨 이래로 개인주의와 민중의 힘 에 대한 변경의 애정을 주장한 민주당the Democratic Party[13]이 이러한 원칙

---

11 역주 : 1820년에 미주리의 연방가입에 관해 북부의 자유주와 남부의 노예주 간의 타협
    의 결과로 성사된 협정. 매사추세츠주의 일부인 메인지역을 자유주로 하고 미주리주를
    노예주로 할 것, 미주리주 남부 경계의 이북에는 노예주를 설치하지 않을 것, 자유주와
    노예주의 수를 동수로 유지할 것 등을 결정함.
12 역주 : 1854년 미국이 캔자스와 네브래스카 영지를 창설하여 서부의 새로운 토지를 개
    방한 법률. 준주 개척자들이 노예제 인정 여부를 스스로 결정할 수 있게 허용함.
13 역주 : 반연방주의 이념을 표방하여 주의 주권과 인민의 평등, 그리고 자영농 중심으로
    농업사회를 지향한 토머스 제퍼슨과 제임스 매디슨이 창당한 민주공화당의 정신을 이
    어받아, 1920년 말과 1930년대 초에 걸쳐 창당된 정당. 제2차 정당체계 당시 헨리 클레

을 지지하게 만들었다. 더글러스는 "젊은 미국"의 원칙에서 스스로 서부의 팽창 추세의 대변자가 되었다. 그리하여 그는 자기 지역의 지역주의를 끌어내 왔을 때 중요한 대중적 지지의 원천을 발견하였다. 내륙개발, 보호관세, 토지교부에 대한 지원을 위해서 서부가 의회에 호소한 것은 국민주의nationalism[14]의 표식이었다. 불법거주자 주권의 원칙 자체는 중서부의 새 지역이 스스로의 제도를 스스로 결정하도록 허용하는 비지역적 타협의 등장을 제시함으로써 전국적 연합에 대한 사랑에 호소한 것이었다.

그러나 뉴욕-뉴잉글랜드 출신 정착민이 점유한 지역에서 가장 강력했고 또한 준주로 노예제가 확산되는 것을 국가적으로 금지하려 계획했던 자유토지당the Free Soil party[15]은 중서부에서 이미 중요한 권력의 중심을 발견하였다. 이 운동의 힘은 자유토지당의 실제적 투표능력을 훨씬 능가하였는데, 이는 이 운동이 휘그당과 민주당이 자유토지 원칙을 인정한다는 점을 토대로 융합하도록 강제했기 때문이다. 뉴잉글랜드의 후손인 뉴잉글랜드 출신 정착민들과 뉴욕 출신 정착민들은 이 문제의 중요성을 날카롭게 인식하고 있었다. 1860년 위스콘신 매디슨Madison의 연설에서 시워드William Seward는 실제로 북서부는 앨러게이니산맥의 근저까지 확대되며, 새 주들은 "대서양 연안의 자유로운 주들을 모으고 이들을 자신의 옛 원칙으로 다시 불러 모으는 결정적인 순간에 성숙했

이가 지도한 휘그당과 대립함.

14 역주 : 본문의 문맥상 어떤 정책이 특정 지역에 국한되지 않고 전국적인 규모에서 보편적 원칙에 따라서 시행되어야 한다는 입장을 지칭하는 것으로 보임.

15 역주 : 1848년에서 1852년 사이에 주로 북부에 존속했던 미국의 정당으로 일부 세력은 이후 공화당에 참여함. 북부를 중심으로 진행된 산업화에 따라 자유 임노동을 주장하여 노예제를 반대함.

다"고 선언하였다.

이들 중서부의 자유토지 세력과 국민주의 경향은 실제적 갈등이 도래했을 때 이에 대항하는 원칙이 존재하기에는 너무도 강력했다. 칼훈과 태니Roger Taney가 이 문제를 논리적으로 구성하면서, 중서부 지역은 이 갈등이 단지 연방의 보존을 위한 갈등일 뿐만 아니라, 점유되지 않는 서부의 소유를 둘러싼 갈등이자, 중서부와 걸프평원 주들 사이의 갈등임을 알게 되었다. 중서부의 경제적 삶은 철도로 북부 대서양에 연결되어 있었고, 국가적 통합에 대한 애정뿐만 아니라 중서부 이해관계도 중서부를 모든 면에서 분열에 대해서 반대하도록 만들었다.

커틀러 박사Dr. Manasseh Cutler가 1787년 오하이오 회사의 요구사항을 의회에 촉구했을 때, 그는 오하이오 밸리에 연방the Union을 상징하는 식민지를 개척하겠다고 약속했었다. 오하이오의 빈턴Samuel F. Vinton은 아이오와의 연방가입을 주장하면서 나라를 통합하는 위대한 지역으로 중서부의 위상을 촉구했다. 그는 "연방의 해체는 그들에게는 파멸이다. 그들에게는 분열이 언제 어디서 시도되든지 간에 그에 대해 저항하는 것 외에는 달리 방도가 없다. (…중략…) 내가 아는 한 매사추세츠와 사우스캐롤라이나는 자신들에게 상호 만족스러운 분할선을 찾을 수 있을 것이다. 그러나 (…중략…) 그들은 서부지역이 동의할 수 있는 그러한 분할선을 발견할 수 없다"라고 말했다. 그러나 "내부에서 서로 분열한 집은 서 있을 수 없다. 이 정부는 반은 노예제, 반은 자유지대로 남아서는 영원히 견딜 수는 없다"라는 주장을 통해 이러한 문제를 가장 정확하게 파악하고 중서부의 국민주의 정서를 가장 명확하게 전달한 사람은 링컨이었다.

그래서 링컨의 대통령 당선 이후 캔자스의 내전이 남북전쟁으로 비화할 당시 청교도와 독일이 연합하여 지배하던 중서부는 타협을 중단함으로써 균형추를 북부에 유리하게 바꾸었다. 중서부는 연방군의 1/3 이상의 병력을 제공하였다. 그랜트Ulysses Grant와 셔먼Charles Sherman의 이름은 전장에서 연방군의 지도력에 대한 충분한 증거였다. 링컨과 체이스의 이름은 대통령의 권한, 재정상의 권한, 그리고 전쟁의 권한이 중서부에 있었음을 보여준다. 우리가 시워드의 분류법을 받아들인다면, 외교 수행 역시 북부에 속했다. 외교는 적어도 중서부의 지배적 세력의 대표들 수중에 있었다. 그랜트와 셔먼이 이끄는 중서부는 미시시피강을 따라 중서부를 관통하면서 내려가 걸프주들을 가로질러 갔고, 링컨은 1863년 "미시시피강은 냉정하게 바다로 간다. 전적으로 그런 것은 아니지만 이는 위대한 북서부 덕분이다"라고 의기양양하게 말했다.

우리는 노예제도를 둘러싼 갈등에 대한 중서부의 관계를 개관하면서 남북전쟁 전 10년간 중요한 정착지의 확대는 넘어갔다. 이 기간 동안 중서부 지역의 구지대에서는 정착밀도가 증가하였을 뿐만 아니라, 새로운 이민물결이 더 멀리 있는 초원지역으로 들어갔다. 인디언의 토지 양도 이후 아이오와 개척자들은 아이오와 서부경계를 향해 팽창해 나갔다. 미네소타도 개척자 행렬에 의해 충원되었다. 1851년 트래버스 드 수조약the treaty of Traverse de Sioux[16]은 이 주에서 농경이 가능한 200만 에이커 이상의 땅을 열어 주었고, 미네소타는 1850년에서 1860년 동

---

16   역주 : 1851년 미네소타 영토의 트래버스 드 수지역에서 미국 정부와 수 인디언 부족사이에 체결된 조약. 이 조약에 의해 수 부족은 현금과 물품의 연금을 받는 대가로 영토를 양도하고 미네소타 강변의 보호구역으로 이주함.

안 인구가 2,730.7% 증가했다.

이 시기에 이르기까지 북부 미시간, 위스콘신, 미네소타의 중서부의 소나무 지대는 인디언 교역상들의 활동 지역이었다. 처음에는 영국회사 그리고 이후 애스터 미국 모피 회사의 관할하에 상인들은 프랑스인 및 혼혈 사공들과 함께 오대호 주변을 다녔고 강을 따라서 숲으로 갔는데, 그곳에서 그들은 초소를 세우고 인디언들 사이에 상품과 위스키를 널리 퍼뜨렸다. 그들의 초소는 야만인들을 해체시키는 효과가 있었다. 인디언 교역의 결과로 나타난 새로운 욕망과 풍속의 문란은 연방정부가 쉽게 이들의 땅을 구입할 수 있게 해주었다. 상인 다음으로 가장 좋은 소나무 지대 "포티"를 찾아온 사람들이 나타났다. 그리고 남북전쟁이 시작될 즈음에는 소나무 지대에 대한 개간이 상당히 진척되어 있었다. 아일랜드인, 캐나다인, 그리고 스칸디나비아인들이 벌목인이 되었고, 통나무 뗏목 운송이 상인들의 카누를 계승하였다. 메인과 버몬트의 소나무 숲 출신 사람들이 이 산업을 주도하였으며, 숲에서 성장한 공장 타운에서 거물급 인물 — 처음에는 백만장자로 출발해서 나중에는 정치 지도자 — 이 되었다.

중서부의 초원지역에서는 1820년대 이래 세인트루이스에 중심을 둔 인디언 교역이 매우 중요했었다. 인디언에 대한 평원의 영향력은 북부의 모피교역이 숲에 사는 인디언에 대한 영향력과 유사했다. 1840년이 되면 인디언 이주정책의 결과로 인해 동부 인디언 부족 대부분이 미시시피강 너머로 이주하게 되었다. 이전에 오하이오와 구북서부 나머지 지역에 속했던 인디언 부족의 이름은 캔자스 밸리the Kansas Valley의 지도에서 발견되었다. 플래트Platte 지역은 포니부족the Pawnee[17]과 그 이웃 부족들에 속했고, 미주리강 상류를 따라 북쪽으로는 수, 혹은 다코타 Dakota,[18] 크로우Crow,[19] 샤이안Cheyenne,[20] 기타 기마 인디언들이 있었다. 이들은 대평원에서 풀을 뜯는 버펄로의 거대한 무리를 쫓아다니고 있었다. 19세기 중반 캘리포니아의 황금발견과 오리건 지역의 개방으로 인해, 초원을 지나 태평양으로 향하는 개척자 행렬에게는 인디언 지역을 통과해 가는 길을 확보하는 것이 필요했다. 1854년 캔자스와 네브래스카의 구성은 이들 영토를 인디언으로부터 회수하는 첫 번째 조치였다. 거의 항상 존재했던 인디언의 적대행위가 잇달아 나타났는데, 이는 무한히 넓은 초원의 야만인 영주들이, 농부들이 자신의 제국으로 유입되는 것의 의미를 본능적으로 알아챘기 때문이다. 미네소타에서 수족은 그 성장을 위해서 남북전쟁을 이용하였다. 그러나 그 결과는 그 주에서 인디언 보호구역의 파괴였으며, 거대한 토지를 개척자들에게 열어주는 것이었다.

태평양 철도가 시작되었을 때, 영민한 수족의 추장이며 어떤 면에서 폰티악과 타쿰세의 후계자인 레드 클라우드Red Cloud는 문명의 행진에 저항하기 위해서 대평원의 주요 부족들을 소집하였다. 그들의 적대행위는 1867년과 1868년의 평화조치로 귀결되었는데, 그 조치는 수족과 그 동맹부족들에게 미주리강 서쪽 다코타 지역의 대부분을 포함하는 보류지를 할당해 주는 것이었다. 1867년과 1873년 사이 가죽을 사용

---

17 역주 : 오클라호마 포니지역에 본거지를 두었던 평원 인디언 부족.
18 역주 : 북미 대평원 지역에 살았던 수 부족의 다른 명칭.
19 역주 : 현재의 남부 몬타나에 살았던 북미 대평원의 인디언 부족.
20 역주 : 알공킨 어족에 속하는 인디언 부족으로, 수타이오족과 칫치스타스족이 융합하여 형성되었던 연합부족. 미네소타 중부에 거주하다가 18세기에 이르러 서부의 대평원 지역으로 이주했음.

하기 위해서 수백만 마리의 버펄로를 체계적으로 도륙하자, 대평원의 거대한 버펄로 무리가 사라졌고, 인디언의 경제적 토대도 파괴되었다. 그 후 그들은 백인들에게 식량을 의존했으며, 대평원은 가축 농장주들에게 개방되었다.

1847년 등장한 『오리건 길*The Oregon Trail*』[21]의 1872년 신판 서문에서 프란시스 파크먼은 "블랙 힐즈the Black Hills의 협곡을 따라 내려가면서 나와 함께 행진한 황야의 마차 행렬은 그 색조와 전쟁 깃털war plumes, 펄럭이는 전리품과 야만인의 자수품, 활, 화살, 창, 방패와 함께 결코 다시는 볼 수 없을 것이다"라고 말했다. 초원은 최후의 정착 러시를 준비하고 있었다. 남북전쟁 중 1862년 정부공여농지법the homestead law[22]은 평화가 도래한 이후까지 중서부 정착의 한 요소로서 그 전적인 중요성을 드러내지 않았다. 이 법은 1870년부터 20년 동안 태평양지역으로 향하는 몇몇 철도가 개발되자, 철도 토지교부의 마케팅과 연관되어 가장 활발하게 작동하였다. 그 결과는 획기적인 인구의 확장이었다.

1870년 이전 한때 고대 호수의 바닥이었으며 노스다코타와 미네소타가 만나는 지역을 점유하고 있는 레드강the Red River의 광대하고 비옥한 밸리는 거의 처녀지였다. 그러나 1875년 거대한 다림플Darlymple 농장은 이 지역에서 밀재배에 따른 이익을 보여주었고, 일련의 농장을 찾

---

21 역주: 원래 '오리건 길'은 미국 서부 개척자들의 이동로임. 미주리에서 오리건에 이르는 약 3,200km의 산길을 지칭. 1820년대에는 사냥꾼, 상인, 선교사만이 통행하는 길이었으나, 1840년대 초 골드 러시 당시 사람들이 집단적 이동을 하면서 이 길을 이용하였고 이후 서부 이주에 크게 기여함. 본문에서 오리건 길은 이 경로를 탐사한 프란시스 파크먼의 1847년 저서를 지칭.

22 역주: 미국 서부의 미개척 토지에 개척자들이 들어가서 농업에 종사할 경우 연방정부가 일정량의 토지를 무상으로 나누어 줄 수 있게 한 법률.

는 사람들이 모여들었다. 사우스다코타의 "짐 리버the Jim River" 밸리가 그 밖에 다른 정착민을 끌어들였다. 노던 퍼시픽the Northern Pacific과 그레이트 노던 레일웨이the Great Northern Railway는 이들 미네소타와 다코타 밀지대로 지선을 뻗쳐 나갔는데, 이들 지역으로부터 태평양 지역을 향한 그들의 과감한 이동 자양분을 얻어 냈다. 시카고, 밀워키 앤드 세인트 폴the Chicago, Milwaukee and St. Paul, 시카고 앤드 노스웨스턴 레일웨이the Chicago and Northwestern Railway, 벌링턴Burlington, 그리고 기타 철도들은 이 지역을 석쇠처럼 얽어 나갔다.

중서부의 미개척지역은 체계와 규모에 있어서 전례가 없던 수준의 이주민 유입으로 점유되었다. 철도는 자기의 대리인과 인쇄물을 어디로든 보내어 "황금의 서부"가 "호황을 맞게" 하였다. 이토록 신속하게 성장하는 지역에서 경제적, 정치적 행운을 위한 기회는 단순히 싼 토지만으로 유혹할 수 없었던 수많은 미국인들을 유인하였다. 1870년 남북 다코타는 1만 4,000명의 정착민을 받아들였는데, 1890년에는 51만 명이 넘는 정착민을 받아들였다. 네브래스카의 인구는 1860년에 2만 8,000명이었으나, 1870년에 12만 3,000명, 1880년에 45만 2,000명, 그리고 1890년에 105만 9,000명으로 늘어났다. 캔자스는 1860년에 10만 7,000명이었으나, 1870년에는 36만 4,000명, 1880년에는 99만 6,000명, 그리고 1890년에는 142만 7,000명으로 늘어났다. 위스콘신과 뉴욕이 미네소타로 가장 많은 토착 미국인 집단[23]들을 이주시켰다. 일리노이와 오하이오가 합쳐서 캔자스와 미네소타를 향해 아마도 그

---

23 역주: 토착 이주민. 외국에서 미국으로 이주해 온 이후 다시 국내의 다른 지역으로 이주하는 미국인이 아니라, 원래 미국 내의 거주지에 있다가 이주하는 미국인.

주 토착 이주민의 1/3 정도의 사람을 보냈으나, 캔자스에서는 미주리와 남부의 정착민들이 가장 많았다. 위스콘신, 뉴욕, 미네소타, 그리고 아이오와가 노스다코타에 가장 많은 토착 이주민들을 보냈고, 위스콘신, 아이오와, 일리노이, 뉴욕이 사우스다코타에 대해서 그러했다.

철도와 증기선은 이전에 일찍이 보지 못한 규모와 체계로 외국 이민을 조직했다. 미국이민의 정점은 1880년대 초반에 도래했다. 독일인들과 스칸디나비아인들이 이민자 열차로 타고 초원으로 몰려와 옛 중서부의 주들의 나머지 빈 공간을 채웠다. 1890년의 인구조사에 의하면 미네소타에는 스칸디나비아계 부모를 둔 37만 3,000명의 사람이 있었다. 중서부는 30만 명을 제외하고 미국에 있는 스칸디나비아계 부모를 둔 150만 명의 사람들을 거의 다 흡수하였다. 중서부 지역의 독일계 사람들은 미국 전역의 700만이 약간 안 되는 전체 독일계 사람들 가운데 400만 이상을 차지하였다. 중서부 지방은 1890년 북대서양 지역보다 외국계 인구가 적었지만, 그 비율은 각 주마다 달랐다. 인디애나가 그 비율이 가장 적은 20.38%였고, 올라가는 순서대로 미주리가 24.94%, 캔자스가 26.75%, 오하이오가 33.93%, 네브래스카가 42.45%, 아이오와가 43.57%, 일리노이가 49.01%, 미시간이 54.58%, 위스콘신이 73.65%, 미네소타가 75.37%, 노스다코타가 78.87%의 수치를 보여주고 있었다.

초원지역 개척자의 삶에서 볼 때 이러한 정착통계가 의미하는 것을 여기에서 말할 수는 없다. 구북서부 개척자의 삶과 분명한 차이가 있었다. 숲 대신에 광대한 초원이 나타났다. 통나무집 대신에 잔디집이 나타났다. 구전국대로나 이리운하 대신 대륙횡단 철도가 등장했다. 이러한 개척자 운동에서 삶은 더 빠르고 대규모로, 그리고 더 강하게 움직였다. 지평선은 더 넓어졌다. 상황은 총체적으로 처리되었다. 대륙 간 횡단철도, 수확이 잘되는 대농장, 증기식 쟁기, 수확기, 탈곡기, 매우 긴 고랑, 광대한 가축 목장 등은 모두 광범위한 산업의 결합과 체계화를 시사했다. 거대한 희망이 이러한 초원 점령에서 나타났다. 서부 캔자스 정착은 같은 방식으로 서부 네브래스카와 남북 다코타에서도 진행된 운동을 설명해 줄지도 모른다. 개척농민은 오래된 정착방식으로 이 지역으로 밀고 들어갔다. 우기와 철도광고에 속고 무모하게 낙관적인 나머지 수많은 정착민들이 성공적 농경에 필요한 만큼 충분한 강수량이 있는 지역을 넘어 관개시설도 없는 평원으로 쏟아져 들어갔다. 건조기는 이들을 굶주리게 하여 몰아내었다. 그러나 강수량이 충분할 때마다 그들은 다시 반복해서 서부평원을 점령하기로 결심하였다. 호황으로 등장한 타운들이 초원의 잡초처럼 번성했다. 동부자본은 이 모험에서 한몫 잡을 기회를 찾으려 했다. 그리고 캔자스 농민들은 건조한 땅에 들인 적극적 노력에 대해 쉽게 제공되었던 자본을 확보하기 위해서 자신들의 소유물들을 기꺼이 담보물로 잡혔다. 1887년에 이르면 개척자의 물결은 반건조평원을 가로질러 캔자스 서부경계까지 흘러 들어갔다. 그러나 이는 초원을 쟁취한 세력이 새로운 지역을 정복하려는 희망 없는 노력이었다. 정착물결은 대평원의 조건으로 인해 헛되이 산산조각 나고 말았다. 미국인 농부들은 최초의 패배를 맛보았다. 동일한 시기에 농산물은 평가절하되었고, 농부들은 국민정부의 도움을 요청했다.

중서부지역 서부의 민중주의 운동은 많은 요인의 복합적 산물이다. 어떤 측면에서 이 운동은 개척자의 초기 지역에서 나타난 1837년 위기를 부른 동일한 요인들이 가장 최근 발현된 것이었다. 과도한 확신, 무모한 내륙개발, 임대자본에 의한 토지구입의 시대는 미래가 과도하게 평가절하되었다는 점이 분명해졌을 때 반발을 가져왔다. 그러나 그때에는 피폐한 개척자들이 호소할 수 있는 주인없는 토지가 더 있었다. 통화팽창에 대한 요구는 서부로 전진하는 모든 시대의 특징이었다. 오하이오와 중서부 동부지역의 그린백 운동the Greenback Movement[24]은 미시시피강을 가로질러 민중주의자들의 명목화폐, 은화 자유주조, 토지은행 등의 주장으로 발전했다.

　서부전진의 각 단계에서 더 저가의 운송료를 위한 노력도 전개되었다. 개척자들이 강변을 떠나 곡물을 시장으로 옮길 때, 운송이라는 요소가 자신의 수익과 정착지의 확장을 결정했다. 국민정부에 대해 도로와 운하를 만들어 달라는 요구는 19세기 처음 1삼분기 동안 개척자 전진의 특징이었다. 정부규제를 옹호하면서 철도요금률에 대한 농민공제조합원the Grangers[25]의 공세는 서부정착의 제2전진 단계의 특징이었다. 농민동맹the Farmers' Alliance[26]과 정부의 철도소유에 대한 민중주의적 요구는 변경에 접한 개척자 농부의 동일한 노력의 한 단계로서 가장 최근에 나타난 것이었다. 전체적으로 볼 때 민중주의는 국민정부를 그 목적 달성을 위해 더 활용하겠다는 추가적 의사와 함께 토착 이주민인 구개척자들의 이상이 발현된 것이었다. 원래 정부가 땅을 구입하여 그 지역 정착

24　역주 : 1870～1880년대 농민들이 농산물 가격을 유지하기 위해서 금으로 태환되지 않는 지폐(greenback)의 지속적 발행을 요구한 운동.
25　역주 : 1870년대 농부들이 농민공제조합을 결성하여 독점적인 철도회사와 창고회사 등의 과도한 운송임금이나 보관료 등에 대해서 불만을 표시하면서 정부가 이를 규제해 줄 것을 호소한 운동.
26　역주 : 1870～1880년대 자신의 권익을 보호하기 위한 농민운동의 일종.

민들에게 준 지역에서는, 철도가 대체로 연방정부의 토지교부에 의해 건설된 지역에서는, 그리고 정착지가 직사각형의 주로 만들어져 연방에 편입될 때까지 미국 육군이 보호하고 국민정부가 통치한 지역에서는 이러한 현상이 부자연스러울 것이 없었다. 다수가 남북전쟁 당시 군인이었던 원래 정착민들은 많은 주에서 모여들었는데, 그들은 새로운 대지에서 유럽의 국민정부의 강력한 권위에 익숙한 외국 이민자들과 섞이게 되었다.

그러나 국가권력이라는 새로운 언어로 표현된 미국 개척자들의 이런 오랜 이상은 동부의 동의를 얻지 못했다. 심지어 동부에서도 초원정착 기간 동안 매우 의미심장한 변화가 진행되고 있었다. 이 지역이 지니던 농업 우위는 초원지역으로 옮겨졌고, 한때 개척자들의 농경지에서는 제조업이 발달하였다. 남북전쟁 이전 10년간 최대 밀 생산지역이 오하이오와 그 동쪽에 있던 주들에서 일리노이, 인디애나, 위스콘신 등으로 이전되었다. 1880년 이후 밀 재배의 중심부는 미시시피강 건너로 이전되었다. 그리고 1890년 새로운 정착지는 미국 작물의 절반을 생산하기에 이르렀다. 옥수수 지대도 유사한 이동 경로를 보여주었다. 1840년 남부 주들이 곡물의 거의 절반을 생산했고, 중서부는 1/5만을 생산하였다. 1860년에 이르면 상황이 역전되어 1890년에는 미국 옥수수의 거의 절반이 미시시피강 건너 지역에서 생산되었다. 그래서 구북서부의 정착민들과 그들의 곡물이 함께 미시시피강을 건너갔고, 자신들이 떠나온 지역에서는 다양성 농업과 제조업이 등장하였다.

인구와 생산품의 이러한 이동은 중서부를 건너 지나갔으며, 동부경계의 경제생활이 강화됨에 따라 중서부 지역에서 거대한 산업조직이 창조되었다. 이러한 산업조직은 엄청난 힘과 행동과 통일성을 지녔다. 근본적으로 중서부는 공간, 다양성, 생산능력, 그리고 사막과 산맥에 의한 단절로부터의 해방 등이 결합되어 필적할 상대가 없는 농업지역이었다. 오대호의 거대한 수로체계는 강력한 통상의 대로가 되었다. 1년의 2/3만 개방하는 것이지만, 수세인트마리 운하Sault Ste. Marie Canal는 수에즈 운하the Suez Canal보다 더 큰 교통로였다. 거의 모든 교역이 오대호 체계의 전 거리를 움직여 다녔는데, 그 주요한 항구는 덜루스Duluth, 시카고, 디트로이트, 클리블랜드, 그리고 버펄로였다. 오대호의 운송시설은 1886년 이후 혁명적으로 발전하여 동부와 새로 개발된 중서부 간의 교역 필수품을 운송해 줄 정도가 되었다. 화물은 두 배가 되었다. 목재 선박은 철강선박으로 대체되었다. 범선은 증기선에 자리를 내주었다. 거대한 부두, 기중기, 승강기 등 기계 기술의 승리품들이 건설되었다. 유능한 조사요원은 "오늘날 세계에는 오대호 항구에서 제조하거나 구입하는 것보다 더 싼 가격으로 배의 강판을 만들어 쌓아둘 수로일대의 장소가 아마도 없을 것이다"라고 선언했다.

　　우리의 내륙바다(오대호-역주)의 상업용 해양운송의 급속한 성장으로 인해, 유럽으로 가는 행양운송로와 이 호수지역을 연결시키기 위한 심수深水운하에 대한 요구가 나타났다. 오대호의 선단이 대서양을 건널 때, 그리고 덜루스와 시카고가 해양항구가 되었을 때, 중서부의 수로운송은 진화를 완성한 셈이 될 것이다. 철도체계 발달은 수로운송에 못지않게 중요하다. 시카고는 세계의 가장 거대한 철도중심지가 되었고, 철도시설에 있어서 이에 필적하는 다른 지역은 없다. 나라의 모든 힘들이 여기에서 교차하였다. 개선된 터미널, 철강선로, 양질의 철도차량, 그리고 철도체계의 공고화는 중서부 사람들의 전진과 함께 나타났다.

이러한 견줄 데 없는 운송설비의 발전은 이 지역의 물질적 개발의 규모를 보여준다. 이 지역의 밀과 옥수수 잉여생산물은 미국과 유럽의 많은 지역의 부족분을 공급해 주고 있다. 1786년 다음과 같은 표현으로 먼로가 제퍼슨에게 편지한 이 지역의 농업상황은 지금과 비교해 보면 매우 놀라운 것이다. "이 지역의 대부분은 정말 좋지 않은데, 특히 미시간과 이리 호수 일대 지역이 더 그렇다. 미시시피강과 일리노이강에 인접한 지역은 외관상 오랜 기간 풀 한 포기도 없었고 또 없을 광대한 평원으로 구성되어 있다. 따라서 그것들이 속하는 이 지역은 결코 연맹 구성원 자격을 부여해 줄 수 있을 만큼 충분히 많은 거주민을 포함하고 있지 않다."

미니애폴리스와 덜루스는 북부 초원의 봄철 밀을 받아서 그 대다수를 밀가루로 제조한 뒤, 이것을 버펄로, 동부의 도시, 그리고 유럽으로 보낸다. 시카고는 여전히 옥수수 지대의 거대한 도시이지만, 제분업과 밀 중심지로서 그 위력은 북부 초원으로부터 곡물을 받는 도시로 이동하고 있다. 시카고는 겨울 밀, 옥수수, 귀리, 가축과 관련된 지대 내에 있었다. 캔자스시티, 세인트루이스, 그리고 신시내티는 이 지역의 자매도시인데, 이 지역은 대평원의 방목지역에 이른다. 옥수수와 가축의 접점은 포장산업의 발달을 가져왔는데, 이는 이 지역의 소고기와 돼지고기를 동부와 유럽의 일부 지역에 공급하는 커다란 기업체계였다. 캔자스, 네브래스카, 아이오와에서 채택되어 이 지역의 잉여 옥수수을 먹고 가축이 살찌게 해주는 "사육체계"는 단일 품종 산업에서 실패할 경우 이들 주를 재앙으로부터 구해 주는 다양성 농업의 일종이며, 초원과 대평원 간 이동지대의 경제생활에 대한 해법 가운데 하나였다. 캔자스는 복잡한 농업운영에 따라 자기 주의 다양한 지역에 맞추어 많은 수확을 올리면서 더욱 번영하였고, 정치적 불만은 상대적으로 적어졌다.

중서부 농업이 이렇게 발전하고 있었던 한편, 북부 소나무 숲 지대의 개발은 이 지역의 교역에 공헌했다. 활동의 중심지는 미시간에서 미네소타로 이전되었고, 통나무 운반은 오대호를 정기적으로 왕복하여 지류에 있는 제재소에 목재를 공급해 주는 선박에게는 중요했다. 조직적 개발로 인해 백송이 사라지자, 나머지 활엽수는 그 이전 제재소 타운에서 공장을 세우는 데 사용되었다. 북부의 비옥한 벌목지역은 나무를 베어낸 곳에서 구개척자의 삶을 반복적으로 실행하는 정착민을 받아들이고 있었다.

그러나 최근 중서부 산업사의 발전에서 가장 두드러지는 것은 슈피리어 호수의 철광업 개시 때문이었다. 1873에는 슈피리어 호수의 광맥이 미국 용광로 전체 생산의 1/4을 공급하였다. 1884년 고게빅 광산the Gogebic mines의 개시, 그리고 1890년대 초반 슈피리어 호수의 발원지에 인접한 버밀리안과 메사비 광산the Vermillion and Mesabi mines의 개발은 철광맥 생산이 슈피리어 호수 지역으로 이전하는 것을 완성했다. 미시간, 미네소타, 그리고 위스콘신은 전부 합쳐서 미국 선철의 80%에 해당하는 철광석을 생산하고 있다. 이 거대한 생산품의 4/5는 이리 호수의 항구로 이동하고, 나머지는 시카고와 밀워키의 제조공장으로 이동한다. 시카고나 밀워키와 같은 초소를 둔 피츠버그와 클리블랜드를 중심으로 한 거대한 철강산업은 이 지역과 펜실베이니아의 동부 및 남부 경계의 석탄과 북부의 철광석이 만난 결과였다. 이 산업은 몇몇 산업 주도자에 의해 체계화, 공고화되었다. 증기삽은 다수의 메사비 광산에서 광석을 퍼냈다. 중력 도로는 그 광석을 부두와 배로 옮겼고, 특히 수송을 위해 만든 거대한 기중 및 운반 장치는 광석을 철도와 용광로를 향해 하적하였다. 철과 석탄 광산, 수송 선박, 철도체계, 그리고 제철공장은 특히 미국 철강회사the United States Steel Corporation와 같은 몇 개의 회사에 집중되었다. 세계는 결코 이러한 자본의 집중과 이토록 완전한 경제과정의 체계화를 본 적이 없었다.

이것이 개척자들이 피츠버그의 변경 마을을 떠나 오하이오강을 건너 숲으로 들어 선지 백 년 후 중서부의 경제적 외관이었다. 1833년 토크빌Alexix de Tocqueville이 다음과 같이 외친 것은 이유가 있는 것이었다. "로키산맥을 향한 이들 유럽인들의 점진적이며 지속적인 전진은 천우신조의 근엄함을 갖추고 있었다. 이는 약화되지 않고 늘어나는, 매일 신의 손에 의해서 작동되는 인간의 출몰이었다."

중서부의 이상은 100년 전 숲 한가운데 세워진 통나무집에서 시작되었다. 중서부의 지평선은 여전히 중서부의 도끼로 만든 벌목개간지를 경계로 하고 있었지만, 개척자들은 대륙정복을 꿈꾸고 있었다. 황무지의 광대함은 중서부의 상상력에 불을 붙였다. 중서부의 시선은 거대한 호숫가의 눅눅한 늪지대 너머 힘찬 도시의 높은 빌딩과 서로 밀치는 혼잡한 사람들을 바라보고 있었다. 중서부는 울창하고 잔디로 덮인 초원 너머 황금 곡창의 바다를 향하고 있었다. 중서부는 통나무집과 잔디 떼집의 척박한 생활 너머에 있는 삶, 그리고 비록 자신들을 위한 것은 아닐지라도 편안함과 고상한 것들이 깃든 자기 아이들의 집을 바라보고 있었다. 중서부를 만들어 낸 사람들은 이상주의자들이었고, 그들은 자신들의 꿈을 실현할 의지력이 있었다. 여기에는 또한 개인적 활동성, 창의성, 자유와 기회의 평등 아래 발전을 기대하는 풍요로운 지역의 상금 경쟁 등 개척자의 특징이 있었다. 중서부는 눈매가 가장 빠르고 경쟁력이 가장 강한 사람들을 존중하였다. 이는 "각자가 자기 자신을 위하는 것"이었다.

중서부의 초기사회는 복합적이고 매우 분화되어 있었으며 조직되어 있지 않았다. 거의 모든 가정이 자족적 단위였고, 자유와 평등은 이전의 역사에서 아마도 보기 어려울 정도로 중서부 변경시기에 번성하였다. 미국 민주주의는 숲에서 나왔고, 그 운명은 이를 물질적 정복으로 몰아갔다. 원래 정착민들과 유럽 이민자들은 이 자유롭고 경쟁적인 변경이동에서 사회적 신분의 굴레를 깨고 더 나은 생활환경으로 올라갈 기회를 보았다. 개척자들은 자신과 가족을 위해서 이 넓고 자유로우나 사라져가는 기회 속에서 좋은 장소를 확보하려는 열정적인 욕구를 지니고 있었다. 사회가 이 전체 지역의 환경에 스스로 맞추어 가는 데에는 한 세기가 걸렸다. 조금씩 자연은 쉽게 형태를 변경시키는 개척자의 생활을 자신을 틀로 맞추도록 압박했다. 어제는 개척자의 지역이었던 중서부는 오늘날 산업자원과 체계화를 갖춘 방대한 지대가 되었다. 이 새로운 힘과 경쟁해야만 하는 자국의 산업으로 인해 놀란 유럽은 대륙의 국가들과 보호동맹을 이루는 정책을 논의하고 있었다. 근대 자본주의의 거대한 힘이 중서부 지역으로 흘러들어 왔다. 실로 이 지역 자체가 이러한 힘을 창조하는데 유리한 조건을 제공하였고, 미국의 많은 유명한 산업지도자들을 훈련해 주었다. 프레이리 대초원 지역, 대평원 지역, 그리고 오대호 지역은 산업측정의 새로운 기준을 제공하였다. 풍요로운 물질적 장점을 갖추었고 개인주의, 활기 있는 경쟁, 창의성, 계획의 광활함을 제공해 온 중서부 지역에서 최강자의 승리가 도래했다. 산업주도자들이 부상하여 자연이 준 선물을 장악했다. 서로 경쟁하고 또한 자원의 풍부함과 활동분야의 범위가 스스로 드러낸 것처럼 야심의 범위를 넓히면서, 이들은 넓고 단순한 이 지역의 자연적 조건을 수용하는 수밖에 없었다. 경쟁은 통합으로 나아갔다. 중서부 경계의 피츠버그에는 통합과정의 완성이 명확히 보이고 있다. 캔자스의 초원에는 개척자의 현대적 구현체인 민중주의자들이 현재의 조건을 자신들의 오랜 이상에 맞추려고 노력하고 있다.

평등, 기회의 자유, 보통사람에 대한 믿음 등의 이상은 중서부 전역에 깊이 뿌리 내려 있었다. 각각의 집단들이 지나간 변경의 단계들은 중서부의 새로운 지역뿐만 아니라 오래 된 지역에도 지속적으로 흔적을 남겼다. 또한 이러한 이상은 미국의 토착 정착민들에게 국한된 것이 아니었다. 중서부에 들어온 독일인들과 스칸디나비아인들도 동일한 희망과 믿음을 가지고 왔다. 이러한 사실들은 중서부의 경제적 변화가 이 지역의 민주주의에 미친 효과를 평가하는 데에 있어서 반드시 기억되어야 한다. 독특한 변경 민주주의는 이를 낳은 조건이 사라지면서 함께 사라졌다. 그러나 그 민주적 열망은 살아 있다. 이 열망은 열정적 결의와 함께 유지되고 있다.

중서부의 과제는 광범위한 현재의 경제조직에 민주주의를 적용시키는 것이다. 이 지역은 크다는 것이 위대하다는 것은 아니라는 것을 그토록 빈번히 상기하면서, 이곳에서의 훈련과정이 민중정부와 문화를 현대세계의 거대한 산업사회와 조화시킬 능력을 만들어냈다는 것을 보여

주고 있다. 과거의 민주주의는 단순하고 원시적인 경제조건하의 작은 공동체였다. 근본적인 문제는 진정한 위대함을 거대함과 조화시키는 것이었다.

중서부가 이를 달성해야 한다는 사실은 중요하다. 공화국의 미래는 중서부에 달려 있다. 1860년 이래 7명 가운데 6명의 대통령이 중서부 출신이라는 사실이 설명해 주듯이, 중서부는 정치적으로 지배적인 지역이다. 뉴잉글랜드와 대서양 연안 중부주를 합쳐서 2,100만 명이 살고 있는 반면 중서부에는 2,600만 명이 살고 있으며, 중서부는 무한한 성장 능력을 지니고 있다. 교육의 힘은 동부보다 더 민주적이다. 중서부는 초등학교, 중등학교 그리고 대학 재학생을 합쳐서 뉴잉글랜드와 대서양 연안 중부주들을 합친 것보다 두 배 정도의 학생들을 보유하고 있다. 전체적으로 이러한 교육체계가 동부주들보다 열등한 것도 아니다. 주립대학교들이 중서부 모든 주에 각각 공립학교 체계의 정점을 이루고 있어서 동부연안 대학교들과 어깨를 나란히 하고 있는 반면, 사적 기부금이 전례가 없는 규모로 대학교들에 제공되고 있다. 피츠버그, 시카고, 세인트폴과 기타 도시들의 사적이고 공적인 예술품 수집은 동부와 경쟁하고 있다. 중요한 대중교육적 영향력을 지닌 "만국박람회"는 시카고, 오마하, 버펄로에서 개최되었다. 그리고 다음은 세인트루이스에서 개최된다. 보통사람들 사이에 미래의 전망을 밝게 해주는 활력과 정신적 활동이 중서부 전역에 걸쳐 있다. 오대호와 프레이리 대초원지역을 문명의 용도에 따라서 맞추는 과제가 한 동안 예술과 문학 그리고 심지어 고도의 정치적, 사회적 이상을 압도한다 하더라도 이는 놀랍지 않을 것이다. 그러나 개척자의 이상이 물질적 생산이 발전하는 것보다 더 오래 지속된다면, 우리는 중서부의 문화가 대체로 민주주의와 화합하는 매우 지적인 사회의 등장을 목격하게 될 것이다.

5장
미국사에 있어서 오하이오 밸리*

　주목할 만한 논문에서 조시아 로이스 교수Professor Josiah Royce는 오늘날 엄청난 국민주의의 발달에서 기인한 해악에 대항하기 위해 매우 조직화된 지방생활의 유익한 영향력을 주장하였다. 국민주의의 해악으로 그가 지적하는 것에는 다음과 같은 것들이 포함되어 있었다. 첫째, 거주 장소가 자주 변경되어 지역공동체가 잘 구성된 공동의 생활조직을 상실하는 위험, 둘째, 국민문명 속에서 다양성을 줄이고 모든 것을 공동유형으로 동화시켜 개성을 좌절시키고 "거대하고 비합리적이며 무자비한 메커니즘"을 생산하는 추세, 셋째, 우리 시대에 감정의 파고, 폭도의 열정이 전국을 휩쓰는 경향이 있다는 사실에서 등장하는 해악 등이 그것이다.

　이러한 국민적 감정의 득세 속에서, 로이스 교수는 각자 자기 자신의 전통, 믿음, 열망을 지닌 개별 영역의 저항인 지방주의provincialism의 제

---

*　오하이오 밸리 역사학회(the Ohio Valley Historical Association)에서 1909년 10월 16일에 행한 연설.

방을 구축하려 하였다. 그는 "우리의 국민적 통합은 너무나 광범위하고, 우리의 사회적 통합의 힘은 너무나 압도적이며, 그 결과 나타나는 문제, 갈등, 해악이 너무나 커서, 우리는 지방에서 새로운 미국적 삶의 힘, 유용성, 강화된 아름다움의 모습을 추구해야 한다"라고 주장했다. 보다 높은 차원에서 국민적 통합의 맹목적 단일성 경향을 견제하기 위해 지역주의sectionalism의 부활을 옹호한 이 철학자의 호소 — 내게는 이러한 호소는 그가 호소한 상황으로 볼 때 근거가 있는 것으로 보인다 — 에 대해 어떻게 생각하든지 간에, 역사가들은 미국사에서 지역주의를 지나칠 정도로 인정하지 않고 있다.

나는 남북전쟁 당시 정점에 달했던 남부와 북부의 갈등이라는 의미로 지역주의를 말하는 것이 아니다. 실제로 그런 극단적, 비극적 형태의 지역주의가 역사가들의 이목을 집중시켰다. 그리고 의심할 여지없이 남북전쟁은 우리 역사에서 가장 놀랍고 고통스러운 현상의 하나였다. 그러나 노예제 갈등보다 더 오래되었고 아마도 장기적으로 더 지속될 지역적 힘이 작동한 사례들이 있으며, 남부와 북부만이 아니라 그 외에도 이러한 힘을 경험한 다양한 지역들이 있다.

실로 규모와 천연자원의 측면에서 미국은 단일국가라기보다는 하나의 제국이며 잠재적 국가들의 집합체이다. 그 영역에 있어서 미국은 유럽 전체와 비교할 수 있을 정도로 크다. 만약 캘리포니아 해변이 스페인 연안에 배치될 수 있다면, 사우스캐롤라이나의 찰스턴은 콘스탄티노플Constantinople 근처에 있을 것이다. 슈피리어 호수의 북부해변은 발틱해the Baltic에 닿을 것이고, 뉴올리언스는 남부 이탈리아에 있을 것이다. 이러한 광대한 제국 내에 물리적 환경에서 구별되는 지역들이 존재해서 각 지역에서 미국의 식민화가 진행되었고, 각 지역에서 또한 그 자체의 경제적, 정치적, 사회적 삶을 지닌 독특한 사회가 발전하였다. 이들 각 지역은 각자 지도자를 배출했는데, 이 지도자들은 국가의 공적 생활에서 자기 지역이 필요로 하는 부분을 주장했고, 다른 지역의 대표들과 논쟁했으며, 국가 입법과정과 정책에서 지역 간 타협을 추진해 나갔다. 따라서 그들은 마치 유럽의회에서 개별국가의 대사가 조약을 맺는 것처럼 행동했다.

이들 지역들 사이에 교역관계가 생겨났다. 경제적 결합과 경쟁은 우리의 국가적 삶으로 더 깊숙이 파고 들어가 관세, 내륙개발, 통화와 은행, 교역분야 등 모든 다양한 입법에 관한 의회투표에서 각 주의 실제적 집단의 구성을 찾아본 학자들이 추적할 수 있을 것이다. 미국의 산업생활은 주로 각 지역에서 구성된 집단의 결합과 경쟁의 결과물이었다. 국가의 모든 지적, 정신적 생활은 지역적 이상, 기본 가정, 그리고 감정의 상호작용의 결과였다.

우리가 헌법이라는 정치적 구조 아래로 내려가 더 깊은 사회적, 경제적, 정치적 삶의 흐름을 본다면, 국가의 진정한 연방적 양상은 주와 국가 간 관계보다는 지역과 국가 간 관계에서 발견될 것이다. 최근 전 장관인 루우트Elihu Root는 주들이 의무를 소홀히 함으로써 쇠락하고, 반대로 국민정부가 각 주들이 전에 보유하고 있는 권력을 차지할지도 모른다는 위험성을 강조했다. 그러나 설령 우리의 국민적 삶의 효과적 요소인 주들이 전부 사라져버린다고 해도, 지역은 주들이 사라져버린 그 자리에서 우리나라가 국민주의로 향하는 과정을 효과적으로 제한하는 힘과 활력을 얻을 것이다.

흥미로운 추측을 하기보다는 지역주의 발전의 증거로서 기업인, 종교교단, 교육조직이 주들의 집단으로 다양하게 조직되는 것에 주목할 수도 있다. 건강한 지역주의의 신호 가운데에는 지역적 역사학회의 형성을 꼽을 수 있다. 미국역사학회the American Historical Association가 활기차게 성장하고 있고 미국 전역에서 역사학자의 진정한 모임이 되어가고 있는 반면, 각지에서 주의 특별한 역사를 다루려는 다양한 지역학회들이 등장했다. 이는 부분적으로 오늘날 전국학회 회의 참석을 어렵게 하는 지리적 거리 탓도 있다. 그러나 우리가 태평양 연안 역사학회the Pacific Coast Historical Association, 미시시피 밸리 역사학회the Mississippi Valley Historical Association, 오하이오 밸리 역사학회the Ohio Valley Historical Association 등에서 진정한 자발적 지역의식의 발현을 느끼지 못한다면, 이는 정말 근시안적이라고 할 수 있다.

이러한 학회들은 대체로 학회별로 공통의 과거와, 공통의 경험, 전통, 제도 그리고 이상에 대한 공통의 인식에서 탄생한다. 이들 모든 학회가 진정한 역사적 관심의 공동체에 근거해 있는 것인지, 중복되는 영역은 없는지, 새로운 조합들이 만들어지지는 않을지에 관한 질문을 지금 제기할 필요는 없다. 이들 학회는 적어도 공통의 지역적 통일성을 발견하려는 실질적 시도이다. 그리고 지역의 과거에 대한 관심에서 지역 공통의 이념과 정책을 찾아내려는 추세는 점점 더 확실히 나타날 것이다. 나는 지역적 자의식의 새로운 발현을 통해서 미국의 삶에서 어떤 분열적 경향을 예견하려는 것은 아니다. 나는 또한 지금 나타나고 있는 다양한 이익, 목적, 그리고 이상의 발전에 따라 미국의 삶이 더 풍요로워지고 더 안전하게 될 것이라고 주장하는 것도 아니다. 어느 정도 지역에 대한 집중은 건강하고 지적이며 윤리적인 삶을 만들어 내는 데 필요할 것으로 보인다. 너무나 넓은 영역에 걸친 사회적 힘의 확산은 단조로움과 정체현상을 불러온다.

그러면 이제 오하이오 밸리가 국가 형성에 어떤 역할을 수행했는가라는 질문을 제기해 보자. 나는 이 짧은 연설에서 무모하게 오하이오 밸리사를 모두 설명하려고 하지는 않는다. 나는 또한 우리 공통의 국민적 삶에 있어서 오하이오 밸리사의 중요한 특징을 골라낼 수 있는 내 능력에 대해 확신하지도 않는다. 그러나 나는 이 지역에 대한 역사학을 진전시키려는 많은 학자들에게 이 주제에 대한 흥미를 불러일으키고자 하는 희망에서, 감히 문제를 제기하고 특별한 관점에서 몇 가지 익숙한 사실을 말해 보고자 한다.

지형학자들에게 이 지역은 앨러게이니고원과 프레리 대초원의 남부지역으로 구성되어 있다. 여기에는 이 지역과 국가의 삶을 변화시키고 있는 풍족한 광상鑛床이 있다. 비록 오하이오강에 인접한 주들을 구성원으로 하고 있지만, 이들 주 가운데 일부는 사회적 기원에서 볼 때 오하이오 밸리보다 오대호 평원the Lake Plains에 더 밀접하게 연결되어 있다. 그리고 다른 한편으로 테네시 밸리the Tennessee Valley는 비록 하남부the Lower South[1]를 훑고 지나가며 그 경로의 끝에서 오하이오강을 만나지만, 그 지역 역사 대부분에 걸쳐서 이 사회(오하이로 밸리 일대의 사회−역주)의 필수적 부분이었다. 전부 합쳐서 이 강들은 미국혁명 당시 개척자들의 "서부세계the Western World"를 구성했다. 오지사람들의 "서부의 강들"이었다.

---

1   역주: 앨라바마, 조지아, 미시시피, 루이지애나주 등 노예노동과 대농장 중심의 목화벨트 내부의 남부지역. 일명 'Deep South'로도 불림.

그러나 결국 이 지역의 통일성과 그 역사적 위상은 프랑스 탐험가들이 그렇게 불렀듯이 "아름다운 강", 서부로의 거대한 대로이자 1,000마일 이상의 물을 제공하는 오하이오강에 의해 결정되었다. 오하이오강은 교역의 역사적 동맥이며, 강력한 인디언 부족연맹과 유럽국가 경쟁자들 사이에서 미시시피 밸리로 전진하려는 과정의 쐐기였다. 또한 오하이오강은 대서양 해안 산업지대와 농업에 종사하는 서부의 평원 및 초원 사이의 중간에 위치해 있는 지역이자, 그리고 후일에는 오대호 주변 일대에 형성된 사회와 멕시코만 평원의 하남부에서 등장한 사회 사이의 중간에 위치한 지역이었다. 또한 오하이오강은 물질적으로 풍요롭고 미국 민주주의 역사에서는 더욱 풍요로운, 국가 심장부에 위치한 6개의 강력한 주들의 본거지이다. 앨러게이니산맥은 이 지역을 동쪽으로 연결해 주고, 미시시피강은 서쪽으로 연결해 주고 있다. 이 거대한 강의 분기점에는 서부로 향하는 역사적 관문, 철강시대의 현대적 상징이자 구현체이며 근대 산업주의의 전형인 피츠버그가 있다. 강의 서부 경계에는 프레이리 대초원, 대평원, 로키산맥 등 근대 식민화가 진행되는 지역을 바라보는 세인트루이스가 있다.

　　이 지역을 차지하기 위해서 유럽국가들이 경합한 이들 오래된 도시 사이에는 빠른 성장을 통해 오하이오 밸리가 두드러지도록 해 주는 도시들이 있다. 오하이오강의 역사적 여왕인 신시내티, 폭포의 감시자인 루이빌Louisville 등이 그것이다. "구전국도로"의 도시로서 콜럼버스와 인디애나폴리스가 있다. 켄터키를 개척자들의 목표로 만들어 준 블루그래스 지역(the Blue Grass region: 켄터키주의 북부지역의 일부 ─ 역주)의 도시들도 있다. 오하이오강이 그 매력을 통해 달갑지 않은 버지니아의 통제로부터 빼앗아 자기가 속한 지역으로 결합시킨 그 젊은 공화국(웨스트버지니아로 추정됨-역주)의 도시들도 있다.

따라서 오하이오 밸리는 교역의 대로일 뿐만 아니라 동부와 서부, 뉴잉글랜드와 북유럽으로부터의 이민자가 점령한 북부지역과 "목화왕국 the Cotton Kingdom"인 남부지역 사이의 중앙에 위치한 왕국이다. 펜실베이니아와 뉴욕이 뉴잉글랜드와 대서양 연안 남부 사이에서 미국 초기 역사의 동부해안 식민지 중부지역을 구성했듯이, 오하이오 밸리는 후대의 중간지역이 되었다. 대로와 중간지역으로서 이 지역의 위상으로 인해, 미국사에서 오하이오 밸리가 차지하는 중요성에 대한 해답이 발견된다.

처음부터 오하이오 밸리는 이주의 대로, 그리고 그 자체로 문화의 고향처럼 보였다. 미국 고고학과 민속학은 매우 새로운 학문이어서 원래 거주민의 기원과 초기 분포에 대해서 확신있게 말해 주지는 못한다. 그러나 오하이오강이 미국 초기 사람들의 이동에서 중요한 역할을 수행했고, 밸리의 흙더미는 북부 수렵 종족과 남부 촌락건설 종족 간의 중간단계에 있는 특수한 발전유형을 보여준다는 점은 적어도 분명하다. 오하이오강의 역사에 대한 희미하지만 매력적인 이러한 소개는 지리와 인구 관계의 연구자들이 우리 역사에 기여할 넓은 기회를 제공해 줄 것이다.

프랑스인 탐험가들은 오하이오강을 보기는 했으나, 서부지역 정복의 전략적 전선으로서 이 강의 중요성을 파악하지는 못했다. 넓은 내륙의 복잡한 강의 미로에 얽힌 채 "서부의 바다 the Sea of the West"에 닿으려는 열정에 불탄 프랑스 모피 상인들과 탐험가들은 북부의 숲을 헤치고 남부의 평원을 가로질러 강에서 호수로, 그리고 호수에서 강으로 서부의 산맥을 만날 때까지 길을 만들어 갔다. 그러나 그들은 미주리강의 상류 경로와 산타페Santa Fe의 스페인 초소에 도착하기는 했지만 오하이오 밸리를 장악할 기회는 놓쳤다. 그리고 프랑스가 오하이오 밸리에 정착하기 전에 캐나다에서 루이지애나에 이르는 서부의 길고 약화된 프랑스 초소의 경계선의 중심부는 미국 오지인들이 오하이오강을 통해 전진하는 행렬로 인해 타격을 입었다. 미국 황무지의 서사시를 황금색 종이에 적어 두었던 파크먼은 배회하는 프랑스인들에게서 자신의 영웅을 발견하였다. 파크먼은 아마도 뉴잉글랜드 사람이었기 때문에 큰 기회를 잃어버렸고, 마침내 북부 미국의 내륙에서 프랑스 지배의 흔적을 지우게 된 오지 사회의 형성과 전진에 대한 묘사를 게을리 하였다.

오하이오 밸리사의 국가적 측면을 고려하는데 있어서 프랑스인들로 하여금 오하이오 밸리와 그 진입로에서 떠나게 만들고, 오하이오강의 분기점에서 부하들로 하여금 미국의 뉴프랑스New France를 파멸시키게 하여 세계사적 갈등의 방아쇠를 당긴 영국문명의 메신저가 미국에서 국가적 지위에 오른 최초의 인물인 조지 워싱턴이었다는 것은 의미가 없지 않다. 미국의 아버지는 오하이오 밸리의 예언자였다. 이 드라마의 다음 장면에서 오하이오 밸리의 사회를 형성하기 시작한 오지인들이 이 지역으로 들어온다. 이러한 사회의 형성이 국가에 미친 영향을 고려해 보고자 한다. 먼저 민족집단 자체부터 조사해 보자.

(특히 오하이오에서 매우 중요한 예외가 있기는 하지만) 대부분 지역에서 오하이오 밸리는 남부 고지대 사람들이 정착했고, 이러한 사실이 오랜 기간에 걸쳐서 국가에 대한 이 지역의 커다란 역할을 결정했다. 전반적으로 오하이오 밸리가 남부 고지대의 연장이었듯이, 넓게 보자면 남부 고

지대는 또한 구동부해안 식민지 중부지역, 특히 펜실베이니아의 연장이었다. 펜실베이니아 그레이트 밸리와 그 수평적 연장지역에서 18세기가 시작되자 형성된 개척자, 영국인, 스코틀랜드계 아일랜드인, 독일인, 그리고 기타 국가 출신 이주민들의 사회는 미국 오지인들의 보육원이었다. 개척자의 연속적인 물결이 1730년경부터 미국혁명 시기 사이에 세난도강을 거슬러 올라와 피드먼트 혹은 버지니아와 양대 캐롤라이나의 내륙지역을 점령하였으며, 동부해안에서 출발하여 이 구서부로 전진하는 비슷한 부류의 사람들을 충원하였다.

따라서 18세기 중반에는 미국에서 새로운 지역이 창출되었는데, 펜실베이니아로부터 한편으로는 남부 대서양 연안 식민지에 있는 강의 폭포와, 다른 한편으로는 앨러게이니산맥 사이로 밀고 들어오는 일종의 반도가 형성되었다. 그 이주 집단은 혼재된 출신국가와 종교를 보여주었다. 동부 식민지 해안보다 덜 영국적이었던 이 지역은 청교도 뉴잉글랜드와는 다른 종교적 정서에 따라 수립되었고, 남부 해안지대의 보수적 국교도와도 달랐다. 장로교 수호서약의 스코틀랜드 아일랜드계 장로교도들, 다양한 종파에 진지하게 헌신하지만 그럼에도 불구하고 종교적 정신의 소명에 깊이 공감하는 독일인 신자들, 그리고 영국계 퀘이커교도들이 모두 종교에 대한 정서적 공감의 토대와 종교뿐만 아니라 정치에서 새로운 하늘과 새로운 땅을 발견하려는 열정을 보여주고 있었다. 종교조직을 방해하는 오지의 영향에도 불구하고, 이러한 고지대 사회는 장로교도뿐만 아니라 침례교도, 감리교도, 그리고 이후의 캠벨파 신자Campbellites[2]와 같은 민주적이고 정서적인 교파가 경작하기에 적합한 풍요로운 평야였다. 브라이스James Bryce는 남부를 "고도의 종교적 충격파" 지역이라고 그 특징을 잘 기술했으나, 이러한 서술은 특히 남부 고지대와 오하이오 밸리의 식민지에 잘 적용될 수 있었다. 이러한 종교적 정신이 청교도의 종교적 삶과 관련된 종류의 행동을 귀결했다고 주장할 필요는 없다. 내가 지적하고자 하는 것은 남부 고지대가 정서적인 종교적 · 정치적 호소력에 적극적으로 호응했다는 점이다.

감정에 호응하는 집단과 종교적 교파의 다양성 이외에도, 남부 고지대는 매우 민주적이고 개인주의적이었다. 이 지역은 정부는 개인의 이익을 위한 제한된 계약에 근거해 있다고 믿었고, 매우 손쉽게 정부의 조직과 제약사항으로부터 독립적으로 행동함으로써 많은 지역에서 이것이 습관적인 사회적 절차의 양식이 되었다. 고지대 남부사람들에게는 정부기구를 통한 행동보다 자발적 협력이 보다 자연스러웠는데, 이는 특히 정부가 자신들의 산업적, 사회적 경향과 욕망을 도와주기보다는 견제할 때 더욱 그러했다.

이 지역은 자연스럽게 급진적 사회가 되었다. 더 나아가 이 지역은 대농장주나 상인의 농업지역이 아니라, 황무지에 오두막집들 지어서 가정용으로 작은 양의 곡물과 몇 마리 가축을 기르는 소규모 농부들을 특징으로 하는 지역이었다. 이들은 다니엘 부운과 그의 이름과 관련된 개척자들이 남부 고지대에서 오하이오 강변 켄터키의 한 가운데 블루그래스 지역으로 "황무지 통로the Wilderness Trace"를 따라갈 때 오하이오 밸리로 들어온 사람들이었다. 이들 개척자들은 미국혁명이 시작되는 기간에 펜

---

2   역주 : 목사인 캠벨 부자(Thomas Campbell, Alexander Campbell)를 추종하는 19세기 초반의 개신교 교단. 종파 간의 교리상의 차이를 무시하고 하나의 교단으로 뭉쳐야 한다고 역설함.

실베이니아와 웨스트버지니아로부터 서부로의 확장대열에 참여하였다. 오하이오 밸리의 식민화와 함께 미국사의 새로운 장이 열렸다.

이 정착은 우리의 국가발전에 새로운 요소로 기여했고, 새로운 국가적 문제를 일으키기도 했다. 해안지대 남부가 고지대를 동화시키는 데에는 많은 시간이 걸렸다. 우리가 남부를 하나의 단위로 생각하는 것은 남북전쟁 이전 역사의 많은 기간 동안의 사실을 왜곡하는 것이다. 고지대 사람들과 해안가 사람들 사이의 갈등이 "구남부"의 내부역사의 많은 부분을 만들었다. 그럼에도 불구하고 노예제와 목화재배가 해안지역에서 서부로 확대됨에 따라, 고지대 남부는 서서히 동부에 통합되었다. 반면에 자신들과 동부 사이에 앨러게이니산맥이라는 장벽을 친 그 후손들은 자신들의 과거 고향에서는 이미 사라져버린 여건과 이상에 대해서 새로운 생명을 불어 넣었다.

이것이 전부가 아니었다. 앨러게이니산맥 너머에는 새로운 조건, 새로운 문제가 새로운 야망과 새로운 사회적 이상을 일으켰다. 고지대 남부지역의 "서부세계"[3]로의 진입은 이들 집단에 대해 활력제였다. 고지대 남부지역의 서부 진출은 고지대 남부의 혈관에 새로운 불을 붙이는 것이었다. 이 불길은 군사적 확장, 창의적 사회의 에너지, 승리하는 민주주의의 불길이었다. 새로운 지역이 미국에 더해졌으며, 새로운 요소가 미국이라는 결합체에 투입되었고, 새로운 향취가 미국의 정신에 첨가되었다.

우리는 이제 신속하게 그 몇 가지 결과에 주목할 수 있다. 우선 오하

---

3   역주: 서부의 강들 유역에 살던 사람들이 활동한 지역으로 미시시피 밸리 일대를 지칭하며, 넓게는 앨러게이니산맥과 로키산맥 사이의 지역을 총괄적으로 지칭함.

이오 밸리의 이러한 새로운 사회가 영토 확장과 외교에 미친 국가적 영향을 살펴보자. 거의 처음부터 오하이오 밸리는 서부로의 확장이라는 문제를 만들어 내고 있었다. 오하이오 밸리는 미시시피 밸리의 정부 소유지로 들어가는 길에 있는 쐐기였다. 비록 내키지는 않았으나 동부 식민지와 이후의 동부 주들은 처음에는 오하이오강을 차지하려는 투쟁에, 다음에는 이것을 유지하려는 투쟁에, 마지막으로는 곡물의 출구와 정착지의 방어의 수단으로서 미시시피 밸리 전체와 오대호 유역을 소유하려는 요구를 강행하기 위해서 투쟁에 참가할 수밖에 없었다. 오하이오 밸리 개척자들이 산맥을 가로질러 들어와서 북쪽에서는 적대적 인디언들과 영국인들에 대항하여, 그리고 남쪽에서는 적대적 인디언들과 스페인 사람들에 대항하여 국가의 별동대로서 수행한 역할은 그 자체로서 간단한 언급에 그칠 수밖에 없는 너무나 넓은 주제이다.

조지 로저스 클라크의 고향 주로서 역사적으로 중요한 이곳 켄터키에서 미국 군대를 서북쪽으로 진격시킨 그의 명쾌한 통찰력과 용기를 들여다보는 것은 필요하지 않다. 워싱턴도 처음부터 인구와 교역의 측면에서 국가에 매우 긴요하지만 스페인이 강을 차단한 미시시피강 하류에서 자연적 출구를 찾았고, 또한 취약한 연맹으로부터 탈퇴할 위험이 있었던 "떠오르는 제국"으로서 오하이오 밸리의 중요성을 파악하고 있었다. 오하이오 밸리를 자기 것으로 끌어들이려는 영국의 계략, 정착지를 제국에 추가하려는 스페인의 계략, 이들 경쟁국들의 인디언 활용, 그리고 뉴올리언스와 앨러게이니산맥과 로키산맥 간의 전체 밸리 지역을 프랑스 제국의 부활을 위해 획득하려고 켄터키의 개척자들을 이용하려는 프랑스의 시도는 오하이오 밸리의 역사뿐만 아니라 미국사의 흥미로운 장면들이다.

오하이오 밸리의 이러한 위치는 인디언 전쟁, 외교관계, 그리고 간접적으로 미국혁명에서 루이지애나 매입까지 기간 동안의 미국 국내정치의 많은 부분을 설명해 준다. 실제로 루이지애나 매입은 대체로 오하이오 밸리 정착민들이 자신들에게 필요한 출구를 확보하기 위한 압력에서 기인한 것이었다. 미국을 편협한 식민지적 태도에서 미래성장을 위한 적절한 물질적 토대를 갖춘 나라로 부상시켜, 다른 나라들과 경쟁하며 성장을 추구하도록 움직인 지역이 바로 오하이오 밸리였다.

오하이오 밸리와 관련된 외교정책의 발전에 있어서 우리는 먼로 독트린the Monroe Doctrine[4]의 기원, 그리고 구대륙의 국가체계로부터 미국의 확정적 독립, 즉 사실상 세계 강국으로서 미국 경력의 시작을 발견하게 된다. 이러한 팽창충동은 일단의 켄터키와 테네시 출신의 공격적인 지도력, 특히 초기부터 오하이오 밸리의 정신을 분출한 과감하고 고상한 헨리 클레이의 지도력의 결과인 1812년 전쟁으로 발전해 나아갔다. 이 전쟁에서 윌리엄 헨리 해리슨과 켄터키 부대가 북서부 지역에 대한 진정한 정복을 완수했고, 앤드류 잭슨이 테네시 사람들과 함께 걸프평원의 진정한 정복을 이루어냈다는 사실은 그 자체로서 국가의 확장에 있어서 오하이오강 강변과 그 지류에 형성된 지역이 수행한 역할의 풍부한 증거라고 할 수 있다. 이것은 또한 이 과정의 끝이 아니었다. 왜냐하면 텍사스와 태평양 연안 합병은 진정한 의미에서 앞서 말한 것과 같은 팽창운동의 여파였기 때문이다.

---

4   역주: 미국의 제5대 제임스 먼로 대통령이 1823년 발표한 미국의 외교원칙으로 서반구에서 유럽 제국의 간섭을 배제하려는 내용을 담고 있음.

오하이오 밸리가 더 거대한 국가건설로 가는 길을 이끌고 있었던 한편, 이 지역은 미국 정치제도에 대해서도 상당히 공헌한 지역이다. 이 말의 의미는 조지 밴크로프트George Bancroft가 "연방 식민체계federal colonial system"라고 잘 명명한 것으로, 즉 준주와 새로운 주들의 체계이다. 이 체계는 대체로 자신을 위해서 그 체계의 핵심요소를 만들어 내고 이를 필수적으로 국가에 부과한 오하이오 밸리 공동체의 작품이었다. 위대한 조례는 단지 그 체계를 완성했을 뿐이다.[5]

빈 토지로 가는 모든 사람들은 자기 자신의 정치제도를 구성할 권리가 있다는 믿음에 따라, 서부 버지니아, 서부 펜실베이니아, 켄터키, 테네시의 소총수들은 미국혁명 기간 동안 산맥 동부에 있는 정부의 통치에 대해 저항했고 남성적 독립심으로 자치권을 주장하였다. 그러나 그들은 그렇게 주장하면서도 또한 의회에 청원하여 주로 편입시켜 달라고 요청하였다. 심지어 윌킨슨James Wilkinson이 켄터키를 독립국가처럼 행동하도록 유도했을 때에도, 전체적으로 켄터키 사람들의 국민주의적 정신은 켄터키가 최종적으로 새 연방의 한 주가 될 때까지는 이러한 노력을 지연하도록 만들었다. 의회의 최고 권위에 대한 인정과 그러한 권위 아래 자치에 대한 이러한 요구는 의회 결의안에서 표현되었다. 그리고 제퍼슨의 1784년 조례Ordinance of 1784[6]에서 잠정적으로 만들어지고 1787년 조례에서 최종적으로 모습을 갖추어 연방 영토체계의 토대를

---

5   Turner, "New States West of the Alleghanies", *American Historical Review*, i, p.70 ff를 참조하기 바람.

6   역주 : 1784년 미국 연맹의회에서 채택한 조례로서 토머스 제퍼슨이 작성함. 북서부 지역에 해당하는 오하이오강의 북쪽, 애팔래치아산맥의 서쪽, 미시시피강의 동쪽 지역을 10개의 준주로 구획하고 이들 주에 일정한 인구가 조성되면 연방의 주로 편입시키기며 이들 주에 대해서 자치정부를 수립하기로 결정함.

구성했다.

　따라서 오하이오 밸리는 단순히 이러한 체계가 적용된 지역에 불과한 것은 아니었다. 오하이오 밸리는 그 자체로서 자신의 요구를 통해, 그리고 멀리 있는 지역에 대한 기존의 주나 국가 권력의 지나치게 엄격한 주장은 그 지역을 국가권력에게 넘겨주는 결과를 초래한다는 위험을 근거로 하여 이러한 연방 영토체계의 형성에 효과적인 역할을 수행했다. 그 결과의 중요성은 결코 과도하게 평가된 것이 아니다. 그 결과는 거대한 서부의 평화롭고 자유로운 발전을 확인해 주었다. 또한 그 결과는 적대적 주들 간의 전쟁이나 혹은 원격지에 있는 자의적 정부 권력이 아니라, 커다란 지역 자치권과 결부된 준주정부가 서부지역에 정치적 조직을 부여해 준 것으로 나타났다. 그리고 그 정부는 후일 다시 연방의 동등한 주로 편입되었다. 식민화의 이러한 평화적 과정을 통해서 전체 대륙은 자유롭고 질서 있는 국가들로 채워졌다. 이 과정은 매우 조용하고 자연스럽게 전개되어, 우리는 이를 정복과 억압을 통한 유럽국가들의 확장과 대조해 볼 경우에만 이 과정의 심오한 중요성을 알 수 있다.

　다음으로 1812년 전쟁과 노예제 갈등 사이의 국가형성 기간에 미국사를 이끌어온 경제입법에서 오하이오 밸리가 수행한 역할에 주목해 보기로 하자. 앞에서 언급한 기간에 오하이오 밸리 사람들과 오하이오 밸리의 조치들은 균형을 취한 것이며 미국 진보의 경로를 설정한 것임을 알아내는 것은 조금만 생각해 보면 가능하다. 그 당시 국가가 직면한 과제는 공적 토지의 처리방식, 앨러게이니산맥으로 인해 동부와 서부로 분리된 이 나라의 내부개발을 위한 도로건설 및 운하 건설의 문제, 국내산업 보호 및 갈등하는 유럽에서 출구를 찾을 수 없었던 서부 잉여 생산품의 시장공급을 위한 관세체계의 구비, 서부 잉여 생산품의 증가로 야기된 새로운 주간교역의 필요를 충족할 은행 및 통화체계의 확립 등 내륙개발의 문제였다.

오하이오 밸리에서는 오하이오 밸리의 구상에 따라, 그리고 종종 동부의 저항에 대항하여 민주주의를 진작시킨다는 소규모 토지 소유자의 관념에 수익이라는 관념을 굴복시킨 법률들에 따라 공적 토지정책이 개발되었다. 오하이오 밸리의 불법 거주자들은 선점법의 통과를 강요했으며, 이 법들은 다시 정부공여농지homestead의 동요를 가져왔다. 미국 민주주의와 그 이상을 만들어 가는데 이 토지정책보다 더 영향력이 큰 요소는 없었다. 그 체계가 해로운지 혹은 도움이 되는 것이든지 간에, 나는 오하이오 밸리 정착민이 부과한 조건의 결과가 이러한 체계였다는 점에는 의심의 여지가 없다고 생각한다.

관세, 내륙개발, 은행 등을 명명할 때, 우리는 항상 "미국체계"라는 제목을 붙이고 국가정책을 고안하고 이슈를 제기했으며, 정당을 훈육하여 자신을 지지하게 했고, 최종적으로 국가에 대해 이러한 체계를 부과한 매력적인 젊은 정치인인 켄터키주의 헨리 클레이를 떠올리게 된다. 그러나 정치지도자로서 헨리 클레이의 천재성과 창의성을 아무리 명백하게 인정한다 해도, 그리고 건설적 정치인으로서 그의 국가적 위상을 인정하다 해도, 이 문제를 깊이 파악하려면 우리는 그의 정책과 권한은 사실상 그가 대변한 사람들, 즉 오하이오 밸리 사람들의 경제적, 사회적 조건에서 탄생하였음을 알아야 한다. 이 시기에 오하이오 밸리 사람들이 미국체계와 관련된 법률이 필요하도록 만든 농업 잉여 생산물을 만들기 시작했음은 사실이다.

미국은 최근 풀턴Robert Fulton의 증기선 발명 100주년 기념식을 거행했고, 허드슨강은 이를 기념하느라 흥분해 있었다. 그러나 사실 증기선 발명의 축하 불꽃이 정말로 풀턴을 기념하며 타올라야 하는 곳은 오하이오강과 미시시피강의 강변이다. 증기선 발명이 미국에 가져온 역사적 의미는 증기선이 동부지역의 강 혹은 대서양에서 사용된 것에 있지 않기 때문이다. 그리고 이는 우리 선박이 수행한 내부교역이 대외교역보다 국민생활에 더 큰 영향을 미쳐왔기 때문이다. 그리고 이러한 내부교역은 처음에 그리고 그 후 다년간 미시시피강을 경유하여 진행된 오하이오 밸리의 교역이었다. 풀턴의 증기선이 1811년 서부의 강들에서 운행되었을 때 비로소 농업개발을 통해 서부 농작물을 신속하고 저렴하게 시장으로 운송하는 것이 가능해졌다. 그 결과는 오하이오 밸리 전 지역의 엄청난 성장이었다. 그러나 이 발명품은 동부 제조업품의 저렴한 공급이라는 문제를 해결하지 못했고, 자신의 생산품을 소비하기 위해 자신의 공장을 건설하려는 서부의 욕구를 충족시키지도 못했다. 오하이오 밸리는 농업지역과 가까운 곳의 타운들이 있는 지역에서 교역 및 제조업와 함께 성장함에 따라 국내시장의 이점을 보게 되었다. 토지는 이러한 도시에 가까울수록 그 가치가 증가했고, 곡물에 대한 수요는 이 도시 근처에서 더 많았다. 그래서 헨리 클레이가 전국적 규모에서 국내시장을 창조하려는 보호관세를 요구했을 때, 그리고 앨러게이니산맥이라는 장애물을 도로와 운하의 국가적 체계로서 부수어 버리고자 했을 때, 이 전체지역(오하이오 밸리 지역-역주)이 그를 지지하게 되었다. 관세와 내륙개발 법률이 통과된 의회투표를 분석해 보면, 남부는 거의 분열 없이 이에 반대했고, 중부지역은 대체로 찬성했으며, 뉴잉글랜드는 분열되어 있었고, 오하이오 밸리는 한 단위로 균형을 유지하면서 미국 체계에 대해 찬성하는 방향으로 투표했음을 알 수 있다.

다음에 주목해야 할 부분은 민주주의의 촉진에 있어서 오하이오 밸리의 영향력이다. 이 점에 대해서 시간 관계상 오지 민주주의에서 발달하여 성인 남성 투표권을 가지고 차례로 연방에 가입한 강력한 오하이오 밸리 인근 주들이 연방에서 민주주의의 효과적 힘을 크게 비축해 갔음을 지적하고자 한다. 이 주들은 연방의 새로운 구성원으로 충원되는 데 그치지 않았다. 이 주들은 그들 인구의 경쟁적 압력으로 이미 연방에 가입한 주들에 대해 투표권의 역사적 제약을 철폐하라고 강요하였고, 그렇지 않으면 더 자유로운 서부의 삶이 옛 주들에서 거주하는 주민들을 빼앗아 갈 것이라고 위협했다.

그러나 잭슨 민주주의 시대를 맞이하면서 헨리 클레이 및 그의 추종자들은 서로 경쟁하는 정당인 휘그당과 민주당이 탄생하는 배경이 된 치열한 정치 투쟁에 위대한 테네시 사람the great Tennessean(앤드류 잭슨-역주)을 연루시켰다. 이 투쟁은 사실상 오하이오 밸리에서 나타난 상황을 반영하는 것이었다. 좁은 길이 도로가 되고, 오두막집이 잘 지어진 주택이 되며, 벌목개간지가 넓은 농장이 되고, 작은 마을이 타운으로 변하면서, 이 지역의 인구와 부가 증가하였다. 그리고 물물교환이 교역이 되고, 산업발전의 모든 근대적 과정이 이 번영하는 지역에서 작동하기 시작하면서, 오하이오 밸리는 한편으로는 타운 조성자와 기업가 등 산업 세력과, 다른 한편으로는 고지대의 옛 농업 민주주의 간의 서로 경합하는 이해관계로 분열되었다. 이러한 분열은 전국적으로 진행되는 과정을 상징하고 있었다.

이러한 세력 간 갈등에서 앤드류 잭슨은 고지대 민주주의의 수호자였다. 그는 돈의 힘, 은행과 신용체계를 비난했고, 정치에 있어서 부의 점증하는 영향력에 대해 그 위험을 경고하였다. 다른 한편으로 헨리 클레이는 오하이오강을 따라 성장한 새로운 산업세력을 대변했다. 오하이오 밸리의 위대한 휘그당과 그 테네시강 지류의 위대한 민주당 간의 경쟁에는 노예갈등의 시기에 이르기까지 미국정치의 거의 모든 이슈가 있었다. 지도력과 행동의 열정에 대한 오하이오 밸리의 반응성은 1840년 해리슨의 선거운동으로 잘 표현된다. 휘그당이 또 하나의 오지 영웅(해리슨-역주)을 위해서 개척자 잭슨 민주주의의 "공로를 가로챘던" 그 "통나무집 선거운동log cabin campaign"[7]에서 오하이오 밸리는 국가 전체를 통해서 그 지역이 애호한 정치지도자뿐만 아니라 그 정신을 전달하였다.

그동안 오하이오 밸리의 양쪽 측면에서 다른 지역들이 형성되고 있었다. 뉴잉글랜드와 서부 뉴욕의 뉴잉글랜드 후손, 그리고 점점 폭증하는 독일 이민자들은 오하이오강을 따라서 숲에서 나무를 베어 집을 지었던 고지대 사람들의 북쪽으로 이동하여 오대호 지역과 초원으로 쏟아져 들어오고 있었다. 이 지역은 오대호 운항과 이리 운하로 동부지역에 연결되어 있었고, 사실상 뉴욕과 뉴잉글랜드의 연장지대였다. 여기서 자유토지당이 힘을 발휘했으며 뉴욕 신문들은 그들의 정치적 이념을 표현하였다. 비록 이 지역이 전체 오하이오강 지역의 이해관계를 운하를 통해 그리고 훗날에는 철도를 통해 자신들에게 연결시키려고 있

---

7   역주 : 1840년 대통령 선거에서 당시 집권당인 민주당은 해리슨의 연로한 나이를 지적하면서 통나무집에서 연금이나 받으라고 비난했으나, 해리슨은 이러한 비난을 역이용하여 자신이 통나무집에서 생활하는 서민임을 강조하였고 결국 반 뷰렌 민주당 대통령을 패배시킴.

지만, 이 지역은 현실적으로 오랜 기간 이상과 이해관계가 분리되어 있었고 오하이오 밸리를 지배하는 데 결코 성공하지 못했다.

한편 걸프평원을 따라서 남부에는 대담한 공격적 지도자가 계획한 "목화왕국"의 급진적 노예확장 프로그램을 지닌 대남부the Greater South가 발전하였다. 이미 남부지역은 오하이오 밸리와 점점 더 확대되는 교역관계를 수립하고자 시도했었다. 이 곡물 생산지역은 오하이오 밸리의 가축과 식품의 주요 소비지역이었다. 칼훈과 같은 사우스캐롤라이나 지도자들은 오하이오를 오하이오 밸리의 생산품에 대한 남동부 출구로 계획된 신시내티-찰스턴 철도the Cincinnati and Charleston Railroad로 남부의 마차와 연결하고자 했다. 한편 조지아는 이 교역 자체를 다 흡수하려는 계획과 관련하여 사우스캐롤라이나와 경쟁했다. 오하이오 밸리를 상업적으로 남부와 연결하려는 모든 계획의 정치적 목적은 상업적 목적만큼 분명했다.

간단히 말해서 다양한 지역들이 오하이오강 일대의 지원을 얻기 위해서 경합했다. 오하이오 밸리는 남부와의 오랜 관계를 인정했으나, 밸리 지역 사람들은 결코 노예제의 수호자가 아니었다. 기한제 계약노동자 제도로 인해 오랜 기간 동안 준노예제도를 향한 가던 오하이오강 북부 주들의 남부지역 대표들은 분열되어 있었다. 켄터키 역시 확실한 입장이 있었던 것은 아니었다. 결과적으로 노예제 투쟁에서 타협운동의 보루는 켄터키에서 발견되었다. 켄터키는 일리노이에게 에이브러햄 링컨을 주었고 미시시피에게는 제퍼슨 데이비스를 주었으며, 실제로 이러한 경쟁적 이해관계를 조정하는 중심지역이었다. 일리노이 남부 출신의 상원의원 토머스Jesse B. Thomas는 미주리 타협안을 동의動議했으며,

헨리 클레이는 1850년 타협의 구상자이자 가장 효과적인 수호자였다. 남북전쟁 직전 크리텐던 타협the Crittenden compromise[8] 제안 역시 켄터키에서 나왔으며, 헨리 클레이 정신의 지속성을 대변해 준다.

한마디로 말해서 처음에 내가 지적한 것처럼 오하이오 밸리는 강력한 국가적 충성심이 있는 중심지역으로, 남북의 갈등과정에서 지역적 갈등세력을 두 손으로 막아 떼어 놓으려고 노력했다. 우리는 노예해방 정책의 조심스러운 발전과정을 통해 오하이오 밸리가 켄터키의 위대한 아들인 링컨에 대해 행사한 지대한 영향력을 볼 수 있다. 미국이 세계의 위인들에게 독창적으로 기여했다는 전제 아래, 어느 누구라도 오하이오 밸리와 그 이상 및 이념의 심대한 영향력을 고려하지 않고서는 링컨 대통령의 임무 수행을 이해할 수 없다.

나는 오하이오 밸리는 연구할 가치가 있는 지역사와 지역사람들에 대한 풍부한 유산을 지녔을 뿐만 아니라, 국가 발전의 독립적인 강력한 힘이었다는 사실을 밝히기 위해 충분히 이야기했다고 믿는다. 오하이오 밸리의 후기 역사, 광대한 산업력의 성장, 광범위한 상업적 영향력을 이야기할 필요는 없을 것이다. 이미 여러분들은 이 지역의 정치인과 이들이 우리 시대에 미친 영향력에 대해 잘 알고 있다. 오하이오와 미국 대통령직에 대한 관계도 알고 있다. 오하이오 밸리가 국가의 미래에 대해 예언할 필요도 없을 것이다.

철도시대를 분명히 보완한 내부 수로운송의 새로운 시대에 오하이오

---

8   역주 : 1860년 켄터키주 상원의원 크리텐던(John J. Crittenden)이 미국 남부 11개 주의 탈퇴를 막기 위해 헌법에 노예제를 인정하는 내용을 넣자고 제시하였지만 성공하지 못한 타협안.

밸리보다 더 중요한 지역은 있을 수 없다. 민주주의에 대한 오하이오 밸리의 오랜 사랑이 유지되기를 기대한다. 앨러게이니산맥을 넘은 최초 개척자들이 숲을 헤치고 나간 이 지역에서, 번영의 영광이 무엇이든지 간에 인간정신의 더 위대한 영광을 아는 사람들의 성숙한 문명이 꽃피고 열매 맺기를 기대한다. 그리고 오하이오 밸리 지역 사람들과 지도자는 역사의 궁극적 기록에서 계몽되고 문명화되었으며 하나님을 경외하고 안락하면서도 자유로운 민주주의를 만드는 데 기여하였다. 이들의 공헌에 의존할 것으로 알고 있는 사람들의 성숙한 문명이 꽃을 피우고 열매 맺을 것을 희망한다.

6장
미국사에 있어서 미시시피 밸리의 의의*

　미국의 남부 및 서부에서 동조적이면서 비판적인 일군의 역사학자들의 등장은 미국사에 대한 시각을 분명히 혁명적으로 변화시킬 것이다. 상세한 부분까지는 아니더라도 일반적으로 동부의 우리 동료학자들은 광대한 내륙을 다루는 데 있어서, 그리고 서부가 국가에 대해 미친 영향을 다루는 데 있어서 미국이 수행한 과제의 중요성을 이미 알고 있다. 실제로 나는 이 강연의 교재로 우리의 동부 역사가 가운데 한사람인 알버트 부시넬 하트Albert Bushnell Hart 교수의 말을 인용하고자 한다. 그는 10년 전에 다음과 같이 말했다.

　미시시피 밸리는 흥미, 낭만, 미래에 대한 약속 등에서 세계의 다른 어떤 지역에도 뒤지지 않는다. 정말 여기가 진정한 미국이며 서반구 세계문명의 평원, 무대, 토대이다. 미시시피 밸리의 역사는 미국의 역사이며, 이곳의 미

---

*　1909～1910년 미시시피 밸리 역사학회(the Mississippi Valley Historical Association)의 논문집에 실린 것으로 학회 승인을 얻어 재출간하였다.

래는 근대국가 가운데 가장 강력한 국가 가운데 하나인 나라(미국-역주)의 미래이다.[1]

만약 우리 자신의 지역의 중요성을 주장하는 어떤 사람들이 가끔 우리 앞에 펼쳐져 있는 역사적 영역을 불러들이려는 개척자의 열정에 이끌려 때로 우리 주제(미시시피 밸리의 의의를 강조하는 것-역주)의 중요성을 과장한다고 해도, 우리는 적어도 동부의 우리 형제들보다 더 나아간 것은 아니라고 변명할 수 있다. 시오도어 루스벨트의 다음과 같은 선언에서 우리는 위안을 얻을 수 있을지도 모른다.

오대호 연안과 미시시피강 상류 밸리에서 성장한 주들, 세계가 일찍이 목격한 가장 강력한 공화국을 만들어 낼 위대하고, 부유하고, 번영하는 모든 주들 가운데에서 가장 위대하고, 가장 부유하고, 가장 번영하는 주가 될 운명인 주들. 이 주들은 (…중략…) 지리적으로 나라의 심장을 이루고 있으며, 이 주들은 인구와 정치, 사회적 중요성에서 곧 중심부가 될 것이다. (…중략…) 이 주들 앞에 단순한 물질적 번영의 미래만이 나타난다고 생각하면 유감이다. 나는 우리나라의 이 지역을 진정한 미국 정서의 심장이라고 여긴다.[2]

따라서 전체 미시시피 밸리의 역사를 연구하는 이 학회(미시시피 밸리 역사학회-역주)의 회원은 유능한 동부 당국자들이 미국 미래에서 잠재

---

1   *Harper's Magazine*, 1900.2, p.413.
2   위스콘신 역사협회(the Wisconsin Historical Society)의 제40차 연례회의 논문집, p.92. Roosevelt, "The Northwest in the Nation."

적으로 가장 영향력이 있는 지역으로 받아들인 미시시피 밸리 지역의 기원을 연구하게 되는 것이다. 학회 회원들은 또한 국가 전체에서 가장 활력 있는 활동에 참여한 지역을 연구하게 되는 것이다. 인구이동, 외교, 정치, 경제발전, 혹은 사회구조를 막론하고 미시시피 밸리의 존재에서 발생하는 문제는 국가를 형성하는 근본적 문제였기 때문이다. 이 학회의 사명을 결정하는 것은 협소한 관심이나 지역적인 관심이 아니다. 이 학회의 사명은 그야말로 광대한 공간의 영향력, 위대한 내륙의 제국적 자원의 존재 아래 있던 미국인들을 연구하는 것이다. 미시시피 밸리의 사회적 운명은 미국의 사회적 운명일 것이며, 미국사에서 그 위상을 부여받을 것이다.

커다란 의미에서, 그리고 지리학자와 역사가가 일반적으로 이 지역에 부여한 의미에서 보면, 미시시피 밸리는 전체 내륙유역, 즉 미시시피강 자체의 거의 2,000마일에 달하는 항행 가능한 하천, 2,000마일에 달하는 미주리강의 황갈색 파도, 그리고 1,000마일에 달하는 오하이오강 등으로 물이 흘러 들어가는 지역이다. 이 지역은 전체적으로 증기선이 다닐 수 있는 5,000마일의 수로, 거의 250만 평방 마일에 이르는 배수 지역, 러시아, 노르웨이, 스웨덴을 제외한 유럽의 모든 땅보다 더 넓은 토지, 본질적인 지리적 단일성을 지닌 다양한 층위가 모인 땅, 현재 미국 전체인구의 3배인 2억 혹은 3억의 인구를 부양할 수 있는 토지, 미국의 산업, 정치, 정신적 삶의 중심으로서의 위치에 합당한 고상한 사회구조를 건설할 수 있는 천연자원의 제국이다.

미국사에서 미시시피 밸리의 중요성은 먼저 이 지역이 각국에 대해 신대륙 전망의 힘을 보여주었다는 사실에서 드러난다. 그 전망은 어떤 징후를 예견하면서 매우 빠르게 움직이는 혜성의 전망, 빛이 나지만 실체가 잘 드러나지 않는 오로라처럼 역사적 가능성의 수평선을 휩쓸면서 가로질러 가는 전망이다.

대륙의 원시적 역사의 암흑으로부터 인디언 문화의 부상과 몰락, 미시시피 밸리를 향한 석기시대 사람들의 이주의 증거들이 나타나고 있다. 이러한 증거들은 전설과 언어에서 암시되고 흙더미와 인공물의 기록에서 희미하게 전해지기는 하지만, 여전히 완전한 해석을 기다리고 있다.

프랑스가 이러한 공간과 야만인들에게로 들어와서 우리 초기의 역사에 낭만적인 기록, 충족되지 못한 제국에 대한 기록을 적어 넣었다. 프랑스에 대한 미시시피 밸리의 영향력에서 놀라운 점은 위대한 공간이 지니는 통일성의 뚜렷한 영향력이다. 이는 래디송Pierre-Esprit Radisson과 그로세이에Médard Chouart des Groseilliers가 슈피리어 호수의 극단에 도달했다는 사실 뿐만 아니라, 아마도 필시 미시시피강의 수역에 들어와 서부의 풍요로움을 알았다는 것을 의미한다. 또한 이는 마르케트Jacques Marquette가 슈피리어 호숫가의 초소에서 일리노이 인디언을 맞이했다는 것뿐만 아니라, 그 입구까지 미시시피강 전체를 섭렵했다는 것, 그리고 돌아와서 시카고의 위치를 알려주었다는 사실을 의미한다. 이는 또한 라 살르가 걸프만에서 오대호에 이르는 거대한 내륙제국에 대한 전망에 가득 차 있었다는 것을 의미한다.

디베르빌Pierre Le Moyne d'Iberville이 미시시피강 어귀를 향해서 루이지애나의 토대를 놓고 있던 동안, 17세기가 종결되기 전 미시시피강 상류에서는 페로Nicholas Perrot의 영향력이 압도적이었다. 베랑드리 형제the Verendryes가 빅혼산맥the Big Horn Mountains을 발견하고 미시시피 밸리의 자연적 경계를 드러내어 준 북서쪽으로 전진하고 있는 동안, 말레 형제the Mallet brothers가 플랫강the Platte을 거슬러 올라간 후 콜로라도 평원the Colorado plains을 가로질러 산타페로 나아가 남서부를 향한 자연적 경계를 드러내 보여주었다는 점은 의미가 없는 것이 아니었다.

영국인들에게 미시시피 밸리는 앨러게이니산맥 너머의 땅이었다. 멀리 내다 볼 줄 알았던 버지니아 총독이자 변경 건설자의 선구자격이었던 스포츠우드는 프랑스인들이 식민지 배후에 있는 거대한 민족이 되지 않도록 하려고 서부 정착지를 개척하자고 제안했을 당시 그 상황을 파악하고 있었다. 그는 영국이 신대륙의 강대한 국가로 남아 있기 위한 팽창의 평원으로서 미시시피 밸리의 중요성 및 영국이 그곳을 지배해야 할 필요성을 깨닫고 있었다.

이후 프랑스와 영국의 전쟁에서 우리는 당대 사람들이 깨달을 수 없었던 것을 이제야 보게 된다. 이는 어업지대의 소유나, 세인트로렌스로의 접근이나, 인디언의 소유지가 아니라, 북아메리카 내륙유역을 정복하는 것이 중요하다는 점이었다. 유럽 여러 나라들은 영국의 최후 승리가 지니는 진정한 의미를 깨닫지 못했다. 이러한 점은 스페인이 프랑스로부터 미시시피강 너머의 토지를 할양받을 때 별로 달갑게 생각하지 않았으며, 이를 제국확장의 평원으로 생각하기보다는 스페인령 미국에서 자신의 식민지 독점에 대한 침해를 방지하기 위한 수단으로 받아들였다는 사실에서 알 수 있다. 그러나 지금 우리는 조지 워싱턴이 젊은 시절에 미시시피 밸리의 끝에 있는 프랑스 진영에 와서 버지니아의 이름으로 프랑스 초소를 포기하라고 요구했을 때, 그는 영어를 말하는 사람의 자격으로 미국의 자원과 동력의 진정한 중심부를 점령하고 통치할 권리를 요구하고 있던 것이었다. 브래덕Edward Braddock의 나무꾼이 포토맥강으로부터 오하이오강 분기점을 향해 나무를 베어 길을 내고 있었을 때, 이들은 문명의 힘이 점점 더 추동력을 얻어 흘러가는 물길을 따라 운하를 만들고 있었고, 이제 미국 산업력의 중심인 지점에서 "황무지 가장자리에 십자가를 새겨내고" 있던 것이었다.

영국은 이 긴 강이 자신의 식민지 체계에 대해 미칠 영향과 앨러게이니산맥 너머의 광대한 영역을 차지하고 있는 포악한 종족들의 존재로 인해 두려워하면서, 위대한 정복을 바야흐로 눈앞에 두고서 전율했다. 그러나 앨러게이니산맥 너머의 정착과 특허장 발부를 금지한 1763년 포고령은 미시시피 밸리에서 인디언 보류지를 영구히 조성하고자 한 것이 아니라, 영국의 계획이 성숙하고 점진적 식민화 체계가 고안되도록 한 잠정적인 조치였다. 워싱턴이나 프랭클린과 같은 위대한 지도자들은 이미 이 새로운 지역이 확장된 미국인의 활동에 대해서 지니는 중요성을 재빠르게 알고 있었다.

미국이 지닌 위대한 활력의 진정한 무대는 바다가 아니라 서부였다는 갑작스러운 사실은 프랑스에 대한 전쟁에서 드러났다. 오하이오 회사와 왕립 토지회사는 전쟁 발발 당시의 관심을 알려주는 반면, 남부 일리노이, 인디애나, 서부 켄터키를 점령하기 위해서 워싱턴 가문과 리 가문the Lees이 조직한 미시시피 회사는 미시시피 밸리에 대한 버지니아의 이해관계를 나타내며, 일리노이 지역에서 식민지를 촉진한 프랭클린의 행동은 필라델피아 사람들의 이해관계를 보여준다. 사실 프랭클린은 그곳에서 스페인이 미국을 분쇄할 수단으로 정착지를 활용할 가능성을 명확히 보았다. 그는 1767년에 아들에게 편지를 쓰면서 "일리노이 지역에서 정착지를 만들어야 한다. (⋯중략⋯) 거기서 미래의 전쟁 시 미시시피강을 따라 아래로 내려가 남쪽 지역과 멕시코만으로 쏟아부을 힘을 길러 쿠바Cuba, 프랑스를 지원하는 인디언, 멕시코 자체에 대항하기 위해서이다"라고 말했다.[3]

　미시시피 밸리는 정부 통제의 측면에서 프랑스에게는 절망적이었다. 법과 질서의 구속에서 도망쳐 온 프랑스의 무허가 모피상인들은 그 광활한 황무지를 거쳐 이동하고 목록을 만들어 가면서 개척과 교역을 진행했다. 마찬가지로 앨러게이니산맥을 건너던 영국의 식민지인들은 모국인 영국뿐만 아니라 식민지 모국으로부터도 탈출하는 것이었다. 만약 미시시피 밸리가 프랑스와의 전쟁을 기뻐하는 동부의 정치인들에게 새로운 제국건설의 기회를 제시했다면, 미시시피 밸리는 또한 앨러게이니 통로를 관통하여 새로운 유산 속으로 들어온 변경인들에게 그들과 그들이 떠나온 동부 사이의 구별을 의미했다. 처음부터 앨러게이니산맥 너머의 땅들은 미국사회를 독립적이고 독특한 방식으로 개발할 기회와 인센티브를 제공해 주었다. "서부의 강 사람들"은 구질서와 결별했고, 개인의 자유 아래 사회적 제약을 종속시켰으며, 인디언과의 힘든 싸움 끝에 도달한 풍요로운 땅에 대한 권리를 획득하였다. 그들은 또한 동부가 자신들의 땅을 통치하려는 권한에 대해 맹렬히 도전했고, 자신들의 주를 요구하고 거부당하지 않으려 했다. 더 나아가 그들은 앨러게이니산맥과 대서양 사이의 지역에 존재하는 신분과 계급의 구사회질서를 경멸했고, 자신들이 들어온 광대한 지역에서 민주주의 이상을 선

3　"Franklin's Works", iv, p.141.

포했다. 그들이 그레이트 밸리의 하천들을 좇아간 것은 프랑스인의 가벼운 성향을 활용한 것이 아니었다. 빙하의 전진처럼 그들은 꾸준하고 불가피한 전진을 통해 지역의 얼굴을 바꾸었고 바다를 찾아 나섰다. 곧 강어귀의 스페인 사람들은 밸리에 들어선 새로운 세력의 의미를 깨닫게 되었다.

1794년 루이지애나의 총독(프란시스코 루이스 헥토르Francisco Luis Hector로 추정됨–역주)은 다음과 같이 적었다.

> 자신들 앞에 있는 인디언 부족을 계속해서 우리에게로 좇아내고 있는 이 많고 쉼 없는 사람들은 위협적으로 미시시피강의 자유항행을 요구함과 동시에, 인디언들이 오하이오강과 미시시피강, 멕시코만, 그리고 애팔래치아산맥 사이에서 차지했던 그 모든 넓은 지역을 차지하여 우리의 이웃이 되려고 한다. 만약 그 목적을 달성한다면, 그들의 야심은 미시시피강의 이쪽 측면에만 국한되지는 않을 것이다. 그들의 저술, 공문서, 연설은 모두 이 사실, 즉 걸프만으로 흘러 들어가는 강을 통한 자유항행, 미주리강의 풍부한 모피교역, 그리고 시간이 지나면 멕시코 왕국 내부지역의 풍부한 광산을 소유하는 것으로 집중되고 있다. 스페인에 대해 그들의 성장방식과 정책은 그들의 군대만큼이나 가공할만한 것이다. (…중략…) 생활유지에 필요한 것과 주거지를 확보하는 그들의 방랑정신과 준비성은 신속한 정착을 촉진하였다. 한 자루의 총과 가방 안에 조금 있는 옥수수는 한 달 동안 미국의 숲을 돌아다니기에 충분했다. (…중략…) 통나무를 서로 엇갈리게 대서 집을 만들어 인디언들도 넘볼 수 없게 했다. 추위도 그들에게 겁을 주지 못했다. 가족이 한 장소에 있기를 지겨워하면, 그들은 다른 장소로 이주하여 똑같이 편안하게 정착했

다. 그러한 사람들이 미시시피강과 미주리강의 둑을 점령하거나 운항을 확보하면, 강 건너 넓은 지역에 걸쳐 사람이 없어 저항할 수 없는 반대편 우리 지역으로 침투하리라는 것은 의심할 여지가 없다. (…중략…) 내 생각에 적절한 치유책으로 신속하게 대처하지 않는 한 미국에서 일어나고 있는 전반적 혁명은 스페인을 위협한 것이다.

사실상 앨러게이니산맥의 동부 주변에 형성되어 스코틀랜드-아일랜드계 지도자가 머무는 오지의 집단, 즉 남부 고지대를 점령한 개척자들은 해안지대 및 뉴잉글랜드 유형과는 분리되고 구별된 집단으로, 미시시피 밸리의 주인없는 토지와 속박이 없는 상황에서 새로운 확장영역을 발견하였다. 이러한 상황은 미시시피 밸리 안에 자신의 사회를 만들어낼 충분한 시간을 제공하였다. 그러나 무엇보다도 서부의 강들을 점령한 사람들은 강한 민족이 되기 위해서는 잉여 생산품에 대한 출구를 찾아내야만 했다. 앨러게이니산맥이 동부에 대해 거부권을 행사하는 동안, 미시시피강은 남부에 대해 넓은 대로를 제공해 주었다. 그 빠른 물결은 힘센 팔에 평저선을 안고 바다로 옮겨주었으나 강의 출구를 벗어나면 스페인이 식민지 독점의 장벽을 치고 그들에게 출구를 거부하고 있었다.

따라서 신생 공화국 시작 당시 미국사에서 미시시피 밸리의 중요성은 13개 식민지의 사회적, 정치적 통제를 벗어나 구식민지 체계의 의원들 앞에 공적 토지, 내부 의사소통, 지역 자치정부, 방위, 공격적 팽창 등의 문제를 제기하는 새로운 공격적 사회가 등장했다는 사실에 있었다. 미시시피 밸리 사람들은 동부 사람들에게 유럽식이 아닌 미국식으로 생각할 것을 강요했다. 그들은 주저하는 미국을 새로운 길로 이끌고 왔다.

  미국혁명으로부터 1812년 전쟁이 끝나는 시기까지 유럽은 미시시피 밸리의 운명이 결정되지 않은 것으로 여겼다. 스페인은 미시시피강과 걸프만 입구에 대한 소유를 통해서, 인디언 부족에 대한 영향력을 통해서, 그리고 정착민들과의 모의를 통해서 얻은 통제력을 수단으로 하여 이 지역에 대한 소유권을 유지하고자 했다. 스페인의 목적은 우선 자신을 세계의 강국으로 만든 스페인령 미국에 대한 독점권을 안전하게 지키는 것이었다. 스페인은 본능적으로 미시시피 밸리에서 자신의 미래가 등장하리라고 추정한 듯했다. 여기에는 루이지애나, 플로리다, 텍사스, 쿠바, 푸에르토리코를 포함한 걸프만 일대 제국의 조각, 남서부지역과 태평양 해변, 심지어 필리핀과 파나마 운하 등 연속적으로 붕괴할 수 있는 지역의 지렛대가 있었다. 반면에 미시시피 밸리의 자원을 토대로 건설될 미국 공화국은 스페인 제국이 붕괴하고 해체된 후 형성될 독립 공화국 위에 최고의 공화국으로 군림하게 되는 것이었다.

  프랑스는 식민국가로서 이전의 힘을 되찾기 위해서 서인도 제도에 식량을 공급하고, 스페인령 미국을 지배하며, 대서양과 앨러게이니산맥 사이의 땅에 설정한 자신의 목적에 따라 약한 미국을 굴복시키는 수단으로 미시시피 밸리를 사용하고자 했다. 과거 부르봉 왕가, 혁명기의 공화국, 나폴레옹 치하의 제국은 모두 앨러게이니산맥으로부터 로키산맥에 이르는 전 미시시피 밸리 지역의 획득을 고려하고 있었다. 한편 오대호를 보유하고 북부 인디언을 지배하면서 함대를 통해서 걸프만과 미시시피강 입구를 위협하던 영국은 미국혁명 시기, 국가연합 시기, 그리고 공화국 초기에 13개 국가(나중에 미국 연방에 편입된 13개 주―역주)의

약한 유대를 깨뜨리려 호시탐탐 기회를 엿보고 있었고, 미시시피 밸리의 정착민에 대한 보호를 확대하려 준비하고 있었다.

영국이 스페인으로부터 루이지애나와 플로리다를 가져간다는 전망에 놀란 제퍼슨은 1790년 "세인트크로이섬St. Croix(산타 크루즈섬 – 역주)에서 세인트매리St. Mary까지 그들의 소유지와 그들의 함대로 둘러싸여 있는데, 우리는 그들이 미시시피강의 지류에 포함되는 모든 영토를 자기들의 것으로 통합할 수단을 곧 찾을 것이라는 점을 지체 없이 말해야 한다"라고 기록했다. 그는 또한 이는 영국과의 "피비린내 나는 항구적 전쟁 혹은 (영국과의 – 역주) 해체될 수 없는 연맹"으로 귀결될 것이라고 생각했다.

이들 국가 중 어느 나라도 미시시피 밸리의 미국인 정착민들이 미국 국기 이외에 다른 나라의 국기를 수용하도록 설득하는 것이 불가능하다고는 생각하지 않았다. 가르도키Diego de Gardoqui는 1787년 매디슨에게 켄터키 사람들이 훌륭한 스페인의 신민이 될 것이라고 뻔뻔스럽게 말하기도 했다. 프랑스는 1793년 루이지애나 점령을 시도하기 위해서 조지 로저스 클라크가 이끄는 변경인의 지원을 확보하였다. 영국은 서부 정착민 가운데에서 지원 세력을 얻고자 하였다. 실제로 조지 로저스 클라크가 1793년과 1798년에 프랑스로부터 소장의 직위를 수용했다는 사실, 후일 미국 육군의 사령관인 윌킨슨이 비밀리에 스페인 시민권을 요청하고 미국에 대한 충성을 포기할 것을 약속했던 사실, 후일 테네시 상원의원이며 그 첫 번째 주지사였던 세비어 오브 프랭클린Sevier of Franklin, 컴버랜드의 건설자인 로버트슨James Robertson, 남서부 영지the Southwest Territory의 지사이며 후일 테네시 상원이었던 블라운트William Blount 등이 모두 미국정부가 양도한 미시시피강의 항행보다 먼저 다른 국가의 통치를 받아들이고자 했다는 사실을 회상해볼 때, 변경인들 스스로가 다른 국가에도 충성할 수 있었다는 점을 쉽게 믿을 수 있다.

우리는 연방주의와 조국에 대한 헌신이 입증되었고 마리에타의 뉴잉글랜드 정착지 건설에 공로가 큰 루퍼스 퍼트남Rufus Putnam이 1790년 미시시피 밸리가 연방 내에 유지될 수 있을지에 대한 피셔 에임즈Fisher Ames의 질문에 답변하면서 한 말을 신뢰할 수 있을 것이다. 퍼트남은 "만약 의회가 미시시피강 항행 권한을 포기하거나 이를 스페인 사람들에게 양도한다면, 나는 서부 사람들이 매우 빠르게 미국과 분리될 것이라고 믿는다. 그 조치는 엄청난 분노와 불만을 자아내어 사람들이 곧 스페인의 폭정에 굴복할지언정 우리 의회의 하인이 되지는 않을 것이라는 점은 확실하다"라고 기록했다. 그는 더 나아가 만약 의회가 서부 정착민들을 온당하게 보호하지 않으면 그들은 영국이나 스페인으로 귀환할 것이라고 적었다.[4]

철도가 등장하기 전에 사람들이 불가피하게 동부 주에서 들어왔음에도 불구하고, 미시시피 밸리는 잠재적인 독립제국의 토대였다. 그 자연스러운 출구는 조류를 따라 이어진 걸프만이었다. 윌킨슨의 표현을 빌리면 뉴올리언스는 "자물쇠에 대한 열쇠로서, 외부활동의 요새로서" 미시시피 밸리를 통제했다. 미시시피 밸리가 경쟁자인 유럽국가들에 의해 위협받거나 혹은 부분적으로 통제되는 한 미국은 유럽과 운명을 함께하는 유럽의 국가체계의 한 부분일 수밖에 없었다. 미국 연방이 미시시

---

4   Cutler's "Cutler", ii, p.372.

피 밸리에 토대를 둔 내부교역을 그 지배적 경제이익으로 만들 때까지 북동부주의 상인과 선원들, 남부 해안지대의 곡물 생산자들이 유럽 교역상인들에 예속된 사람들이었다는 사실에서 볼 때, 이는 특히 그러했다. 미시시피 밸리의 중요성은 제퍼슨도 명확하게 보았다. 1802년 리빙스턴Robert. R. Livingston에게 쓴 편지에서 그는 다음과 같이 말했다.

우리의 당연하고 습관적인 적이 점유자로 되어 있는 지구상의 한 장소가 있다. 이는 우리 영토의 3/8의 생산물이 시장에 도착하기 위해 통과해야 하는 뉴올리언스이다. 토지가 풍요해서 머지않아 우리 전체 생산물의 반 이상을 만들어 내며, 우리 인구의 반 이상을 지니게 될 것이다. (…중략…) 프랑스가 뉴올리언스를 소유하는 날은 프랑스를 최저 수위선(最低水位線) 아래로 묶어두던 선고(宣告)를 고치는 셈이 된다. 이는 대양에 대한 배타적 지배를 유지할 수 있는 두 나라의 결합을 공고히 하는 것이다. 그 순간부터 우리는 미주의 두 대륙을 영미연합국의 공동의 목적에 따라 압류한 (…중략…) 영국의 함대와 국민에 의탁해야 한다.[5]

루이지애나 획득은 미시시피 밸리의 본질적 통일성에 대한 인정이었다. 1796년 조사 이후 프랑스의 공학자 콜로Georges Henri Victor Collot는 본국 정부에 다음과 같이 보고하였다.

서부 주들과 동맹이 없는 미시시피강 왼편의 모든 진지는 결코 루이지애

---

5   "Jefferson's Works", iv, p.431.

나를 대처할 수 없다. (…중략…) 한편은 해안을, 다른 한편은 평원을 점령하는 식으로 두 국가가 나누어 소유한다면, 해안을 소유한 국가는 반드시 편승하거나 항복해야 한다. 그래서 나는 북미 공화국의 서부 주들은 루이지애나와 연합해야 하며 미래에 단일한 통합 국가를 형성해야 한다고 결론지었다. 그렇지 않으며 어디에 속하던 그 식민지는 정복되거나 침략당할 것이다.

루이지애나 매입을 통해 미시시피 밸리의 정치적 통일성을 부여한 효과는 심대한 것이었다. 이는 미국이 외국과의 동맹에서 벗어나 세계 국가로서 독립적 경로를 밟아가는 과정의 결정적 단계였다. 이후 1812년 전쟁에서 북서부의 해리슨의 승리는 미시시피 밸리 북부에서 우리의 팽창을 보장해 주었다. 같은 전쟁에서 걸프만을 향한 잭슨의 승리 행진과 뉴올리언스 방어는 미국의 경제 상황에서 매우 중요하며, 노예 이슈와 관련하여 매우 의미 있는 목화왕국의 토대를 확보한 것이었다. 플로리다, 텍사스, 그리고 먼 서부의 획득이 자연스럽게 잇달았다. 국가가 단지 대외관계에서 독립적인 경로로 나아간 것만이 아니었다. 미국의 정치체계가 혁명적으로 변하였다. 미시시피 밸리가 이제 연속적으로 주를 추가할 수 있는 길을 열어 주어, 뉴잉글랜드 지역과 그 지역의 연방주의를 압도하였기 때문이었다. 엄격한 헌법 해석주의는 이를 직접 예언한 사람의 손에 의해 치명타를 맞았다. 준주로 있을 시기에 연방정부가 양육했고, 연방에 가입한 후 개별 주에 대한 사랑보다는 애국심에 의해 활력을 띤 무한한 숫자의 주라고 불린 평행사변형 지역이 광범위하게 추가되었다. 그러자 연방의 창조자로서 역사적 주권국가historic sovereign States[6]라는 오래된 관념은 산산이 부서졌다.

거대한 강의 전체 경로와 그 지류 및 출구 획득으로 국가 영역은 매우 확대되었고, 내부 자원개발이 촉진되면서 대서양은 곧 경제적 활력을 바다에서 내륙으로 전환했다. 도시와 지역은 산업생활에 대한 지배권을 두고 다투기 시작했다. 진정한 국가 행위, 진정한 미국문화가 시작되었다. 미시시피 밸리의 넓은 공간과 광대한 천연자원은 개발과 인력을 요청하고 있었다. 그 숫자가 꾸준히 증가하면서 융합을 통해 새로운 국민을 형성하여 결국 합성된 미국인을 만들어 낸 외국이민의 물결이 나중에 몰려 왔다.

그러나 나는 루이지애나 매입의 모든 결과를 다 설명하거나 혹은 이를 지적하지는 않을 것이다. 나는 다음으로 여러분이 민주주의 촉진과 정치적 중력의 중심이동에 있어서 미시시피 밸리의 중요성에 대해 주목해 주기를 바란다. 미시시피 밸리는 민주주의의 특별한 본거지였다. 주인없는 토지와 개척자 정신을 토대로 탄생했고, 미국혁명 이념으로 양육되었으며, 황무지의 자유에서 이러한 이념의 제약 없는 발현을 발견한 민주주의는 서부의 강 사람들의 초기 발언에서 나타났으며 거기서 계속 유지되었다. 변경에서 지속된 지역 자치정부 요구와 이러한 요구에 대해 앨러게이니산맥이 부여한 승인 덕분에 독립적 서부정부 체계와 1787년 조례가 등장했는데, 이는 식민정책에 대한 독창적 기여였다. 이러한 조치들은 서부를 동부의 지배하에 종속시키려는 어떠한 강력한 노력도 이들을 연방에 묶어 두는 결속력 자체를 위태롭게 하였을

---

6   역주 : '연방의 창조자로서 역사적 주권국가'는 미국 연방의 각 주가 미국혁명 이후 개별 주권국가로서 활동하였기 때문에 연방 역시 주권국가의 집합이라는 입장을 표방하는 개념.

시기에 등장했다. 헌법제정회의에서 저명한 동부 정치인들은 서부 민주주의에 대한 두려움을 표출했다. 재산이 있는 지역은 서부가 결코 대서양 연안지역의 힘에 필적하지 못하도록 그 정치적 힘을 제한하려고 표를 통해 서부의 능력을 견제하려 했다. 그러나 좀 더 자유주의적 인물들의 의견이 우세하였다. 공적 토지에 대한 첫 토론에서도 수익문제만큼이나 국가의 사회체계 문제가 포함되어 있다는 사실이 명확히 언명되었다. 풍부한 저가 토지가 대서양 연안 주들의 인구를 줄여 노동력 공급의 부족으로 산업성장을 저해할 것이라는 동부의 우려는 1796년 하원의원 한 사람의 답변으로 반박될 수 있었다.

나는 이름을 지적하여 공동체의 종이 되어야 마땅한 시민계급을 지적할 만큼 배짱이 있는 사람이 있으리라고는 생각하지 않습니다. 아직 그렇게 하지 않았다면, 어떤 계급의 사람들에게 그러한 법률을 지시할 수 있을 것입니까? 그러나 그러한 법률을 통과시킨다면, 이는 여기 남아 있어야 하고 법에 따라 주는 급여대로 받으면서 남들에게 봉사해야만 하는 어떤 계급이 있다고 말하는 것과 마찬가지일 것입니다.

갤러틴Albert Gallatin은 같은 토론에서 다음과 같이 말하면서 번영하는 미국 민주주의의 토대에 대한 그의 이해수준을 보여주었다.

이 나라의 행복의 원인을 조사해 보면, 그 원인은 시민들이 정치제도의 지혜에서 누렸던 것만큼이나 거주민의 수효에 비례하는 많은 양의 토지에서도 나타난다는 것을 알게 될 것입니다.

존 퀸시 애덤스John Quincy Adams의 몰락 이후 나라를 지배한 잭슨 민주주의는 거대한 미시시피 밸리의 자유와 풍부한 토지가 모든 지역의 억압받는 사람들에게 도피처를 제공해 준 변경의 민주적 사회로부터 도래하였다. 그 중심은 미시시피 밸리의 많은 지역에서 고지대 남부 사람들의 후손이 정착한 지역인 테네시에 있었다. 미시시피 밸리의 통치는 테네시, 켄터키, 그리고 미주리가 양대 정당(민주당과 휘그당—역주)에 대해 품고 있었던 이상을 상기해 보면 드러난다. 잭슨, 클레이, 해리슨과 포크 이외에도 우리는 휴 화이트Hugh White와 존 벨John Bell 같은 대통령 후보들, R. M. 존슨Robert M. Johnson 부통령, 재정위원회 위원장 그런디 Felix Grundy, 서부 급진주의의 대변인인 벤턴 등을 꼽을 수 있다.

대부분의 옛 주들이 자신의 주헌법을 더욱 민주적 토대 위에서 재건한 것은 바로 이와 같은 시기에 대체로 서부에 인구를 빼앗기고 잭슨 민주주의라는 서부의 바람이 만들어 낸 분위기에 의해 동요되었기 때문이었다. 재산과 인구 대신 인구에만 근거한 자유주의적 투표권 조항, 기득권 고려 거부, 그리고 인간의 권리 주장 등이 있었던 미시시피 밸리로부터, 당시의 투표권과 선거구 획정의 변화, 채무 수감收監 법률의 개혁, 독점과 특권에 대한 총체적 공격 등에 대한 영감이 나타났다. 1837년 잭슨은 "숫자의 민주주의에 대항하여 소수 금권귀족들이 전쟁을 일으킬 것이다. 신용 및 지폐체계를 통해 정직한 노동자들을 나무를 베고 물을 긷는 사람으로 만드는 전쟁 말이다."

이 시기쯤 되면 미시시피 밸리는 인구와 정치력이 성장하여 옛 지역들과 어깨를 나란히 하게 되었다. 내가 지금 미국사에서 이 지역의 중요성을 알려주는 사항으로 말하려는 것은 1812년 전쟁의 종결과 노예제 갈등 사이 기간에 미국의 경제적, 정치적 경로를 형성한 미시시피 밸리의 위상에 관한 것이다. 1790년 미시시피 밸리는 미국 전체인구의 1/40 정도로 대략 10만 명의 인구를 보유하고 있었다. 1810년에는 미국 전체인구의 1/7 정도로 100만 명 이상의 인구를, 1830년에는 미국 전체인구의 1/4이 넘는 367만 명 정도의 인구를, 1840년에 이르면 1/3이 넘는 600만 명 이상의 인구를 가지게 되었다. 1830년에서 1840년 사이 대서양 연안의 인구가 불과 150만 명 증가한 반면, 미시시피 밸리 지역은 거의 300만 명의 인구가 증가했다. 1790년에 처녀 황무지였던 오하이오는 반세기 이후 펜실베이니아만큼 인구가 많아졌고, 매사추세츠 두 배 정도의 인구가 되었다. 버지니아, 노스캐롤라이나, 그리고 사우스캐롤라이나가 1830년에서 1840년 사이에 6만 명의 인구가 늘어난 반면, 일리노이는 31만 8,000명의 인구가 늘어났다. 이 주의 인구증가만으로도 남부 대서양 연안 주들의 인구증가를 능가했다.

이러한 수치는 값싼 토지, 풍부한 농산물, 노동력 흡수라는 경쟁력을 통해 옛 지역에 압력을 행사한 미시시피 밸리의 중요성을 보여준다. 이 모든 것은 동부 임금노동자들에 대해 상승이동을 의미했다. 그러나 이는 또한 미시시피 밸리의 정치력 신장을 의미하기도 했다. 1812년 전쟁 이전 미시시피 밸리에는 6명의 상원의원이 있었고, 뉴잉글랜드에는 10명, 중부에는 10명, 그리고 남부에는 8명이 있었다. 그러나 1840년에 이르면 미시시피 밸리에는 22명의 상원의원이 있어서, 대서양 연안 중부주와 뉴잉글랜드를 합친 것의 두 배가 되었고 구남부의 거의 세 배가 되었다. 반면 하원의 경우 미시시피 밸리는 어떠한 옛 지역도 능가하게 되었다. 하원의원 수에서 1810년 미시시피 밸리는 뉴잉글랜드와 남부를 합친 숫자의 1/3이 되지 않았다. 그러나 1840년 미시시피 밸리는 양자를 합친 것보다도 의원 수가 많아졌고 그 특별한 환경 때문에 세력균형을 유지했다.

미시시피 밸리가 다른 어떤 옛 지역과 비교해 보아도 이렇게 월등하게 성장했던 한편, 그 경제적 발전은 미시시피 밸리를 미국의 산업생활의 자극제로 만들었다. 1812년 전쟁 이후 증기선은 미시시피 밸리 운송시설을 혁명적으로 변화시켰다. 각 경제영역에서 잉여 생산품이 나타나 그 출구와 제품의 수익을 요구하였다. 미시시피 밸리의 남부지방 및 걸프평원으로 목화재배가 확산된 것은 이중의 중요성을 지녔다. 대서양 남부로부터의 이러한 목화 생산 중심의 이전은 처녀지 경쟁으로 인해 대서양 지역의 토지 가치가 떨어지고 동부 노동력이 점점 더 귀해지도록 만들었다. 그리고 동부지역은 점점 더 어려움과 불안을 겪었을 뿐만 아니라 목화가격 역시 미시시피 밸리의 생산증대에 비례하여 하락했다. 경제적 힘이 해안지대 남부로부터 남부 미시시피 밸리의 목화왕국으로 이전하고 있었던 반면, 북부 미시시피 밸리는 부분적으로 주요 작물만을 재배했기 때문에 먹거리와 가축이 부족했던 남부농장에서 미시시피 밸리의 잉여 생산품 시장이 형성되면서 도약했다.

동시에 거대한 강과 그 풍요로운 생산품들은 서인도제도, 대서양 연안, 유럽, 그리고 남미에까지 이르는 통상의 대로가 되었다. 미시시피 밸리는 피츠버그와 산타페에서 뉴올리언스에 이르기까지 하나의 산업적 독립단위가 되었다. 이 지역은 미국정치와 산업에서 가장 중요하며 영향력 있는 지역이 되었다. 1784년 워싱턴은 내륙개발을 통한 이익의 연대를 통해서 버지니아가 서부를 동부에 연결하여 부상하는 제국의 광대하고 중요한 교역을 이용하는 것은 지혜로운 것이라고 선언하였다.

이처럼 경제적 제국이 산맥을 넘어 성장하고 있다는 사실을 깨닫자, 뉴욕, 필라델피아, 볼티모어와 같은 경쟁도시들이 자극을 받아 서부에 대해 상품과 개선안을 제공하고 그 생산품을 획득하기 위한 경쟁에 나서게 되었다. 그 결과 내륙개발을 통해 앨러게이니산맥의 장벽을 허무는 시도가 등장했다. 이 시도는 이리 운하를 통해 오대호의 모든 물을 뉴욕의 항구로 흘려보내고, 다른 운하를 이용하여 미시시피강의 지류로부터 운송의 방향을 바꾸는 더 큰 허드슨강을 만든다는 드 위트 클린턴De Witt Clinton의 거대한 구상을 실행하는 것으로서, 1812년 전쟁 이후 특히 활발하게 논의되었다. 뉴욕시 교역의 상승세는 내륙 뉴욕과 미시시피 밸리의 이러한 연결에서 시작된다. 헌트Hunt의 『상인잡지Merchants' Magazine』의 한 작가는 1869년 다음과 같은 말로 이를 더욱 명확하게 표현했다.

해안도시의 역사에는 서부가 없었던 시기가 있었다. 그리고 앨러게이니산맥이 정착과 농업생산의 변경을 이루었던 시대가 있었다. 그 시대 동안 남과 북의 해안도시들은 그 배후지역의 영역과 풍요에 비례하여 성장하였다. 그리고 매릴랜드, 버지니아, 남북 캐롤라이나와 조지아가 그 북쪽의 식민지보다 교역에 도움이 되는 주요 산물을 더 많이 생산함에 따라, 볼티모어, 노포크(Norfolk), 찰스턴, 서배나 같은 도시들이 북부 해안도시보다 더 많이 교역에 임하고 더 크게 성장하였다.

그리고 그는 도시발전을 ① 대서양 연안에 국한된 지역의 시기, ②

미시시피 밸리와 연결된 운하와 대로의 시기, ③ 철도의 시기 등 세 시기로 나누었다. 그래서 그는 예컨대 노포크가 어떻게 내부교역이라는 풍요로운 조류에서 절연되었고 뉴욕에 의해 추월당했는지를 보여줄 수 있었다. 필라델피아, 볼티모어, 찰스턴, 그리고 서배나가 미시시피 체계의 교역을 자신들의 대서양 항구로 전환하려는 노력과 이것이 성공하는 비율에 따라서 이들 도시가 흥하고 망하는 것은, 미국의 산업생활에서 미시시피 밸리가 차지하는 의미에 대한 충분한 지표가 되었다. 식민제국이 런던에 대해 지녔던 의미는 바로 미시시피 밸리가 미국 대서양 연안 도시들에 대해서 지닌 의미와 같은 것이었다. 그리고 이는 산업제국의 미래 및 광대한 공간에 대한 체계적 통제의 전망을 일깨우고 미국형 산업의 주력을 만들어 내는 것이었다.

미시시피 밸리에 모여들어 이 지역과 동맹을 추구한 것은 단지 도시 간의 경쟁만이 아니었다. 마찬가지로 지역적 경쟁 역시 내륙의 세력균형이 단결의 기회를 제공한다는 점을 알았다. 이것이 바로 칼훈이 해안 지역의 남부에 대해서 북서부에 이르는 철도체계를 완성하라고 촉구했을 때 그가 추구한 정책의 핵심이었다. 워싱턴이 서부교역이 버지니아에서 그 출구를 찾고 미시시피 밸리와의 교류를 강화하여 버지니아의 산업력을 증대시키기를 희망했던 것처럼, 먼로가 서부를 버지니아의 정치적 이해관계 속에 묶어두기를 희망했던 것처럼, 그리고 드 위트 클린턴이 미시시피 밸리를 뉴욕에 연결하고자 했던 것처럼, 칼훈과 헤인 Robert Young Hayne은 미시시피 밸리를 자신의 항구로 끌어들여 "조지아와 캐롤라이나를 연방교역의 중심지로, 연방의 가장 강력하고 영향력 있는 두 개의 구성집단"으로 만들고자 하였다. 칼훈은 "나는 서부와의 결합의 성공은 정치적으로나 상업적으로 우리에게 가장 중요하다고 믿는다. (…중략…) 나는 찰스턴이 대서양의 어느 다른 도시보다도 서부 교역에 있어서 위치상 더 나은 이점을 지니고 있다고 확실히 믿는다. 그러나 이러한 이점을 개발하기 위해서 우리는 오하이오 대신 테네시에 기대해야 하며, 신시내티나 렉싱턴Lexington보다 더 멀리 서부에 대해 기대해야 한다"라고 말했다. 이것이 칼훈이 서부에 대해 남부의 정책에 연합해 달라는 유인책으로서 1836년과 1837년 잉여 수익의 분배 및 잉여수익을 낸 지역에 공적 토지를 양도하는 정책을 옹호한 내밀한 이유였다. 그리고 이것이 칼훈이 심지어 국민주의 노선을 접은 후에도 미시시피강 일대에서 남부를 향한 교역의 흐름을 지원하는 내륙개발을 적극적으로 촉구한 주요 요인이었다.

세부사항까지는 들어가지는 않더라도, 여러분들은 단지 클레이의 내륙개발과 전체 관세체계가 미국의 삶에 있어서 미시시피 밸리가 차지한 위상에 근거해 있다는 사실에 주목해 주기 바란다. 1816년, 1824년, 그리고 1828년 관세제도를 통과시킨 의원의 찬성투표를 제공한 지역은 미시시피 밸리의 상부지역과 특히 오하이오 밸리였다. 미시시피 밸리의 이해관계는 이러한 관세의 세부사항에 깊은 영향을 미쳤으며, 내륙개발에 대한 미시시피 밸리의 요구는 1812년 전쟁 이후 모든 건설적 입법에서 지역거래의 토대를 구성했다. 뉴잉글랜드, 중부지역, 남부는 모두 각각 앨러게이니산맥 너머 성장지역과의 연맹을 추구했다. 미국 법률은 이러한 연맹의 지속적 증거를 보여주고 있다. 심지어 국립은행the National Bank도 미시시피 밸리에서 주요 사업의 대상을 발견했다. 국가는 내륙개발에 대해 그 힘을 집중했고, 지역들은 내륙과의 연합에서 나오는 경제적, 정치적 힘을 얻기 위해서 서로 경쟁했다.

그러나 이미 미시시피 밸리는 사회적, 지리적 양면에서 성층화되기 시작했다. 철도가 산맥을 가로질러 달려감에 따라 뉴잉글랜드 및 뉴욕의 식민지인들과 독일계 이민자들의 물결이 오대호와 미시시피강 상류유역으로 찾아오기 시작했다. 산업과 사회의 측면에서 뉴잉글랜드와 연결된 별개의 지역이 형성되고 있었다. 철도는 이리 운하를 강화했고 드 보우James De Bow가 지적한 대로 미시시피강의 조류를 돌려 뉴욕이 뉴올리언스 대신 밸리 지역의 대부분의 출구가 되었다. 북부지역 아래로는 오하이오강과 미주리강의 연안을 포함하면서 걸프평원의 북부 구릉지대에 이르는 타협의 지역으로 고지대 남부의 경계지대가 있었다. 노예제를 기반으로 한 목화왕국은 미시시피강 하류에 인접한 비옥한 토지 및 조지아와 앨라배마의 흑토초원에서 그 중심부를 찾았고, 대체로 대서양 연안주의 구목화지대 농장주들이 정착하였다. 미시시피 밸리는 노예제에 생기를 불어넣었고, 그것에 서부생활의 특징인 공격적 색조를 부여하였다.

따라서 미시시피 밸리는 그 사회적 동질성을 잃어버린 바로 그때 노예제 갈등의 한 가운데에 처하게 되었다. 남부와 북부의 각각 한 사람씩 두 명의 지도자를 통해 그 상황을 설명하도록 하겠다. 먼저 남부를 보면 사우스캐롤라이나의 해먼드James Henry Hammond는 1858년 3월 4일 상원에서 다음과 같이 연설했다.[7]

---

7 "Congressional Globe", 35th Congress, First Session, Appendix, p.70.

내가 남부와 북부가 서로 얼굴을 맞대고 대결하게 하여 우리 각자가 별개의 조직이 될 경우 어떠한 자원을 가질지 알아보려 한다면 이는 적절치 않다고 생각합니다. 우리나라의 심장부를 관통하여 그 품으로 3만 6,000마일에 달하는 지류가 흘러 들어가는 강들의 아버지, 거대한 미시시피강이 흐릅니다. 게다가 우리 뒤에는 우리를 보호해줄 적막한 초원 불모지가 있습니다. 그러한 지역을 움직이지 못하게 둘러쌀 수 있을까요? 그렇게 있는 85만 마일 주위로 불의 벽을 세울 것처럼 이야기하는데, 얼마나 어리석은 생각입니까? 그러나 이 지역에 이제 진정으로, 그리고 곧 세계제국의 자리로 인정될 거대한 미시시피 밸리가 있습니다. 인류 초기 나일강이 일찍이 그랬던 것처럼 이 밸리의 세력은 위대하게 될 것입니다. 우리는 밸리 대부분을 차지하고 있습니다. 지금 미시시피 밸리의 가장 중요한 지역은 우리에게 속해 있습니다. 그리고 비록 우리보다 앞선 정착민들이 지금은 우리와 대적하고 있지만, 한 세대가 지나면 다른 이야기가 나올 것입니다. 그들은 모든 자연의 법칙에 따라 우리의 것이 될 것입니다. 노예노동은 이를 활용하는 것이 유익한 이 거대한 밸리의 모든 곳에 다다를 것이며, 노예노동을 사용하지 않는 사람들은 곧 우리를 하나로 만들어 분리될 수 없게 하는 유대감으로 우리와 연합할 것입니다. 미시시피강 상부 지류의 생산품을 대서양 항구로 가져오기 위해, 지금 얼음에 덮여 있는 북부에서 그러한 것처럼 철마(증기기관차)가 곧 남부의 햇빛 찬란한 초원 위를 소리 내며 달릴 것입니다. 자연 그 자신이 만든 연방의 유대감인 위대한 미시시피강이 있습니다. 그 강은 영원할 것입니다.

해안지대 남부가 테네시로, 그리고 다시 미시시피강 하류의 목화왕국으로 지도부 역할을 넘겨준 것처럼, 뉴잉글랜드와 뉴욕은 자신들의 통제권을 미시시피 밸리의 북부지역과 오대호 연안지역에 물려주었다. 공화당 대통령 후보 지명전에서 링컨에게 패배한 동부 휘그당의 오랜 지도자인 시워드는 북동부를 위해서 당당하게 말할 수 있었다. 시워드는 1860년 가을 위스콘신의 매디슨에 모인 청중에게 연설하면서 다음과 같이 선언하였다.[8]

> 워싱턴에 수립된 제국은 생긴 지 100년이 되지 않았습니다. 이는 동부 13개 주로 구성된 제국이었습니다. 그러나 실질적으로 그 제국의 사명은 완수되었습니다. 제국을 이끈 힘은 이제 이들 13개 주에서 이동해 나갈 준비가 되어 있습니다. 같은 헌법과 국민정부가 보유하고 행사한다고 하더라도 제국을 지도할 힘은 지금 앨러게이니산맥 동쪽과 대서양 해안의 13개 주로부터 앨러게이니산맥 서부에서 서쪽으로 로키산맥의 기저에 이르는 20개 주로 이전 중입니다. 여러분들은 이러한 권력의 후계자입니다. 다음 인구조사가 여러분들의 권력을 드러내게 될 때면 여러분들이 미국의 주인과 세계의 정치적 힘이라는 것이 알려질 것입니다.

노예 문제와 관련하여 북서부 지역에 호소하면서 시워드는 또한 다음과 같이 언급하였다.

> 향후 모든 책임은 직접 혹은 간접적으로 북서부 사람들에게 있습니다. (…중략…) 민주주의 자체가 민주주의를 원치 않을 때, 상업적 제조업 사회에는

---

8 "Seward's Works"(Boston, 1884), iv, p.319.

민주주의를 유지할 덕성이 없습니다. 여러분들이 민주주의를 지적인 투표와 강한 손으로 지지하기를 멈출 때, 펄가에도, 월가에도, 코트가에도, 체스넛가에도, 그리고 거대 상업도시의 어느 거리에서도 우리의 위대한 민주정부를 구해 줄 덕성은 없습니다. 따라서 여러분들은 우리가 지금까지 여러분들을 위해 길을 준비한 대로 우리를 이끌어 주어야 합니다. 우리는 이 대륙의 인간의 권리 및 자유의 깃발을 여러분들에게 물려주면서, 견고하고 대담하며 전진하라고 권하고자 합니다. 그러면 여러분들은 우리가 여러분들을 좇아갈 수 있다고 희망해도 좋을 것입니다.

미국의 노예제 갈등의 경로를 조사해 보면, 그 이슈가 취한 모습은 미시시피 밸리 때문이었음이 명백하다. 1787년 조례, 미주리 타협, 텍사스 문제, 자유토지주의자의 소요, 1850년 타협, 캔자스-네브래스카 법안, 드레드 스콧Dred Scott 사건 대한 결정,[9] "피의 캔자스" 사태[10] 등은 모두 미시시피 밸리와 관련된 문제들이다. 이를 그저 언급하기만 해도 미국사에서 노예문제에 대해 중요한 의미를 부여한 것은 팽창지역인 미시시피 밸리였다는 점이 분명해진다. 그러나 노예제도는 이러한 팽창지역에 대해 선조의 기대를 충족시키고 점차 사라졌을 수도 있었다.

내가 남북전쟁에 있어서 미시시피 밸리의 중요성에 대해 말할 필요는 없을 것이다. 일리노이는 북부에 대통령은 선사했고, 미시시피는 남부에 남부 대통령을 선사했다. 링컨과 데이비스는 모두 켄터키에서 태

---

9   역주: 노예제도가 금지된 일리노이주에 살던 흑인 드레드 스콧의 자유민으로서의 시민권을 인정하지 않은 1857년 연방대법원의 판결.
10   역주: 1865년 노예주의자들과 반노예주의자들 간에 벌어진 유혈 사태.

어났다. 북부의 장군들인 그랜트와 셔먼은 모두 미시시피 밸리 출신이었다. 이들은 모두 빅스버그Vicksburg가 함락되었을 때 남부의 대의명분은 상실되었으며, 남부연맹이 동부의 승리 이후 미시시피강을 다시 찾지 못한다면 분명히 그럴 것이 틀림없다고 믿었다. 셔먼 장군이 이야기했듯이 "저 강을 지배하는 권력이면 어떤 권력이든지 이 대륙을 지배할 수 있기 때문이다."

그랜트, 헤이즈Rutherford B. Hayes, 가필드James A. Garfield, 해리슨, 맥킨리 William McKinley 등의 이름이 보여주듯이, 남북전쟁의 종결 이후 정치적 세력은 그 후 오랜 기간 미시시피 밸리의 북부지역으로 이동하였다. 미시시피 밸리의 인구는 1860년 대략 1,500만 명에서 1900년 4,000만 명 이상으로 증가했다. 즉 미국 전체인구의 반 이상을 차지하게 되었다. 이 지역의 산업 성장의 중요성은 과대평가되거나 혹은 간과될 것 같지는 않다. 미네소타 경계선 근처에서 시작하여 그 북쪽 경계에서 오대호에서 피츠버그에 이르는 동쪽 경계에 이르기까지, 광산으로부터 공장에 이르는 거대한 이동체계가 이루어지게 되었다. 미국은 최대 경쟁국 2개국을 합한 것에 버금가는 양의 선철을 생산하게 되었고, 이러한 생산품의 철광맥은 주로 미시시피 밸리에 있었다. 미시시피 밸리는 철광의 주요 생산지인 미국이 독일과 영국의 생산량을 합한 것에 필적하는 철광을 생산하게 만들어 주었다. 미국의 거대 유전은 밸리의 한 가운데에 있었다. 이 지역의 밀과 옥수수의 엄청난 수확량과 가축은 미국의 주요 자원이었으며 유럽도 필요로 하는 것이었다. 이 지역의 목화는 세계 공장의 2/3에 공급되었다. 이 지역의 철도체계는 세계 최대의 운송망을 형성하고 있었다. 이 지역은 또한 한 단위로서 거대한 수로체계의 개발을 요청하여 산업통합을 추구하고 있었다. 루스벨트가 좋아한 이러한 구상은 언젠가 성취될 것이며, 이 지역 대부분의 교역은 그 경로를 따라서 뉴올리언스로 흘러갈 것이다. 그리고 파나마 운하 건설 이후에는 남부철도 출구의 개발에 따라 갤버스턴Galveston으로 흘러 들어갈 것이다. 이러한 것과 중서부의 운송과 교역이익의 개발과 이용을 위해 동부자본이 거대한 대형기업, 트러스트, 기업결합 등으로 통합되었다. 자본의 유입과 도시 및 제조업의 부흥으로 미시시피 밸리 지역들은 동부에 동화되었다. 주인없는 토지의 시대가 끝나면서 민주적 사회의 기저 역시 사라져 버렸다.

미국사에 있어서 미시시피 밸리의 중요성에 관한 논의에서 내가 간단하게 언급하고자 하는 마지막 주제는 이러한 상황에 따른 결과이다. 미시시피 밸리는 미국사회에 대해 항구적으로 공헌한 바가 있는가, 아니면 동부 혹은 유럽적 특징을 지닌 유형으로 적응해 가야 하나? 달리 말하자면 미국 자체는 사회사에 대해 독창적으로 공헌한 바가 있는 것인가? 이것이 중요한 것이다. 미시시피 밸리에 있어서 가장 중요한 것은 그 이상理想이다. 이곳은 혁명적 이론이 아니라 자유로운 기회 속의 성장, 즉 자신의 힘과 책임을 알고서 활동하며 상승하는 개인들로 구성된 광대한 민주주의 개념에 따라 발전해 왔다. 이러한 개인주의와 민주주의의 이상들은 20세기형 문명에 조화되고 적용될 수 있는가?

다른 국가들도 부유했고 번영했으며 강력했고, 예술을 사랑했으며 제국을 건설해 왔다. 그러나 커다란 다른 어떤 나라도 정치뿐만 아니라 산업의 진보와 자유의 이익에서 자의식적이고 자기 규제적인 민주주의에 따라 통제되지 않았다. 사회 변혁의 힘과 민주적 이상에 대한 수정작업이 저지된다면, 그곳은 바로 이곳 미시시피 밸리의 넓고 평평한 공간 안에서일 것이다.

미시시피 밸리의 농부들은 평등에 대한 믿음뿐만 아니라 경쟁적 개인주의를 믿고 있었으나, 또한 제한되지 않는 경쟁과 결합은 최강자의 승리를 의미하며 지배계급의 이익을 위한 국가적 삶의 전략적 요충지를 장악하는 것임도 배웠다. 그들은 사회가 규제하지 않는 개인주의의 이상과 민주주의의 이상 사이에는 본원적인 내적 갈등이 있음을 알게 되었다. 자신들의 개인적 야망과 강력함이 바로 자신들의 민주주의를 위협한다는 점을 알게 되었다.

미국사에서 미시시피 밸리의 중요성은 부분적으로 이곳이 반항의 지역이라는 사실에 있다. 이곳에서 민주주의의 이익을 위해 보통사람들의 상황을 개선하려는 다양한, 때로는 잘못되었으나 항상 열정적이었던 운동들이 일어났다. 미시시피 밸리로부터 보통사람들의 권리와 사회적 이상을 위한 실제적 혹은 상상된 입법적 안전장치에 대한 민중의 요구가 연속적으로 등장했다. 그레인저 운동the Granger Movement, 그린백 운동, 민중주의 운동the Populist movement, 브라이언 민주주의Bryan Democracy, 그리고 루스벨트 공화주의Roosevelt Republicanism 등이 모두 미시시피 밸리에서 가장 강력한 힘을 얻었다. 이러한 운동들은 미시시피 밸리의 이상이 행동으로 옮겨진 것들이었다. 미시시피 밸리 사람들은 실험과 경험을 통해 진정한 민주주의 사회의 자유, 진보, 개인주의를 지속해 줄 정당한 사회질서의 창조라는 근본적 문제와 어떻게 씨름할 것인가를 배우고 있었다. 미시시피 밸리는 "사람이 천하를 얻고도 자신의 영혼을 잃는다면 무슨 유익이 있으리오?"라는 질문을 던지고 있다.

미시시피 밸리는 미국에 대해 새로운 사회질서를 제공하였다. 이 지역의 대학교들은 사회봉사와 보통사람들의 신분 상승을 위한 새로운 제도를 제정하였다. 이 지역의 역사가들은 현대인을 위해 이 지역의 과거를 토대로 강대한 미시시피 밸리가 미국의 삶에 대해 내가 지금까지 설명한 것보다 훨씬 더 심오한 중요성을 가지고 있을지도 모른다는 점에 주목해야 한다. 그리고 이를 통해 미시시피 밸리의 오랜 야망을 설명하고 그 자원과 이상의 목록을 만들어야 한다.

7장
서부의 문제*

    서부의 문제는 미국발전의 문제와 다름없다. 미국 지도를 한번 보기만 해도 이러한 진실을 알 수 있다. 앨러게이니산맥이 동쪽을 가로막고 있는 "서부 지역주의"에 대해서 기술한다는 것은 그 자체로서 그 저술가가 편협하다는 것을 선언하는 것이다. 서부란 무엇인가? 미국의 삶에서 서부란 무엇이었는가? 이러한 질문들에 답변하는 것은 오늘날 미국의 가장 중요한 특징을 이해하는 것이다.

    근본적으로 서부는 하나의 지역이라기보다는 하나의 사회형태이다. 서부는 주인없는 토지의 변형적 영향력에 구제도와 사상을 적용한 결과로 인해 사회적 조건이 형성된 지역이다. 이러한 적용으로 인해 갑자기 새로운 환경이 도래했고, 기회의 자유가 열렸으며, 관습이 붕괴되고, 새로운 활동, 성장, 제도, 그리고 새로운 이념 등이 나타났다. 황무지가 사라지고, "서부" 자체가 새로운 변경으로 이전하고, 오지와의 접촉으

---

* 『대서양 월보(*Atlantic Monthly*)』, 1896년 9월. 허가를 받아 재출간하였다.

로 황무지에서 새로운 사회가 등장했다. 점차 그 사회는 원시적 조건을 상실하고 동부의 구사회 조건유형에 동화되었다. 그러나 서부사회는 그 안에 지속적이며 구별된 변경 경험의 유산을 보유하고 있었다. 수십 년이 지나 서부에서 서부로 이어지면서 이러한 미국사회의 부활은 사라져 갔고, 그 흔적을 뒤로 남긴 채 동부에 대응하였다. 우리의 정치제도와 민주주의 역사는 모방의 역사, 단순한 차용의 역사가 아니다. 이는 유기체가 변화된 환경에 따라 진화하고 적응하는 역사이며, 새로운 정치적 종의 기원에 관한 역사이다. 따라서 그런 의미에서 서부는 우리의 삶에 있어서 가장 중요한 건설적 힘이었다. 명민하고 박식한 관찰자인 브라이스의 말을 사용해 보자면 "서부는 미국의 가장 미국적 지역이다. (…중략…) 서부의 주들과 영토가 대서양 연안의 주에 대해 맺고 있는 관계는 유럽의 아시아에 대한 관계, 미국의 영국에 대한 관계와 같다."

사회구성의 한 단계로서 서부는 대서양 연안과 함께 시작되어 대륙을 횡단해 나아갔다. 그러나 식민지 해안지대는 구대륙과 밀접하게 접촉하고 있었으며 곧 서부적 양상을 잃어버렸다. 18세기 중반 더욱 새로운 사회조건이 대서양 연안 일대의 강 지류의 상부를 따라 등장했다. 여기에서 서부는 독특한 양상을 띠게 되었고, 훗날 변경의 특징과 이상을 그 지역에 전달하였다. 해안에는 유럽으로 눈을 돌리고 있는 어부와 선장, 상인과 농장주가 있었다. 강의 폭포 너머로는 대부분 비영국계인 스코틀랜드계 아일랜드인과 독일인 개척자 농민이 있었다. 이들은 독특한 민족을 구성했고 대서양 중부지역의 사회적, 경제적 삶을 남부 오지로 확장시킨 세력이었다. 이들 변경인들은 부운, 앤드류 잭슨, 칼훈, 클레이, 링컨 등의 선조였다. 워싱턴과 제퍼슨은 이러한 변경의 상황에 의해 깊이 영향을 받았다. 숲의 벌목개간지는 미국적 특성의 모종판이었다.

미국혁명기에 개척자들은 앨러게이니산맥을 넘어 자신들과 해변 지역 사이에 장애물을 설정하였다. 그들 자신의 말을 사용하자면 그들은 "서부의 강들의 사람들"이었고 "서부세계"의 후계자들이었다. 그 시대에 오지사람들은 해변사람들과 자신들이 다르다는 분명한 인식과 함께 (앨러게이니)산맥 서부 경사면을 따라 살면서 연방의 독립된 주로 구성될 것을 요구하였다. 자치정부가 이들의 이상이었다. 주가 되고자 하는 희망을 담은 무례하지만 정력적인 청원서 가운데 하나를 보면, "우리 동료 시민들 가운데 어떤 사람들은 우리가 스스로 일을 처리할 수 없고 스스로의 이익을 논의할 수 없다고 생각하고 있을 지도 모릅니다. 그러나 우리가 무례하다 해도 우리가 필요로 하는 것을 공급하는 것에 큰 지혜가 필요한 것은 아니고, 바보도 현명한 사람이 그를 위해서 해 주는 것보다 자기의 옷을 종종 더 잘 스스로 입을 수 있습니다"라고 기록되어 있다. 이러한 숲의 철학이 미국 민주주의의 철학이다. 그러나 대서양 해안지대 사람들은 이것이 암시하는 바를 받아들일 준비가 되어 있지 않았다. 그들은 주의회 선거구를 획정하여 재산을 지닌 해안지대의 소수가 인구가 더 많은 오지지역을 표로 압도할 수 있게 만들었다.

비슷한 체계가 1787년 헌법회의에서 연방주의자들에 의해서 제안되었다. 대의제도를 사람 숫자뿐만 아니라 재산에 근거하자고 주장한 모리스Gouverneur Morris는 "그는 또한 서부에서 곧 구성될 일련의 새로운 주들을 고대하고 있다. 그는 대의의 규칙은 대서양 연안 주들이 국가 협의체에서 우위를 확보해야 한다고 생각하였다"라고 선언하였다. 모리스는 "새로운 주들은 이들보다 공공 이익을 더 잘 모를 것이다. 새로운 주들은 많은 점에서 다른 이익을 지니고 있을 것이다. 특히 국가를 전쟁에 개입시키는 문제를 엄밀하게 검토하지 않을 것이며, 그 부담과 운영은 주로 해안 주들에게 부과될 것이다. 따라서 해안 주들이 이들로 인해 표의 열세에 처하지 않게 만드는 규정이 있어야 한다"라고 주장했다. 모리스는 더 나아가 서부지역은 "우리의 공공이익의 운영에 참여할 수 있는 우리 수준의 깨우친 사람들을 선발하지 않을 것이다. 멀리 있는 황무지가 아니라 사람들이 자주 찾는 곳이 정치적 재능을 가르치는 올바른 학교이다. 만약 서부 사람들이 권력을 장악한다면 대서양 해안 지역의 이익을 파괴할 것이다. 오지사람들은 항상 최선의 조치를 거부한다"라고 덧붙였다. 구브너 모리스의 이러한 언급 외에 루이지애나 연방가입에 관한 하원 토론에서 매사추세츠의 조시아 퀸시Josiah Quincy의 열정적인 반론(변경주의 연방가입에 대한 반론—역주)도 살펴보자. 헌법회의에서 노예투표와 서부에 관한 토론에 대해 언급하면서 그는 다음과 같이 토로하였다.

그래서 이러한 가중치의 효과 외에도 미시시피강 너머 세상에 사는 모든 사람들이 우리의 법률을 만들고, 우리의 권리를 통제하고, 우리의 운명을 결정하기 위해 이곳 하원과 다른 입법부(상원을 지칭하는 것으로 보임—역주)에 올 것이 명백히 예상된다고 생각해 보십시오. (…중략…) 그날의 애국자들이(1787년 헌법회의에 참석한 헌법제정자들을 지칭하는 것으로 추정됨—역주) 한 순간이라도 이러한 점에 대해 들어보았으리라고 감히 상상이나 해볼 수 있겠습니까? (…중략…) 그들은 백치병동에서 학위를 취득한 것이 아니었습니다. (…중략…) 아니! 나는 이미 6개 주에 관해서 들은 적이 있고,

머지 않아 더 많은 주가 있을 것이라고 합니까… 나는 또한 논의되고 있는 제국 중심의 동쪽 멀리에 오하이오강 입구가 있을 것이라는 이야기도 들어보았습니다. (…중략…) 당신은 여기 사람들을 미주리 강변의 황무지 사람들과 '잡탕'이 되도록 그 권리와 재산을 던져 버릴 권한이 없습니다. 그리고 더 존중할 만하다고 하여도 미시시피강 입구의 모래밭에서 햇볕을 쪼이고 있는 영국-스페인-프랑스계 미국인 인종과 섞이게 할 수도 없습니다. (…중략…) 당신은 북부 및 대서양 연안주의 사람들이 인내심을 지니고 그저 바라보면서 레드강과 미주리강 출신의 하원의원과 상원의원들이 이곳과 다른 원(상원을 지칭하는 것으로 보임 – 역주)으로 몰려와서는 자신들이 사는 곳에서 적어도 1,500마일이나 멀리 있는 해안지역의 문제를 처리하고, 헌법적으로 결코 가입할 수 없는 의회에서 우세를 점하는 것을 보게 되리라고 혹은 보아야 한다고 생각하십니까?

18세기 말 동부가 표현한 공포의 울림처럼 19세기 말에 이르러 서부를 경계하라는 저명한 동부 문필가[1]의 말이 떠오른다. 그 문필가는 "욱하는 성격이 있어도 고상한 이상은 없으며, 역사지식도 빈약하고, 직접적인 전쟁의 참화나 물질적 공포에 대한 노출로부터 안전하며, 상상력과 동정심이 미약한 저들은 그에 따르는 마땅한 책임감은 없이 권력을 소유한 결과 불행하고 위험한 지역공동체를 구성하고 있다. 전쟁에 대한 열망이 자기들의 위대함을 설득력 있게 과시하고 자신들의 야망을 충족시키는 멋있는 수단이라고 생각하는 그들의 공동체는 전쟁에 쉽게

---

1   Charles Eliot Norton.

자극된다. (…중략…) 어떤 우연한 불꽃이 대평원에 불을 지를 수 있다"
고 경고했다.

그래서 금세기 시작과 끝에 이르러 서부가 뉴잉글랜드의 사상적 지
도자들을 바라볼 때, 이런 점에서 서부문제가 존재하고 있었다. 처음부
터 해안지대 너머에는 새로운 유형의 사회가 성장하고 있었다. 국가의
운명이 서부의 손에 좌우될 시기가 오리라는 인식이 존재했다. 해안지
역과 서부지역 간의 분열은 연방헌법의 비준을 둘러싼 갈등에서 분명
해졌다. 부채를 떠맡고 있어 지폐를 갈망했던 고지대 농업지역은 일부
서부지역은 예외로 하더라도 그러한 법률문서(연방헌법을 지칭－역주)를
반대했다. 그러나 교역과 재산의 지역이 승리했다. 따라서 이 초기 서부
민주주의의 이상이 무엇이었는지를 이해하는 것이 중요하다. 변경사람
들은 대서양 연안사람들과 어떻게 달랐나?

서부의 강들의 사람들에 대한 가장 명백한 사실은 그들이 문명의 많
은 수확을 파괴하는 영향력 아래 오래 있었다는 점이다. 그들은 체계적
교육을 받을 기회로부터 멀리 유리된 채, 타운의 사회적 안락함 대신 숲
의 벌목개간지에서 오두막집을 짓고 살면서 난관과 궁핍을 경험했고,
다양한 측면에서 원시적 삶의 상황으로 귀환했다. 그들은 숲을 통제하
려는 투쟁 속에서 거의 정금이나 돈 없이 개인의 힘으로 노력했으며, 그
들의 관심사는 채무자 계급의 관심사와 같았다. 전진 이동의 각 단계마
다 서부는 화폐의 팽창을 선호했다. 개척자들은 자신이 속한 사회의 미
래에 대해 무한히 확신했다. 그리고 재정적 수축과 불황이 발생할 때 자
신의 모든 것을 서부의 발전에 맡기고 가족을 위해서 야만인들과 싸워
온 개척자들은 보수적 지역과 계급을 비난하는 경향이 있었다. 이러한

적대감에 대한 설명은 서부의 기본적 특징으로 부정직, 무지, 천박함을 맹렬히 비난하는 것 이상을 요구했다. 미국에서 법률은 두 개의 구별된 사회적 상황을 다루어야 했다. 어떤 지역에는 부의 축적이 있었고 지금도 있으며 또한 기득권이 중요했다. 다른 지역에서는 자본이 부족했고, 다소 다른 경제적, 사회적 이상과 함께 원시적 조건이 지배하고 있어서 보통사람들의 만족감이 중요했다. 이 두 가지 이상 사이의 갈등에서 정부가 항상 공평하게 대처해 왔다고 보기는 어려울 것이다.

서부사람과 해안 연안지역 사람들의 분리에 따른 환경으로 인해, 서부사람들은 대체로 유럽의 전례나 세력으로부터 독립할 수 있었다. 서부사람은 사물을 독립적으로 보았고 구대륙의 가장 우수한 경험을 별로 높게 평가하지 않았다. 서부사람에게는 "외국인과의 교류 및 그들의 생각에 대한 친밀감, 그리고 가장 좋은 것과 생각, 절차, 관습에 있어서 가장 적절한 것이면 무엇이든지 선택함으로써" 문명을 진전시켜야 한다는 철학적, 절충적 국가에 대한 이상이 없었다. 서부사람에게는 오히려 이 새 나라에서 독창적이고 가치 있는 것을 보존하고 개발하는 것이 이상이었다. 구사회가 주인없는 토지에 들어온다는 것은 서부사람에게는 새로운 유형의 민주주의와 새로운 대중적 이상의 수용을 의미했다. 서부는 보수적이지 않았다. 그 구성에 있어서 서부는 자기확신과 자기주장이 독특한 특징이었다. 서부는 성장과정에서 오로지 새로운 사회와 국가의 질서를 보았을 뿐이다. 이러한 관념에는 선의 요소와 악의 요소가 있었다.

그러나 이러한 새로운 사회에 관한 근본적 사실은 토지와의 관계에 있었다. 부트미Émile Boutmy는 미국에 대해 "그들의 일차적이고 지배적인 목적은 이 초원, 숲, 광대한 황무지를 경작하고 거기에 정착하는 것이다. 주목할 만한 미국사회의 독특한 특징은 미국이 민주주의 국가라기보다는 엄청난 영토의 발견, 개척, 자본화를 위한 거대한 상업적 회사라는 점이다"라고 말했다. 물론 이러한 지적은 심각한 오해를 담고 있다. 여기서 제시된 과제에서 볼 때, 국가와 사회의 광범위한 이상은 이러한 이상을 대표하는 국가에 대한 충성심에 수반되어 서부에서 진화되어 온 것이었다. 그럼에도 부트미의 서술은 내륙사람들의 근본적 특징은 서부의 주인없는 토지 때문이라는 근본적 사실을 잘 지적하고 있다. 이러한 특징은 자신들이 문명의 목적에 맞도록 이러한 특징을 굴복시키는 과제, 그리고 자신이 창조하고 있던 새로운 민주주의 사회에서 스스로 경제적, 사회적 신분을 진전시키는 과제에 서부사람들의 관심을 집중하게끔 만들었다. 예술, 문학, 교양, 과학적 행정 등 모든 요소는 이 거대한 노력에 양보해야 했다. 정력, 중단 없는 활동이 미국의 새로운 운명이 되었다. 앤드류 잭슨 시대의 한 여행자는 "미국은 그 대문 위에 뜨거운 글자로 '사업 이외에는 이곳 출입을 금지함'이라고 인쇄되어 있는 거대한 공작소와 같다"고 말했다. 우리 시대의 서부는 브라이스에게 "바텍Vathek이 에블리스Eblis의 홀[2]에서 발견한 것 같은, 각자 여기저기로 종종걸음과 분주한 표정으로 달려가면서 가슴에 불길을 안고 이리저리 몰려가는 군중을 상기시켜 준다. 이들의 임무에 비해서 시간은 너무나 짧은 것 같고, 그 결과는 항상 이들의 욕구에 미치지 못 한다"라고 환기

2 역주 : 바텍은 1782년 영국인 소설가 윌리엄 벡포드(William Beckford)의 소설 『바텍, 아라비아 이야기』(*Vathek, an Arabian Tale*)의 주인공으로 소설 속에서 아라비아의 칼리프로 등장함. 에블리스의 홀은 타락한 이슬람 천사인 에블리스의 궁전으로 바텍이 유혹에 빠져 들어간 곳임.

시켜 주고 있다.

그러나 주인없는 토지와 자신의 사회적 운명을 개척해 나간다는 의식은 서부사람들이 물질적 이익을 추구하고 쉼 없는 일상에 헌신하게 만드는 것 이상의 효과를 지녔다. 이러한 조건은 서부 정착민들 사이에 평등을 촉진했고, 동부의 귀족적 영향력에 대한 견제장치로 작용했다. 누구나 거의 소유하는 것과 마찬가지로 농장을 가질 수 있는 곳에서 경제적 평등이 쉽사리 도래했고 이는 정치적 평등을 수반했다. 서부사람이 이러한 이상을 포기한다는 것은 싸움 없이는 불가능한 것이었고, 이는 오늘날 먼 서부지역에서 발생하는 소요를 설명할 수 있다.

서부의 민주주의는 평등뿐만 아니라 개인적 자유도 포함했다. 변경인은 속박을 참지 못했다. 변경인은 법질서가 없는 속에서도 질서를 유지하는 법을 알고 있었다. 만약 소도둑이 있다면 린치법이 즉각적이고 효과적이었다. 남북 캐롤라이나의 규제관들은 아이오와 손해배상 협회와 캘리포니아의 자경위원회의 전임자였다. 그러나 개인은 복잡한 규제에 종속되려 하지 않았다. 인구는 희소했고 구정착지처럼 정교한 신체적 속박을 요구하는 여러 가지 복잡한 이해관계도 없었다. 사회는 원자화되었다. 법률의 인격화라는 원시적 생각이 재생산되었고, 범죄는 지역법률의 위반이라기보다는 피해자에 대한 공격이었다. 가장 직접적 방법으로 보장되는 실질적 정의는 오지사람의 이상이었다. 오지사람은 정교한 구별이나 방법에 구애되는 것을 참을 수 없었다. 만약 마땅히 해야 하는 것이라면 가장 즉각적이고 투박하고 신속하며 효과적인 방법이 최선이었다.

조직화된 정치생활의 부재로부터, 그리고 오지의 원자적 사회여건으로부터 개인이 고양되고 자유로워지는 현상이 나타났다. 서부는 기회의 또 다른 이름이었다. 서부에는 광석을 캐낼 수 있는 광산이 있었고, 선점할 수 있는 비옥한 계곡이 있었으며, 가장 명민하고 용감한 자들에게 열려 있는 천연자원이 있었다. 미국은 개인이 구사회 질서의 속박 혹은 과학적 정부운영의 속박 없이 개방된 공간을 제공받는 수준에 있어서 독특한 사회였다. 자수성가한 사람은 서부사람의 이상이었다. 그리고 모든 사람들이 그렇게 될 수 있었다. 이러한 황무지 경험으로부터, 그리고 기회의 자유로부터 서부사람은 개인이 자신의 것을 추구할 수 있는 자유라는 사회적 재생의 공식을 만들어 냈다. 그는 자신의 여건이 예외적이거나 일시적이라고 생각하지 않았다.

그러한 조건하에서 지도력이 쉽게 발전하였는데, 이 지도력은 젊은 사회에 가장 유용한 품성을 지녀야 한다는 요건에 기초해 있었다. 서부 정착의 역사에서 지역의 영웅을 좇아 이동하는 요새화된 마을이 매번 등장한다. 클레이, 잭슨, 해리슨, 링컨 등은 서부의 영웅이 국가적 영웅의 위엄을 획득한 시기에 이러한 추세를 상징하는 인물들이었다.

서부사람은 자기 지역의 명백한 운명을 믿고 있었다. 그 경계에서 자신의 전진을 막는 것은 인디언, 스페인 사람, 영국 사람이었다. 서부사람은 동부의 무관심과 동부가 상호관계에 대한 서부의 관점에 동조하지 않는 것에 대해서 분노했으며, 또한 동부정책의 근시안적 성격에 분개했다. 스페인의 미시시피강 폐쇄, 뉴잉글랜드에게 상업적 이익을 주는 대가로 미시시피강 자유운행 권한을 교환하자는 스페인의 제안은 거의 서부의 연방탈퇴로까지 이어질 뻔 했다. 루이지애나 매입을 가능하게 하고 1812년 전쟁선언을 지지하는 방향으로 저울추를 바꾼 것은 서부의 요구였다. 서부는 국가의 대륙적 운명에 대한 전망을 장악했다. 자신의 미국사에서 헨리 애담스Henry Adams는 1800년의 미국이 외국인 방문자에게 다음과 같이 외치게 만들었다.

나의 부를 보라! 소금, 철, 납, 구리, 은, 그리고 금으로 속이 꽉 찬 산들을 보라. 태평양까지 넓게 흩어져 있는 이 장려한 도시들을 보라. 태양이 높이 떠올라 먼 산이 내 황금빛 바다를 묶어주는 곳이 어디인지 정할 수 없을 만큼 너무도 넓고, 바다에서 바다로 펼쳐져 있어 여름 바람결에 바스락거리고 파도치는 나의 옥수수 밭을 보라. 창조된 세계 가운데 가장 어여쁜 나의 이 대륙을 보라. 태양을 향해 누워 수백만 명의 아이들을 먹이기 위해 젖이 넘쳐 나고, 넓고 풍요로운 가슴을 계속해서 애무하는 이 대륙을 보라.

그리고 그 외국인은 단지 사람 수가 적고 학질에 걸린 개척자와 야만인이 소작하며 사는 삭막한 사막만을 보았다. 도시들은 통나무집과 노름 소굴이었다. 그러나 변경인의 꿈은 예언적이었다. 무례하고 조악한 성품에도 불구하고 이들 초기 서부사람은 이상주의적이었다. 그는 꿈을 꾸었고 미래를 보았다. 그는 사람에 대한 믿음, 민주주의에 대한 희망, 미국의 운명에 대한 신앙, 자신의 꿈을 실현시킬 수 있는 능력에 대한 무한한 확신을 지니고 있었다. 1834년 해리엇 마르티노Harriet Martineau는 "나는 미국인들을 배아胚芽 시인이라고 생각한다. 지금은 침울하고 거칠지만 절대적인 훌륭한 감성의 결과를 가져올 시인, 행동은 쉼이 없고 다루기 힘들지만 마음 속 깊이 평화가 있는 시인, 과거 사물의 진정한 양상, 세계가 거의 꿈꾸는 것도 시작해 보지 않은 장려한 어떤 것을 창조하려고 자신 앞에 있는 미래의 깊이를 포착하면서 기뻐하는 시인 말이다. (미국에는−역주) 어떤 이념에 사로잡힐 수 있는 나라에 대한 가장 강력한 희망이 있다"라고 말했다.

서부의 이러한 이상주의를 기억하는 것이 중요하다. 서부에 대해 촉구된 물질주의는 평등, 보통사람의 지위 향상, 국가적 팽창의 이상을 동반했다. 따라서 이러한 사실은 서부를 마치 단순히 물질적 목적에 몰두해 있는 것처럼 서술하는 것이 중대한 오류임을 알려준다. 서부는 잘못된 것이든 아니든 지금까지 그래왔고 현재도 그런 것처럼 분명 이상이 지배하는 지역이다.

이러한 경제적, 사회적 조건은 서부의 삶에서 매우 근본적인 것이어서 해안지역으로부터 혹은 유럽으로부터의 이민이 서부로 무엇을 가져오든지 간에 그것을 지배할 것이다. 그럼에도 불구하고 서부가 북부와 남부로부터 커다란 이주민의 흐름을 받았다는 사실, 그리고 미시시피 강이 이러한 흐름을 서로 혼합했다는 사실을 기억하지 않고서는 서부를 이해할 수 없다. 여기서 지역주의는 통합의 압력으로 인해 처음으로 붕괴된다. 궁극적으로 구지역의 상충하는 이념들과 제도들이 통합을 위한 힘의 영향 때문에 이 지역의 지배권을 두고 갈등하였다. 그러나 이는 단순히 서부가 통합해야 하며 지역적 집합으로 안주해서는 안 된다는 진실의 또 다른 측면이었다. 바로 이러한 이유 때문에 갈등이 발생했다. 미국혁명으로부터 1812년 전쟁 종결까지 남부와 대서양 연안 중부 주들의 민주주의는 서부에 대해 정착과 사회적 영향력의 주요한 이동 요인을 제공하였다. 심지어 오하이오주에서도 뉴잉글랜드의 지도자들은 곧 정치적 힘을 상실했다. 대서양 중부지역의 민주적 정신은 이러한 서부 형성기에 지울 수 없는 영향력을 남겼다. 1812년 전쟁 이후 뉴잉글랜드는 세계무역의 최고지위가 사라진 후 많은 정착민들이 서부 뉴욕과 먼 지역으로 떠나가는 분주한 장소가 되었다.

이들 정착민들은 뉴잉글랜드의 교육, 성품, 정치제도의 이상을 확산시켰으며, 북서부에서 매우 중요한 변화요인으로 작용하였다. 그러나 혼합되지 않는 순수한 뉴잉글랜드의 영향력이 북서부를 사로잡았다고 믿는 것은 잘못이다. 이들 개척자들은 뉴잉글랜드 문명을 순수하고 때 묻지 않게 보존했던 계급에서 등장하지는 않았다. 이들은 덜 만족하고 덜 보수적인 영향력을 대변하고 있었다. 더구나 이들은 서부로의 장정 중에 중부지역에 체류함으로써 수정의 과정을 거쳤고, 더 먼 서부가 이들을 받아들였을 때 이들은 진정으로 변화를 겪어야 했다. 서부화된 뉴잉글랜드 사람은 더 이상 자신들이 떠나온 지역(뉴잉글랜드-역주)을 대표하지 않았다. 그는 덜 보수적이고, 덜 편협하며, 더 높은 적응력을 보이며, 사교적이며, 덜 완고한 청교도였으며, 교양은 좀 부족하면서, 행동이 더 앞서는 사람이었다.

따라서 기대한 것처럼 서부사람은 "호조의 시대the era of good feeling"[3]에 미시시피 밸리를 관통하여 다수의 동질성을 보유하고 있었고, 새로운 국민유형으로 등장하기 시작했다. 그들은 헨리 클레이의 지도 아래 국민정부를 활용하여 내륙개발을 통해 산맥의 장애를 부수고 자신의 곡

---

3   역주 : 1812년 전쟁에서 미국이 승리한 이후 대강 먼로 대통령이 역임한 시기와 상당 부분 겹치는 1815~1825년의 기간을 지칭함. 이 시기는 연방당(Federalists)이 몰락하면서 민주공화당(Democratic Republicans)의 일당지배가 구축되어 표면적으로 정파적 대립이 줄어들었고, 미국이 국내문제에만 집중할 수 있는 여유를 찾으면서 서부로의 팽창이 진행되어 국민주의가 확산되는 시기였음.

물이 대서양에 진출할 수 있는 출구를 만들었다. 서부사람들은 클레이의 지휘 아래 정부가 보호관세를 통해 국내시장을 만들어 줄 것을 호소했다. 일군의 변경주들은 선거권을 존중하는 민주적 조항과 함께 연방에 가입했고, 자신들에게 토지를 준 정부에 대한 헌신적으로 길과 운하를 건설하고 자신의 영토를 규제했으며, 다른 주들과의 형제관계에서 자신들을 평등한 주체로 만들었다. 마침내 공격적 국민주의와 민주주의라는 서부의 힘은 이를 가장 잘 구현한 사람, 즉 앤드류 잭슨을 통해서 정부를 장악하게 되었다. 나라를 장악하고 정치력에 대한 이상적 관념을 파괴한 이 새로운 민주주의는 독일의 숲에 대한 이론가의 몽상에서 출현한 것이 아니었다. 견고하고 강하며 생명력으로 가득한 이 새로운 민주주의는 미국의 숲에서 출현했다. 그러나 이 서부 민주주의의 승리는 이것이 해안지역 노동계급의 지지를 불러올 수 있다는 사실을 보여주었으며, 곧 자의식과 조직을 구비하기 시작했다.

서부개발의 다음 단계에서 서부지역의 북부와 남부 사이의 분열이 드러났다. 목화문화의 확산과 함께 노예제도와 대농장제도도 확대되었다. 다양한 곡물을 재배하던 통나무집의 소농민은 목화를 재배하는 대농장주에 의해 대체되었다. 산악지대를 제외한 모든 지역에서 해안지대의 산업조직이 남서부를 장악했고, 오지의 통일성이 붕괴되었으며, 견고한 남부solid South[4]가 형성되었다. 당시 북서부는 철도와 운하의 시대를 맞이하여 중부지역과 뉴잉글랜드 정착민의 이주흐름에 개방적으

---

4   역주: 통상 'Solid South'는 남북전쟁 이후 민주당이 백인 중심의 일당지배 체제를 구축한 남부를 지칭함. 여기서는 남부의 흑인 노예노동을 이용한 목화 재배지역의 주들을 지칭하는 것으로 보임.

로 대처했고, 노예제 반대를 강화하고 있었다. 북서부 지역에서 뉴잉글랜드 가계족보를 지닌 사람들의 위상을 보여주는 지도는 마찬가지로 자유토지당이 가장 강한 득표력을 보였던 카운티들을 대변한다. 북서부의 상업적 연계 역시 철도에 의해서 역전되었다. 그 결과는 아래와 같이 1852년 『드 보우스 리뷰*De Bow's Review*』에 실린 작가의 글에 나타난다.

지금 뉴올리언스는 무엇인가? 위대함과 영광에 대한 뉴올리언스의 꿈은 어디에 있는가? (⋯중략⋯) 그녀가 잠들어 있는 동안, 적이 들어와 그녀의 풍성한 대지에 잡초를 심어 놓았다. 정력, 진취성, 그리고 불굴의 정신으로 적은 대담하고 활기차게 지속적인 노력을 통해 자연과 자연에 있는 하나님의 법률을 뒤집는데 성공했다. 그 적은 실제적으로 그리고 상업적으로 강들의 입구가 뉴올리언스보다는 뉴욕과 보스턴에 있을 때까지 미시시피강과 그 지류들의 강력한 흐름을 밀어 올렸다.

서부는 분열했고, 미시시피강 너머 토지에 생겨날 사회체계를 둘러싼 거대한 투쟁이 뒤를 이었다. 남북전쟁 시기 북서부는 국가적 영웅을 배출했다. 링컨이 변경의 훈련과 이상의 꽃이었다. 그리고 서부는 정부의 전체 권력을 자기 손에 장악했다. 남북전쟁이 종결되기 전 서부는 대통령, 부통령, 대법원장, 하원의장, 재무부 장관, 체신청장, 법무부 장관, 육군의 오성장군, 해군의 오성장군 등을 모조리 차지했다. 전쟁의 주요 지휘관 장군들은 서부에서 배출되었다. 서부는 행동의 지역이었으며 위기 시에 고삐를 쥐고 있었다.

국가의 승리는 서부개발로 이어졌다. 국가의 힘은 초원과 평원을 가로질러 나아갔다. 정부 대출과 토지교부로 조성된 철도는 정착의 길을 열었고, 연방의 모든 지역으로부터 유럽 이민자들과 끊임없는 개척자의 무리가 정부토지에 쏟아져 들어왔다. 미국 육군은 인디언을 몰아냈으며, 직사각형의 준주가 역사, 지리적 통합성, 특별한 이념도 없이 연방정부의 창조물로서 바둑판처럼 생긴 주들이 되어 새겨 넣어졌다. 늦게 도착한 변경인은 국가권력의 강력한 팔에 의지했다.

동시에 남부는 혁명을 겪었다. 노예제도에 근거한 대농장은 농가로 대체되었고, 상류층은 민주파에 자리를 내주었다. 서부와 마찬가지로 광산업, 제조업과 같은 새로운 산업이 마술처럼 등장했다. 신남부the New South는 신서부the New West처럼 재건의 지역, 채무자의 지역, 소유의 지역이었다. 이 지역도 연방법을 사용하는 것을 배우게 되었다.

그러는 동안 구북서부는 경제적, 사회적 변화를 경험했다. 서부 전체는 연속적 경제발전의 파도가 지나간 지역이 되었다. 위스콘신주는 이제 상당히 뉴욕주처럼 변화했는데, 그전에는 현재의 네브래스카주와 같았다. 그레인저 운동과 그린백당은 한동안 상승기류를 타고 있었다. 정착 인구가 더 드물었던 위스콘신주의 북부 카운티에서는 여전히 채무자 계급에 대해 공감대가 있었다. 그래서 구북서부는 부분적으로 예전의 변경조건이 잔존하고 있는 지역이며, 사물을 보는 전승된 방식은 대체로 그 변경시절로 추적된다. 동시에 이 지역은 많은 측면에서 동부에 동화된 지역이었다. 이 지역은 양대 지역(동부와 서부─역주)을 모두 이해한다. 이 지역은 부가 축적되어 있고 대형기업 조직이 지역의 기존 경제, 사회구조에 전적으로 만족하지는 않는 지역이었다. 그러나 이 지역은 또한 자신의 이해관계가 대평원과 남부의 생각을 지지하는 데 있다고 느끼지도 않는다. 제53대 의회에서 이 지역은 소득세에 대해서는 찬성 투표를 던졌지만 자유 동전주조는 거부했다. 이 지역은 산업 국민주의 이상보다는 여전히 자수성가한 사람의 이상에 의해 지배되고 있었다. 이 지역은 해안지역보다 더 미국적이었으나 덜 사해동포주의적이었다.

우리는 이제 서부문제에 포함된 여러 요소들을 명확히 보아야 할 위치에 서 있다. 거의 3세기 동안 미국의 삶을 지배해 온 사실은 팽창이었다. 이러한 팽창운동은 태평양 연안의 정착 및 주인없는 토지의 정복과 함께 멈추어 섰다. 이러한 팽창이 더 이상 작동하지 않을 것이라는 점은 성급한 예측이다. 그리고 활력 있는 외교정책, 해양을 연결하는 운하, 해양에 대한 우리의 힘의 부활, 주변 섬들과 이웃 나라에 대한 미국의 영향력 확대 요구는 이러한 운동이 지속되리라는 표시이다. 이러한 요구의 요새는 앨러게이니산맥의 서부에 있다.

먼 서부에서는 쉼 없이 법석대는 정착민의 파도가 건조한 초원에 대한 충격과 함께 종식되었다. 주인없는 토지는 사라졌고, 대륙횡단은 완성되었으며, 이러한 모든 충동과 정력은 소요의 통로로 전환되고 있다. 한 지역에서의 실패는 더 이상 새로운 변경에서 토지를 획득함으로써 보상될 수 없었다. 정착사회의 조건은 갑작스럽게 그리고 혼돈스럽게 달성되고 있었다. 서부는 임대자본으로 건설되었으며, 유예지불의 표준으로서 금의 안정성 문제는 자신이 당면한 산업상황에 깊이 불만을 지닌 채무지역인 서부가 격렬하게 요구하였고, 치유책에 대한 변경적 성격의 직접성과 엄격함을 통해서 활성화되었다. 대부분 미시시피강 너머 서부를 건설한 사람들은, 그리고 이러한 소요를 지금 주도하고 있는 사람들은 구북서부가 변경지역의 단계를 막 벗어나고 있을 때 북서부를 떠나 개척자로 왔다. 예컨대 최근 전국 민중주의 전당대회national Populist Convention 의장이자 자기 지역 정치지도자의 한 사람인 네브래스카의 상원의원 앨런William V. Allen은 19세기 중반 오하이오에서 태어나 어린 시절 아이오와로 이주했고, 남북전쟁 이후 오래지 않아 네브래스카에 정착했다. 소년 시절 그는 정착민들 때문에 버펄로 소가 쫓겨나는 것을 보았다. 그는 개척자들이 들어오면서 인디언들이 물러나는 것도 보았다. 그의 훈련은 변경시절의 구서부적인 것이었다. 그리고 지금 그런 변경의 기회는 사라지고 없다. 불만이 증가하면서 그에 대신해서 정부행위의 확대가 요구되고 있다. 이러한 요구에 따라 구서부는 남부와 동부의 억압받는 농업계급 및 노동자들을 접촉하고 있다. 서부의 문제는 더 이상 지역적 문제가 아니다. 이 문제는 전국적 수준의 사회적 문제이다. 앨러게이니산맥에서 대서양에 이르는 더 광대한 서부는 하나의 단위로 간주될 수 없다. 이 대서부는 지역과 계급에 대한 분석을 요구한다. 그러나 그 영역, 인구, 물질적 자원은, 미국에 지역주의가 있다면 그 지역주의는 동부적일 것이라는 대서부의 주장을 강화해 줄 것이다. 신남부와 연합된 구서부는 새로운 지역주의를 창출하는 것이 아니라 새로운 미국주의를 창출할 것이다. 이는 누군가가 추측했듯이 지역적 해체를 의미하는 것이 아니라, 대중적 영웅의 지도 아래 국민정부와 제국적 팽창에 대한 급진적 선언을 의미할 것이다.

그렇다면 다음의 내용이 진실에 가까운 상황이다. 다양하고 상충되는 이상과 사회적 이익을 지니고 이질적 성분으로 구성된 국민이 빈 대륙의 공간을 채우는 과제에서 벗어나, 이제는 자기 자신에게로 향하고 있고 균형을 찾아가고 있는 것이다. 이 다양한 집단들은 국가 통일성으로 융합되고 있다. 재구성의 활력은 요동치고 있으며, 국가는 마녀의 주전자처럼 모든 것을 할 수 있을 것 같다.

그러나 서부는 동부와 마찬가지로 그 자체의 산업생활과 문화의 중심을 지니고 있다. 서부는 주립대학교를 운영하고 있으며, 보수적이고 과학적인 경제훈육에 있어서 연방의 다른 어떤 지역에 뒤지지 않는다. 이 지역의 시민들은 동부사람이 서부를 방문하는 것보다 더 자주 동부를 방문하고 있다. 시간이 지남에 따라서 산업발전은 이 지역을 동부와 조화롭게 만들 것이다.

더구나 구북서부는 세력균형자의 역할을 하고 있으며, 미국발전의 이슈들이 해결되어야 하는 전장이다. 구북서부는 다른 어떤 지역보다도 미국의 모든 지역들과 더 많은 것을 공유하고 있다. 이 지역은 동부가 서부를 이해하지 못하는 것만큼 동부를 이해하고 있다. 미시간 호반에 최근에 솟아 오른 화이트 시티(the White City: 시카고에 건설된 대규모 놀이공원—역주)는 위대한 성취능력뿐만 아니라 성장하는 문화의 적절한 전형이다. 구북서부의 복합적인 대표적 산업조직과 기업연대, 서부경험에서 독창적이고 훌륭한 것을 견지하려는 결의, 다른 지역 및 국가의 경험의 결과를 배우고 수용하려는 의사는 이 지역을 개방적이고도 안전한 미국 운명의 중재자로 만들어주고 있다.

장기적으로 "공화국의 중심"(구북서부—역주)은 경합하는 이상들 간에 현명한 균형을 취할 것이다. 그러나 이 지역은 자신을 속이지는 않는다. 이 지역은 서부의 문제는 미국을 위한 독창적인 사회적 이상과 사회적 적응을 만들어 내는 문제일 뿐이라는 것을 알고 있다.

8장
서부생활에서의 지배적 힘*

구북서부는 미국대륙을 횡단하는 정착민 행렬이 남겨 놓은 자취들을 이야기해 주는 이름이다. 신북서부는 퓨젯사운드Puget Sound의 물길 미로를 대면하고 태평양을 향한 운명을 기다리고 있다. 역사적으로 북서부의 준주인 구북서부는 이제 새로운 미국의 중부지역이다. 100년 전 이리 호수 연안에 모제스 클리블랜드가 코네티컷 보류지로 소수의 사람을 이끌고 오는 동안, 구북서부는 오하이오강과 그 지류를 따라서 몇몇 프랑스 정착지와 제멋대로 뻗어나간 미국인들의 촌락이 간헐적으로 있었던 황무지였다. 오늘날 이 지역은 미국 공화국의 핵심이다. 1860년 이래 미국 인구의 중심은 이 지역의 경계 내에 있었고, 국가 제조업의 중심은 오하이오에 있는 맥킨리 대통령의 고향에서 8마일 거리에 있었다. 1860년 이래 미국 대통령으로 선발된 7명 가운데 6명이 구북서부 출신이었으며, 7번째 대통령은 서부 뉴욕이라는 이웃 지역 출신이었다.

---

* 『대서양 월보(*Atlantic Monthly*)』, 1897년 4월. 허가를 받아 출간하였다.

구북서부 5개 주의 주의회 하원의원은 구중부주 출신 의원의 숫자를 이미 넘어 섰고, 뉴잉글랜드의 하원의원의 3배에 이른다. 따라서 이 지역의 문명에 기여한 집단들은 생각해 볼만한 가치가 있다. 오하이오, 인디애나, 일리노이, 미시간, 위스콘신 등 구북서부를 구성한 주들을 알기 위해서는 이 주들의 사회적 기원을 이해해야만 한다.

구북서부의 연대관계에서 가장 오래된 주는 오하이오이다. 뉴잉글랜드는 오하이오 회사가 1787년 조례를 확보하는 과정에서 수행한 역할을 통해 이 주의 구성을 촉진했고, 매사추세츠와 코네티컷은 마리에타와 클리블랜드에 청교도적 영향력의 지속적인 중심지를 이식했다. 같은 기간 뉴저지와 펜실베이니아는 심스 구매지역에 식민지 정착민을 보냈고, 버지니아 사람들이 칠리코트 지역에서 군복무 보상토지를 추구한 한편, 신시내티는 심즈 구매지역에서 집합점이 되었다. 대서양 연안 중부주들과 남부는 민주적 이념과 함께 초기 역사에서 오하이오 정치의 지배적 요소가 되었다. 이러한 지배력은 1820년 당선된 오하이오 주의회 의원의 출생지에서도 나타난다. 뉴잉글랜드가 9명의 상원의원과 16명의 하원의원을 배출했는데, 이들은 주로 코네티컷 출신이었다. 뉴욕, 뉴저지, 그리고 펜실베이니아가 17명의 상원의원과 21명의 하원의원을 배출했는데, 이들은 대부분 펜실베이니아 출신이었다. 한편 남부는 9명의 상원의원과 27명의 하원의원을 배출했는데, 그 과반수는 버지니아 출신이었다. 하원의원들 가운데 5명은 아일랜드 본토 출신이었는데, 아마도 스코틀랜드계 아일랜드인일 것이다. 따라서 오하이오 상원에서 대서양 연안 중부주가 뉴잉글랜드나 남부를 합친 숫자만큼의 의원을 보유하고 있었고, 남부는 하원에서 대서양 연안 중부주보다 의원이 약간 더 많았다. 전체적으로 민주당의 남부와 중부지역 출신 의원들이 연방당의 뉴잉글랜드 출신 의원들보다 3대1 정도의 비율로 많았다. 비록 오하이오가 일반적으로 뉴잉글랜드의 자손이라고 생각되기는 하지만, 주구성의 초기에 오하이오는 다른 세력이 지배하고 있었다.

1820년 이 초기 기간의 종결 시기에 이르면 오하이오는 이 주의 북서부 구석을 제외하고 대체로 전체 지역이 정착지가 되었고, 인디애나의 구성시기가 시작되었다. 오하이오처럼 인디애나에서도 남부적 요소가 많았다. 그러나 오하이오로 흘러들어간 남부의 이주 흐름은 그 연원이 버지니아였던 반면, 인디애나를 찾아간 주요한 인구 흐름은 노스캐롤라이나에서 발원하였다. 그리고 이들 정착민들은 대부분 볼품없는 계급 출신이었다. 남부로부터 인디애나로 정착해 들어오는 부류에는 두 가지 구별된 집단이 있었다. 주로 반노예제도의 신념으로 인해 노스캐롤라이나로부터 온 퀘이커교도가 그 하나였고, 부분적으로 특별한 야망 없이 이동하는 정처 없는 사냥꾼들과 아낄 줄 모르는 개척자와 자신의 운명을 개선한다는 분명한 목적을 지니고 새로운 지역으로 이주해 온 전직 감독자와 같은 계급들이 다른 하나였다.

이 집단들은 남부가 인디애나에 대해 기여한 부분의 구별된 특징이며, 또한 인디애나가 왜 촌놈 주the Hoosier State('hoosier'는 시골뜨기 혹은 촌놈이라는 뜻-역주)라고 불리는지를 설명해 준다. 그러나 이는 모든 남부이민자들이 이러한 종류의 계급으로 왔다거나, 혹은 이들이 오늘날 인디애나의 개발에 있어서 일상적 집단이었다는 것은 결코 아니다. 주간 이주가 지속적이고 광범위하게 진행되었던 북서부의 경우, 어떤 전형적 주로서의 특성이 결여되어 있다는 점은 명백하다. 그리고 여행자처럼 사회연구자들이 특정사회를 그 주변과 구분하려고 노력하다 보면, 그 주에 대해 독특한 성격을 부여하고 있는 이상하고 예외적인 요소들을 과장하려는 유혹에 넘어가기도 한다. 인디애나는 이러한 경향으로 다소 고통을 겪었다. 그러나 이러한 기원의 특성이 인디애나에 대해 깊고 지속적인 영향력을 남겼음은 의심의 여지가 없다. 1820년 인디애나 정착은 주로 남부의 카운티에서 시작되었는데, 그곳에서 남부와 대서양 연안 중부주의 영향력은 지배적이었다. 두 명의 인디애나 연방 상원의원들은 버지니아 태생이었고, 한 명의 하원의원은 펜실베이니아 태생이었다. 남부의 집단은 꾸준히 강력했기 때문에 인디애나의 기원에 관한 한 연구자는 1850년 이 주 인구의 1/3이 원래 남북 캐롤라이나 태생의 사람들과 그들의 한 세대 후손이라고 추정했다. 남북전쟁이 발생하기 몇 해 전까지만 해도, 북부의 이주흐름은 인디애나에 대해 결정적 영향력을 행사하지 못했다. 인디애나는 자신의 자매주들과 달리 호수 주변의 항구가 없었다. 시카고와 같은 호수 항구로부터 인디애나로의 정착지 확대는 매력 없는 인디애나 북서부 지역으로 인해 중단되었다. 여기에 석회암 지대와 최고의 토지가 오하이오로부터 거의 북쪽으로 수직으로 달리고 있다는 지질학적 사실을 추가하면, 어떻게 이러한 환경들이 결합하여 철도개발 이전 시기에 인디애나에 대해 북부의 영향력을 줄이고 남부의 영향력을 촉진시켰는지를 알 수 있을 것이다.

마찬가지로 일리노이에서도 이주의 흐름은 처음에는 압도적으로 남부에서 오는 경우가 많았고, 대서양 연안지대에서 정착민이 오는 경우는 점점 줄어들었다. 켄터키와 테네시가 이주민을 많이 보내 주었으나, 다수의 저명인사들은 버지니아 출신이었다. 1820년 두 명의 일리노이 연방 상원의원이 매릴랜드 사람의 후손이었고, 한 명의 연방 하원의원은 켄터키 출신이라는 점은 주목할 만하다. 1820년과 1830년 사이에 토지를 찾아 몰려든 사람들은 일리노이강을 따라 올라가 이 강과 미시시피강 사이에 흩어져 살았다. 켄터키에서 인디애나로 이주했던 에이브러햄 링컨의 아버지가 다시 오두막집을 떠나 샌가몬Sangamon이라는 평판이 좋은 일리노이의 카운티를 향해 소달구지로 가족과 함께 도착한 것이 바로 이 시기였다. 여기서 링컨은 자기 땅에 말뚝을 박기 위해서 난간을 쪼갰고, 평원으로 이주한 남부개척자들의 영향을 받으면서 성장했다. 이들이 뚜렷하게 구분될 정도로 대농장 계급 출신인 것은 아니었지만, 1824년 일리노이의 노예제 채택 제안에 대한 격렬한 갈등에서 반노예제도 주장이 근소한 격차로 승리했다.

1850년 이전 오하이오, 인디애나, 일리노이 등 3개 주를 보면서 이 지역에서 남부의 힘이 얼마나 중요했는지를 알 수 있다. 그만큼 초기에 북서부가 서부의 강들 인근의 남북에 있는 자매주들과 연결되어 있었음을 또한 알 수 있다. 미주리 타협 제안이 일리노이에서 등장한 것은 이유가 없었던 것이 아니며, 이들 주들은 자연스럽게 1812년 헨리 클레이의 전쟁정책을 열정적으로 추종했다. 서부, 대서양 연안 중부주들의 서부지역, 그리고 미시시피 밸리의 결합은 제퍼슨 추종자들의 민주적 이상을 진작시켰으며, 동시에 뉴잉글랜드 지역을 거의 반세기 동안 취약하고 고립된 지역으로 남게 만들었다. 19세기 초반 미국의 삶의 가장 특징적 요소들은 남부와 앨러게이니산맥 너머 지역 사이의 관계로 인한 것이다. 그러나 북서부는 심지어 이처럼 이른 시기에 남부의 독특한 제도에 반대하면서 북부의 경제적 이상을 옹호하는 강력한 성향을 드러냈고, 이러한 경향은 뉴잉글랜드 출신 인구의 이주 증가와 함께 강화되었다.

이러한 북서부 주들의 유대감에 있어서 북부의 두 주(미시간과 위스콘신 -역주)는 프랑스인이 진입한 가장 첫 번째 지역이었고, 영국인 정착민이 진입한 가장 마지막 지역이었다. 초기에 뉴욕사람들이 왜 미시간을 점유하지 않았는지는 처음에는 쉽게 이해되지 않는다. 아마도 미시간 내륙을 방문한 조사원들의 부정적 보고서, 부분적인 지리적 고립, 그리고 프랑스 정착민의 진취적이지 못한 성격이 이 지역에 대한 미진한 정착현황을 설명할 수 있을 것이다. 남부일대는 정착민들이 몰려들었으나 위스콘신과 미시간은 여전히 캐나다의 뱃노래를 따라서 부르고 있었고, 여행자들은 야만인들과 교역을 위해서 황무지의 하천을 따라서 자작나무 카누를 저어가고 있었다. 영국은 1812년 전쟁 이후에도 지배적 지위를 유지하고 있었고, 진정한 권력의 중심은 캐나다에 있었다.

그러나 이리 운하가 착공된 이후 정착지는 미시간으로 향하기 시작했다. 미시간주의 버거운 부채와 1837년 위기가 그 주 경계에서 근검하고 부채를 싫어하는 독일인들을 돌려보냈음에도 불구하고, 1830년과 1840년 사이에 미시간의 인구는 3만 1,000명에서 21만 2,000명으로 도약했다. 정착민의 대다수는 뉴욕 사람들이었다. 미시간은 뚜렷이 뉴욕의 자손이었다. 프랑스와 영국계 캐나다인들은 이 지역의 목재 이익이 증가하자 계속 이주해 왔다. 1850년에 이르면 미시간에는 40만 명의 거주자가 있었는데, 이들은 이 주의 남부 절반을 차지하였다.

그러나 미시간은 이제 위스콘신에서 정착의 적극적 경쟁자를 발견했다. 위스콘신에서는 두 세력이 초기 거주자를 유인했다. 그린베이Green

Bay, 프레이리드시엔Prairie de Chien, 그리고 밀워키의 모피 교역소가 프랑스의 영향력이 유지되도록 해 준 한 요소가 되었다. 위스콘신 남서부의 선도 지역은 일리노이와 남부 개척자들을 끌어들이는 중심이 되었다. 1832년 블랙호크Black Hawk 루트[1]를 따라갔던 군인들은 토양의 풍부함에 대해 보고했고, 이주의 시대가 이어졌다. 밀워키 항구에는 서부 뉴욕과 뉴잉글랜드로부터 이주민이 혼합되어 왔고, 선도 지역의 남부정착민들을 만날 때까지 초원 카운티의 남쪽 지역을 따라서 흩어져 나갔다. 위스콘신의 초기 정치적 경쟁의 많은 부분은 오하이오나 일리노이에서처럼 제한된 지역에서 이처럼 사는 곳을 함께 하게 된 지역 간의 적대감과 연계되어 있었다.

위스콘신을 형성한 세력은 당시 미국에 대규모로 이주해 오기 시작한 독일인과 관련되어 있었다. 위스콘신은 부채가 없었다. 지주는 외국인에 대해 예외적으로 관대한 헌법을 만들고 학교 토지를 소중하게 보존하거나 이를 내륙개선을 위해서 사용하는 대신, 이민을 끌어들이기 위해 토지를 매각했다. 그 결과 가벼운 세금과 값싼 활엽수 토양을 좋아하는 독일인들은 또 하나의 게르만 대이동을 통해 위스콘신으로 향했다. 이들은 밀워키를 중심으로 해서 미시간 호수의 주변을 따라서 북쪽으로 흩어졌으며, 그 후 북중부 위스콘신으로 향해 활엽수 숲 일대를 따라갔다. 이들의 숫자가 매우 많아서 로셔Wilhelm G. F. Roscher와 같은 경제학자는 위스콘신을 독일인의 주로 만드는 가능성에 대해서 쓰기도 하

---

1 역주 : 19세기 전반기 소크(Sauk) 인디언의 추장인 블랙 호크가 다니던 경로 가운데 하나로, 위스콘신의 버넌 카운티에서 동쪽으로 워크샤 카운티로 가서 다시 남쪽으로 록 카운티로 이르는 경로임.

였다. 1847년 프란츠 뢰허Franz Löher는 "그들은 언덕에 포도나무를 심고, 즐거운 노래를 부르고 춤을 추면서 마실 줄 안다. 그들은 독일 학교와 대학교, 독일 문학과 예술, 독일 과학과 철학, 독일의 법정과 의회를 가질 수 있다. 간단히 말해서 그들은 독일어가 지금의 영어처럼 대중적이고 공식적인 언어가 되는 주, 그리고 독일정신이 지배하는 독일 주를 형성할 수 있다"고 말했다. 1860년에 이르면 독일 출생자는 주 인구의 16%에 이르렀다. 그러나 뉴욕과 뉴잉글랜드의 이주 흐름은 남북전쟁 이전 이 기간 동안의 이주에서 훨씬 더 폭넓고 지속적이었다. 위스콘신의 인구는 1840년 3만 명에서 1850년 30만 명으로 증가했다.

위스콘신에 진입한 뉴잉글랜드 이주민들은 아마도 위스콘신의 이웃 주들에 있는 동일한 이주민들의 전형적 모습일 것이며, 그런 의미에서 주목을 요한다. 이들 이주민들은 대부분 대중적 우려를 불러낼 정도로 그토록 빈번히 뉴잉글랜드를 대표했던 매사추세츠의 해안지대 출신이 아니다. 이 이주민 부류의 대부분은 언덕을 통과하여 코네티컷과 중부 매사추세츠의 계곡을 따라 올라와 버몬트와 뉴욕으로 진입한 이민조류의 산물로서 거의 그 기원부터 개척자들이었다. 버몬트 식민지 사람들은 미시간과 위스콘신에서 매사추세츠 식민지 사람들보다 수적으로 현저히 많았고, 버몬트의 인구가 보증할 수 있는 것보다 북서부의 다른 주에서도 숫자가 훨씬 더 많았다. 이러한 이민의 흐름과 함께 서부 뉴욕의 정착민들도 유입되었다. 이들은 일반적으로 동일한 뉴잉글랜드 개척자 부류의 후손들이었고, 자신의 부모를 뉴욕에 옮겨왔던 그 이주물결을 더 먼 서부지역으로 계속 이행해 나아갔다. 뉴잉글랜드와 뉴욕의 연합적 이주흐름은 이렇게 뚜렷하게 수정된 뉴잉글랜드 이주민 부류를 구성했고, 미시간과 위스콘신에서 분명히 지배적 토착 이주민이 되었다.

1840년대는 또한 아이오와의 빠른 성장기였다. 아이오와는 정치적으로 구북서부의 일부는 아니었지만 역사적으로 그 지역과 밀접하게 관련되어 있었다. 아이오와의 성장은 결코 위스콘신의 성장만큼 빠르지는 않았는데, 이는 외국 이민자의 비중이 적었기 때문이었다. 1850년 위스콘신 인구의 1/3 이상이 외국 태생인 반면, 아이오와의 경우 그 비중은 1/10을 넘지 않았다. 아이오와 인구의 주요 집단은 최종적으로 대서양 연안 중부주, 그리고 일리노이와 오하이오에서 왔다. 그러나 남부 부류는 그 정치지도자 가운데 상당히 포진되어 있었다.

19세기 중반은 북서부 통제권 이전의 전환점이었다. 콜럼버스, 인디애나폴리스, 밴달리아, 세인트루이스 등의 도시에 의해 표시되는 구전 국도로의 아래에 위치한 카운티들은 안정적으로 정착민을 받아들였다. 그리고 부분적으로는 남부적 요소로 인해, 그리고 부분적으로는 잭슨적 이상을 추종하는 새로운 지역공동체의 자연적 경향으로 인해 이 카운티들은 압도적으로 민주적 성향을 띠고 있었다. 그러나 남부로의 이주는 남서부의 목화지대로 향했고, 철도와 운하의 발달은 미시시피강의 역사적인 상업적 우위를 타파했다. 뉴올리언스는 뉴욕에게 권한을 내주었다. 북부로부터의 이민의 물결은 새로 열린 운하를 따라서 밀려들어와 전국도로 위의 덜 정착된 카운티를 점령했다. 두 가지 이민 흐름이 나란히 전개된 콜럼버스와 인디애나폴리스 같은 도시에서는 통합적 집단이 가장 명쾌하게 드러났으나, 전반적으로 북서부에서는 다양한 집단의 사람들이 모여들었다. 이 지역은 연방의 다양한 지역을 대변하며 이해하고 있는 것으로 보였다. 오하이오의 빈턴이 아이오와의 연방

가입을 옹호하면서 주목할 만한 연설을 행했을 때, 그가 의회에서 촉구한 것은 이러한 양상이었다. 그는 존 퀸시 애덤스를 섬뜩하게 할 정도의 힘과 열정으로 지역과 국가 통합조직 간에 중재자로서 북서부의 사명을 호소했다.

그러나 타협에 의해서 해결될 수 없는 몇 가지 이슈들도 있었는데, 그러한 경향 가운데 하나는 다른 경향을 정복해야 했다. 노예제도의 힘이 그런 성격의 이슈를 제시했는데, 미시시피 유역 북부 절반의 지지를 얻기에는 너무 늦게 제시했다. 북부와 남부의 세력들은 자신들이 서로 대립하는 관계에 있음을 알게 되었다. 남부 출신의 북부 지도자 링컨은 "스스로 분열된 집은 일어서지 못 한다"라고 말했다. 남부세력의 지도자인 더글러스는 뉴잉글랜드 출신이었지만 서부 준주에서 노예제도가 투표로 성사되든지 거부되든지 상관이 없다는 무관심을 표명하였다. 이러한 두 지도자 간의 역사적 토론[2]은 북서부의 복잡한 상황을 드러내고 있었으며, 북부와 남부 세력 간의 갈등의 관점에서 볼 때 새로운 의미를 지니게 되었다. 타협을 가장 강하게 주장했었던 주가 마침내 그 자체로 격전장이 되었고, 링컨과 더글러스 간의 다양한 토론을 위해서 선택된 장소들은 적대세력의 요충지와 전초기지가 되었다.

이 시기에 서부 뉴욕과 북서부 지배세력 간의 친밀감은 분명히 드러났다. 1860년 위스콘신의 매디슨에서 반노예제도 세력을 대변하여 시워드는 "북서부는 결코 당신들이 생각하는 만큼 작지 않다. 내가 당신

---

2   역주: 1858년 일리노이주 상원의원 선거에서 도전자인 링컨과 현직의원인 더글러스 간의 7차례 토론을 의미함. 링컨은 노예제 확장에 반대했고 더글러스는 이를 주의 결정에 맡기도록 하자는 입장이었음.

들에게 이야기하는 것은 내가 지금 그리고 성숙해진 이후 계속 당신들에게 속한 한 사람이었기 때문이다. 비록 뉴욕 출신이지만 나는 아직 여전히 북서부의 시민이다. 북서부는 동부로 앨러게이니산맥의 근저까지 이르는데, 서부 뉴욕의 모든 지역이 앨러게이니산맥의 서부에 있는 게 아닌가? 이 모든 평원 위에 즐거운 목소리로 퍼져가는 자유토지의 그 모든 영감은 어디에서 오는 것인가? 이런, 이는 앨러게이니산맥의 서부에 있는 뉴욕으로부터 오는 것이다. 내 앞에 있는 당신들, 당신들은 북서부의 사람인데, 또한 뉴욕 사람이 아니라면 누구라는 말인가?"라고 말했다. 남북전쟁 당시 서부 뉴욕과 북서부는 토론장에서 그리고 야외에서 모두 강력했다. 남부의 표 덕분에 통과된 조례로 인해 자유에 대해 헌신한 주들로부터 100만 명의 병사들이 징집되었다.

이는 북서부 최초의 중요한 시련기였고, 북서부는 궁극적으로 동질성과 자의식을 조성하기 위해 많은 일을 했다. 그러나 남북전쟁이 종결될 즈음 북서부는 여전히 반 정도만 개발된 농업지역이었다. 그리고 북서부는 여전히 북부 숲을 개간하고 있었으며 사회조직을 급격히 수정하였고, 속도와 정도에 있어서 거의 혁명적 경제변화를 경험한 사람들의 지원을 받고 있었다. 남북전쟁 이후의 변화는 많은 측면에서 일반적으로 형성기the formative years[3]라고 불리는 시기보다 더 큰 사회적 중요성을 지니고 있었다. 그 결과 북서부는 한 때 남부와 북부의 이해를 공유했던 것처럼 서부와 동부의 이해를 공유하면서 다시 갈등하는 세력들 사이에 자신이 처하게 되었음을 알게 되었다. 북서부는 공화국의 운명

3　역주 : 대략 미국혁명 이후 1812년 전쟁 종결 시기까지 미국의 건국 초기를 지칭함.

을 위해서 중요한 이슈들에 대해서 목소리를 내야만 했다.

1860년 이래 이러한 변화의 시기 동안 오하이오는 자신의 대지 아래에 있는 광물자원, 가스, 석유의 보고를 드러낸 마법사의 부적을 발견하고서 미국연방의 제조업 주 가운데 최일선의 주로 도약했다. 오하이오는 톨레도Toledo와 클리블랜드 항구를 통해 오대호 연안의 잠재력을 지닌 채 신시내티의 오하이오강 교역망을 이용하여 서부 펜실베이니아와 웨스트버지니아에서 오하이오강 상류의 거대한 물질적 개발과 밀접하게 연계되었다. 오하이오는 펜실베이니아주와 매우 유사하게 엄연히 동부의 사회적 유기체의 한 부분이 되었다. 오하이오 기원의 복잡성은 여전히 지속된다. 오하이오는 압도적인 사회적 중심세력이 없다. 오하이오의 다양한 단과대학과 대학교들은 오하이오를 만들어 낸 집단의 다양성을 생각하게 해 준다. 오하이오 인구의 1/3은 부모 가운데 적어도 한 사람이 외국 출생자이며, 신시내티시는 독일 민족에 의해 깊은 영향을 받은 반면, 클리블랜드는 뉴잉글랜드 집단의 영향력을 강하게 대변한다. 그 영향력은 여전히 강하게 느껴지고 있으나, 오하이오는 천연가스, 철강, 석탄이 존재하는 곳이며 폭발과 풀무blast and forge로 형성된 뉴잉글랜드였다. 대서양 연안 중부주의 이상이 오하이오의 미래를 지배할 것이다.

목가적인 인디애나 역시 지난 10년간 가스전을 장악하고 오하이오가 보여준 산업유형을 공유하게 될 때까지 석탄개발을 증대시켰다. 도시들이 꿈처럼 시골마을 자리에 나타났다. 그러나 인디애나는 구북서부의 다른 어떤 주보다도 외국인이 비율이 훨씬 작았다. 인디애나를 여전히 다른 자매주들과 구별시키는 것은 남부 집단이었다. 오하이오의 정치지도자들이 여전히 청교도 이주를 증언하고 있었으나, 인디애나는 남부출신 지도자들과 협력했다.

북부 일리노이에는 대서양 연안 중부주들과 뉴잉글랜드계 후손이 많은 반면, 남부집단은 일리노이강의 넓은 삼각주 평야처럼 모여 있는 일리노이 민주당의 남서부 카운티에서도 역시 나타났다. 그 인구의 대략 절반은 외국인 부모의 후손들인데, 그 가운데 독일, 아일랜드, 스칸디나비아인들이 가장 많은 사람을 제공했다. 일리노이는 거대한 농업주이자 거대한 제조업주로서 미시시피강과 오대호 사이를 이어주는 연결점이었다. 일리노이의 대도시인 시카고는 좋든 나쁘든 간에 북서부 발전의 전형이었다. 시카고는 일리노이의 합성된 민족성의 전형이었다. 시카고의 학교 인구조사를 분석한 최근의 한 저술가는 "독일제국 내의 베를린과 함부르크 등 단 두 도시만이 시카고보다 독일인 인구가 더 많고, 스웨덴 내의 스톡홀름과 예테보리Göteborg 등 단 두 도시만이 시카고보다 스웨덴인 인구가 많다. 노르웨이의 경우 크리스티아나와 베르겐 단 두 도시만이 시카고보다 노르웨이인이 더 많다"라고 지적했다. 한편 아일랜드인, 폴란드인, 보헤미아인, 네덜란드인 등도 역시 꽤 많았다. 그러나 시카고는 성장속도와 복합적 인구구성에도 불구하고 중서부의 의지력과 천재적 행동성향을 대변하고 있어서, 일리노이주는 다음 세대의 사회적, 경제적 이상의 격전지가 될 것이다.

미시간은 두 개의 주이다. 북부 반도는 물리적, 산업적 측면에서, 그리고 정착의 역사에서 남부 반도와 단절되어 있다. 미시간은 위스콘신과 자연적 운명을 함께 할 것으로 보인다. 혹은 슈피리어 호수의 미시간, 위스콘신, 미네소타 등의 철과 구리, 숲과 운송지역을 포함하는 어떤 가능한 새로운 주일 것처럼 보이기도 한다. 미시간 남부 반도는 뉴욕의 후손이 거주하는데, 현재 미시간 인구의 12% 이상은 뉴욕에서 출생하였으며 미시간의 특징은 곧 뉴욕의 특징이다. 미시간 인구의 반 이상은 외국인 부모를 두었는데, 외국 가운데 캐나다와 영국이 합쳐서 절반이 되고, 독일인들이 기타 어떤 단일 민족보다도 숫자가 많다. 미시간은 꾸준한 산업발전을 경험하면서 북부의 광산과 숲을 활용하였고, 새기노Saginaw를 중심으로 목재산업을 발전시켰다. 그리고 호수 주변 카운티를 따라서 과일을 재배했고, 새기노에서 미시간 호수의 남부까지 이어지는 중부 골짜기 지역의 카운티들에서는 곡물을 생산하였다. 미시간의 주립대학교는 특히 이 지역의 영광이자 주립대학교의 첫 번째 모델이었으며, 이는 북서부가 교육의 측면에서 국가에 대해 기여한 사항이었다.

위스콘신의 미래는 외국인 부모를 둔 인구의 큰 비중에 달려 있는데, 이는 위스콘신 거주자의 거의 3/4가 그 집단 출신이기 때문이다. 위스콘신은 구부서부에서 구성된 다른 어떤 주보다도 지역 본래의 인구 비율이 적다. 외국 인구 중 독일인들이 가장 많은 부분을 차지하고 있고, 스칸디나비아인들이 두 번째이다. 위스콘신 밖에서 태어난 위스콘신의 미국인 인구는 주로 뉴욕 출신이다. 오하이오강 유역 주들과 대조적으로 위스콘신은 남부집단의 인구가 적다. 위스콘신의 더 많은 인구의 외국인과 낙농업은 미시간의 캐나다계 및 영국계 집단 및 과수재배와 대조된다. 다른 주들과 위스콘신의 관계는 미시시피강과 초원주들과의 연계로 인해 미시간의 경우보다 더 서부적이다. 위스콘신의 외국 인구는 미네소타의 외국 인구보다 약간 적으며, 미네소타의 경우 스칸디나비아인들이 위스콘신에서 독일인들이 차지한 지위를 차지하고 있었다. 스칸디나비아인들이 서부 미국의 정신을 포착하고 다른 이웃 주들과 동화하는 기민함은 독일인들의 경우보다 더 나았다. 위스콘신은 서부에 있는 자매주(미네소타-역주)보다 비영국계 이주민의 영향력에 대해 더 큰 기회를 제공하는 것처럼 보였다. 그래서 미네소타의 경제발전은 밀생산 초원지역에 긴밀하게 의지하고 있는 것으로 보인 반면, 메사비Mesabi와 버밀리언Vermillion 철광지대의 개척은 세인트폴과 미니애폴리스, 덜루스와 웨스트슈피리어의 개발, 그리고 향후 대서양과의 심층수 의사소통의 성취와 함께, 미네소타에 대해 새로운 제국의 산업적 운명을 제공하는 것으로 보였다. 이러한 북서부의 거대한 경제적 미래와 남동부 시카고의 엄청난 성장 사이에서 위스콘신은 특히 낙농주로 발전하는 중간지대 농업지역이 될 것으로 보인다. 위스콘신은 정치적 소요와 사회변화의 제안이 등장하는 시대에 독일계 사람의 보수적 성향으로부터 강한 영향을 받고 있다.

위스콘신주의 사회변동 가운데 어떤 부분은 다소간 구북서부 이웃 주에서 진행 중이던 중요한 과정의 전형적 모습이다. 북부에서 목재산업을 일으키고 초원의 시장에 목재를 공급하려고 소나무 숲의 그루터기에 둘러싸인 제재소 타운을 건설한 사람들은 부와 정치력을 획득하였다. 널찍하고 설비가 잘 갖추어진 타운 건설자들의 집은 지금은 북부 사회에서 직공과 장인의 덜 잰 체하는 일군의 집들에서 보이는데, 이들 가운데 사회적 구별은 민족의 차이에 의해서 강조된다. 몇 년 전 이 산업의 주도자는 아마도 가장 양질의 "포티"를 찾거나 통나무 뗏목 운송의 운영을 지휘하는 일에 적극적으로 개입하였다. 그의 아내와 딸은 널리 유럽을 방문했으며, 그의 아들은 대학교로 진학했고, 자신은 정치적 지위를 획득하거나 목재를 자른 후 이를 완제품으로 만들기 위해 타운을 제조업 중심으로 변화시켜 쇠퇴하지 않도록 정력을 쏟아 부었다. 그리고 다른 사람들은 남부의 숲에서 활동을 계속했다. 위스콘신 벌목지역의 사회사는 특별한 정치적 지도력의 발전에 있어 이 주의 북부에 명백한 표식을 남겨 놓았다.

토착 미국인 정착민 농부들의 원래 정착지인 위스콘신의 남부와 중부 카운티에서는 농부들이 이웃마을로 가기 위해서, 그리고 유제품 제조공장을 조성하고 낙농업을 개발하기 위해서 물러났다. 한편 이 지역에서는 농장을 나누어 가난한 독일인들에게 팔거나 소작을 통해서 토지를 개간하는 경향이 드러나고 있다. 그 결과 민족의 교체가 진행되고 있다. 뉴욕 출신 토착 미국인 농부가 한때 지배했던 타운과 카운티도 이제는 독일인 혹은 다른 유럽민족이 소유하고 있다. 타운의 소매업 부문도 다수 독일인의 손으로 넘어가고 있는데, 토착 미국인은 도시, 전문직, 큰 규모의 상공업을 찾아 나서고 있다. 비토착 인구는 집단으로 거주하는 독특한 경향을 보인다. 이러한 사실의 가장 뚜렷한 예시 가운데 하나는 칸톤canton(스위스의 지방정부 — 역주) 자체의 도움으로 스위스의 글라루스Glarus에서 구성된 이주민이 형성한 위스콘신의 뉴글라루스New Glarus 지역공동체였다. 상당 기간 이 공동체는 사회조직과 관습에 있어서 스위스 칸톤의 축소판이었으나 최근 점점 더 미국적 유형으로 동화되었고, 카운티를 곡물재배 지역에서 낙농지역으로 변형시킴으로서 인상을 남겼다.

중심부인 밀워키에서는 위스콘신의 사회관습과 이상에 대한 독일인의 영향력이 뚜렷하다. 밀워키는 독일 도시의 다양한 양상을 지녔다. 밀워키는 엄격한 금주법, 교구학교 규제 법률, 그리고 개척자 미국인의 사회적 사상에 독일적 유형을 변형하여 맞추는 시도를 법제화하려는 토착 미국인의 노력에 대해 저항의 요새를 제공했다. 지난 마지막 대통령 선거에서 위스콘신의 독일인 지역은 민주당을 버렸고, 은화의 자유주조鑄造free silver 제도[4]에 대한 독일인의 반대는 위스콘신에서 공화당 압승의 결정적 요인이었다. 이러한 독일인의 강한 영향력에 대한 모든 증거에도 불구하고, 과거 각 10년의 기간에 위스콘신에서 동화 경향과 단일성은 증대했다. 그러나 그 결과는 타협이었지 특정세력이 다른 세력을 정복한 것은 아니었다.

구북서부 주들은 맥킨리가 전체 투표수인 약 373만 4,000표 가운데 36만 7,000표 이상을 더 얻어 최다득표자로 승리하게 했다. 뉴잉글랜드와 대서양 연안 중부주들은 거의 동일한 전체 표 가운데 모두 그에게 97만 9,000표를 더 주어 최대득표자로 승리하게 했고, 반면에 더 먼 서부는 브라이언William Jennings Bryan을 결정적 우위의 최다득표자를 만들어 주었다. 따라서 구북서부는 동부와 서부 사이에서 국가적 중간지대의 위치를 차지한 것처럼 보였다. 이러한 위치의 중요성은 이 지역이 동부의 자손이며 민중주의적인 서부의 어머니라는 점을 상기해 볼 때 명백하다.

서부 초원의 점령은 구북서부에 정착한 세력과 유사한 세력에 의해

---

4 역주 : 19세기 말 중서부와 남부의 농민들이 통화 부족으로 어려움에 처하자 당시 통용 중이던 금본위제도처럼 은도 주조를 통해서 통화로 만들어 광범위한 지불수단으로 삼자고 주장했을 때 제안한 통화제도

서 결정되었다. 남북전쟁 이전 10년 동안 미네소타는 그 이전 10년 간 위스콘신이 정착민의 메카로서 차지했던 지위를 계승했다. 미네소타의 경우 위스콘신과 뉴욕의 이주민이 주 외부에서 태어난 토착 정착민 가운데 가장 많은 비중을 차지하고 있다. 캔자스와 네브래스카는 남북전쟁 이후 가장 빠르게 정착되어 갔고, 미국인 이민자들 가운데 가장 많은 병사를 가지고 있었다. 일리노이와 오하이오가 합쳐서 이들 두 주 토착 정착민의 대강 1/3을 공급했으나, 남부 주에서 온 인구가 네브래스카 보다는 캔자스에 더 많았다. 이들 두 주는 모두 초원 주에 속하는 이웃 주들과 비교해 볼 때 토착 백인의 비중이 예외적으로 많았다. 예컨대 캔자스는 대략 외국 태생 부모를 둔 비율이 26% 정도였으며, 네브래스카는 대략 42%, 아이오와는 대략 43%, 사우스다코타는 60%, 위스콘신은 73%, 미네소타는 75%, 그리고 노스다코타는 79%였다. 노스다코타의 발전은 1890년 이전 10년간 가장 컸다. 그 토착 집단의 가장 많은 인구가 위스콘신에서 왔고, 그 다음으로 뉴욕, 미네소타, 아이오와의 순서였다. 사우스다코타의 성장은 1890년 인구조사 이전 20년간 지속되었고, 그 주는 토착민을 위스콘신, 아이오와, 일리노이, 그리고 뉴욕에서 얻었다.

구북서부 주로부터 이들 초원 주의 처녀지로의 대규모 이전의 결과, 부모 격이 되는 주의 많은 카운티들은 1890년 이전 10년간 성장이 상당히 감소했다. 아이오와를 제외하고 구북서부의 식민지였던 이들 초원 주들은 토착 부모를 둔 사람의 비율대로 1896년 선거에서 브라이언을 지지하였다. 외국인 비중이 가장 많았던 노스다코타는 맥킨리가 차지했고, 브라이언이 외국태생의 표가 훨씬 더 적었던 사우스다코타를 차지했다. 캔자스와 네브래스카는 외국 태생 부모의 비중에서 오하이오에 필적했는데, 이들 두 주는 초원 민중주의의 중심이었다. 물론 그 비율에 대한 다른 중요한 지역적 차원의 경제적, 정치적 설명도 있지만, 이 설명이 진정한 의미의 근거를 지닌 것이었다. 은화 자유주조 운동the silver movement[5]의 원래 지도자들은 구서부가 제공한 토착세력으로부터 기원했다. 1891년 캔자스 주의회의 원래 민중주의자들은 다음의 다른 주에서 태어났다. 오하이오 12명, 인디애나 6명, 뉴욕 4명, 펜실베이니아 2명, 코네티컷, 버몬트, 메인 각 1명으로 북부에서 이동해 온 사람이 전체 32명이었다. 나머지 18명 가운데 13명은 남부에서 그리고 캔자스, 미주리, 캘리포니아, 잉글랜드, 아일랜드에서 각각 1명씩 왔다. 거의 대부분이 감리교 신자였고 전공화당원들이었다.[6]

은화주조 운동을 보다 넓은 시각에서 보자면, 제54대 연방의회의 캔자스 의원들 중에서 한 사람만이 캔자스에서 태어나고 나머지는 인디애나, 일리노이, 오하이오, 펜실베이니아, 웨스트버지니아, 그리고 메인에서 태어났음을 알게 된다. 하원의 네브래스카 의원단은 모두 구북서부나 혹은 아이오와 출신이다. 워싱턴주의 두 명의 상원의원의 전기傳記는 매우 재미있는 이야기를 들려준다. 이들은 어린 시절 위스콘신의 소나무 숲으로 이주해서 공적 토지를 차지한 후 농장과 대평원에서 일했다. 한 사람은 네브래스카의 정부공여 농지로 이주한 후 워싱턴에 정착했다. 그래서 그들은 서부의 사회변화에 한 단계 앞서 있었다. 이것이

5　역주: 1873년 통화법으로 은화가 통화에서 제외되자 촉발된 운동으로 은화를 무제한으로 주조하여 통화로 사용할 것을 주장했던 운동.
6　이 정보는 캔자스 대학교의 블랙머(Frank Wilson Blackmar) 교수에게 신세를 져서 얻은 정보이다.

서부 정치인들의 통상적인 훈련이었다. 만약 독자가 캔자스의 대표적인 민중주의자를 보고자 한다면, 금세기 중반 오하이오 농부의 가정 초상화를 한번 살펴보면 좋다.

간단히 말해서 민중주의자는 낙오한 사람들을 앞질러 가고 경제적, 사회적 변화에 앞서간 미국 농부이다. 구서부에서 대평원으로 온 민중주의자과 "은화주의자"의 조상을 조사해 보면, 의심의 여지없이 높은 비율의 남부 사람들을 발견하게 되지만, 그럼에도 불만의 중심은 뉴잉글랜드와 뉴욕에서 이주해 온 사람들 가운데 있었던 것으로 보인다. 만약 뉴잉글랜드가 주의해서 이들을 살펴보면, 이들 가운데에는 처음으로 개척지로 출발하여 고초를 겪은 농부들의 익숙한 형상을 알아 볼 수 있을 지도 모른다. 뉴잉글랜드로부터의 이러한 개척자 집단의 지속적인 전진은 변경 뉴잉글랜드 개척자의 옛 전형을 보존해 왔다.

나는 이들 뉴잉글랜드 개척자들이 서부 코네티컷, 매사추세츠, 그리고 버몬트를 떠나 서부 뉴욕, 오하이오, 아이오와, 그리고 더 나아가 서부 캔자스와 네브래스카에 이르는 메마른 평원으로 향한 이래, 이들에 대한 황무지의 변형적 영향력을 간과하지 않는다. 나는 또한 초원 주들의 특별한 산업조건을 간과하지도 않는다. 그러나 나는 또한 자신들이 떠나 온 옛 동부지역의 광범위한 혁명을 창출한 변형적인 산업적, 사회적 힘을 수 세대 앞서 오면서도, 이 서부 이주민들이 옛 농부의 중요한 모습을 보존하지 않을 수 없었다는 또 다른 진실을 주장하고자 한다. 메마른 서부에서 이들 개척자들은 멈추어 섰고 변화된 나라와 사회적 이상을 인지하게 되었다. 이들은 기회의 땅, 자수성가한 사람의 땅, 계급의 구별이 없고 부의 힘으로부터 해방된 나라의 땅이라는 자신들의 전통적인 미국관과, 이러한 옛 이상과는 너무도 다른 현재의 미국 간의 날카로운 차이를 목격했다. 만약 우리가 청교도 농부의 행진노선을 되돌아 올라간다면, 이들이 얼마나 항상 다양한 이념들에 반응해 왔고, 얼마나 집요하게 개인적 기회와 민주주의라는 자신의 이상이 침해되는 것에 저항해 왔는지 알게 될 것이다. 이들은 남북전쟁 이전 캔자스에서 "더 상위의 법"의 예언자였다. 이들은 아이오와와 위스콘신의 금주법론자였고, 독일의 관습을 자신들의 전통적 이상을 침해하는 것으로 보고 반대해 왔다. 이들은 위스콘신의 농민이었으며, 엄격한 철도규제 법률을 통과시켰다. 이들은 노예폐지론자, 반메이슨주의자,[7] 예수재림파 Millerite,[8] 여성 참정권자, 심령주의자Spritualist,[9] 모르몬교도, 서부 뉴욕 출신이었다. 셰이즈의 반란, 지폐화폐, 지불 및 유예tender and stay laws,[10] 토지은행의 혼란한 시기에 이들을 뉴잉글랜드 고향까지 따라가 보라. 이들 뉴잉글랜드 농부 가운데 과격파는 법률가와 자본가를 혐오했다. 에이브러햄 화이트Abraham White는 1788년 매사추세츠 헌법비준 회의에서 "나는 그들 각자가 모두 모세라고 해도 그들을 믿지 않을 것입니다"라고 말했다. 아모스 싱글터리Amos Singletary는 "번지르르하게 말 잘하고 일을 아주 매끄럽게 대강 처리하여 우리 가난하고 배운 것 없는 사람들이 고생하게 만드는 이들 변호사들과 배웠다는 사람들, 그리고 돈 있는 사

7 　역주: 남성 중심의 비밀 결사조직인 프리메이슨에 반대하는 운동으로 미국의 경우 1830년대에 반메이슨당이 창당하면서 등장함.
8 　역주: 19세기 초반 예수의 재림을 주장한 미국의 윌리엄 밀러(William Miller)를 추종하는 교파.
9 　역주: 19세기 중반 미국 뉴욕을 중심으로 영혼과의 대화를 주장하면서 등장한 교파.
10 　역주: 미국 건국 초기 부채에 시달리던 농민들이 지폐를 통해 부채를 청산하고 또한 채권자가 채무자에게 부채의 지불을 유예하는 것이 가능하게 만드는 법률.

람들이 스스로 의회로 가려고 기대하고 있습니다! 그들은 돈이란 돈은 다 자기 수중에 넣으려 하고는 레바이어던처럼 우리 보잘 것 없는 사람들을 집어 삼켜버리려고 합니다, 의장님. 네, 바로 고래가 요나를 삼키려 했던 것처럼 말이지요"라고 부르짖었다.

매리 엘런 리이스Mary Ellen Lease의 목소리가 캔자스 농부의 귀에는 달콤한 음악으로 들리지만 오늘날 뉴잉글랜드 사람들에게는 요란스럽게 들린다면, 뉴잉글랜드 사람들은 미국혁명 당시 이들 변경 농부들이 한 발언들을 곰곰이 생각해 보아야 한다. 그리고 여전히 이러한 영적인 연대감이 의심스러우면, 수평파the levelers[11]와 크롬웰Oliver Cromwell 군대의 비국교도의 말을 읽어보아야 한다.

자기가 출생한 장소에 남아 그 경제적 변화를 공유한 정치지도자들의 이야기는 서부로 이주하여 새로운 지역에서 사회적 유형을 지속한 지도자들의 이야기와는 다르다. 18세기 2사분기에 남북캐롤라이나의 고지대에 들어온 스코틀랜드계 아일랜드인 개척자의 무리 가운데에는 칼훈과 앤드류 잭슨의 조상이 있었다. 이 지역에 남아 있으면서 칼훈은 사우스캐롤라이나 내지의 변화를 공유하였다. 그는 이 일대가 개척자 농민의 지역에서 노예노동을 통해 면화를 재배하는 대농장주의 지역으로 변화하는 것을 보았다. 이러한 경험이 국민주의자이자 보호무역주의자로서 1816년의 칼훈이 주주권론자이자 자유무역주의자로서의 칼훈으로 변모한 것을 설명해 준다. 반면 잭슨은 아직 변경이었을 시기에 이 지역을 떠나서 테네시 변경의 삶을 공유하였고, 자신이 속한 사람들

---

11 역주: 17세기 중반의 영국 내전 당시 인민주권, 참정권 확대, 법 앞의 평등을 주장한 급진 공화주의 정치세력.

의 민주주의와 국민주의를 반영하였다. 헨리 클레이는 비슷한 주인 켄터키에 살면서 이 주가 변경에서 정착사회로 변화하는 것을 보았고, 노예제에 대한 그의 견해는 이 주의 전환기적 역사를 반영하였다. 반면 1809년 켄터키에서 태어난 링컨은 그 주가 여전히 변경의 상황에 있을 때 거기를 떠나서 1816년 인디애나로 이주하였다. 링컨이 머문 사회의 개척자 정신의 영향력은 그의 삶을 형성하는 데 큰 역할을 했으며, 그가 순수한 변경인에서 정치인으로 발전한 것은 자신이 속한 주가 발전한 상황과 다르지 않았다. 가필드, 헤이즈, 해리슨, 그리고 맥킨리처럼 북서부 후기의 성장을 경험한 정치지도자들은 이 지역의 지속적인 변화를 명백히 보여준다. 그러나 북서부가 여전히 성장하지 않고 있었을 때에, 이 지역은 그 아들들을 더 새로운 지역으로 보내 그들이 떠난 반변경 지역의 삶에 대한 관점과 정책을 지속하게 했다.

오늘날 북서부는 선조와 관련된 동부와 후손과 관련된 서부 사이에서 부분적으로는 동부와 부분적으로는 서부와 유사하다. 그러면서 자신의 기원이 "분열된 의무"를 제시했던 노예제 갈등 시절의 그것과 이상하게도 유사한 위치에 북서부는 처해 있다. 그러나 이러한 이슈들은 자유나 노예제 이슈가 그랬던 것처럼 고압적으로 "어느 것"을 선택하라는 것과 같은 이슈는 아니다.

북서부 전체를 보자면 산업과 인구의 구성에 있어서 이 지역이 동쪽으로는 대서양 연안 중부지역 및 뉴잉글랜드 일대와 일체감을 지니고 있음을 알게 된다. 목화문화와 흑인문제는 구북서부와 남부 사이에서 명확한 분할선을 설정하고 있다. 그리고 여전히 중요한 역사적 이상 — 팽창의 과정, 농업이익의 지속성, 충동성, 미국의 운명을 바라보는 제국주의적 방식, 영웅숭배, 현재의 사회적 구조의 새로움 등—에 있어서 구북서부는 남부 및 먼 서부와 많은 공통점이 있다.

북서부의 뒤로는 소박한 민주적 조건의 오래된 개척자적 과거와 모든 사람을 위한 기회의 자유가 있다. 한편 북서부의 앞으로는 위대한 산업발전, 광대한 인구, 총체적 부, 그리고 지역적 힘에서 볼 수 있는 성공의 찬란함이 있다.

9장
미국 민주주의에 대한 서부의 공헌*

　프랑스 혁명기의 정치사상은 민주주의를 모든 시대와 모든 민족에게 적용할 수 있는 절대적 체계로, 그리고 철학적 원칙에 따라서 민중 자신의 행위에 의해 창조되는 체계로 다루는 경향이 있었다. 그 시대 이래로 민주주의 저술가들은 역사적 발전이라는 근저의 요소를 도외시하고, 분석적이고 이론적인 처방을 강조하는 경향이 있어왔다.

　그러나 만약 민주적 정부를 창조하는 근저의 조건과 세력, 그리고 때로 민주주의라는 이름이 적용되는 외부적 형태와는 다른 근저의 조건과 세력을 고려해 본다면, 우리는 민주주의의 이름하에 사실상 근본적으로 다른 수많은 정치적 유형이 등장했었음을 알 수 있다.

　따라서 역사를 면밀하게 연구하는 학자는 정치제도를 결정하는 사회적, 경제적 힘 안에서 정치제도의 유형과 변화에 대한 설명을 시도해야 한다. 어떤 시기에 한 국가가 민주정, 귀족정, 혹은 군주정이라고 불릴

---

* 『대서양 월보(*Atlantic Monthly*)』, 1903년 1월. 허가를 받아 재출간하였다.

수 있다는 것을 아는 것은 그 국가의 사회적, 경제적 경향이 무엇인지를 아는 것만큼 중요하지는 않다. 이것들이 표면 아래에서 작동하고 외부적 형태를 지배하는 생명력이다. 우리가 궁극적으로 정치행위 조직을 창조하고 수정하는 힘을 찾기 위해서 돌아보아야 하는 것은 국가의 경제적, 사회적 삶의 변화이다.

한 동안 정치구조의 적응과정은 불완전하거나 감추어져 있을 지도 모른다. 옛 기관들은 새로운 힘을 표현하기 위해서 활용될 것이며, 그 변화는 매우 점진적이고 미세해서 거의 인식되지 않을지도 모른다. 피렌체Florence의 메디치Lorenzo de Medici 치하와 로마의 아우구스투스Augustus 치하의 유사 민주정pseudo-democracies은 이러한 유형의 익숙한 사례들이다. 혹은 만약 정치구조가 견고해서 성장이 요구하는 변화에 반응할 수 없게 되면, 광범위한 사회적, 경제적 변화의 힘이 이를 프랑스 혁명과 같은 파국으로 몰아넣을 수도 있다. 이러한 모든 변화에서 의식적인 이상과 무의식적인 사회적 재구성이 작동한다.

이러한 사실은 연구자들에게 익숙할 것이지만, 그럼에도 이것이 미국 민주주의와 관련하여 충분히 고려되어 왔는지는 의심스럽다. 적어도 한 세기 동안 통상적으로 표현하자면, 미국인들은 자신들의 민주주의의 안정성과 번영을 설명할 때 이를 "명예로운 헌법glorious Constitution"이라고 불러 왔다. 우리는 한 국가로서 다른 국가들이 우리 자신의 경력을 반복하기 위해서는 의지를 가지고 우리의 민주적 제도를 사용하기로 결정하기만 하면 된다고 믿어 왔다.

민주주의에 대한 서부의 공헌을 다루는데 있어서 방금 언급된 고려 사항들을 염두에 두는 것이 필수적이다. 이러한 공헌들이 어디에 있었든지 간에, 우리는 현재 매우 심각한 경제적, 사회적 변화로 인해 이러한 변화가 미국 민주제도에 미친 영향에 대해 질문해야 하는 처지에 있다. 지난 10년간 네 가지 현저한 변화가 우리의 국가발전 과정에서 발생했다. 전체적으로 이러한 변화는 혁명적이다.

첫째, 미국발전의 효과적 요소로서 주인없는 토지의 공급이 고갈되었고 서부전진 운동이 종결되었다. 황무지에 대한 대체적인 첫 번째 정복이 완성되었고, 해마다 미국에서 민주적 영향력을 강화하는데 기여한 주인없는 토지의 대규모 공급이 고갈되었다. 거대한 정부토지가 여전히 남아 있는 것은 사실이지만, 이들은 산과 건조지역이며 단지 이 가운데 작은 부분만이 점유 가능하고, 그렇다고 해도 자본과 노력이 결합되어야 한다. 미국의 개척자를 만들어 내었던 주인없는 토지는 사라졌다.

둘째, 시기적으로 이와 함께 기간산업의 통제에 있어서 자본 집중현상이 나타나 미국 경제발전에 새로운 시대가 등장했다. 미국의 철강, 석탄, 가축이 모든 연합적 이익을 지닌 몇 개의 대형기업의 지배 밑으로 들어갔다. 그리고 이 동일한 세력과 연합하여 주요한 철도체계와 증기선 라인의 신속한 결합에 의해서 심지어 국가의 주식主食과 제조품이 어느 정도까지는 유사한 방식으로 통제되었다. 이는 대체로 지난 10년간에 벌어진 일이다. 슈피리어 호수의 가장 큰 철강 광산개발은 1890년대에 나타났고, 같은 10년 동안 나라의 석탄과 코크스, 그리고 이를 철강광산과 연결해주던 운송체계가 소수의 집중적인 경영하에 들어가게 된 기업결합이 나타났다. 이러한 자본집중과 마찬가지로 광범위한 산업에서 노동결합은 사라졌다. 후자는 어떤 의미에서 전자의 부산물이었다. 그러나 이러한 변화는 지난 15년간 노동계급이 일련의 외국인 이민자로 충원된 결과 이 계급이 대체로 외국 태생 부모를 지닌 사람으로 구성되어 있다는 점, 미국에 자본과 노동 간의 균열선이 민족 간의 구별로 강조되었다는 사실로 인해 더 중요해졌다.

방금 언급한 앞의 두 사실과 연결된 세 번째 현상은 해양을 향한 미국의 정치적, 경제적 팽창이다. 미국발전의 한 주기가 완성되었다. 1812년 전쟁의 종결 시기까지 미국은 유럽 국가체계의 운명에 관련되어 있었다. 미국이 탄생하고 첫 세기의 1사분기는 거의 대부분 미국이 유럽 국가의 전쟁에 연루되지 않도록 지속적으로 노력했던 기간이었다. 갈등의 시기가 종결되자 미국은 서부로 향했다. 미국은 광대한 내륙의 정착 및 개발을 시작했다. 서부가 우리의 식민화 지역이자 정치행위의 터전이었다. 이 과정이 완수되자 미국이 다시 세계정치에 참여하게 된 것은 이상한 일이 아니었다. 미국이 신대륙 발견을 후원한 옛 국가(스페인－역주)를 격파한 4년 전의 혁명(미서전쟁을 의미－역주)은 아직 겨우 희미하게만 이해되고 있다. 미서전쟁의 섬 조각들인 푸에르토리코와 필리핀은 하와이 제도, 쿠바, 파나마 운하, 중국의 문제와 함께 모두 국가경영의 새로운 방향을 지시해 주는 것들이다. 한편 해외로 눈을 돌리면 우리의 집중된 산업능력은 구대륙이 이미 경악할 정도로 유럽의 교역에 대항하는 놀라운 힘을 부여해 주었다. 황무지 정복을 완성하고 우리의 이익을 공고히 한 이후, 미국은 민주정과 제국의 관계에 대해서 고려하기 시작하고 있다.

넷째로, 미국의 정당은 이제 사회주의 문제를 둘러싼 이슈에서 분열하는 경향을 보인다. 지난 10년 민중주의 정당의 등장과 민주당이 브라이언의 지도력하에 그 많은 원칙을 수용한 것은 새로운 정치이념의 탄생과 정치 갈등 노선의 변형을 충격적으로 보여 준다.

미국사의 다른 어떤 10년 동안 우리의 성장과정에서 이보다 더 중요한 요소들이 일찍이 나타났었는지는 의문이다. 1880년대 개척자 농부들이 대평원의 메마른 땅을 정복하려 했던 노력은 1890년 변경선이 공식적으로 사라졌다는 선언으로 이어졌다. 1896년 시카고 전당대회의 극적 결과[1]는 민중주의 대표자들이 권력으로 부상했다는 점을 확인해 주었다. 그 2년 후 마닐라 전투[2]가 이어져서 미국의 오랜 고립이 무너졌고, 미국은 어느 누구도 예상할 수 없는 목표에 이르는 도정에 들어섰다. 그러나 불과 2년 전 10억 달러가 넘는 규모의 철강 트러스트와 북부 대륙철도 연합의 등장이 하나의 거대한 사례가 되는 자본집중이 이어졌다. 그렇다면 이러한 광범위한 변화의 효과를 추정하기 위해 정치의 기저에 있는 사회적, 경제적 힘을 통해 민주주의를 설명하려는 연구자라면 미국의 민주제도를 만들어 낸 조건을 연구해야만 하지 않겠는가? 이러한 연구에 대한 하나로서 이제 서부가 미국 민주주의를 형성하는데 수행한 역할을 검토해 보자.

미국정착의 시작부터 변경지역은 민주주의에 대해 지속적인 영향력을 행사해 왔다. 예를 들어 버지니아의 경우 이러한 영향력은 미국 독립선언이 있기 100년 전 베이컨의 반란 시기까지 추적된다. 소규모 토지소유자들은 자신들의 힘이 교회, 국가, 토지를 장악한 부유한 대농장주의 손으로 서서히 넘어가고 있는 것을 보면서 반란을 일으켰다. 한 세대

---

1   역주: 1896년 민주당 전당대회에서 은화 주조주의자인 브라이언이 5차 투표 끝에 대통령 후보로 당선된 것을 의미함.
2   역주: 1898년 8월 미서전쟁 말기 마닐라에서 미군과 스페인군 사이에 치러진 육지전투.

이후 알렉산더 스포츠우드 총독시절에 변경 정착민와 해안 자산가계급 간의 갈등이 일어났다. 스포츠우드가 갈등해야 했던 민주주의, 그가 그렇게 통렬하게 비난했던 민주주의는 소규모 토지소유자, 새로운 이민자, 고용기간이 만료되면 내륙으로 가서 토지를 얻어 개척 농업에 종사하는 기한제 계약노동자로 구성된 민주주의였다. 미국 독립전쟁 직전의 "규제의 전쟁the War of Regulation"[3]은 내륙과 연안의 계급 간의 이러한 갈등의 지속성을 보여준다. 남북 캐롤라이나의 오지 카운티들이 당시 이들 식민지 정치를 지배한 귀족에 대항하여 작성한 불만의 선언the Declaration of Grievances[4]은 정부를 효과적으로 통제하기 위해 주의회 선거구를 설정한 기득권 계급과 변경 민주주의와 간의 갈등을 보여준다. 실로 미국혁명 발발 이전에 우리는 뉴잉글랜드 오지에서 서부 뉴욕, 펜실베이니아, 그리고 남부로 이어지는 민주적 영토를 구별하여 추적할 수 있다.[5]

각 식민지에서 이 지역은 해안지역의 지배계급과 갈등하고 있었다. 이 지역은 미국혁명 이전 준혁명 지역이었고, 이후 민주당이 성립하는 토대를 만들어 주었다. 따라서 독립선언 이전 시기처럼 민주적 발전이 처음으로 드러난 곳은 서부였으며, 미국 민주주의의 핵심적 이념이 이미 등장했던 곳도 이 지역에서였다. 미국혁명 기간과 연맹기간을 걸치면서 유사한 대립이 있었음도 알 수 있다. 뉴잉글랜드의 변경에서는 펜실베이니아, 버지니아, 남북 캐롤라이나의 서부변경을 따라서, 그리고

---

3 역주 : 1765년에서 1771년까지 미국 캐롤라이나 식민지에서 조세 부담 등에 저항하여 소규모 개척자들이 일어난 반란. 이 반란에 가담한 자들을 '규제자(Regulator)'라고 부름.

4 역주 : '불만의 선언'은 식민지 지배 말기 영국의 불합리한 통치에 대한 미국 식민지인의 다양한 불만의 선언들과 관련된 것으로 보이며, 문맥상 규제의 전쟁과 관련하여 캐롤라이나 지배세력에 대한 오지인들의 불만이 담긴 선언으로 추정됨.

5 3장을 보기 바람.

앨러게이니산맥 너머 지역에서는 변경 정착민들 사이에서 민주적 자치 정부의 요구가 나타났다. 황무지를 일군 땅에서 모든 사람이 자신의 정치제도를 수립할 권리가 있다는 이론에 따라 자치정부를 요구하는 열정적 청원서에는 어떤 맹렬함이 있었다. 변경은 해안지역 식민지가 투쟁으로 얻은 자연권에 기초한 혁명이론을 서부 토지에 대해 적용하려고 이를 적극적으로 채택하였다. 변경사회의 이러한 호전적인 서부 민주주의의 촛불을 인식하지 않고서는, 해안지역의 부유한 토지 소유자가 행사하는 통제권을 비난하고, 황무지 정복의 기록에 호소하며, 자신들이 인디언과 싸워서 얻고 이를 도끼로 문명화시킨 토지에 대한 소유를 요구하는 서부사람들의 청원서를 아무도 잘 읽어낼 수 없다. "현명한 사람이 대신 입혀주는 것보다 바보가 종종 스스로 코트를 더 잘 챙겨 입을 수 있다"는 것이 청원자들의 철학이었다. 이 시기에는 뉴잉글랜드 농업지역과 해안지대 상인 및 자산가 간의 대립도 있었는데, 비록 한 사례에 그친 것은 아니지만 그 가운데에는 셰이즈의 반란이 가장 유명하다.

헌법회의가 열리는 시기의 민주주의를 위한 투쟁은 꽤 잘 정의된 정당분열로 나타났다. 비록 정당들이 처음에는 자기들 사이에 존재하는 전국적 연결망을 잘 인지하지 못했지만, 거의 모든 주에서 한쪽과 다른 쪽을 구분해 주는 유사한 이슈가 있었다. 지폐 발행에 대한 요구, 채무자에 대한 집행정지, 과도한 세금에 대한 감면 등은 내륙 농업지역의 모든 식민지에서 나타났다. 이러한 중요한 운동의 출현은 자산가의 우려를 자아냈다. 1787년 헌법회의 당시 하원 투표권의 근거에 관한 토론에서 보수파 지도자들은 주저 없이 내륙지역에 대항하기 위해 해안지대 사람의 재산을 보호해 주는 안전장치가 있어야 한다고 요구했다. 토론결과는 하원 투표권 문제를 각 주의 정책에 의존하게 하였다. 이는 국가 전체에 걸쳐 재산과 관련된 투표자격을 부과하는 것으로 귀결되었고, 이 제한이 서서히 남성 보통선거권의 방향으로 잦아들게 된 것은 내륙지역이 발전해 감에 따라서 가능했다.

워싱턴 대통령 임기 중에 제퍼슨이 이러한 모든 산재된 민주적 경향을 민주공화당the Democratic-Republican Party[6]으로 결집시켰다. 제퍼슨은 최초의 미국 민주주의의 선지자였으며, 그가 설파한 복음의 핵심적 특징을 분석하면 서부의 영향이 지배적 요소였음을 알 수 있다. 제퍼슨은 18세기 중반 블루리지산맥 주변의 버지니아의 변경에서 태어났다. 그의 아버지는 개척자였다. 제퍼슨의 『버지니아 비망록Notes on Virginia』[7]은 민주주의가 농업적 기반을 지녀야 하며 제조업 발전과 도시의 삶은 정치공동체의 순수성에 위험하다는 관념을 명확히 보여준다. 정부의 소박함과 간소함, 혁명권, 개인의 자유, 빈 토지를 획득한 사람들이 자기 방식대로 스스로 정부를 구성할 권리가 있다는 믿음 등은 모두 그가 고수한 정치 강령이었으며, 이것들은 그가 태어난 서부의 민주주의의 현저한 특징적 요소들이었다.

미국혁명 기간에 제퍼슨은 버지니아의 권력을 해안지역 귀족보다는 내륙의 정착민의 손에 부여하는 일련의 조치를 시행하였다. 지정상속

---

6   역주: 18세기 말 미국 의회 내 주류세력이었던 연방당에 대항하여 토머스 제퍼슨과 제임스 매디슨이 반연방주의자를 결집하여 만든 정당. 평등주의를 신봉하고 자영농 중심의 농업사회를 지향함.
7   역주: 버지니아에 대한 제퍼슨의 생각을 담은 책으로 1785년 발간됨. 헌정원칙, 자유, 견제와 균형 등에 대한 제퍼슨의 생각이 잘 드러나 있는 책으로 알려져 있음.

과 장자상속에 관한 법률을 폐지한 것은 대농장 귀족들이 자신의 권력을 배양한 거대한 재산을 파괴한 것이었다. 영국 국교회의 폐지는 내륙의 반국교도 교파를 위해 대서양 해안세력의 영향력을 더 줄이려는 것이었다. 그의 보통 공립교육 계획은 동일한 추세를 반영한 것이었으며, 노예제 폐지 요구는 해안지대 구시대 귀족의 요구라기보다는 서부 대변자의 특징이었다. 그의 서부 팽창에 대한 공감은 루이지애나 매입에서 정점에 달했다. 간단히 말해서 제퍼슨의 입법 경향은 베이컨의 반란 시기에 자유를 성취하려 했으나 실패한 내륙인 계급의 지배를 통해서 대농장 귀족을 대체하려는 것이었다.

그럼에도 불구하고 제퍼슨은 민주주의의 모세가 아니라 민주주의의 세례 요한이었다.[8] 내륙으로 향한 정착의 흐름이 서서히 진행되면서 비로소 민주적 영향력이 점차 강해져 정부를 장악하게 되었다. 1800년에서 1820년에 이르는 기간은 이러한 경향의 꾸준한 성장을 보였다. 뉴잉글랜드와 남부의 기득권 계급은 경각심을 보이기 시작했다. 아마도 예일대학교의 드와이트 총장이 이 시기에 출간한 여행서만큼 구세대 연방주의 보수주의자의 우려를 잘 표현한 사례도 없을 것이다.

개척자 계급은 보통사회에 살 수 없다. 그들은 너무 게으르고, 말이 많고, 격정적이며, 방종하고, 무기력해서 재산을 획득하고 성품을 연마할 수 없다. 그들은 법률, 종교, 윤리의 제약을 견디지 못하고, 통치자, 장관, 교장 등을 지원하는 세금에 대한 불만이 많다. (…중략…) 많은 아궁이 불에서 뱉어낸

---

8   역주: 제퍼슨보다는 본문에서 곧 등장하는 앤드류 잭슨이 실제로 개척자 민주주의의
     핵심적 인물이었음을 의미하는 것으로 보임.

유창한 장광설에서, 모든 대장간에서, 모든 길거리 구석에서 그토록 우수한 자질을 가진 사람들을 공직에 앉히는 것을 게을리 하여 지역공동체의 불의가 드러난 후에야 비로소 자신들의 노력이 헛된 것을 알고서, 그들은 마침내 좌절하게 되고, 빈곤의 압박, 감옥의 공포, 그리고 대중의 경멸을 의식하여 자신이 원래 살던 곳을 떠나 황무지로 나가게 된다.

이러한 묘사가 앞 인용문의 작가가 저술할 당시 코네티컷 계곡에서 흩어져 뉴햄프셔, 버몬트, 그리고 서부 뉴욕 등으로 간 후 북서부를 점령하게 위해서 계속 진행해간 뉴잉글랜드 식민지인의 개척자 운동에 대한 보수주의자의 인상이었다. 뉴잉글랜드의 연방주의는 전율 속에서 기존질서를 인정하지 않은 사람들의 민주적 이념을 보았다. 그러나 이 시기에 오하이오, 인디애나, 일리노이, 미주리 등 일단의 변경 주들이 완전한 민주주의를 가져온 선거권 규정과 함께 새로 연방에 편입되었다.

심지어 새로 창출된 북서부의 주들도 그러한 민주적 경향을 보였다. 민주주의의 바람은 서부에서 매우 강하게 불어와, 그 결과 뉴욕, 매사추세츠, 코네티컷, 버지니아 등 더 오래된 주에서도 민주적 토대를 강화하여 각자의 헌법을 보다 자유주의화한 헌법회의가 소집되었다. 같은 시기에 도시 노동자는 정부운영에 참여하기 위해 자신의 권한과 의지를 주장하기 시작했다. 앤드류 잭슨은 이제 나라를 장악한 이러한 변경 민주주의에서 바로 이러한 민주적 주장의 화신이었다. 그는 미국혁명에 앞선 격동의 민주주의 가운데 캐롤라이나 지방의 오지에서 태어나 테네시라는 변경주에서 성장했다. 그는 개인적 반목 그리고 법률에 대한 개척자의 이상을 지닌 이 지역의 한 가운데에서 빠르게 지도자로 성장했다. 이 변경인이 연방의회의 단상에 올라선 것은 매우 중요한 의미를 지닌 징후였다. 그는 워싱턴 행정부의 임기가 끝날 무렵 필라델피아에 도착하였는데, 자신의 목적지까지 거의 800마일을 말을 타고 왔다. 역시 서부사람인 갤러틴은 잭슨이 의회에 입성하는 모습을 서술하면서 "키 크고 볼품없이 멀대 같고 투박해 보이는 사람이 머리카락은 얼굴까지 흘러내린 채 장어 가죽으로 자기 등의 땋은 머리를 묶은 채 나타났다. 그의 옷은 괴이했고 그의 품행은 투박한 오지사람 같았다"라고 기록했다. 그리고 제퍼슨은 또한 "내가 상원의장이었을 때 그는 상원의원이었는데, 그는 감정이 앞서서 결코 말을 제대로 할 줄 몰랐다. 나는 그가 말하려고 거듭 시도하는 것과 분노로 목이 메는 것을 종종 보았다"라고 증언하고 있다. 이러한 전형적인 인물에게서 구현된 변경의 주장은 마침내 정부에서 제 자리를 찾았다. 때로 불처럼 빛나는 푸른 눈을 가진 6피트의 이 오지사람이, 걸핏하면 화를 내고 충동적이며 자기 의지가 강한 이 스코틀랜드계 아일랜드인 지도자가, 전문 결투 도전자이자 준비된 전사인 이 사람이, 강인하고 맹렬하며 감정적인 서부의 구현체인 이 사람이 드디어 정치에 뿌리를 내리게 되었다.

당시 변경 민주주의는 스코틀랜드 국경전투[9] 당시의 민족 구성원들의 본능을 지니고 있었다. 비록 민주주의가 맹렬하고 강인한 것이었지만, 그리고 비록 각자가 자신 앞에 열린 새로운 지역의 전리품을 두고 이웃과 싸우고 있었지만, 그들은 모두 스스로의 열정과 이념을 가장 잘

---

9   역주 : 14세기에서 16세기에 걸쳐 진행된 영국과 스코틀랜드 간의 다양한 전투와 전쟁을 지칭함. 터너의 이 논문에서는 영국에 맹렬히 저항한 스코틀랜드인의 기질을 보여주기 위한 하나의 예로 제시된 것으로 보임.

표현한 사람(앤드류 잭슨-역주)에 대해서 존경심을 지니고 있었다. 모든 사회는 자신의 영웅을 지니고 있었다. 잭슨은 1812년 전쟁과 이어진 인디언과의 전투에서 테네시 사람들의 충성에 대한 자신의 요구뿐만 아니라, 서부 전체, 심지어 국가 전체에 대한 자신의 주장을 실행했다. 그는 켄터키와 테네시 변경의 본질적 특징을 지니고 있었다. 이는 유럽적 이념과 제도에 속박되지 않는 변경이었다. "서부세계" 사람이 대서양에 등을 돌리고, 엄숙한 정력과 자기 신뢰를 통해서 구체제의 지배로부터 해방된 사회를 건설하기 시작했다.

서부사람은 자신을 보존했고 정부의 제재에 대해 분노했다. 결투와 피의 분쟁은 켄터키와 테네시에서 제 세상을 만났다. 법의 인격화라는 이념은 조직화된 사법체계보다 종종 우월했다. 가장 직접적이고 효과적인 방식이 가장 좋은 것이었다. 오지사람은 사소한 것에 지나치게 신경을 쓰는 사람, 혹은 옳은 것에 도달하는 방법을 꼼꼼히 궁리하는 사람을 견디지 못했다. 한 마디로 말하자면 개인의 거침없는 개발이 이러한 변경 민주주의의 중요한 산물이었다. 이 민주주의는 정교한 정부제도를 만들기보다 민중의 사람을 선택하여 자신을 표현하고자 했다.

대통령 재임시 앤드류 잭슨이 대중의 우상과 대변인이 된 것은 그가 이런 본질적인 서부의 특성을 체화했기 때문이었다. 귀족의 무기인 은행을 공격한 것, 그리고 무효화 원칙을 폐기한 것에서 그는 변경인의 무자비한 활력을 발산하면서 자신의 목표에 직접 다가갔다. 그는 공식적 법률과 주의 주권론의 세부적 사항에 대해 오지인 특유의 경멸감을 내보였다. 이 새로운 민주주의의 전형적 인물이 국가정치에서 엽관제도의 승리와 항상 관련되어 있다는 것을 사소한 것으로 볼 수는 없다. 관직은 서부의 새로운 민주주의에서 지역공동체의 평등한 시민이 자연권을 행사하는 기회였다. 관직순환은 성공한 사람이 적을 응징하고 친구를 보상하기 위해 사용할 뿐만 아니라, 모든 미국인이 태어나면서 권리로 주장한 정치업무의 실제수행이라는 훈련과정을 제공하는 것이었다. 그러한 제도는 1830년의 미국과 같은 원시적 민주주의에서만 국가의 파멸 없이 존재할 수 있었을 것이다. 이 시기 국민정부는 복잡하고 적응이 잘 된 기계가 아니었으며, 제도의 오류는 스스로를 완전히 드러낼 때까지 오랜 기간 만들어져 가고 있는 중이었다.

앤드류 잭슨의 승리는 훈련된 정치인이 대통령이 되는 옛 시대의 종말을 의미했다. 앤드류 잭슨의 부상과 함께 대중영웅의 시대가 등장했다. 우리가 동부와 관련하여 생각하는 마틴 반 뷰렌Martin Van Buren조차도 구서부세계와 다르지 않은 통나무집에서 태어났다. 잭슨이 남서부의 영웅이었던 것처럼 해리슨은 북서부의 영웅이었다. 포크는 국가를 확장하려는 열정을 지닌 전형적인 테네시 사람이었고, 재커리 테일러 Zachary Taylor는 웹스터가 "변경의 대령"이라고 부른 사람이었다. 권력은 잭슨 이후의 기간에 켄터키와 테네시 지역에서 미시시피강의 접경지대로 이전되었다. 그러나 일찍이 걸프주들에서 드러났던 자연스러운 민주적 경향들은 목화문화의 확대와 대농장의 개발로 파괴되었다. 미국 혁명 시기의 변경 및 앤드류 잭슨 시기 변경의 민주주의에서 전형적인 양상들이 이제 오하이오강과 미시시피강 사이의 여러 주에서 보이기 시작했다. 앤드류 잭슨이 남서부 지역의 전형적인 민주당 사람이었던 것처럼 에이브러햄 링컨은 구북서부 개척자 시대의 구현자였다. 정말 링컨은 서부 민주주의의 구현자였다. 로웰James R. Lowell의 위대한 「찬양

기념가Commemoration Ode」[10]를 빌리지 않고 어떻게 링컨을 이야기할 수 있을까? 찬양기념가의 내용은 다음과 같다.

그를 위해 구대륙의 틀을 버리고, 고갈되지 않는 서부의 가슴으로부터 달콤한 진흙을 가져와 때가 묻지 않은 재료로 새롭고, 지혜로우며, 하나님의 힘으로 견고하며 진실한 영웅을 만들었다. 그의 마음은 외로운 산 정상의 마음이 아니다. 우리의 뿌연 판자 위에 얇은 공기로 드러나면서 지금 항해표시는 이제 기포에 사라져 보이지 않으며, 넓은 초원은 상냥하고 평온하고, 또한 열매를·많이 맺으며, 모든 인류에게 친절하구나. 그러나 또한 거의 하늘과 닿아 고매한 별들의 사랑을 받는구나. 여기 유럽의 어떤 것도, 혹은 아침으로 향하는 유럽의 어떤 것도 노예나 귀족의 어떤 이름 앞에서도 자연의 평등한 계획을 손상시키지 못하는구나. 우리 새로운 땅의 새로운 탄생, 첫 번째 미국인.

링컨이 등장한 배경이 되는 개척자의 삶은 주요 양상에서 앤드류 잭슨이 전형적으로 대변한 변경 민주주의와 달랐다. 잭슨의 민주주의는 갈등적이며 개인주의적이었고, 지역적 자치정부와 팽창의 이상을 추구했다. 링컨은 이와는 달리 지속적으로 상승하는 산업운동의 한 가운데에서 나무로 집을 짓고 재산을 모으기 위해 거대한 북서부의 숲으로 들어 온 개척민을 대변했다. 산업발전과 도시생활은 남서부 민주주의에서는 단지 사소한 요소였으나, 이러한 요소들은 북서부 민주주의에서

---

10 역주: 시인인 로웰이 남북전쟁 종전 및 링컨 암살 직후인 1865년 7월 21일 하버드대학교에서 이 대학교 출신으로 남북전쟁에서 사망한 군일들을 기리면서 낭송한 시.

삶 자체였다. 벌목개간지의 확대, 풍요한 지역의 산업자원 정복, 상호 경쟁, 자손들에 대한 교육기회 제공, 산업의 개선, 그리고 개척자 생활의 개선 등은 링컨이 도착한 지역의 이상이었다. 이들은 공화국의 건설자, 산업의 건설자였다. 남서부의 영웅은 군사적이었지만, 북서부의 영웅은 산업적이었다. 링컨은 링컨 자신이 즐겨 그렇게 불렀듯이 이러한 "보통사람들"과 함께 성장하였다. 에머슨Ralph Waldo Emerson이 말했듯이 "그는 자기 시대 미국인들의 진정한 역사이다."

링컨의 초기의 삶은 북서부 민주주의가 서부에서 민주적 개척자의 확산을 금지하려 했던 노예제도와 투쟁하는 시기였다. 「문명에 대한 미국의 다섯 가지 공헌」이라는 논문에서 엘리엇Charles William Eliot 총장은 미국 민주주의의 가장 위대한 시험으로 노예제에 대한 미국의 태도를 들고 있다. 그러나 민주주의가 이 문제의 해결에 대해 현명하게 선택하고 효과적으로 작동한 데에는 서부 민주주의가 선두에 서 있었다는 점을 기억해야 한다. 그 처절한 투쟁의 시간에 통나무를 쪼개던 사람(링컨 -역주)이 미국의 대통령이 되어 있었고, 구북서부에서 차출된 나무꾼과 개척농부가 미시시피강 일대를 해방시켰으며, 조지아를 가로질러 행군하면서 아포매톡스Appomattox에서 전쟁이 종결되도록 도왔다. 자유민의 개척자 민주주의가 서부로 전진하는 과정에서 노예제 귀족을 격파한 것이었다.

서부 민주주의의 마지막 장은 새로운 서부의 광대한 공간을 정복한 것을 다루는 부분이다. 서부개발의 각 단계에서 사람들을 더 많은 것들을 연결하면서 더 넓은 영역과 대결해야 했다. 마리에타에 정착한 매사추세츠 퇴역군인의 작은 식민지는 로드아일랜드주 크기의 토지를 교부

받았다. 모제스 클리블랜드를 따라서 코네티컷 보류지까지 간 일군의 코네티컷 개척자들은 코네티컷만한 지역을 점령하였다. 뉴잉글랜드의 정착민들이 북부 일리노이의 초원에서 차지한 영역은 매사추세츠, 코네티컷, 그리고 로드아일랜드를 합친 영역보다 컸다. 동부의 좁은 밸리와 작은 타운에 익숙해진 사람들은 자신들의 이전 거주 지역 경험을 왜소하게 만드는 서부의 무한한 공간에서 생활하게 되었다. 오대호, 프레이리 대초원지역, 대평원지역, 로키산맥, 그리고 미시시피강과 미주리강은 이러한 산업 민주주의의 성취에 대한 새로운 척도를 제공하였다. 개인주의는 협력과 정부에 자리를 물려주기 시작하였다. 초기 황무지의 민주적 정복 시기에조차 내륙개발에 대한 정부지원의 요구가 있었지만, 이 새로운 서부는 국민정부 권위라는 강력한 힘에 대해서 도움을 요청하는 경향을 점점 더 뚜렷하게 드러냈다. 남북전쟁 이후 기간 동안 광대한 공적 토지가 개별 농부에게, 교육을 위해서 각 주에게, 교통망 건설을 위해서 철도회사에게 공여되었다.

대평원에 민주주의가 도래한 지난 15년간 서부 민주주의의 사회적 추세를 가속화해 온 새로운 물리적 상황이 나타났다. 링컨 당시의 개척자 농민은 자신의 가족을 뗏목에 태우고 황무지로 헤치고 나아가, 개활지를 개간하고 자본 없이도 독립을 성취할 수 있었다. 운송이라는 요소가 개인 경력의 자유로운 개척에 대해 심각하며 점증하는 장애가 되기는 했지만, 서부초원의 정부 공여농지 수여자들조차 유사한 독립적 운명을 개척할 수 있었다. 그러나 먼 서부의 건조한 토지와 천연자원에 도달했을 때, 구식의 개인적인 개척자 방식으로는 더 이상의 정복이 불가능했다. 그 곳에서는 비싼 관개시설을 만들어야 했고, 물을 공급하기 위해 협력해야 했고, 소규모 농부의 능력을 넘어서는 자본이 요청되었다. 한마디로 지역의 지형적 특징 자체가 새로운 변경의 운명이 개인적이기보다는 사회적이어야 할 것을 요청했다.

사회적 과제의 규모가 남북전쟁 이후 민주주의의 표어였다. 늪지대에 세워진 조그만 타운으로부터 위대함과 산업적 힘을 통해서 우리시대의 경이로운 대상이 된 도시들이 등장했다. 산업지도자의 배출을 위한 이상적 조건이 구비되어 있었다. 자수성가한 사람에 대한 옛 민주주의적 찬양, 경쟁적 개인발전의 권한에 대한 옛 존경은 가장 명민한 사람들이 정복할 수 있었던 천연자원과 이동성의 조건을 제공하여 우리 시대 10년간 서부를 규정한 대형기업적 산업개발을 가능하게 만들었다.

이제까지 간략하게 서부 민주주의가 정복한 지역에서 민주주의 발전의 주요 단계들을 개괄적으로 살펴보았다. 이러한 서부 민주주의의 후기운동에서는 꾸준한 산업적 이상의 발전과 사회적 추세가 있어 왔다. 서부로의 전진의 가장 초기단계에서 매우 뚜렷했던 변경의 개인주의가 하나의 이상으로 보존되어 있었던 반면, 점점 더 서로 투쟁하는 개인들은 이제는 더 넓은 영역에 대처하고 더 많은 문제를 목격하면서 최강자의 지도력 아래 연합하는 것이 필요하다는 것을 알게 되었다. 이것이 천재성을 발휘하여 국가의 기본자산을 통제하는 자본을 집중시킨 탁월한 산업지도자의 등장에 대한 설명이다. 다시 한번 서부 민주주의를 만든 영향력으로부터 이러한 운동의 순수한 결과를 만들어 낸 요소를 뽑아 보자면 다음의 사항들을 언급해야 할 것이다.

가장 중요한 것은 주인없는 토지가 미국 정착지의 서부 경계에 지속적으로 존재했다는 사실이었다. 사회상황이 동부에서 어려워질 때면 언제나, 그리고 자본이 노동을 압박하고 정치적 제한이 대중의 자유를 저해하려 할 때면 언제나 변경의 자유로운 환경으로 향하는 탈출구가 있었다. 이 주인없는 토지는 개인주의, 경제적 평등, 향상의 자유, 그리고 민주주의를 촉진시켰다. 이 약속된 기회와 평등의 땅을 가질 수 있는 한, 사람들은 열악한 임금과 항구적인 사회억압을 받아들이려 하지 않았다. 조금만 노력하면 자신의 이상에 따라 자유로운 도시와 자유로운 주를 건설하는 공동작업자가 될 수 있는 땅에 갈 수 있는데, 누가 억압적 입법 환경에서 만족하고 있겠는가? 따라서 한마디로 주인없는 토지는 자유로운 기회를 의미했다. 이러한 주인없는 토지의 존재는 시기적으로 이에 앞선 다른 종류의 민주주의에 대해 미국의 민주주의를 차별화해 주었다. 동부 민주주의가 매우 전문화되고 복합적인 산업사회의 형태를 띠었듯이, 서부에서는 서부 민주주의가 원시적 환경과 지속적으로 접촉하였다. 그 결과 작용과 반작용을 통해서 이러한 두 세력이 우리의 역사를 만들어 왔기 때문이다.

다음으로 주인없는 토지와 산업자원은 매우 광활한 공간에 널리 펼쳐져 있어서, 이는 기획 및 실행력과 관련하여 점점 더 많은 공간을 민주주의로부터 요구했다. 서부의 민주주의는 자신이 시작한 과제의 넓은 규모로 인해서, 그리고 자연과 정치에 대해 설정한 통제력의 광범위한 성취로 인해서 다른 모든 시대의 민주주의와 대조된다. 민주주의에 대한 이러한 훈련의 중요성을 과도하게 강조하기는 어려울 것이다. 세계사에서 일찍이 미국의 서부시대 이전에 이토록 넓은 영역에서, 이렇게 성공적으로 전반적인 업무를 처리하거나, 이처럼 거대한 기획을 통해 실행수단을 장악하고 추진해 본 민주주의는 없었다. 간단히 말하자면 미국 서부에서 민주주의는 규모의 문제에 어떻게 대처할 것인지를 학습했다. 역사상 옛 민주정은 단지 원시적 경제조건을 지닌 작은 국가들이었을 뿐이었다.

그러나 서부가 제공한 자유경제의 조건하에서 광대한 자원, 광활한 영역을 다루는 과제는 경제력을 성공적으로 공고화한 산업지도자들로 인해 이제는 이러한 새로운 조건하에서 과연 민주주의가 생존할 것인가라는 문제를 제기하게 만들었다. 조지 로저스 클라크, 앤드류 잭슨, 윌리엄 헨리 해리슨 등과 같은 옛날 군사적 유형의 서부 지도자 대신, 제임스 J. 힐James J. Hill, 존 D. 록펠러John D. Rockefeller, 그리고 앤드류 카네기Andrew Carnegie와 같은 산업의 주역들이 등장했다.

그렇다면 어떠한 이상이 서부 민주주의의 경험으로부터 지속되고 있는가라는 질문이 중요해 진다. 이러한 이상은 그것이 기원한 시절과는 근본적으로 다른 조건하에서 자신을 지속할 충분한 동력을 지니고 있는가? 달리 말해 이제 이 논의의 시작 때 제기한 질문이 적절해진다. 미국 민주주의 아래 실제로 비교적 소수의 손에 경제적, 사회적 권력이 집중되어 정치적 민주주의가 실체가 아니라 허상이 되어버리는 현상이 진행되고 있는 것은 아닌가? 주인없는 토지는 사라지고 없다. 서부 민주주의에 대해 생동감을 불어 넣었던 물질적 힘은 사라져 가고 있다. 우리가 오늘날 민주주의에 대한 서부의 영향력을 찾아보아야 할 영역은 정신의 영역, 이상과 입법의 영역이다.

서부 민주주의는 탄생에서부터 이상적이었다. 황무지의 존재라는 사실 자체가 더 공정하고 나은 사회를 만들려는 인간의 투쟁에 새로운 이야기를 적을 수 있는 비어있는 공정한 공간으로서 사람들에게 호소력을 발휘했다. 앨러게이니산맥에서 태평양에 이르는 서부의 황무지는 문명인 앞에 일찍이 제공된 가장 풍요로운 공짜 선물이었다. 서부는 오랜 관습과 사회적 계급의 운명에 속박되었던 구대륙의 농부와 장인들에게 자연의 풍부함 가운데 자유로운 삶과 더 많은 행복으로 다가가는, 그리고 남성적 노력을 요구하고 그 대가로 사회적 전진의 계단에서 무한한 상승기회를 약속하는 출구를 제공했다. "서부는 각 사람들에게 그의 의지에 따라서 선물을 주었다." 그러한 기회는 인간의 후손들에게 다시는 나타나지 않을 것이다. 이는 독특한 것이었다. 우리는 상황이 너무나 우리 가까이에 있고 우리 삶의 진정한 한 부분이었기 때문에 심지어 지금도 그 중요성을 충분히 깨닫지 못하고 있다. 이러한 기회의 땅의 존재는 순교자 선조시대부터 미국을 이상주의자의 목표로 만들었다. 개척자 운동의 모든 기회와 함께 새로운 사물의 질서에 대한 기회로서 빈 토지에 대한 이러한 이상주의적 관념은 확실히 현존한다. 키플링Rudyard Kipling의 『영국인의 노래A Song of the English』는 이를 다음과 같이 표현했다.

우리는 인간이 질식된 타운에서 거창한 꿈을 꾸는 몽상가였다. 우리는 익숙하지 않은 길이 내려가고 있는 하늘선 너머를 동경했다. 인간의 영혼이 아닌 영혼이 우리를 이끌 때까지 속삭임이 들려왔고, 전망이 드러났고, 필요할 때면 힘이 찾아 왔다. 좇아가라, 좇아가라! 우리가 뿌리에 물을 주자 새싹이 돋아나 꽃을 피우고 무르익어 열매를 맺었다. 좇아가라, 우리는 우리가 잃어버린 길에서 많은 발자국 소리를 기다리고 있다. 주인의 발소리를 기다리고 있다. 좇아가라, 좇아가라, 추수할 것이 심어졌다. 길가 근처의 뼈 옆에서 그대는 그대의 것을 얻을 것이다.

이것이 "환경과 조화를 이룰 수 없어서 황무지를 찾아갈 수밖에 없는, 육신에서 떠난 진실을 빼앗긴 예언자적 영혼"이었던 로저 윌리엄스 Roger Williams에게 호소한 전망이었다. 윌리엄 펜William Penn은 "아, 통탄스러운 유럽의 곤경과 당혹감으로부터 자유로운 이 일대의 고요함은 얼마나 달콤한가"라고 숲의 은둔처에서 적었다. 그리고 그는 여기에서 "정부에 대한 신성한 실험"을 구상했다.

만약 후기의 서부가 이상적 계획에 대한 황무지의 관련성에 대한 주목할 만한 사례를 제공해 주지 못할지라도, 그리고 만약 어떤 계획들이 환상적일 뿐이며 실행할 수 없는 것이라 할지라도 그 영향력은 사실이다. 서부의 주가 정착형 사회조직의 제재로부터 멀리 떨어진 빈대지에서 자신들의 이상을 구현하고자 열망하는 어떤 교파 혹은 사회적 개혁가 집단의 메카가 아니라고 한다면, 서부는 아무 것도 아닐 것이다. 서부의 황야를 찾아간 덩커파 교도the Dunkards,[11] 이카리아주의자 the Icarians,[12] 푸리에주의자the Fourierists,[13] 모르몬교도the Mormons, 그리고 유사한 이상주의자들을 생각해 보라. 그러나 이상주의적 영향력은 새로운 국가에 대한 몽상가들의 관념에 국한된 것이 아니었다. 이상주의적 영향력은 개척자 농민과 도시건설자에 대해 활력, 신속한 판단력과 행위능력, 자유에 대한 믿음, 기회의 자유, 그리고 민주적 대중의 개별적 원자에게 생동감과 힘을 쉼 없이 불어넣어 계급지배에 대한 저항력

---

11 역주 : 미국에 건너온 독일계 침례교도로서 경건주의와 침례를 강조함.
12 역주 : 프랑스의 공상적 사회주의 신봉자인 에시엔 카베(Étienne Cabet)가 프랑스의 추종자를 거느리고 미국에 건너와 평등주의적 공동체를 건설하였는데, 그의 지도를 따른 공상적 사회주의자를 지칭.
13 프랑스의 공상적 사회주의자인 프랑스와 푸리에(François Charles Marie Fourier)의 이념을 따르는 사람을 지칭.

을 제공했다. 심지어 개척자들은 새로운 벌목개간지의 나무 그루터기 가운데에서 생활할 때에도 새로운 사회질서에 대한 창조적 전망을 가지고 있었다. 개척자는 상상 속에서 숲의 경계를 강력한 공화국의 경계까지 몰고 갔다. 그는 통나무집이 대도시의 고매한 건물이 되어야 한다고 소망했다. 그는 자손들이 교육, 안락함, 사회복지를 누릴 수 있어야 한다고 주장했고, 이러한 이상을 위해서 스스로 황무지의 고통을 감당했다. 이러한 이념으로 무장한 개척자는 자신의 과업을 고상한 것으로 생각하면서 민주국가를 위한 깊은 토대를 구축했다. 이러한 이상주의는 결코 미국 개척자들에게 국한된 것이 아니었다.

오랜 민주적 토착인들에 더하여 구대륙의 광범위한 새로운 이주민이 보태졌다. 중서부에만 미국 전체의 독일태생 부모의 자손 700만 명 가운데 400만 명이 있었다. 스칸디나비아 태생 부모의 자손 역시 이 지역에서 100만 명이 넘었다. 새로운 서부의 민주주의는 구대륙의 이민자들이 가져온 이상에 의해 깊은 영향을 받았다. 미국은 이들에게 단지 새로운 집이 아니었다. 미국은 기회의 땅, 자유의 땅, 민주주의의 땅이었다. 이들에 앞선 미국인 개척자들과 마찬가지로, 미국은 이들에게도 유럽에서 자신을 구속한 사회적 속박을 부수고 스스로를 위해서 새 나라에서 신이 부여한 권력에 부합하는 운명을 찾아가는 기회이자, 가족을 더 나은 환경에서 살게 하고 스스로도 유럽에서 누린 삶보다 더 나은 삶을 살 수 있게 해주는 기회였다. 일군의 남부 이탈리아 출신의 최근 이민자들마저도 무미건조한 맹목적 물질주의에만 이끌려 미국으로 건너왔다고 보는 것은 문제의 핵심을 꿰뚫어 보지 못하는 것이다. 이들 구대륙 후손의 이상주의와 기대감, 바다 건너 더 새롭고 더 자유로운 삶을 위해서 품은 이들의 꿈은, 그 결실의 가능성에서 얼마나 먼 곳에 있는지를 고려해 보면 애처로운 것이기도 하다. 미국 민주주의를 검토하고자 하는 사람은 이민이 미국인들에게 더해 준 인간적 목적과 이상의 축적을 망각해서는 안 된다.

이와 관련해서 이러한 민주적 이상이 변경 전진의 각 단계마다 존재해 왔으며, 전국민의 생각에 깊고 지속적인 효과를 남겨 두었다는 것을 또한 기억해야 한다. 미국의 특정 지역에서 변경시대가 사라진 후 오랜 기간이 지나서도, 사회관념, 그리고 이러한 사회관념이 빚어낸 이상과 열망은 사람들 마음속에 지속되고 있다. 변경 정착민의 삶으로 인한 미국 내 많은 지역의 삶의 변화가 매우 최근의 것이기 때문에, 우리는 미국 전역에 걸쳐서 서부의 원시적 환경에서 불과 한 세대 정도도 떨어져 있지 않다. 정말 우리 자신이 개척자는 아니라고 할지라도, 우리의 아버지들은 개척자였다. 그리고 사물을 바라보는 전승된 방식, 미국 국민에 대한 근본적 가정은 모두 서부 전진과정에서 이러한 민주주의의 경험에 따라 형성되었다. 이 경험은 미국적 사고의 골격이 되었다.

서부자원의 정복으로 권좌에 오른 산업과 자본의 지도자들조차도 이러한 사회의 중심에서 왔으며, 여전히 이러한 사회에서 통용된 원칙들을 천명하고 있다. 존 D. 록펠러는 뉴욕 농장에서 태어나 세인트루이스에서 젊은 기업가로 일을 시작하였다. 마르커스 한나Marcus Hanna는 20세에 클리블랜드 잡화점의 종업원이었다. 설탕왕인 클라우스 스프레클스Claus Spreckles는 3등 선실 여객으로 1848년 미국으로 건너왔다. 마샬 필드Marshall Field는 초기 시카고에서 성장하기 전까지는 매사추세츠의 콘웨이Conway의 농부였다. 앤드류 카네기는 10세 소년으로 스코틀랜드를 떠나 당시 전형적인 서부 도시인 피츠버그로 왔다. 그는 계속 단계적으로 재산을 모아 거대한 철강업계를 지배하는 인물이 되었고 철강 트러스트라는 엄청난 성과의 경로를 개척했다. 이 대형기업의 경향이 무엇이든지 간에, 앤드류 카네기 자신의 민주적 이상에 대해서는 의심의 여지가 없다. 그는 도서관의 증진을 위해 미국 전역에 걸쳐서 수백만 달러의 돈을 흔쾌히 희사했다. 이러한 도서관 운동의 효과는 지적이며 자존감 있는 사람들로부터 나오는 민주주의를 항구적으로 정착시키는 데 있어서 거의 측량할 수 없을 정도로 크다. 철강의 달인 카네기는 1886년 발간된『승리하는 민주주의*Triumphant Democracy*』라는 책에서 미국의 광물자원을 언급하면서 "하나님께 감사한 해야 한다. 이러한 보물들은 지적인 사람들과 민주주의의 손 안에서 대중의 일반복지를 위해서 사용되어야지, 특권적 상속계급의 저열하고 이기적 목적에 사용되어서는 안 된다. 군주, 궁정, 그리고 귀족의 전리품도 아니다"라고 적었다. 부자로서 죽는 것을 불명예로 여긴다는 카네기의 유명한 말보다 민주주의의 교리에 대해 더 철저한 주장을 찾기는 어렵다.

엘리엇 총장은 미국 민주주의의 공헌을 열거한 후 그 가운데 하나로 대형기업을 포함시키면서 "더 이상 전적으로 민주적 기구는 아니지만 법인의 자유freedom of incorporation는 민주적 제도를 강하게 지원하였다"라고 선언했다. 어떤 의미에서 이는 확실한 사실이다. 왜냐하면 대형기업은 작은 재산이 효과적 작동기구로 통합될 수 있는 수단 가운데 하나이기 때문이다. 사회주의 저술가들은 이러한 다양한 자본집중은 사회적 통제의 길을 열었고 이를 가능하게 만들었다고 즐겨 지적하였다. 이러한 관점에서 보면 산업의 지배자들은 새로 탄생한 귀족이라기보다는 산업세계를 민주적 통제에 적합한 체계적 공고화로 이끄는 민주주의의 개척자라고 할 수도 있다. 근대적 산업집중을 성취한 위대한 천재들은 민주사회의 중심에서 훈련을 받았다. 그들은 이러한 민주적 여건의 산물이었다. 사회적으로 상승할 수 있는 자유는 그들의 존재 조건이었다. 대중을 착취할 후계자가 그들을 뒤따를지, 그리고 누가 이러한 광대한 자원을 효과적으로 통제할 수 있을지는 우리가 대답해야 할 질문 가운데 하나이다.

적어도 다음 사항은 명백하다. 미국 민주주의는 근본적으로 서부에 대처해 나간 미국인의 경험의 결과물이다. 서부 민주주의는 그 초기 과정 전체에 걸쳐서 가장 분명한 사실인 사회 이동성의 조건과 함께, 개인이 상승할 수 있는 자유가 있는 사회, 대중의 자유와 복지를 열망하는 사회의 생산에 주력했다. 이러한 관념은 모두 미국 민주주의에 생기를 불어 넣었다. 이는 역사상의 민주주의, 입법에 의해 인위적으로 민주적 질서를 창출하려는 유럽의 근대적 노력과 대조되는 것이었다. 미국의 문제는 민주주의를 창출하는 것이 아니라, 민주적 제도와 이상을 보존하는 것이었다. 발전의 후반기에 서부 민주주의는 사회적 통제문제에 관한 경험을 습득해 가고 있었다. 서부 민주주의는 행위의 영역과 항구화의 도구를 꾸준히 확대해 왔다. 서부는 초등학교에서 대학교의 대학원에 이르기까지 세계 어디에서도 볼 수 없는 지적인 보통사람들의 거대한 집단을 만들어 왔다. 서부의 정치적 추세는 우리가 이를 민주주의, 민중주의 혹은 공화주의로 생각하든지의 여부에 관계없이 뚜렷이 더 큰 사회적 통제와 오랜 민주적 이상의 보존으로 향하고 있다.

서부는 심지어 열정적으로 이러한 이상을 고수하고 있다. 서부가 내

류자원을 정복하는 과정에서 세계의 경탄을 자아낼 만큼 강력한 산업
지도자를 배출했다면, 이러한 사람들이 민주적 제도에 대해 위협인지
혹은 민주적 통제를 새로운 조건에 적응시키는 가장 효과적인 행위자
가 될지는 여전히 두고 보아야 한다.

이러한 엄청난 산업적 근대미국의 돌진이 세계국가들 사이에서 미국
의 위치에 대해서 가져올 결과가 무엇이든지 간에, 미국 서부 민주주의
의 형성은 항상 인류사의 가장 놀라운 역사 가운데 하나로 남을 것이다.
최초의 유럽정착민이라는 약한 물결이 우리의 광대하고 거친 대륙에
쏟아져 들어 왔다. 유럽인, 유럽적 제도, 유럽적 이념이 미국의 황무지
에 둥지를 틀었고, 위대한 미국의 서부는 이들을 가슴에 품어 보통사람
의 운명을 바라보는 새로운 방식을 교육했다. 그리고 미국의 서부는 서
부환경에 적응하고 새로운 필요를 충족시킬 수 있는 새로운 제도를 창
출하도록 이들을 훈련시켰다. 미국의 동부경계에 있는 사회가 사회적
형태와 산업에 있어서 구대륙을 닮아갈 때, 그리고 그 사회가 민주주의
이상에 대한 신뢰를 잃어 갈 때, 미국은 서부라는 새로운 지역을 열어주
었다. 또한 미국은 가장 멀리 있는 지역의 민주주의에 대해 물질적 보고
와 자유에 대한 격렬한 사랑을 제공했다. 그리고 미국은 나무를 베어 집
을 만들고 학교와 교회를 건설하며 가족을 위해서 더 나은 미래를 만드
는 것에서 오는 힘이 개척자에게 주는 고매한 영향력도 부여하였다.

미국은 세계에 대해 독립선언서를 작성하고, 종교적 관용의 법규를
만들었으며, 루이지애나를 매입한 농부 토머스 제퍼슨과 같은 사람을
보내 주었다. 미국은 우리에게 보수적 지배라는 전통을 타파하고, 관료
세계의 개인적 비밀과 특권을 쓸어버리며, 고트족의 지도자처럼 나라

의 성전을 민중들에게 개방한 열정적인 테네시 사람인 앤드류 잭슨을 보내 주었다. 미국은 우리에게 그 척박한 변경과 투박하고 커다란 손이 숲과 투쟁한 이야기를 들려주고, 미국이 남북전쟁을 온몸으로 헤쳐 나갈 때 국가라는 배의 방향타를 잡은 것처럼 견고했던, 개척민의 도끼 손잡이를 쥔 에이브러햄 링컨을 보내 주었다. 미국은 이 새로운 민주주의 국가에게 구대륙의 자원을 왜소하게 보이게 하는 광물의 풍부함과, 그리고 그 자체로서 유럽 대부분의 국가보다 더 광대하고 생산적인 지역을 제공해 주었다.

이러한 풍요로움에서 나온 미국의 산업경쟁력은 구대륙을 놀라게 했다. 그리고 자원의 정복자들이 왕들의 부와 권력보다 더 광범위한 부와 권력을 발휘하게 된 미국이 등장했다. 미국인에게 뿐만 아니라 모든 국가의 불행하고 억압된 사람들에게 희망을 준 것과 아울러, 이 모든 것 가운데 가장 훌륭한 것은 미국의 서부가 인간에 대한 고매한 믿음과 자신의 능력을 최고도로 성장시킬 수 있는 기회를 주는 희망과 권력의 장소가 이 세상에 있다는 확신을 인간에게 주었다는 점이다. 미국이 낳은 자손이 위대하고 강력하기는 하지만, 공화국은 이들보다 더 위대했다. 개척자가 걸었던 길은 넓은 대로가 되었다. 숲의 벌목개활지는 부유한 주로 확장되었다. 통나무집 개척민이 지닌 이상이 발전하여 시민적 권력이 공공선을 위해서 개인적 성취를 지배하고 활용하는 민주주의의 정신적 생명이 되는 날을 보도록 하자.

10장
개척자 이상과 주립대학교*

한 민족의 이상, 열망과 확신, 희망과 야심, 꿈과 결의는 일인당 부나 산업기술만큼 실제적이고 중요한 그들 문명의 자산이다. 미국은 개척자의 이상으로 형성되었다. 북미대륙의 동부 끝자락의 미국 숲에 존 스미스 선장이 첫 모습을 나타낸 이후 3세기 동안, 개척자들은 몇 세대를 걸쳐 새 변경을 찾아 정착사회를 떠나 황무지를 향해 이동했다. 그들의 경험은 미국의 이념과 목적에 지속적인 영향력을 미쳤다. 실제로 구정착지는 전체 국가가 개척에 나섰고 동부가 서부개발에서 자기 몫이 있었다는 바로 그 사실에 의해 깊이 영향을 받았다.

개척자의 첫 번째 이상은 정복이었다. 생존을 위해 자연과 싸우는 것이 개척자의 이상이었다. 이 싸움은 이전 국가들처럼 신화적 과거에서 발생하지 않았고, 민담이나 서사시를 통해서 이야기되지도 않았다. 이 싸움은 우리가 사는 오늘날까지 지속되고 있다. 개척자 각 세대를 마주

---

* 1910년 인디애나 대학교(the University of Indiana) 졸업식 연설.

한 것은 정복되지 않는 대륙이었다. 거대한 숲이 길을 차단했다. 산이라는 벽이 앞을 가로 막았다. 삭막하고 풀에 덮인 초원, 넘실거리는 평원의 황량한 바다, 건조한 사막, 그리고 맹렬한 야만인 종족 등, 이 모든 것을 마주해야 했고 패퇴시켜야 했다. 장총과 도끼는 오지 개척자의 상징이었다. 이 도구들은 공격적 용기, 지배, 행동의 직접성, 파괴성의 훈련을 의미했다.

숲은 개척자에게 후손을 위한 친절한 자원이 아니었으며 신중한 절약의 대상도 아니었다. 개척자는 숲에 대해 일일이 전쟁을 치러야 했고, 작은 공간의 나무를 베고 이를 태워서 힘들게 얻은 조그만 땅에 빛이 들어오게 했고, 해마다 태고의 나무 그루터기와 땅에 엉겨 붙은 뿌리의 완고한 저항을 뚫고 새로운 산림지대에서 벌목개간지를 확장해 나갔다. 개척자는 토양의 엄청난 생식력과 싸웠다. 새로운 처녀지의 세계가 바로 저 너머에 있는 동안 개척자가 일을 멈추고 과학적 영농을 할 것으로 기대하는 것은 한가한 상상이었다. 윌슨James Wilson 장관이 말한 것처럼 정말로 개척자는 이러한 상황에서도 아무도 먹기를 원치 않는 밀을, 농장에 그저 쌓아 놓을 옥수수를, 수확할 것 같지 않은 목화를 재배했다. 그래서 황무지 정복의 이상에 불탄 파괴자 개척민은 능란하고 거침없이 대륙을 싸우며 헤쳐 나갔고, 즉각적인 것을 추구하고 거친 힘과 고집스러운 성취를 즐기면서 앞길을 준비해 갔다.

그러나 심지어 이런 오지사람도 단순한 파괴자 그 이상이었다. 그는 전망을 가지고 있었다. 그는 전사이면서 또한 발견자였다. 문명을 위해 길을 만들고 새로운 방식을 발명하는 사람이었다. 비록 러드야드 키플링의 "선도자Foreloper"가 남십자성the Southern Cross 아래에 있는 땅을 개척한 영국인을 다루는 것이지만, 그 시는 미국인의 특징도 잘 나타내고 있다.

갈매기는 그의 길을 따라 다니면서 큰 소리로 울 것이고, 걷잡을 수 없는 바람이 불 속에서 일어날 것이다. 그는 자신의 욕구도 모른 채 하나님의 가장 중요한 뜻을 수행할 것이다. 그리고 그는 옛 행성이 사라지고 낯선 별들이 떠오르는 것을 볼 것이며, 새로운 하늘의 그림자 속의 강풍 속에서도 대담하게 항해할 것이다. 강한 욕망의 동력이 그를 달리게 하고, 그의 굶주린 손은 벌거벗은 사막에서 음식을, 모래에서 자신의 발판을 억지로라도 만들게 할 것이다. 그 이웃들의 연기가 눈을 성가시게 하고, 그들의 목소리가 그의 안식을 깨뜨릴 것이다. 그는 남쪽이 북쪽이 될 때까지 침울한 모습으로 아무 가진 것 없이 나다닐 것이다. 그는 고독함을 갈망할 것이며, 그 갈망은 그의 발뒤꿈치에 1,000개의 바퀴를, 민족과 왕을 바싹 이끌고 올 것이다. 그는 스스로 만든 길로 다시 돌아올 것이고, 한산하고 음산한 야영지에 이르면 그는 법석이는 거리, 기중기, 쿵쾅거리는 소리를 만나게 될 것이다. 그는 그가 마지막으로 얻는 황무지에 제국의 방벽이 서 있을 때까지 분명 나라의 새로운 길을 손도끼와 낙인으로 열어 놓을 것이다.

비록 키플링이 그 영적 중요성을 의식하지 못했을지라도, 미지의 것에 대한 탐구, "낯선 길이 내려가는 하늘선 너머"에 대한 이러한 동경은 오지 개척자의 진수에 대한 것이다.

개척자는 경험이라는 학교로부터 한 지역의 수확물이 새로운 변경을 위해 충분하지 않다는 것을, 벌목개간지를 위한 낫을 초원의 수확기계로 바꾸어야 한다는 것을 배웠다. 그는 새로운 용도로 옛 도구를 사용해야 했고, 이전의 습관, 제도, 이념을 변화된 환경에 맞추고, 옛 것을 적용할 수 없을 때에는 새로운 수단을 찾아야 했다. 그는 새로운 땅을 개척할 뿐만 아니라 새로운 사회를 건설하고 있었다. 그는 순응을 거부하고 변화를 도모하는 이상을 지니고 있었다. 그는 통상적인 것에 대해 저항했다.

정복과 발견의 이상 외에도 개척자는 사회적 제한, 정부의 구속으로부터 자유로운 개인적 발전이라는 이상도 지니고 있었다. 그는 개인적 경쟁에 기초한 문명의 출신이며, 그러한 관념을 풍부한 자원과 무수한 기회가 새로운 영역을 제공해 주는 황무지로 가지고 왔다. 그것에 대한 보상은 가장 명민하고 가장 강한 자의 몫이었다. 보상으로는 가장 좋은 저지대 토지, 가장 좋은 벌목 공간, 가장 좋은 식염천, 가장 풍부한 광물층 등이 있었다. 이러한 천연의 선물뿐만 아니라 조성되고 있던 사회가 제공한 기회들이 있었다. 여기에는 작은 제재소와 타운 자리, 운송선, 은행, 법률과 정치에서의 비어 있는 자리 등, 모든 것이 기회를 잡을 줄 아는 사람에게 개방되고 있었다. 급속하게 발전하는 사회가 제공하는 모든 다양한 기회가 있었다.

불법거주자는 법 밖의 결사와 힘을 사용하여 심지어 정부의 권리에 대항하여 토지 소유권을 주장했다. 그는 거의 주저 없이 사형私刑법에 호소하였다. 그는 황무지에 대처하는 자신의 개인적 권리에 대한 어떠한 정부의 제약도 참지 않았다. 오늘날 우리는 종종 의원들이 토지법률을 어겨서 수감되는 사례를 듣는다. 그러나 1852년 의회에서 미네소타 대표인 시블리Henry Hastings Sibley의 연설을 들어보면 개척자 시대에는 다른 정서가 있었음을 보여주고 있다. 그가 최초의 미네소타 주지사가 되었고, 미네소타 대학교의 이사였으며, 미네소타주 역사학회 회장이며 또한 프린스턴 대학의 법학박사였다는 사실에서 볼 때, 우리는 그가 사회의 핵심적 위치에 있었다고 생각해 볼 수 있다. 그는 다음과 같이 말했다.

정부는 자신의 공적 소유지를 독차지하려고 질시의 눈으로 지켜보았고, 우리의 법전에는 법률을 위반한 사람을 겨냥한 조문으로 미국과 19세기에 불명예가 되는 것으로 삭제되어야 할 법령들이 있습니다. 특히 미국의 도끼로 원시림의 침묵을 과감하게 부수려는 사람들이 가차 없이 냉엄하게 소추되었습니다. 오지로부터 미시시피강 유역의 거대한 밸리의 타운과 도시를 건설할 재목을 끌어내 오려고 북서부의 가장 먼 미개척지에 침투해 들어간 강인한 벌목업자들이 특히 희생자가 되었습니다. 모든 고난을 견디어 내고 자신의 직업에 따르는 위험을 감수한 후, 몇 달 동안 자신의 정직한 노동으로 동료의 안락함을 보태주기 위해서, 그리고 나라의 총체적 자산을 증대하기 위해서 노력했을 때, 그는 자신이 갑자기 공적 소유지를 침범하였고 법률의 족쇄에 묶이게 되었다는 것을 알게 되었습니다. 그가 긴 겨울 동안 노력해서 얻은 수익이 자신에게서 박탈되었고, 그의 후원자인 것처럼 행동하는 정부의 이익을 위해서 공매에 넘겨졌습니다. (…중략…) 이런 억압과 잘못의 대상(벌목업자—역주)은 그에게 불리하기만 하고 성가신 법률의 심리로 더 시달립니다.

지금 소위 정부의 목재를 훔쳤다고 해서 북부의 벌목업자들이 "시달린다"는 이러한 "분노"와 관련한 시블리의 의회 항의는 자신의 동료로부터 아무런 저항을 야기하지 않았다. 어떤 대통령도 그를 바람직하지 않은 시민이라고 부르지 않았고 그를 법정에 넘기지도 않았다. 그래서 많은 개척자들은 개인이 잘 살 수 있어야 한다는 권리의 이상을 좇아 국가가 "발전되어야" 하며, 개인이 가능하면 간섭 받지 않고 전진해 가야 한다는 열망을 국가와 후손의 권리보다 더 중요한 것으로 보았다. 불법 거주자 원칙과 개인주의는 미국적 관념에 깊은 흔적을 남겨 놓았다.

그러나 개인주의의 이상만큼이나 개척자들의 마음에 깊이 박혀 있는 것은 민주주의의 이상이었다. 개척자는 귀족주의, 독점 그리고 특권에 대해서 격렬한 증오심을 지니고 있었다. 그는 소박함, 근검, 민중의 지배를 신봉했다. 개척자가 성공한 사람을 존중하고 모든 수단을 통해서 신분 상승을 위해 노력한 것은 사실이다. 그러나 서부는 자유롭고 광활하며, 개인의 성취에 대한 장애는 너무나 멀리 있는 곳이었다. 개척자는 평등에 대한 위험이 천연자원에 대한 자신의 경쟁에서 등장할 것으로는 거의 생각하지 못했다. 그는 어떤 의미에서는 우리 정치제도의 결과로서 민주주의를 생각했고, 이것이 일차적으로 주인없는 토지와 자신을 둘러싼 엄청난 기회의 결과라는 것을 알지 못했다. 간혹 정치인들은 심지어 공적 소유지에 관한 최초의 토론에서조차 미국 민주주의가 점령되지 않은 땅의 풍요로움에 기초하고 있다고 목소리를 내기도 했다. 미국 민주주의의 경제적 상황을 형성하는데 토지의 풍성함이 준 영향력을 일찍이 인정했던 것은, 가난한 사람이 사용할 수 있는 저렴하고 경작 가능한 공적 토지의 공급이 실질적으로 고갈되었고, 동시에 임금을 유지하기 위한 노조의 발달이라는 견지에서 볼 때 오늘날 특히 중요하다. 민주적 운동의 힘이 주로 개척자 지역에 있었다는 것은 확실하다. 1785년 사우스캐롤라이나의 이저드Ralph Izard는 제퍼슨에게 쓴 편지에서 "우리 정부는 민주주의에 너무 공을 들이는 경향이 있다"라고 적었다. "수공업자는 도제제도가 사람들이 업무에 익숙하게 만드는 데 필요하다고 생각한다. 그러나 우리의 오지사람들은 정치인은 시민처럼 태어나는 것이라는 의견을 지니고 있다"라고 말했다.

물론 미국혁명의 이념은 민주주의에 커다란 자극을 주었고, 실질적으로 모든 식민지에는 독립을 위한 혁명과 귀족의 통제력을 전복하는 혁명이라는 이중의 혁명이 있었다. 그러나 장기적으로 미국 민주주의의 이면에 있었던 효과적인 원동력은 사람들이 구정착지에서 부담을 주었던 억압과 불평등으로부터 탈출하여 갈 수 있었던 빈 토지가 실질적으로 있었다는 사실이었다. 이러한 가능성은 대서양 연안 주들의 투표권 자유화를 강제하였다. 그리고 이는 재산에 근거하든 혹은 관습에 근거하든 지배계급의 형성을 방지하였다. 개척자 사이에는 모든 사람이 차별 없이 이웃만큼 선량했다. 개척자는 동등한 가능성을 지녔다. 조건들은 단순하고 자유로웠다. 경제적 평등은 정치적 자유를 조장했다. 보통사람의 가치에 대한 낙관적이고 자신감에 찬 믿음, 사람에 대한 헌신적 믿음이 서부에서 풍미했다. 민주주의는 거의 개척자의 종교가 되었다. 그는 열정적으로 헌신하면서 스스로 자치정부에 근거하여 보통사람의 복지를 위해서 자유롭고 새로운 사회를 건설하고 있다는 생각을 고수했다.

그러나 이러한 민주주의의 복음을 외치고 있을 때에도, 개척자는 시간이 모자라지 않도록 — 평등이 지속되도록 — 서부사회의 상승운동에서 자신이 뒤로 낙오되지 않아야 한다는 막연한 근심을 드러내기도 했다. 이로 인해 개척자는 마치 자신의 꿈을 전적으로 믿지는 않았다는 듯이 이익을 얻으려 몹시 서두르게 되었다. 잭슨 당시 개척자 민주주의가 승리를 구가하고 있던 시절, 토크빌은 "그의 앞에 무한한 대륙이 펼쳐져 있었고, 그는 마치 시간의 압박 아래 자신의 능력발휘 공간을 찾지 못할까 두려워하는 것처럼 앞을 헤치며 나아갔다"라고 적고 있었다.

잭슨이 살아 있는 동안에도 노동운동가들과 사변가들은 개인이 보유할 수 있는 토지의 분량에 한계를 설정하고 무상으로 농장을 제공하기 위한 법률을 요구하고 있었다. 토크빌은 변화의 신호를 보았다. "노동자와 주인 사이에는 빈번한 관계가 있지만 진정한 결합은 없다. (…중략…) 나는 전반적으로 우리 눈앞에서 커가고 있는 제조업 귀족은 일찍이 세상에 존재했던 가장 잔혹한 귀족들 가운데 하나라는 의견을 가지고 있다. (…중략…) 만약 조건의 항구적 평등과 귀족정이 다시 세계에 침투한다면, 이것이 이런 요소들이 들어온 대문이 될 것이라고 예측해 볼 수 있다"라고 말했다. 그러나 서부 자유공간의 치유적 영향력은 노동조건을 개선하고, 개척자 민주주의에 대해 새로운 희망과 새로운 신념을 제공하며, 문제를 지연시킬 운명을 지니고 있었다.

개척자가 그 이전 옛 지역을 왜소하게 만들 만한 지역으로 전진해 감에 따라서, 개척자 민주주의 자체는 구성 및 팽창의 과정에서 변화를 경험하기 시작했다. 정착지가 미시시피강을 건너 매우 활기를 띠고 확산되고 있었을 때, 철도회사는 식민지인으로서 작업을 시작했다. 1871년에 이르면 합쳐서 펜실베이니아주의 5배에 이르는 지역에 달하는 철도회사의 정부 교부토지는 구매자를 요구했고, 따라서 철도회사는 개척자를 위한 길을 열어 나갔다.

정부공여농지법은 정착민 행렬을 증대시켰다. 개선된 농장기계는 정착민이 초원으로도 대담하게 나아가 경작면적의 규모에서 오지인들의 옛 벌목개간지가 단지 정원터처럼 작게 보이게 하는 농장 처녀지를 효과적으로 다루었다. 이러한 상황에서 두 가지 사실이 나타났는데, 이 조건들은 개척자의 이상을 심각하게 수정했다. 우선 새로운 형태의 식민화는 자본사용의 증대를 요구했다. 그리고 타운 조성의 속도, 그리고 사회가 발전되는 속도는 새로운 서부를 대처하기 위해 사람들이 은행 신용융자를 더 열심히 확보하도록 만들었다. 이에 따라 개척자들은 동부의 경제력에 더욱 의존하게 되었다. 둘째, 농부는 이전에 일찍이 볼 수 없었던 정도로 운송회사에 더 의존하게 되었다. 철도회사는 이러한 투기운동에서 자신들이 너무 앞서 나가고 수입을 위해 주식을 남발한 나머지 투자라는 외양을 정당화하지 못한 것을 알고서, 철도요금률과 차별의 문제에서 개척자들과 충돌하였다. 그린백 운동과 그레인저 운동은 개척자가 개척자 민주주의에 대한 침략을 방지하기 위해 정부에 호소한 사건이었다.

자신이 지배하고 있는 영역에서 규모의 문제에 직면하기 시작하면서, 자신의 삶을 근대적 자본의 힘과 복합적 생산과정에 적응시키기 시작하면서, 그리고 어디를 가든 신용금융과 통화, 운송과 분배의 문제가 일반적으로 자신의 성공을 결정한다는 것을 알기 시작하면서, 서부 정착민은 법률에 의한 구제를 추구하였다. 개척자는 원시적 개인주의 태도를 버리기 시작했고, 정부는 점점 더 필요악이 아니라 개척자의 민주적 이상의 영속화를 위한 도구로 보이기 시작했다. 간단히 말해서 개척자 민주주의의 방어책은 주인없는 토지에서 법률로, 개인주의 이상에서 법적 규제를 통한 사회적 통제의 이상으로 이전하기 시작했다. 개척자는 사회주의 혁명에 의한 급격한 사회재건에 대해서 공감하지 않았다. 동부에서 조직적 자본운동과 병렬적으로 진행된 조직적 노동운동에 대한 개척자의 동맹조차 단지 미지근한 수준에 머물러 있을 뿐이었다. 그러나 개척자는 자유로운 민주적 이상의 미래에 대해서 놀라움을 느끼고 있었다. 개척자를 위한 입법의 지혜는 여기서 논의할 필요가 없다. 중요한 점은 개척자들이 사회과정을 통제하는 정부권리에 대해 지녔던 관념이 변화했다는 것이다. 개척자는 입법을 사회건설의 도구로 간주하게 되었다. 1796년 켄터키 개척자의 개인주의는 1896년 캔자스 개척자의 민중주의에 자리를 물려주고 있었다.

그 후의 개척자 민주주의는 너무 익숙한 것이어서 설명을 그다지 필요로 하지 않는다. 그러나 그 이후의 민주주의 역시 매우 중요하다. 국가자원을 위한 자유경쟁이라는 개척자의 교리가 그 경향을 드러내면서, 그리고 개인, 대형기업, 그리고 트러스트가 개척자처럼 자신들의 대조되는 이상을 촉진하기 위해 법률적 수단을 점차 더 활용하면서, 천연자원은 사적 소유물화 되었다. 외국 이민자의 물결이 노동시장에서 나라를 뒤덮은 결과 옛 미국인 집단을 대체하고 생활수준을 낮추며 토지에 대한 인구압력을 증대시키고 있었다. 이들 최근 도래한 외국인들은 거의 전적으로 산업생활의 10대 거대 중심지에 자리 잡았다. 거기서 노동공급은 점차 외국인 태생의 사람들로 이루어졌다. 따라서 자본가 측으로부터는 아무런 감정을 불러내지 못하고, 또한 일반 대중으로부터는 거의 공감을 얻지 못하는 국가에서 왔다는 사실 때문에, 외국 노동자들은 자본과 노동 사이의 적대감을 강화시켰다. 계급구분은 민족적 편견으로 인해 더 부각되었고, 따라서 민주주의는 훼손되었다. 그러나 심지어 이들 남유럽과 동유럽에서 온 많은 가난한 대중들의 아둔한 생각 속에도, 자유와 기회가 있는 땅으로서, 그리고 개척자 민주주의 이상의 땅으로서 미국이라는 생각은 둥지를 틀고 있었다. 따라서 시간이 주어지고 혁명노선으로 경도되지 않으면, 이러한 생각은 열매를 맺을 것이다.

미국 개척자가 이 새로운 조류의 유럽 이민자들에 앞서서 전진해 가면서, 그는 점점 토지가 제한되어 있음을 알게 되었다. 정착민이 자신이 원하는 곳에서 자기 몫을 차지한다는 무수한 과거의 기회 대신, 새로 개방된 인디언 보류지의 경계선을 가로질러 오는 수천 명의 열성적 개척자들이 광분하며 몰려드는 현상이 나타났다. 심지어 오클라호마Oklahoma가 정착지로 개방된 1889년에도 2만 명의 정착민이 분투하는 운동선수처럼 경계지대로 몰려들어서, 선을 넘어 경기 시작을 알리는 나팔신호를 기다렸다. 나머지 공적 소유지가 굶주린 정착민들에게 던져지자, 오늘날 거대한 군중이 정부의 토지추첨에 몰려들고 있다.

비록 외국 국기 아래이기는 했으나, 중서부 출신의 수십만 명의 개척자들이 아이들을 위해 농장을 찾으려고 캐나다의 밀밭으로 국경을 넘어 들어갔다. 그리고 마침내 정부는 물 권리에 대한 세심한 규제 아래 사막의 20에이커 토지를 정착민에게 제공하는 값비싼 관개 프로젝트를 통한 개척을 위해 넓은 규모의 메마른 토지를 가져갔다. 정부는 거대한 관개용 댐과 저수지를 만들기 위해 자본을 공급하고 직접 이를 건설했다. 정부는 이러한 과제를 수월하게 이행하기 위해서 직접 채석장, 탄광, 목재소 등을 운영했다. 정부는 이 지역에 적합한 곡물을 찾아 지구의 가장 먼 지역까지도 찾아갔다. 정부는 토양을 분석하고 농부들에게 무엇을 언제, 어떻게 심을지를 말해주었다. 정부는 심지어 제조업자들에게 물 공급, 관개작업에서 발생한 전기과 수증기를 통한 전력임대, 고갈된 토지를 보충하기 위해 공기로부터 질산염을 추출하기 위해서 이 전력을 활용하는 것도 고려했다. 건조한 지역의 개척자는 자본가이자 정부의 보호를 받는 사람이어야 했다.

이 개발기간의 처음과 끝의 개척자들의 상황을 대조해 보라. 300년 전 모험심이 강한 영국인들이 버지니아 해변에서 처음으로 황무지에 대한 공격을 시작했다. 3년 전 미국 대통령은 46개 주의 주지사들을 소환하여 국가의 천연자원 고갈 위험성에 대해 상의했다.[1] 식품공급에 대한 인구의 압력은 이미 감지되고 있으며, 우리는 단지 이 변화의 시작에 와 있을 뿐이다. 미국 민주주의가 주인없는 토지와 적은 인구라는 개척자 시대의 토대가 사라지고 있다는 것을 인식하고 있는 바로 그 때, 미국 민주주의는 정부에 의해 통제받지 않는 경쟁, 개인주의, 그리고 개발이라는 오래된 이상의 놀라운 결과와 대면하게 되었다. 개척자 사회 자체는 자수성가한 사람이라는 관념을 논리적 결과에 맞추어 창출할 만큼 충분히 세련되지 않았다. 그러나 산업주도자들은 무단점유자의 원칙을 미국 산업사회의 전개에 적용하여, 뛰어가는 사람도 읽을 수 있을 정도로 그 과정을 명확하게 설명하였다. 결합은 경쟁뿐만 아니라 동맹도 암시한다. 점증하는 대처 영역의 규모와 산업 압박시기의 등장은 연합의 기회를 제공했다. 1873년 경기침체는 전례 없이 개인기업과 동업이 대형기업으로 결합하는 상황으로 이어졌다. 광대한 자산이 결합하고 소속 산업에 투자되어 미국의 산업생활의 지배적 힘이 되어버린 이

---

1   1910년에 기록되었다.

후 소수 사람들의 집단에 의한 주요 천연자원 및 산업과정의 독점이 가능하게 된 1907년 때까지, 1893년의 경기침체는 개인주의하의 자유경쟁의 결과가 풀, 트러스트, 담합, 흡수 등 대형기업 결합이라는 특수한 형태의 발전이 시작되었음을 확인해 주었다. 대규모 공장생산의 발달, 경쟁적 갈등 가운데 결합의 혜택, 점령되지 않은 기회확보를 위한 집중의 엄청난 이익 등이 워낙 커서, 대규모 자본의 축적이 산업세계의 일상적 기제가 되었다. 자본결합이 소유되지 않는 자원공급의 감소에 정확히 비례하여 정복의 규모와 효율의 측면에서 증가했다. 무한한 숲의 변두리에서 도끼를 휘둘렀던 외로운 오지인은 나머지 나무들을 거두어들이기 위해서 수백만 달러의 자산을 가지고 철도, 제재소, 그리고 근대 기계류의 추동력을 활용하는 회사로 대치되었다.[2]

가지려는 사람들에게 열려있는 풍부한 자원에 대한 옛 안전장치가 사라진 상태에서 새로운 국가발전이 우리 앞에 전개되고 있다. 한편으로는 해리먼Edward Henry Harriman이나 다른 사람들이 주장하는 것처럼, 어떤 것도 나라의 자산에 대한 이용과 개발이라는 초기 개척자 이상에 간섭해서는 안 되며, 규제적이고 개혁적 법률이 결코 한순간이라도 번영을 위협해서는 안 된다는 요구가 있다. 사실 우리는 오늘날 영향력 있는 사람들이 민주주의에 대한 심각한 의문을 제기하는 것을 듣기도 한다. 또한 나라의 경제력을 장악하고 있어서 정치인이나 민중들에 의해 방해받지 않으면, 그리고 미국의 번영을 보다 효과적으로 일구어 낼 천재들의 지도에 따르면, 이 나라가 더 부유해질 것이라는 암시를 듣기도 한다.

---

2   원본에서 누락된 내용은 후반부 장에 수록되어 있다.

다른 한편으로는 이들과 잘 조화하지 못하는 일군의 개혁가들은 미국의 명백한 번영을 창출한 조건이 미국의 민주적 이상 및 사회를 위협하며 침범하고 있고, 경제적 자원이 더 이상 무제한적이거나 무상도 아니며, 총체적 국가 자산은 현재의 사회정의와 윤리적 건전성, 미국인의 미래 복지에 대한 희생을 대가로 증가하고 있다고 경고한다. 농민주의자와 민주주의자는 이러한 개혁운동의 예언자들이었다. 브리이언의 민주주의. 뎁스Eugene Debs의 사회주의, 루스벨트의 공화주의는 모두 보통 사람의 이익을 보호하기 위해서 정부가 산업을 규제할 필요가 있다고 강조한다는 면에서 공통점이 있다. 즉 개척자 미국의 경쟁적 개인주의에서 등장한 대형기업의 힘을 견제할 필요성을 강조하고 있다. 토지가치가 오르고 육류와 빵이 귀해지며 산업합병이 진행되고 동부의 산업조건이 서부를 거쳐서 확산되면서, 전통적 미국 민주주의가 점점 더 중요해질 것이다.

대학교에 있는 사람들이 당연히 개척자의 이상을 고려해야 할 시기가 왔는데, 이는 미국사회가 그 형성기 최초기간의 종착점에 도달했기 때문이다. 대학교는 스스로를 돌아보고, 자신의 기원을 성찰하고, 대륙을 종단하는 긴 행진에서 자신이 어떠한 목적을 지니고 있었는지, 인간에 대해 어떤 열망을 지니고 있었는지, 그리고 세상에서 어떤 역할을 할 것인지 생각해 보아야 한다. 개척자의 이상에서 가장 훌륭한 것을 어떻게 보존할 것인가? 구관념을 근대적 삶의 변화된 환경에 어떻게 적응시킬 것인가?

다른 국가들도 부유하고 번영했으며 강력했다. 그러나 미국은 스스로 결정하고 스스로 자제하는 지적 민주주의를 생산하여 사회사에 독창적으로 기여했다고 믿는다. 유럽과 가장 다른 방식으로 사회가 형성된 곳은 중서부였다. 미국 민주주의가 유럽에 적응하는 경향에 대항했던 곳이 그곳이었다.

이것을 고려하는 것은 내 마지막 주제, 즉 개척자 이상 및 미국 민주주의의 변화하는 상황과 대학교의 관련성에 대해 중요성을 부여한다. 카네기재단the Carnegie Foundation의 프리체트Henry Pritchett 회장은 최근 다른 어떤 대중활동에서도 교육체계처럼 민족이나 국가가 그 이상과 문명의 질을 그토록 명확하게 드러내지는 않는다고 선언했다. 그는 특히 주립대학교에서 "모든 사람들의 입장에서 교육을 보는 관점"을 발견하고 있다. "만약 우리의 미국 민주주의가 오늘날 건설적 능력의 증거를 보이라고 요청받는다면, 주립대학교와 대학이 이룩한 공공 교육체계가 미국 민주주의가 제공할 수 있는 적합성의 가장 강력한 증거일 것이다"라고 말했다.

적어도 주립대학교의 본질적 특징은 가장 넓은 의미에서 민주주의라고 인정할 수 있을지 모른다. 여러분 모두에게 잘 알려져 있지만 "군구학교로부터 학비가 무료이며 모두에게 평등하게 개방되어 있는 주립대학교에 이르기까지 정규적 단계로 상승하는 보편적 교육체계"에 관한 1816년 인디애나 주헌법의 규정은, 개척자 사회의 시절에 탄생하여 제퍼슨 민주주의의 영향을 깊이 받은 중서부의 이념을 표현한다.

아마도 이러한 대학교들에 관한 가장 분명한 사실은 이들 대학교가 학생이 대학에 갈 것인지 스스로 질문하고, 최고의 훈련에 대해 개방적이며, 직접적인 길이 열리는 공립학교에 대해 지닌 필수적 관계에 있다. 이는 주정부가 모든 계급에 대해서 교육수단을 제공하며, 심지어 학생들로 하여금 학업을 계속하도록 유인하기 위해서 홍보까지 한다는 것을 의미한다. 주정부는 대중이라는 바닥의 돌에서 진정한 능력을 가진 금을 발견하기 위해 사회계층 속에로 쇠막대기를 깊이 내려 본다. 주정부는 주의 복지라는 원칙하에서 모든 인간이 자신의 특별한 능력에 따라 성공할 기회를 가질 권리에 따른 정당한 개인주의를 조장한다. 주정부는 대중의 개선을 지원하는 동시에, 천부적 재능이 있고 가장 겸손하고 가장 미천한 청년들에게도 최고의 관직, 최고의 명예로 상승하는 길을 열어준다.

우리의 교육사에서 대학교가 모든 민주주의 요구에 적응하라는 꾸준한 압력보다 더 주목할 만한 것은 없을 것이다. 과학적 연구에 대한 총체적 인정은 개척자 이상에 따라 건립된 중서부의 주립대학교에서 생겨났는데, 특히 자연의 정복에 집중한 응용과학 연구가 그렇다. 이외에도 전통적 교과과정의 폐지, 동일한 기관에서 직업 및 대학교육의 통합, 농업 및 공과대학과 경영학 과정의 발전, 법률가, 행정인, 공무원, 언론인 훈련 등이 단지 개인 향상보다는 민주주의에 대한 봉사라는 이념하에서 나타났다. 다른 대학교들도 같은 일을 하지만, 이러한 커다란 추세의 원천과 주요 조류는 개척자의 땅, 중서부의 민주적 주들에서 태동했다. 그리고 민중은 이들 주립대학교들의 존폐가 달린 수입의 원천일 뿐만 아니라, 주립대학교의 이사진과 주의회를 통해 대학교의 성장 방향과 조건을 결정하는 최종적 항소법원이었다.

따라서 주립대학교는 전체 민중에 대한 영향력의 직접성 수준에 있어서 특별한 권한을 지니고 있었으며, 동시에 민중에 의존하고 있다는 점에서 특별한 한계를 지니고 있었다. 비록 대학교 자신이 스스로 분위기를 조성할 수 있기는 했지만, 민중의 이상이 주립대학교가 활동하는 분위기를 형성한다. 여기에 주립대학교의 힘의 원천과 동시에 난점이 있다. 왜냐하면 주립대학교는 주를 더 높은 수준으로 높이는 임무를 지속적으로 성취하기 위해서 —브라이스의 말을 빌면—"시대에 지지 않으면서 시대에 봉사해야" 하는 것이기 때문이다. 주립대학교는 즉각적으로 실천적인 것과 근시안적 편의에 구애되지 않고 새로운 필요를 인정해야만 한다. 주립대학교는 더 명백하지만 더 낮은 효율성을 위해 더 높은 효율을 희생해서는 안 된다. 주립대학교는 문명의 풍요에 다방면으로 유익하지만 즉각적이고 가시적이지는 않은 결과를 위해서 지출할 수 있는 지혜를 지녀야 한다.

내가 지금까지 지적하고자 한 바 미국 민주주의의 이행기적 상황에서 대학교의 사명은 가장 중요하다. 시대는 교육받은 지도자를 요구한다. 일반적 경험과 추측은 더 이상 한정된 미개발 자원이라는 안전 자원을 소유하지 않은 민주주의의 문제점 해결에 적절하지 않다. 과학적 영농은 농업산출을 증대시켜야 하며, 과학적 임업은 토지와 수목지대를 아껴서 사용해야 하고, 화학자, 물리학자, 생물학자, 공학자의 과학적 실험과 건설은 우리의 복합적 근대사회에 있어서 모든 자연의 힘에 적용되어야 한다. 공중보건과 제조공정 등의 분야에서 과학의 발견은 전문가에게 의존해야 하고, 만약 전문가 집단이 더 큰 자본을 지닌 집단에서 뿐만 아니라 민주적 대중으로부터 광범위하게 채용될 수 있으려면, 주립대학교들은 적어도 사적 출연금에 토대한 대학교(사립대학교—역주)들이 제공하는 정도로 자유로운 연구과 훈련의 기회를 제공해야 한다. 사적 출연기관에 전문가의 훈련을 완전히 넘겨주는 것이 민주주의에 이익이 아니라는 점은 논증할 필요가 없다.

그러나 산업계만큼 입법이나 공적생활 분야에서도 전문가가 필요하다. 사회를 만드는 산업상황들은 매우 복잡하고, 노동, 금융, 사회개혁의 문제는 너무 어렵다. 따라서 입법, 그리고 미국과 여러 나라의 사회적 문제에 익숙한, 고도로 교육받은 사람의 지도력이 없이는 지적으로 현명하게 대처할 수 없다.

대학교는 과학, 법률, 정치, 경제와 역사를 교육함으로써 민주주의 구성원으로부터 행정가, 입법자, 경합하는 이익들을 불편부당하게 그리고 현명하게 중재하는 위원회의 판사와 전문가들을 제공할 수 있다. 미국에서 "자본가 계급"과 "프롤레타리아"와 같은 단어를 사용하고 이해할 수 있는 시기가 되면, 이때는 진정 국가에 대한 봉사의 이념을 지니고, 이러한 공모의 힘을 분쇄하며, 분쟁하는 사람들 간에 공동의 토대를 발견하여 미국 최선의 이상에 진정 충성하는 모든 당사자의 존경과 확신을 얻는 사람들을 개발해 낼 시간이다.

발전의 신호는 이미 몇 주의 전문가 위원회, 주의회에 점점 늘어나는 대학인사의 비율, 연방부서와 위원회에서 대학인사의 영향력 등에서 명백히 나타난다. 경제나 사회입법 및 지적이며 원칙에 따른 행정의 진보에 대한 최선의 희망은 미국 대학교들의 점증하는 영향력에 달려 있다고 해도 지나친 말이 아니다. 이러한 개방된 사고의 전문가들을 배출함으로써, 적합한 입법자, 공적 지도자와 교사들을 제공함으로써, 그리고 독자적으로 사고하여 무지, 편견, 충동이 아니라 지식, 이상, 고상한 성품으로 판단하며 근대적 삶의 문제를 냉정하게 다루기에 적합한 지속적인 일군의 개명된 시민들을 배출함으로써 주립대학교들은 민주주의를 지켜왔다. 이러한 지도자와 추종자가 없다면 민주적 반응은 혁명을 야기할지도 모르겠지만, 이는 산업진보와 사회적 진보를 가져올 수는 없을 것이다. 미국의 문제는 폭력적으로 민주적 이상을 도입하는 것이 아니라, 이를 새로운 조건에 대해 과감하게 적응시켜 보존하고 자리잡게 하는 것이다. 교육받은 지도력은 폭도의 격정적 충동과 공적 복지를 사적 탐욕에 복속시키려는 자들의 사악한 계획 모두에 대처하는 장벽을 구축한다. 베이컨Francis Bacon 경의 빛나는 말은 여전히 진리이다. "소수의 지식은 폭정이다. 다수의 지식은 자유이다. 그리고 지적이며 원칙 있는 자유는 명예, 지혜, 그리고 권력이다."

대학교의 위험은 바로 이러한 기회에 있다. 처음에 개척자 민주주의는 전문가들을 거의 존중하지 않았다. 개척자는 "바보도 현명한 사람이 대신해 주는 것보다 자기 코트를 더 잘 입을 수 있다"고 믿었다. 이러한 믿음에는 상당한 진실이 있다. 그리고 교육받은 지도자, 심지어 현재의 대학교에서 교육받은 사람조차 자기 주변의 세계와 직접 접촉하면서 전문가에 대한 이러한 계속되는 의심과 싸워야 할 것이다. 그러나 만약 개척자가 교육받고 그러한 교육을 받을 가치가 있다면, 그래서 개척자가 창조적 상상력과 개성을 지니게 된다면, 그는 훌륭한 지도자가 될 것이다.

더 심각한 위험은 대학교가 국가의 삶에서 멀리 떨어져 있는 수도원이 아니라 국가의 삶에 대한 영향력 있는 요소로, 그리고 국가의 삶을 형성하는 강력한 요소로 온전히 인정될 때 도래할 것이다. 그렇게 되면 정치적, 사회적 논쟁의 현장에서 피어나는 연기는 그 순수한 공기를 흐리고, 매우 훌륭한 원리와 탁월한 사람을 짓누르는 사태가 쉽게 나타날지도 모른다. 대학교에서 연구하고 교육하는 사람들은 고상한 사고와 모든 사람의 이익을 위해 때 묻지 않은 진리를 찾아 "마음을 높이 들라Sursum corda"는 교회의 가르침에 반응해야 한다. 이것이 대학교의 성배이다.

대학교가 과업을 수행하려면 개척자가 자유로웠던 것처럼 자유로이 새로운 영역을 탐사하고 자신이 발견한 것을 알릴 수 있어야 한다. 대학교도 개척자처럼 연구의 이상을 지니며 새로운 지평을 추구하기 때문이다. 대학교는 과거의 지식에 묶여 있지 않다. 이들은 여전히 우주는 신비에 차 있으며, 과학과 사회는 결정체로 굳어져 있지 않고 계속 성장하고 있으며, 개척자와 같은 경로의 창조자를 필요로 한다는 사실을 인정하고 있다. 대학교 개척자들이 경로를 자유롭게 탐구할 수 있다면, 사회성장의 과정 및 방향에 대한 새롭고 유익한 발견은 사라져가는 개척자 민주주의의 물질적 토대에 대한 대체물을 기대하게 해 줄 것이다.

결론적으로 대학교는 미국 민주주의의 새로운 요구에 개척자의 이상을 적용시킬 의무가 있는데, 이는 내가 언급한 것들보다 훨씬 더 중요하다. 초기 개척자는 개인주의자였으며 미지의 것을 추구하는 사람이었다. 그러나 그는 전체적인 삶의 풍요로움과 복잡함을 이해하지는 못했다. 그는 개인주의와 발견의 기회를 완전하게 인식하지는 못했다. 안개가 모든 것을 뒤덮을 때 여행자가 종종 알프스산맥 위의 마을에 서 있듯이, 개척자는 자신의 어둠침침한 숲에 서 있었고, 그의 눈에는 지저분한 오두막집, 돌이 많은 벌판, 진창길만이 보였다. 그러나 갑자기 바람이 안개를 날려 버린다. 빛나는 넓은 설원과 번쩍이는 얼음이 그의 앞에 나타난다. 깊은 심연이 그의 발 앞에 펼쳐진다. 그가 눈을 들자 상상할 수 없는 마터호른Matterhorn 산봉우리가 멀리 위에 있는 얇은 하늘을 가른다. 새롭고 의심할 여지없는 세계가 모두 그 주변에 드러난다. 그래서 대학교의 기능은 개인에게 삶의 전체적인 신비와 영광을 드러내주는 것, 모든 합리적 인간의 향유와 성취의 영역을 개방하는 것, 과거의 의식을 보존하는 것, 우주의 아름다움을 눈앞에 펼치는 것, 그리고 인간의 영혼에 대해 의무와 권한의 거대한 문을 넓게 열어주는 것이다. 대학교는 시인과 화가, 작가와 교수, 과학자와 발명가, 음악가와 정의의 예언자 등 삶을 더 고상하게 만드는 모든 영역의 천재를 존중해야 한다. 새롭고 더 유용한 쓰임새를 위하여 창조적 개인주의에 대한 개척자의 사랑을 요청하고, 이를 위해서 모든 개선의 방식을 동원하여 인격발전에 우호적인 정신적 분위기를 제공해야 한다. 대학교는 번영과 정치의 이상을 지나치게 강조한 나머지 평범한 사회 대중처럼 행동하는 것을 억제해야 한다. 간단히 말하자면 대학교는 사회의 복지와 정신적 풍요를 위한 즐겁고 진지한 노력에 대해 모든 종류의 능력을 동원해야 한다. 대학교는 민중들 가운데 새로운 취향과 야망을 일깨워주어야만 한다.

이러한 대학교 시계탑의 광채는 무엇이 국가와 인간에 대한 봉사인가, 그 대가는 무엇에 대한 것인가, 그리고 무엇이 칭찬과 보상의 가치가 있는 것인가라는 더 높고 더 넓은 이상으로 미국 민주주의가 빛날 때까지 주에서 주로 이전하면서 반짝여야 한다. 개인의 과시를 위한 거대한 부의 축적이 성공의 배타적 혹은 지배적 기준으로 남아 있는 한, 그리고 그 대가의 조건과 관계없이 혹은 그것이 귀결하는 문명과 관계없이 물질적 번영이 고정된 관념으로 남아 있는 한, 개척자가 소중히 여긴 보통사람에 대한 믿음이라는 미국 민주주의는 위기에 처하게 된다. 왜냐하면 가장 강한 사람이 그게 무엇이든지 상관없이 탁월함의 표식으로 설정된 사회적 목표를 주저 없이 쟁취할 것이기 때문이다. 대학교 이외에 더 효과적인 어떤 다른 기구가 이상의 밀알을 가꿀 수 있을 것인가? 어디에서 더 훌륭한 곡물의 파종 기구를 찾을 수 있을 것인가?

개척자의 벌목개간지는 인간이 노력해 볼 수 있는 모든 것을 재배할 기름진 토지를 발견할 수 있는 영역으로까지 확대되어야 한다. 그리고 미국은 개척자 민주주의에 대해서 자신의 성공을 빚고 있는 건설적인 기업천재들에게 공동의 복지에 대한 충성과 헌신을 강요해야 한다. 그러한 결과를 조장하고 성취에 앞서는 갈등의 가혹함을 완화하는 데에 주립대학교보다 더 훌륭한 조직은 없으며, 그 졸업생들보다 더 희망적인 산물은 없다.

11장
서부와 미국의 이상*

매년 대학과 대학교들은 연속적인 각 세대가 공화국에서 더 나은 가정을 찾을 수 있어야 한다는 미국의 전통에 따라, 국민으로 하여금 국가의 목적과 성취, 그 과거를 검토하고 미래를 고려하기 위해서 일상에서 눈을 들어 보라고 촉구한다. 자기 성찰의 이러한 태도는 국민 전체의 특성은 아니다. 특히 이는 역사적으로 미국인의 특징은 아니다. 역사적 미국인은 일반적인 이념에 있어서 거래자라기보다는 기회주의자였다. 많은 기회를 거쳐 빠르게 이동하는 흐름 속에서 숙고하고 고려하는 것은 운명적으로 역사적 미국인에게 시간 낭비처럼 보였다. 그는 자신이 어디로 가고 있는지 몰랐지만 움직이면서 즐거웠고, 낙관적이었으며, 분주하게 들떠있었다.

옛 지역보다는 새로운 지역에서는 아마 덜 명백하지만, 오늘날 우리는 대학교에서 나라 전체에 걸쳐 졸업이라는 의식의 틀commencement frame

---

* 1914년 6월 17일 워싱턴대학교(University of Washington) 졸업식 연설. 『워싱턴 역사 계간지(*The Washington Historical Quarterly*)』, 1914년 10월. 허가를 받아 재출간하였다.

of mind[1]을 확대하기에 충분하고도 명백한 조건의 변화를 경험하고 있다. 빠르고 불가피했던 미국사 상류의 조류는 해수면에 근접했음을 알려주는 더 넓은 영역과 더 느린 구간에 이르렀다. 질주하는 물결로는 더 이상 움직이지 않게 된 선박은 이 새로운 자기 미래의 대양에서 스스로의 방향을 결정하고 공기의 힘과 방향타를 의식적으로 고려할 필요가 있다는 것을 알게 된다.

대학교의 남녀 학생들에게 삶에 대해 연설하는 사람들이 '어디에서 어디로'라는 질문에 대해서 상충하는 답변들을 제시한다는 것은 크게 문제되지 않는다. 추모, 성찰, 열망을 위한 일시 멈춤은 그 자체로서 건전하다. 미국인들이 점점 자의식을 지니고 숙고를 통해 선택하라는 호소에 더 반응하고 있다고 해도, 이 새 시대에 일반 대중이 이러한 졸업 평가조사commencement survey[2]를 소중하게 받아들이고 있다든지, 혹은 이러한 조사가 직접적이고 즉각적으로 국민적 사고와 행동에 영향력을 발휘한다고 믿는다면, 우리는 분명 너무 자신에 차 있는 것일 수 있다.

그러나 비록 우리가 공통의 생각에 대한 이러한 인식으로써 열정을 제어한다 하더라도, 우리는 기운을 내야 한다. 대학교의 특별한 권한과 지위는 대학교가 당대 국가의 생각을 전달하기만 하는 수동적 기구가 아니라는 사실에 있다. 대학교의 문제는 추세를 표현하는 문제가 아니다. 대학교의 사명은 추세를 창조하는 것이며 이를 지도하는 것이다. 대

---

1   역주: 격동의 미국사가 마감되고 새로운 역사가 시작되고 있다는 점을 비유적으로 표현한 것으로 보임.
2   역주: 원래 졸업 평가조사는 각 대학교가 졸업생에 대해 졸업식 참석 소감을 물어보는 조사임. 이 글에서 '졸업 평가조사'는 자신이 졸업식에서 연설한 것에 착안하여 터너가 당시 미국이 한 시대를 마감하고 새로운 시대로 들어가고 있는지에 대해 대중의 의향을 물어본다는 의미에서 사용한 것으로 보임.

학교의 문제는 지도력과 이상의 문제이다. 대학교는 물론 자신이 봉사하는 사람들과 긴밀하게 정서적으로 접촉하면서 대중이 보내 주는 지지를 정당화해야 한다. 더 나아가 진보와 창조적 운동이 종종 대중에게서 나와 본능적으로 더 나은 질서로 나가간다는 것을 대학교가 인식하지 못한다면 중요한 힘의 요소를 상실할 것이다. 대학교 졸업생들은 당대의 보통의 삶에서 자연스럽고 효과적으로 자신의 자리를 찾아가는데 적응해야 한다.

그러나 대학교는 특히 그 아들과 딸에게 대학교 밖의 일상적 삶의 경험을 통해서 얻을 수 없는 어떤 것을 줌으로써 그 존재를 정당화하여야 한다. 대학교는 독립적 연구나 창의적 사고로 시대에 봉사해야 한다. 만약 대학교가 통상적 의견이나 정보를 단지 녹음만하는 도구라면 근본적으로 존재해야 할 이유가 있다고 보기 어렵다. 보통의 삶을 제고하여 그 삶이 자신이 존재하고 있는 사회를 밝히는 빛의 중심이 되도록 그 삶과 손을 잡는 것이 대학교의 일차적 의무이다. 국가가 이러한 연구정신을 자유롭게 허용하고 있는 것은 행운이다. 한 유명한 과학자는 우주의 대기는 죽은 세계에 영향을 주어 거기에 생명을 불어 넣는 생명력 있는 세균을 지니고 있다고 주장한다. 그래서 적어도 사유의 세계에서 대학교는 지적 분위기의 파도와 조류에 의해 여기저기로 움직여 다니는 힘찬 이상이 무기력한 넓은 지역을 풍요롭게 하는 곳이다.

따라서 대학교는 이중의 의무를 지고 있다. 한편으로 대학교는 일반적으로 경제적, 사회적 환경의 개선을 지원해야 한다. 대학교는 과학적 발견 그리고 더 고상하고 나은 삶을 위한 비옥하고 우호적인 토양을 생산할 경제적, 정치적, 사회적 생존조건을 만드는 작업을 도와야 한다.

대학교는 대중의 입장에서 올바른 지도력에 대한 광범위한 요구를 자극해야만 한다. 대학교는 대중 사이에서 활동범위를 더 넓혀야 하며, 사회계층을 망라하여 아직 손닿지 않은 민중의 수준으로 새로운 지적 보화를 공급하기 위해 손잡이를 더 깊이 내려야 한다. 그리고 다른 한편으로 대학교는 인재를 발굴하여 지도자에 적합한 사람으로 만들어 내야한다. 대학교는 새로운 요구를 일깨움과 동시에 훈련된 지도자들을 통해서 새로운 동기, 새로운 야망의 인센티브로, 그리고 더 높고 넓은 삶의 포상으로 이러한 요구를 만족시켜야 한다. 대학교는 인간정신의 배양을 위해 토양과 엄선된 종자를 함께 다루어야 한다.

대학교의 효율은 기업의 공학자가 평가하기에 가장 적합한 그러한 효율이 아니다. 만약 대학교가 훈련용 배라면, 이 배는 새로운 지평선을 찾아서 발견의 항해를 떠나는 배이다. 대학교 소비의 경제성은 대학교의 항해가 드러낼 새로운 정신영역을 소유하게 되는 후대만이 정확하게 측정할 수 있다. 콜럼버스의 배가 팔로스Palos와 카디즈Cadiz 사이의 수익이 나는 해안통로만 사용했다면 범포帆布를 절약했을지는 모르다. 그러나 그렇게 했다면 그들의 용골龍骨(선박의 선체를 지탱하는 긴 재목-역주)은 결코 신대륙의 해안에 정박하지 못했을 것이다.

미국에서 미지의 것이 지닌 호소력은 강력하다. 300년 동안 미국사의 근본과정은 서부로의 전진, 대륙의 거대한 무주공간의 발견과 점령이었다. 우리는 역사적 운동으로서 그 시기가 종결되는 것을 되돌아볼 수 있는 최초의 세대이다. 다른 세대들은 이미 이 운동의 한 부분이 되었기 때문에 그 의미를 이해할 수 없다. 그들에게 이 운동은 불가피해 보였다. 주인없는 토지와 천연자원은 실제로 고갈되지 않을 것처럼 보였다. 그들은 또한 자신들의 가장 기본적인 성향과 제도, 심지어 자신들의 이상이 황무지와 자신들 간의 상호작용에 의해 형성되었다는 것도 깨닫지 못했다.

미국의 민주주의는 이론가의 꿈에서 탄생하지 않았다. 미국 민주주의는 수잔 콘스탄트Susan Constant호에 실려서 버지니아로 운반되지도 않았고, 메이플라워Mayflower호에 실려서 플리머스로 운반되지도 않았다. 그것은 미국의 숲에서 나왔고 새로운 변경을 만날 때마다 새 힘을 얻었다. 헌법이 아니라 주인없는 토지와 적합한 사람에게 개방되어 있는 천연자원의 풍부함이 그 제국을 점령하는 300년 동안 미국을 민주적 사회로 만들었다.

오늘날 우리는 충격적으로 변화된 세계를 목도하고 있다. 국가적 문제는 더 이상 빽빽하고 힘든 숲의 넓은 지대를 어떻게 자르거나 태우는가의 문제가 아니다. 이제 그것은 남아 있는 목재를 어떻게 절약하고 현명하게 사용할 것인가의 문제이다. 그것은 더 이상 습지대와 비옥한 초원지역의 넓은 공간을 정부의 손에서 빼앗아 개척자의 손으로 옮겨 놓을 것인가의 문제가 아니다. 이러한 토지들은 이미 사적 소유물이 되었다. 더 이상 그것은 대평원과 건조지역을 피해가거나 건너가는가의 문제가 아니다. 그것은 새로운 영농법으로, 그리고 정부와 과학자에 의해서 춥고 건조한 시베리아의 스텝지역, 이집트의 뜨거운 모래, 그리고 멀리 있는 중국 내륙에서 수집한 씨앗에서 새로운 곡물을 재배하여 이들 거부된 토지를 어떻게 정복하는가의 문제이다. 그것은 어떻게 소중한 실개천 물을 알칼리성 산쑥지대로 가져오는가의 문제이다.

새로운 농업지대는 더 이상 유럽국가의 영역에 필적할 만한 규모로

10년마다 증가하지 않는다. 개량토지의 증가율은 감소하는 반면 농업 토지의 가치는 상승하고 식품가격은 올라서, 이 둘 사이의 옛 비율은 역전되고 있다. 과학적 영농의 요구와 천연자원 보존이 황무지에 대한 빠른 정복의 요구를 대치하고 있다. 우리는 지금까지 국가를 얻었고, 그로부터 첫 번째 풍요한 보배를 빼앗았다. 거기에 다른 나라의 불쌍한 사람들을 끌어들임으로서 우리는 이미 우리를 구대륙의 기존 국가들과 비교할 수 있는 위치에 서게 되었다. 심지어 위스콘신과 같은 서부 주들은 독일이나 영국 같은 나라의 법률에 대해 경멸스러운 무관심을 바꾸어, 그들의 세법체계, 근로자보험, 노인연금, 그리고 사회문제에 대한 다양한 치유책을 연구하기 위하여 위원단을 파견하고 있다.

미국의 주변부를 돌아보면 우리는 사방에서 세계가 변하고 있다는 신호를 본다. 뉴욕과 보스턴 등 북동부 도시의 거리에서 우리가 만나는 얼굴들은 놀라울 정도로 남동부 유럽의 얼굴들이다. 자기 자본을 공장으로 변화시키고 그 지대로 값싼 노동자를 끌어들인 청교도의 뉴잉글랜드는 한 동안 하류계층과 동화하지 않는 상층 지배계급을 통해서 이들을 통치했다. 이민자와 오랜 토착 미국인들이 함께 모여 서로 주고받는다는 원칙에 따라 동질적 사회를 수립한 중서부 농업주들처럼 동화된 공화국으로의 진화는 없었다. 그러나 이제 동북부 해안지역은 정치적, 경제적으로 그 운명이 청교도 후손에게서 멀어져 가고 있음을 알게 된다. 이제 어린 유태인 소년, 그리스인 혹은 시칠리아인이 올드 노스처치the Old North Church, 혹은 폴 리비어Paul Revere의 집, 혹은 티와프Tea Wharf 등 새로운 이민자의 집이 된 역사적인 거리를 따라 여행자들을 데리고 다니면서 이상한 억양으로 억압에 대한 혁명사를 이야기하고 있다.

남부 대서양과 걸프 해안지역을 따라서 항상 백인이 주도한 변화에 대해 저항했던 흑인의 방어적 영향에도 불구하고, 사회 및 산업에서 변화의 힘이 작동하고 있었다. 구해안지대 귀족은 고지대 민주주의자에게 투항했다. 앨러게이니산맥의 선을 따라서 전진하는 대열처럼 북부 자본, 직물, 철강 공장의 힘은 매년 남부로 더 침략해 들어갔다. 미시시피 밸리 통상의 여주인이었던 뉴올리언스는 세계 통상의 새로운 희망으로 잠에서 깨어나고 있다. 남쪽 국경에는 마찬가지로 미국 자본이 멕시코로 침략해 들어가고 있다. 동시에 파나마 운하의 개통은 대서양과 태평양 사이의 아니안 해협the Straits of Anian[3] 시대의 꿈을 완성했다. 400년 전에 발보아Vasco Nunez de Balboa는 서쪽의 바다the Sea of the West의 끝자락에 스페인 국기를 게양했고, 우리는 이제 그 경축일과 대륙의 구멍 뚫기(파나마 운하 건설을 지칭 – 역주)를 동시에 축하하고 있다. 새로운 관계가 스페인의 미주대륙과 미국 사이에 조성되었고, 세계는 미국과 멕시코의 갈등하는 힘 사이에서 아르헨티나, 브라질, 칠레의 중재를 지켜보고 있다. 외국의 국가이익이 한층 더 우리의 국경을 위협하고 있지만, 우리는 더 이상 먼로 독트린에 호소하지 않고 우려를 해소하기 위해 우리 변경인 군대를 즉각적으로 보내고 있다. 우리는 유럽국가들 및 남미 자매국가들과 협의하며 제국적 의지와 힘 대신 사회적 재조직이라는 치유책을 제안한다. 그 노력이 성공하거나 그렇지 않거나 간에, 이는 버지니아주에서 탄생한 스코틀랜드계 장로교 소속의 대통령(제임스 몬로 – 역주)이 그러한 해법을 추진하던 시대의 옛 질서가 사라진다는 중요한 신호이다.

---

3   역주: 대항해 시절부터 북미주와 아시아의 경계로서 북극해로부터 태평양으로 들어오는 북서항로로 선박을 유도해 준다고 믿어져 왔던 전설상의 해협.

영국과 백년 간의 평화를 막 기념하려 하는 북부 국경의 경우, 우리는 미국사의 뒤늦은 행진처럼 진보 가운데에서 개척자의 확산, 새로운 황무지의 개방, 새로운 도시의 건설, 새롭고 강한 나라의 성장을 본다. 그 옛적 코네티컷으로부터 모호크강, 그리고 제네시강the Genesee까지, 그리고 펜실베이니아의 그레이트 밸리로부터 오하이오 밸리와 중서부의 초원까지의 밀농사군의 전진은 이제 그 자체의 동력과 캐나다 정부 불하농지 및 고가의 밀이라는 자극 아래 국경을 가로질러 허드슨 베이 개썰매the Hudson Bay dog trains가 노스랜드the North Land의 삭막하고 거친 눈을 가로질러 달리던, 한때 황량했던 평원에까지 이어지고 있다. 태평양 북서부에서는 건설의 시대가 종식되지 않았으나 매우 빠르게 진행되고 있어서, 우리는 이미 개척자 시대의 종말을 보고 있다. 이미 알래스카가 북쪽에서 부르고 있다. 알래스카는 천연자원이 많다는 것을 보여 주면서, 국가에 대해 어떤 새로운 조건으로 새로운 시대가 자신을 대할 것인지를 묻고 있다. 태평양 건너에는 아시아가 떠오르고 있다. 이 지역은 더 이상 멀리 있는 시야와 무변화의 상징이 아니라, 신기루가 밀려 온 것처럼 우리 해안에 아주 가깝게 있어 대양 민족의 공동의 운명이라는 중대한 질문을 제기하고 있다. 서부를 향한 문명의 긴 행군이 그 주기를 완성하는 때에, 벤턴과 시워드가 꿈꾸었던 동양의 부활은 거의 현실화되는 과정에 있는 것 같다. 태평양 시대가 시작되면서 우리의 미래에 대해 신비롭고 측정할 수 없는 의미를 던져주고 있다.

내륙으로 눈을 돌리면 우리는 변화라는 동일한 사진을 보게 된다. 1890년 인구조사 감독관이 변경선이 더 이상 추적불가능하다고 선언했을 때, 오클라호마로 향한 질주가 막 시작되었다. 땅에 굶주린 개척자들이 동부 출신의 파편화된 인디언 부족이 모여 살고 남서부의 야만족이 정착해 있던 이곳으로 쇄도해 왔다. 거의 한방에 옛 인디언 영토는 사라졌고 인구가 많은 도시들이 생겨났으며, 분출하는 유정이 곧 갑작스럽게 새로운 자산의 시대를 만들었다. 중서부 농업토지는 정부 공여 농지로 배분되거나 얼마 안 되는 돈으로 살 수 있었다. 혹은 가치가 매우 상승하여 원주인은 점점 더 서부의 새로운 값싼 토지에 다시 투자하기 위해 땅을 팔거나 타운으로 이사하여 그 경작을 임대 농부에게 맡겼다. 토지에 대한 부재소유자의 증가는 이전의 그레인저 운동과 민중주의 운동의 중심지대에 심각한 문제를 만들고 있다. 그 한쪽 끝에 가장 강력하고 광범위한 산업 에너지를 지닌 오하이오강 분기점의 철과 용광로를 지닌 구북서부의 오대호 연안지역이 밀 경작지대와 철광지역을 연결하는 새로운 지중해가 되어 가고 있다. 동부와 같은 도시의 삶, 제조업자와 축적된 자본은 대서양 연안에서 이미 일반화된 추세를 공화국의 중심부에서 재생산하고 있는 것 같다.

버펄로와 인디언이 지배했던 대평원을 가로질러 지속적인 산업의 파도가 지나가고 있다. 옛 주인없던 지대는 목장이 되었고, 목장은 다시 정부공여토지가 되었다. 이제 건조지역에서는 정부공여토지가 10 혹은 20에이커의 관개 과수농장으로 대체되었다. 값싼 토지의 시대, 값싼 옥수수와 밀, 그리고 값싼 가축의 시대는 영원히 사라졌다. 연방정부는 사막의 개간이라는 광대한 가부장적 거대사업을 추진했다.

가장 중요한 변화가 남북전쟁 당시 금은광산을 향한 첫 번째 중요한 쇄도의 방향을 돌이켜 동쪽으로 행진하게 했던 로키산맥에서 나타났다. 조직화된 산업과 자본에 대한 요구에 따라, 한때 광산업자들이 새로운 길을 만들고 산사람으로 야생의 자유로운 삶을 살던 이곳으로, 그리고 인간정신이 극단의 개인적 자유를 맛보았으며 '행운이 보통 사람을 유혹하던 이곳으로 혁명이 도래했다. 우리는 대중의 판단과 자유경쟁의 삶이 창성한 지역에서 거대자본이 상호 간의 충돌 가운데, 그리고 조직화된 사회주의적 노동세력과 여지없이 충돌하는 가운데 법과 질서가 무너지는 것을 보아 왔다. 크리플크리크 파업the Cripple Creek strikes, 버트 Butte의 투쟁, 골드필드Goldfield의 폭동, 최근의 콜로라도 투쟁은 모두 시민의 힘과 국가에 대한 충성이 완전히 발달되지는 않은 지역에서, 경합하는 세력들 간의 강한 충돌이라는 유사한 이야기를 들려준다. 근대 미국의 산업추세의 위험이 어지러운 불빛 속에서 널리 만들어져 누구도 그 거대한 지질학적 역사를 읽을 수 없는 그랜드 캐니언the Grand Canyon처럼 로키산맥에서도 드러났다.

캐스케이드산맥the Cascades을 가로질러 시애틀Seattle로 갈 때, 탑승객 중의 한 사람은 감동한 나머지 눈에 보이는 세계와 대조되는 퓨짓사운드만의 탁월함에 대한 자신의 감정을 설명했다. 그는 적응하지 않은 동부의 자손인 동료 여행자들의 불손한 방해에도 불구하고 잘 설명했고, 마침내 열정적인 도전정신으로 말하기 시작했다. "내가 왜 시애틀을 사랑할 수밖에 없겠는가? 시애틀은 대서양 연안의 슬럼가에서 주머니에 고작 15달러도 없는 가난한 스웨덴 소년을 데리고 왔다. 시애틀은 아름다운 바닷가의 집을 주었다. 시애틀은 또한 내 눈앞에 눈 덮인 산봉우리와 미소 짓는 평원의 모습을 펼쳐 놓았다. 시애틀은 나와 내 아이들에게 풍요로움과 새로운 삶을 주었다. 나는 시애틀을 사랑한다. 나는 시애틀을 사랑해. 내가 백만장자라면 화물차를 임대해서 동부도시와 구대륙의 붐비는 공동주택과 시끄러운 골목에서 고생하는 사람들을 데려와, 이들을 우리의 넓은 숲과 광석이 많은 산에 풀어놓고서 삶이 진정 무엇인지를 배우게 할 것이다!" 그리고 내 가슴은 그의 말과 우리가 지나온 숲과 봉우리의 엄청난 공간으로 동요되었다.

그러나 나는 이러한 열정적인 환호를 보고 들으면서 워싱턴 행정부 당시 오통Auton의 망명 주교인 탈레랑Charles Maurice de Talleyrand의 말을 기억했다. 인구가 생존수단에 부담이 되고 지금은 거대한 산업사회의 중심에 있는 황무지를 필라델피아에서 멀지 않은 높은 곳에서 바라보면서, 냉혈한이자 냉소적인 탈레랑조차도 사람이 살지 않는 언덕과 숲을 보고 난 후 다가오는 벌목개간지들, 앞으로 보게 될 웃음 짓는 농장과 풀을 뜯는 가축 떼, 건축될 사람 많은 타운, 거기서 등장할 더 새롭고 나은 사회조직에 대한 전망으로 불타올랐을 것이다. 그리고 그때 나는 서부이동사 강의실로 갈 때 통과하는 하버드 대학교의 사회윤리 박물관의 강당을 기억해 냈다. 그 강당은 피츠버그 제철공장의 제조품과 붐비는 공동주택의 전시물로 뒤덮여 있다. 그 도표와 도식들은 장기간 작업, 사망률, 장티푸스와 슬럼가의 관계, 미국의 산업능력과 사회적 비극인 방대한 자본의 중심부에서 문명을 만들기 위해 일한 남동부 유럽의 모든 가난한 사람들의 군상을 보여 주고 있다. 그 강당을 지나 강의실로 들어가면, 나는 청년 워싱턴이 버지니아 변경인들을 이끌고 오하이오강의 분기점에 있는 장대한 숲에 도착하는 것에 대해서 강의한다. 브래덕과 그의 부하들이 "황무지 둘레에 십자가를 새기면서" 몸에 색칠을 한 원시림의 야만인에 놀랐을 때, 거대한 용광로는 계속해서 불을 뿜고, 헝가리인과 불가리아인, 폴란드인과 시칠리아인은 하루치 식량을 위해서 싸우면서 야만적이고 비천한 삶을 살아가고 있다. 어쩔 수 없이 내 마음속에는 헉슬리Aldous Huxley의 기억할 만한 말들이 갑자기 떠오르게 된다.

심지어 최고의 근대문명도 내게는 어떠한 가치 있는 이상이나 안정성이라는 장점조차 구현하지 않는 인류의 상황을 전시하는 것처럼 보인다. 나는 인간가족이라는 넓은 공동체의 상황을 크게 개선할 희망이 없다면, 그리고 지식의 증가와 그 결과로서 자연에 대한 더 큰 지배력의 획득, 그리고 이러한 지배력에서 귀결하는 부가 그 파생적인 물리적, 윤리적 쇠퇴와 함께 대중이 소망하는 것에 대해서 의미가 없다면, 나는 모든 상황을 휩쓸어버릴 어떤 친절한 혜성의 도래를 바람직한 완성으로서 환영해야 할 것이라는 의견을 표출하는데 주저하지 않을 것이다.

그러나 만약 우리가 이러한 변화를 깨닫고 환상에서 깨어나 충격을 받아 우려하는 바가 있다면, 강한 남녀들에게도 역시 도전과 영감이 있을 것이다. 황무지라는 구변경 대신 인류의 필요를 위해 풍성한 열매를 맺을 수 있는 미개척의 과학 영역과 미개척의 더 나은 사회적 영역이라는 변경이 있다. 우리의 믿음과 용기의 자세, 그리고 창조적 열정을 고수하자. 우리의 조상들이 꿈꾸었던 것처럼 꿈을 꾸고, 우리의 꿈이 실현될 수 있도록 하자.

시간의 딸들, 위선적인 나날들, 맨발의 데르비쉬(dervishes)처럼 입 닥치고 말 못한 채, 그리고 끝없이 줄지어 서서 홀로 행진하며, 손에는 왕관과 금 막대기 뭉치를 들고서. 그들은 한 사람 한 사람에게 각자의 뜻에 따라 선물을 주네, 빵, 왕국, 별, 그리고 이들을 모두 담은 하늘까지. 나는 내 나뭇가지들이 묶인 정원에서 거창한 의식을 보고는 내 아침 소망을 잊어버리고서 급히 몇몇 화초와 사과를 가져왔는데, 날은 바뀌었고 조용히 떠나갔네. 너무 늦어서 나는 그 근엄한 살코기 아래에서 조롱을 보았네.

미국의 "아침 소망"은 무엇인가? 미국은 그 긴 서부를 향한 미국인들의 행진시기부터 결코 단순한 것에 만족하는 물질주의의 고향이 아니었다. 미국은 계속 새로운 방식을 추구했고 완전한 사회를 꿈꾸었다.

인간이 콜럼버스가 발견한 신대륙에 대처해 나간 15세기에 발견의 이상은 지배적인 것이었다. 이곳은 그러한 이념이 개척할 수 있는 새로운 지역으로서 대서양이 경계를 설정한 인간 도래의 범위 내에 있었다. 미국은 유럽인들에게 꿈의 땅이 되었고, 구유럽의 상상 속에서 부와 영원한 젊음뿐만 아니라 평화와 행복이 있는 행운의 섬들은 현실이 되었다. 버지니아는 에드윈 샌디스Edwin Sandys 경과 그의 런던회사 친구들이 영국에서는 그 도래를 갈망했으나 무위로 돌아가 이룰 수 없었던 공화국을 수립할 기회를 제공했다. 뉴잉글랜드는 청교도들에게 스스로의 믿음에 따라 하나님의 제도를 수립할 수 있는 새로운 자유의 땅이었다. 17세기 말에 이르러 버지니아에서 희망이 사라지자, 열정적인 베이컨이 해안을 따라서 조성된 농장주 귀족정치에 대신하여 진정한 민주주의를 수립하기 위한 혁명과 함께 이러한 희망을 다시 받아들였다. 그가 권좌에서 밀려 나면서 18세기에는 뉴잉글랜드 해변 너머 더버크셔즈와 버몬트의 그린마운틴즈산the Green Mountains까지 몰려간 강력한 변경인들과, 그리고 펜실베이니아에서 출발하여 그레이트 벨리를 지나 고지대 남부지역까지 간 스코틀랜드계 아일랜드인 및 독일인 개척자에 의해서 민주적 이상이 다시 활력을 얻었다. 양키 변경인들과 남부의 스코틀랜드계 아일랜드 장로교도 모두에게 동료와 하나님에 대한 자유서약으로 구속된 개인의 중요성이라는 칼빈주의적 관념은 강력한 영향력을 행사했다. 그들의 모든 황무지 경험은 모두 새로운 길을 여는 것, 개인에게 좀 더 자유로운 역할을 부여하는 것, 그리고 민주적 사회를 건설하는 것 등의 이상을 강조하였다.

오지인들이 앨러게이니산맥을 건넜을 때 그들은 자신들과 대서양 연안 사이에 그들이 떠나온 유럽과 매우 닮은 지역(동부 해안지역－역주)을 분리하는 것처럼 보이는 장벽을 설치했다. 그리고 그들은 미시시피강으로 흐르는 지류의 경로를 좇아가면서 스스로를 "서부 강들의 사람"이라고 불렀고, 미시시피 밸리에 지어진 이들의 새 집은 바로 "서부세계"였다. 1830년대에 이르면 여기서 보통 사람의 원래적 우수함에 대한 신념, 세상에서 자신이 차지할 자리를 만들려는 인간의 권리, 정부에 참여하려는 인간의 능력 등에서 매우 강력한 잭슨 민주주의가 번성했다. 그러나 잭슨 민주주의는 이러한 권리를 주장하면서, 또 한편으로는 그 이름이 암시하듯이 지도력도 중요시하였다. 잭슨 민주주의는 변경의 투사이든지 대통령이든지 신뢰하는 사람을 대중의 영웅으로 끝까지 추종하려 했으며, 의원들이 자신들이 선출한 대통령에 반대할 경우 심지어 하원의원들을 꾸짖고 상원의원을 소환했다. 잭슨 민주주의는 본질적으로 농촌의 것이었다. 그것은 계급과 부의 불평등이 거의 없었던 변경의 선한 동료애와 진정한 사회적 감정에 기초하고 있었다. 그러나 잭슨 민주주의는 조건의 평등을 요구하지는 않았다. 왜냐하면 천연자원이 풍부했으며, 자수성가한 사람은 서부의 삶이 제공하는 자유경쟁에서 성공할 권리가 있고 또한 민주주의에 대한 사랑만큼이나 사고가 출중하다는 믿음이 있었기 때문이었다. 반면에 당시 사람들은 정부의 속박을 자신들이 개인적 능력대로 살 수 있는 권리에 대한 제약으로 의심했다.

변경인들은 동부의 금융제도와 자본가들에 대해 본능적 거부감을 가지고 있었다. 이미 그들은 잭슨이 말한바 "돈의 권력"이 보통사람들을 나무하는 사람이나 물을 긷는 사람으로 퇴조시키려 계획하고 있다면서 우려했다. 이러한 견해에 따라 변경인들은 같은 시기 임금노동자의 조건 향상을 위해서 투쟁을 시작한 동부 노동지도자들에게서 동맹세력을 발견했다. 동부의 급진 민주당원들Locofocos은 도시의 노동자 이익을 위해 근본적 사회변화를 요구한 최초의 미국인들이었다. 그들도 서부의 변경인들처럼 독점 및 특권에 저항했다. 그러나 그들 또한 사회가 공적 토지의 무상 기부를 통해 민주적으로 유지되어, 잉여노동이 서로 제살 깎아먹기를 하지 않고 서부에서 출구를 찾을 수 있어야 한다는 건설적인 구상을 지니고 있었다. 따라서 노동이론가들과 실제적 개척자 모두에게 고갈되지 않는 값싼 땅과 소유되지 않은 자원의 존재는 민주주의의 전제조건이었다. 서부 민주주의는 1830년대와 1840년대 기간에 그 고유한 형태를 띠기 시작했다. 토크빌이나 해리엇 마르티노 같은 여행자들이 미국을 배우러 와서 이러한 사정을 열정적으로 유럽에 보고했다.

개인주의적이며 자유를 사랑하는 민주적 오지인 군단의 이러한 서부로의 행진에 더하여, 비슷한 생각을 지녔지만 새로운 산업중심을 만들고, 공장을 건설하며, 철도를 깔고, 도시를 건립하며 번영을 확대하여 시골을 개발하려는 욕망을 지닌 더 북부적인 개척자 흐름이 들어왔다.

이들은 의회가 주식매입, 특허권 부여, 은행업과 내륙개발의 촉진 등을 통해서 이러한 발전을 지원해 달라고 요청하려 했다. 이들은 헨리 클레이라는 또 다른 서부지도자의 휘그당을 추종했으며, 이들의 초기의 힘은 오하이오 밸리, 그리고 특히 부유한 사람들 가운데 있었다. 남부지역에서 이들의 힘은 목화왕국의 귀족 가운데 찾을 수 있었다.

휘그당이나 민주당이건 이들 서부집단에게는 자신들이 받은 것보다 자식들에게 더 나은 유산을 물려주려는 공통의 이상이 있었다. 두 집단은 모두 이 신대륙에서 인류에게 보다 가치 있는 가정을 창조한다는 이상에 대한 사명감으로 불타 있었다. 두 집단은 모두 과거와 단절하고 일련의 새로운 사회적 노력을 과감하게 경주할 준비가 되어 있었고, 모두 미국의 확대를 믿고 있었다.

이러한 추세가 위력을 발휘하기 전에 세 가지 새로운 힘이 들어 왔다. 먼저 1840년대에 이르러 미국의 경계가 태평양 연안으로 갑자기 확장되면서, 국가는 매우 넓은 영역을 획득하였고 자원은 제한이 없을 것 같았다. 사회는 이러한 넓고 새로운 공간으로 인해 자신의 모든 질병을 떨쳐 버릴 수 있을 것 같았다. 둘째, 같은 시기에 미시시피 밸리 지역에 철도건설이라는 거대한 활동이 나타나면서 그 토지를 활용할 수 있게 해주었고, 경제건설의 과제로 주의를 전환시켰다. 세 번째 영향력은 거의 한 세대 동안 미국의 이상과 공적 토론에 첨예하게 영향을 준 노예제 문제였다. 어떤 각도에서 보면 이 갈등은 국가통합이라는 커다란 문제를 수반하고 있었다. 다른 각도에서 보면 이 갈등은 노동과 자본, 민주정과 귀족정의 관계라는 문제도 포함하고 있었다. 에이브러햄 링컨이 미국의 개척자 민주주의를 보여주었을 뿐만 아니라, 그의 존재는 민주주의가 그 시대에 속한 사람을 만들어 낸다는 것을 세계에 가장 적절하고 핵심적으로 보여준 첫 번째 사례가 되었다.

남북전쟁 이후 서부사람들이 초원과 대평원 그리고 산을 점령해 감에 따라 새로운 국가적 에너지가 분출되었고, 새로운 건설과 개발이 서부사람들의 관심을 이끌어 냈다. 민주주의와 자본주의의 발전은 상호 적대적인 것으로 보이지 않았다. 변경이 사라지면서 서부의 사회적, 정치적 이상은 새로운 형태를 취했다. 자본은 더 큰 규모로 통합되었고, 산업발전 과정을 점점 더 체계와 통제하에 두고자 하였다. 노동도 마찬가지로 옛 경쟁체계를 파괴하기 위해 그 세력을 동원했다. 국가자원에 대한 자유로운 투쟁의 결과가 명확해지자, 서부의 개척자들이 자신의 민주주의 이상을 두고 놀란 것은 신기한 일이 아니다. 그들은 정부가 행동해야 한다는 대의를 옹호했다.

이것은 새로운 복음이었다. 그 이유는 서부의 과격파가 자신의 민주주의 이상을 유지하기 위하여 개인주의와 자유경쟁의 이상을 희생시켜야 한다고 확신했기 때문이다. 이러한 확신에 따라 민주주의자는 정부를 보는 개척자의 관념을 수정하였다. 그는 더 이상 정부업무에서 자기 외부에 있는 어떤 것을 본 것이 아니라, 민중 자신들이 자신의 업무를 결정하고 있는 것을 보았다. 따라서 그는 민주사회에 대한 자신의 역사적 이상을 구현하기 위해 정부권력의 확대를 요구했다. 그는 자유은제도를 요구했을 뿐만 아니라, 통신과 운송수단의 소유, 소득세, 우편 저축은행, 농업에 대한 신용수단의 제공, 민중의 의사를 표출하기 위한 보다 효과적인 기구의 건설, 예비선거 제도, 직접선거, 주민발안, 주민투표, 주민소환 등을 요구했다. 한 마디로 노동, 자본, 그리고 서부개척자는 모두

보다 효과적인 연합체 구성의 이익을 위해서 경쟁적 개인주의라는 이상을 포기했다. 변경의 종식, 그리고 사회형태로서 서부 영향력을 만들어 낸 시대의 종언은 이와 함께 사회적 적응이라는 새로운 문제와, 과거의 이상과 현재의 필요를 함께 고려해야 하는 새로운 요구를 가져왔다.

미국 외교관계의 환경과 국내문제의 해결에서 우리가 뭉치지 않을 경우 마주칠 위험을 상기해 보자. 우리의 옛 사회질서 파괴에 대한 이러한 내적 증거들을 고려해 보자. 이러한 경고를 마음에 새긴다면 우리의 역사적 이상을 다시 헤아려보고, 그 목적과 미국의 정신, 그리고 세계사에서 미국의 의미를 만들어온 근본적 가정들을 검토해 보는 편이 현명할 것이다.

무엇보다도 먼저 우리에게는 발견의 이상, 새로운 길을 개척하겠다는 용감한 결의, 제도나 조건이 단지 존재하므로 계속 이것들이 남아 있어야 한다는 도그마에 대한 무관심 등이 있었다. 미국의 모든 경험은 혁신의 정신을 만들기 위한 것이었다. 이는 핏줄 속에 흐르는 정신이며 억제되지 않는 것이다. 그리고 우리에게는 민주주의의 이상, 계획의 구성과 실행에서 지도자에 호응하면서도 그 절차는 강제가 아니라 자유로운 선택이어야 한다고 주장하는, 자유로우며 스스로 인도하는 민중의 이상이 있었다.

그러나 또한 개인주의의 이상도 있었다. 민주사회는 모든 사람들이 발을 맞추어야 하고 집합적 이익이 개인의 의지와 작업을 파괴하는 훈육된 군대가 아니었다. 오히려 민주사회는 각자 자신의 자리를 추구하고 자신의 힘과 독창적 구상이 수행할 역할을 발견하는, 자유롭게 순환하는 원자들이 움직이는 조직이었다. 이러한 점은 아무리 강조해도 지나치지 않다. 왜냐하면 이러한 생각이 모든 미국적 운동의 중심에 있기 때문이다. 세계는 개인의 자유가 보장되고 독창성과 다양성을 생산하는 활력과 이동성이 있는 민주주의에 의해 더 나은 세계로 변화한다.

모든 사람이 가져갈 수 있는 무제한의 자원이 소멸된다는 사실이 가진 광범위한 영향력을 염두에 둘 때, 그리고 국가 대부분의 지역에서 공급이 종식됨에 따라 자원에 대한 경쟁적 투쟁의 결과를 알게 된 후 보통 사람들이 느끼는 고통을 고려할 때, 우리는 개인주의에 반대하고 정부 권한의 과감한 행사에 찬성하는 반응을 이해할 수 있다. 민주주의의 이상을 보존하기 위한 수단으로서 법률이 주인없는 토지의 자리를 대체하고 있다. 그러나 동시에 법률은 창의적이고 경쟁적인 개인주의라는 개척자의 다른 이상을 위험에 처하게 하고 있다. 양자(법률과 개인주의-역주)는 모두 필수적인 것으로, 역사와 진보에 대해 미국이 최선으로 기여한 것이었다. 국가가 과거에 충실하고 또한 최고의 운명을 충족시키려면, 양자 모두 보존되어야 한다. 만약 경험, 자기 확신, 열정, 창조적 천재성을 풍부하게 구비한 사람들이 계급이든지 혹은 독재이든지 간에 사회주의 혹은 금권주의 혹은 전제정 등 구대륙의 원칙에 경도된다면, 이는 엄청난 불행일 것이다. 우리는 이러한 대안을 채택해서는 안 될 것이다. 우리의 옛 희망과 용감한 희망, 그리고 우리의 근저에 있는 유머와 공정한 경쟁에 대한 사랑이 궁극적으로 승리할 것이다. 모든 면에서 주고받는 것이 있을 것이다. 미국의 최선의 이상에 충성하는 공정한 지도력이 있을 것이다. 과거의 약속과 미래의 가능성을 알고 있는, 대학교에서 교육받은 사람들의 범위 밖에서 이러한 지도력이 부상할 것 같지는 않다. 시대는 새로운 야망과 새로운 동기를 요청하고 있다.

근대 민주주의의 문제에 대한 가장 도발적인 논문에서 고드킨Edwin Lawrence Godkin 씨는 다음과 같이 말했다.

　　토크빌과 그의 추종자들은 탁월성이 발견되는 모든 나라의 경우 탁월성에 대한 커다란 유인책은 귀족정의 후원자 혜택과 격려라는 점을 당연한 것으로 생각했다. 민주주의는 일반적으로 평범한 것에 만족한다는 점도 당연시했다. 그러나 그에 대한 증거는 어디에 있는가? 모든 문명국의 경우 그 작동에 있어서 가장 광범위하고 항구적이며 강력한 탁월성의 유인은 구별되고자 하는 욕구이다. 그리고 이 욕구는 명성에 대한 사랑이나 부에 대한 사랑, 아니면 양자 모두로 구성되어 있다. 문학적, 예술적, 과학적 추구에 있어서 때로 가장 강력한 영향력은 주제에 대한 사랑에 의해 발휘된다. 그러나 동료의 찬양과 감사가 가장 달콤한 노력의 대가 가운데 하나가 아니었던 사람은 그 어느 누구도 더 상위의 대학의 어느 곳에서도 결코 열심히 노력해 본 적이 없다고 안심하고 말해도 좋을 것이다.

우리는 민주제도의 본질에 있어서 이러한 위대한 행위의 원천을 무력하게 하고, 영광으로부터 모든 광채를 박탈하며, 야망을 잠들게 하는 것이 과연 무엇인가라고 묻고자 한다. 그 반대로 민주사회 혹은 민주주의로 향해가는 사회의 가장 뚜렷한 특징은 타오르는 경쟁의 불꽃, 모든 구성원으로 하여금 법이 일찍이 구속하려 했던 수준 이상으로 비약하게 하여 어떤 멋진 일격으로 동료들보다 더 높고 주목할 만한 존재가 되도록 홀리는 뜨거운 열정이라는 점이 오히려 더 분명하다. 민주사회의 생활에서 가장 불쾌하게 따라다니는 것 가운데 하나인 거대한 부산함은 귀족정에서는 단지 몇 사람에게만 허용된 상급賞給의 기회를 모든 사람이 손에 넣으려 하는 열정 때문에 생긴다. 그리고 다른 어떤 사회에서도 민주사회만큼 성공을 더 숭배하고, 어떤 종류의 구별이라도 더 널리 칭찬하고 찬양하는 곳은 없다.

민주주의에서는 사실 탁월성이 구별에 대한 첫 번째 칭호이다. 귀족정의 경우 훨씬 강하고 강해야만 하는 사람은 둘 혹은 셋 정도이며, 그렇지 않으면 귀족정은 존재할 수 없다. 가장 높은 사회적 지위가 가장 큰 자질을 가진 사람에 대한 보상이 되어야 한다고 인정하는 순간 귀족정은 불가능해진다.

만약 구별된 개성, 재능의 다양성에 대한 존중을 포기한다면 미국적 삶에서 들뜨고 창의적인 모든 것은 상실될 것이며, 평범한 수준의 고사상태에 이를 것이다. 최근 한 작가가 썼듯이 "보통으로 사회화되는 것"과 "우리 다수 대중의 감독하에 놓이는 것"은 보상할 수 없는 손실이다. 고드킨의 문장이 잘 표현해 주듯이 민주주의에서 그런 것은 필요가 없다. 필요한 것은 야망에 대한 동기를 증폭시키고, 가장 강한 사람이 성취할 수 있는 새로운 경로를 열어주는 것이다. 우리가 최초의 거친 대륙정복의 과제에서 벗어나면서, 우리 앞에는 매우 풍부한 정신영역의 미개척 자원들이 놓여 있게 되었다. 전에는 특별한 부를 축적하여 구별됨을 획득하려고 물질적 과시에서만 성공을 찾았던 우리 앞에, 이제는 예술과 문학, 과학과 더 나은 사회적 창조, 공화국에 대한 충성과 정치적 봉사, 이런 것들과 무수히 많은 다른 행동방향들이 열려 있다. 여론이 이러한 새로운 노동 영역에서 동료들에 앞서는 사람들에게 월계관을 수여할 때, 더 새롭고 훌륭한 직업들이 야망을 지닌 사람들에게 열릴 것이다. 산업주도자들의 상상력을 사로잡은 것은 금이 아니라 금을 얻는 방법이었다. 그들의 진정한 기쁨은 부가 가져온 사치가 아니라, 건설이라는 사업과 사회가 그들에게 수여한 위상에 있었다. 새로운 시대는 학교와 대학교가 사람들의 지적 지평을 넓혀주고, 더 나은 산업생활의 토대를 만들며, 그들에게 새로운 노력의 목표를 보여주고, 더 다양하고 더 고상한 이상을 통해 그들에게 영감을 불어 넣을 때에만 다가 올 것이다.

새롭고 더 고상한 성과를 위해서 서부의 정신을 불러내야 한다. 그 성숙한 서부의 정신에 대해서 테니슨Alfred Tennyson의 율리시즈Ulysses는 하나의 상징이다.

나는 가난한 마음으로 항상 배회하는 것들의 이름이 되었네. 많은 것을 보고 알았네. (…중략…) 나는 내가 만난 모든 것의 한 부분. 그러나 모든 경험은 내가 움직일 때마다 그 나머지가 영원히 사라져 가는, 거기를 통해 저 미지의 세계가 희미하게 빛나는 아치형 건축물이라네. 정지하는 것, 끝내는 것, 빛나지 않고 녹스는 것, 빛을 내며 사용되지 않는 것은 얼마나 무미건조한가! 인간정신의 가장 높은 돛대 끝 너머 빛나는 별처럼 지식을 추구하는 욕망으로 갈구하는 이 미명의 정신. 오라, 친구들이여, 더 새로운 세계를 추구하는 것은 아직 너무 늦은 게 아니라네. 떠나가라, 그리고 정돈해 앉아서 소리 나는 고랑을 파헤쳐라. 왜냐하면 내 목적은 해지는 곳 너머, 내가 죽을 때까지 도달해 온 서부의 별의 바다 너머로 항해하는 것, 투쟁하는 것, 추구하는 것, 발견하는 것, 그리고 양보하지 않는 것이기 때문이다.

12장
미국사에서 사회적 힘*

오늘날 미국이 경험하고 있는 변화는 매우 심오하고 광범위하여, 우리가 미국에서 거의 새로운 나라의 탄생을 목격하고 있다고 말하는 것은 과장이 아니다. 지난 20년 동안 미국의 사회적, 경제적 구조의 혁명은 독립이 선언되고 헌법이 제정되었던 당시 발생했던 일들, 혹은 반세기 전 남북전쟁과 재건기에 시작된 시대가 만들어 낸 변화에 필적할 만하다.

이러한 변화들은 오랜 기간 준비되어 왔고, 부분적으로는 증기력을 통한 생산과 대규모 산업시대의 재편이라는 세계적 힘의 결과이며, 부분적으로는 서부 식민화 종식의 결과이다. 이러한 변화는 예언되었던 것이고, 그 이동 경로는 미국발전의 연구자들이 부분적으로 기술해 왔다. 그러나 미국인들이 자신의 사회를 현재까지 형성해 온 근본적 힘이 궁극적으로 사라지고 있다는 것을 깨닫게 되는 과정은 큰 충격 속에서

---

* 1910년 12월 28일 인디애나폴리스(Indianapolis)에서 개최된 미국역사학회(the American Historical Association) 회장 연례 연설. 『미국역사학회보(*The American Historical Review*)』, 1911년 1월. 허가를 받아 재출간하였다.

이루어졌다. 내가 앞서 지적한 바 있듯이, 20년 전 인구조사 감독관은 인구조사 지도가 수십 년에 걸쳐 지금까지 서부행진에 대해서 묘사한 변경선을 더는 기술할 수 없다고 선언하였다. 오늘날 우리는 국가의 미개척 자원을 향한 개인들의 자유로운 경쟁시대가 종말에 이르고 있다고 말해야만 한다. 변경선의 망실과 함께 미국 식민화 역사의 마지막 단계, 그리고 개척자 민주주의 연대기의 결론이라고 할 수 있는 단계를 서술하는 것은 한 세대도 걸리지 않은 셈이 된다.

그것은 미국의 활력이 남아 있는 황무지에 대해서 마지막으로 몰려가는 놀라운 단계이다. 심지어 가공하지 않는 통계수치도 시대를 대변하게 되었다. 이들 통계수치는 더 이상 농업으로 이전된 높은 공적 토지의 비율, 유럽국가들 규모와 비슷한 크기를 지니면서 수십 년에 걸쳐 미국의 농장지역으로 변한 황무지의 비율로부터 그 의미를 도출하지 않는다. 1870년과 1880년 사이에 프랑스 규모의 토지가 미국의 농장으로 추가되었던 것은 사실이며, 1880년과 1890년 사이에 프랑스, 독일, 잉글랜드, 웨일스를 합친 규모 정도의 토지가 우리나라 농장으로 추가된 것도 사실이다. 1910년의 기록은 아직 입수할 수 없지만 이러한 숫자가 무엇을 보여주든지 간에, 이들은 지난 10년간 동부에서 비약적으로 성장한 자산 및 산업력의 조직화와 집중을 말해 주는 숫자만큼 그 의미가 크지는 않을 것이다. 미국 정착지의 확대와 함께 서부제국의 마지막 지역이 문명의 목표에 복속되어 그 전리품을 내어놓으면서, 거대한 대형기업의 작동영역이 확대되었고 생산과 부는 모든 전례를 넘어서는 수준으로 성장하였다.

모든 전국 규모 은행의 총예금액은 지금 10년 동안 세 배 이상 증가했다. 유통 중인 돈은 1890년 이래 두 배로 증가했다. 금의 범람은 믿을 수 없는 가치 증가의 온전한 의미를 측정하기 어렵게 만들었다. 1909년에 종식되는 10년 동안 미국에서만 4,160만 온스 이상의 금이 채굴되었기 때문이다. 1905년 이래 매년 400만 온스 이상의 금이 생산되었던 반면, 1880년에서 1894년 사이에는 200만 온스의 생산을 보인 해가 없었다. 물가는 이러한 금 유통과 신용수단 팽창의 결과 및 기타 다양한 요인으로 인해 그 수준이 미국적 삶의 가장 현저한 양상이자 가장 영향력 있는 요소 가운데 하나가 되어 사회적 재적응을 가져오고 정당 혁명에 기여할 때까지 상승했다.

그러나 변화하는 가치의 기준 때문에 분석을 요구하는 이런 통계수치를 회피한다고 해도, 우리는 여전히 지금의 10년이 미국사의 예외적인 자리를 차지하고 있다는 것을 알게 된다. 1897년 이후 10년 동안에 미국에서 이 이전의 기간보다 더 많은 석탄이 채굴되었다.[1] 50년 전에 우리는 1,500만 톤이 안 되는 석탄을 채굴했다. 그런데 1907년에는 거의 4억 2,900만 톤의 석탄을 캐내고 있다. 현재 비율대로라면 석탄 공급은 과거 헌법제정이 있었던 기간 정도가 되는 미래의 어떤 날짜에 이르면 고갈될 것으로 추정된다. 철광과 석탄은 산업력의 측정치이다. 미국은 지난 과거 20년 동안 그 이전의 모든 기간의 채굴량의 세 배에 달하는 철광을 생산했다. 선철 생산은 제조와 운송의 훌륭한 측정치로 인정된다. 1898년까지 선철 생산은 연간 총생산량이 1,000만 톤에 달하지 못했다. 그러나 1904년 이후 5년 동안 선철 생산은 평균적으로 이

---

1   Van Hise, "Conservation of Natural Resources", pp.23~24.

수치의 두 배 이상이었다. 1907년에 이르면 미국은 선철과 철강을 통틀어서 영국, 독일, 프랑스의 생산량을 합친 것보다 많이 생산했다. 그리고 같은 10년 동안 단 하나의 거대한 대형기업이 미국의 선철 광산과 철강제조에 대한 지배권을 확립했다. 주식과 채권이 14억 달러에 이르는 미국 철강회사가 현재 10년의 시작 시기에 조직되었다는 것은 단순히 우연한 사건 이상이다. 슈피리어 호수 주변의 황무지는 지난 10년 동안 집중적으로 현재와 미래의 미국에서 철광석의 지배적 원천으로서의 압도적 위상을 확립했다. 이는 피츠버그가 부를 축적하고 필적할 수 없는 산업제국을 확장하게 해 준 보고가 되었다. 이렇게 미국 산업력의 중심부에서 분출된 거대한 활력이 일반적으로 제조업 방식을 혁명적으로 변화시켰고, 간접적인 다수의 방식으로 미국의 삶에 심대한 영향을 끼쳤다.

철도 통계수치 또한 새로운 산업사회의 형성이라는 전례 없는 발전을 보여주었다. 1마일 이동한 승객의 숫자는 1890년과 1908년 사이에 두 배 이상 늘어났다. 1마일 운송된 화물은 같은 기간 동안 거의 세 배 증가했고 지난 10년 동안 두 배 증가했다. 농업 생산품은 또 다른 이야기를 들려준다. 옥수수 수확은 1891년 20억 부셸bushel에서 1909년에 단지 27억 부셸로 증가했다. 밀은 1891년 6억 1,100만 부셸에서 1909년 단지 7억 3,700만 부셸로 늘어났다. 면화는 1891년 900만 포bale에서 1909년 1,300만 포로 증가했다. 미국 본토에서 인구는 1890년 6,250만 명에서 1900년 7,550만 명으로, 그리고 1910년에는 9,000만 명을 넘어서게 되었다.

우리는 이러한 통계수치로부터 남은 천연자원 이용을 대폭 증가시켜 그 결과 나라 전체의 즉각적인 부의 생산증가 비율이 인구증가 비율을 훨씬 능가하고, 더욱 놀랍게도 농업생산품의 증가율을 능가하고 있다는 점을 명확하게 알 수 있다. 자본이 수백억 달러의 조직에 집중되는 한편, 인구는 이미 식량공급을 압박하고 있다. 철강제조업자가 칭송하는 "승리하는 민주주의"의 성과는 그가 예견한 것보다 더 위압적인 상태에 도달했다. 그러나 철강제조업자는 민주주의의 변화 자체와 이러한 물질적 성장에 수반되는 생활조건의 변화를 더욱 인식하지 못했다.

미국은 먼 서부를 식민화하고 내륙자원을 정복한 후 19세기의 종결과 20세기의 시작 시기에 태평양의 세계정치에 개입할 목적으로 극동 the Far East을 다루기 시작했다. 미국은 최근 전쟁(미서전쟁―역주)의 성공적 결과로 구스페인 제국의 영역으로 역사적 팽창을 계속 진행한 후, 하와이를 점령하고 멕시코만에 대한 지배적 영향력을 확보함과 동시에 필리핀의 주인이 되었다. 미국은 현재 10년 기간의 초기에 파나마 운하를 통해 태평양과 대서양을 연결하여 종속국과 보호국을 거느린 제국적 공화국이 되었다. 유럽, 아시아, 아프리카의 문제에 잠재적 목소리를 지닌 새로운 세계 강대국으로 인정받게 된 것이다.

이러한 권력의 확장, 새로운 영역에서 큰 책임의 수용, 세계적 국가군으로의 진입은 별개의 고립된 현상이 아니었다. 이는 실제로 어떤 면에서는 미국의 태평양을 향한 행진의 결과였으며, 미국이 주인없는 토지를 정복하고 서부자원을 이용했던 시대의 후속편이었다. 미국은 세계 국가들 사이에서 이러한 위상을 확보한 후에 연방정부와 영토획득 사이의 관계에서 발생하는 헌법적 조정의 필요성과 직면하게 되었다. 미국은 정치적으로 미숙하고 저개발된 다른 인종을 통치하는 과제를 통해 인간의 권리와 전통적인 미국의 자유와 민주주의라는 이상의 문제를 재고해야 했다.

최근 20년간의 이행기에 미국사회와 국내정책에 대한 영향을 고려해 보면, 우리는 옛 개척자 민주주의의 질서가 침식당하고 있다는 가시적 증거들을 보게 된다. 이들 가운데 분명한 것은 산업 생활의 중심지에 대해 이동 가능한 저가 노동력을 공급해 준 전례 없는 이민이 있었다는 점이다. 1900년에 시작하여 지난 10년 동안 800만 명 이상의 이민자들이 도착하였다. 1908년의 한 저술가는 "1900년 이후 80년간 새로운 이민자들은 현재 수준으로 옛 뉴잉글랜드의 5개 주를 새로운 사람으로 정착시킬 것이다. 혹은 새로운 이민자들이 이보다 덜 오래된 지역에 적절하게 분산된다면 현재 수준에서 연방의 19개 주 정도에 정착하게 될 것이다"라고 전망했다. 1907년에는 "125만 명 정도가 도착했다. 이 숫자는 우리의 가장 오래된 주인 뉴햄프셔와 메인 두 주를 모두 정착시킬 수 있는 인구이다", "올해만의 이민자로도 이름을 언급할 수 있는 미국의 나머지 현존하는 21개 주들의 어느 곳보다 더 많은 정착민을 지닌 주를 만들 수 있을 것이다." 유럽에서 오는 사람의 증가가 이렇게 클 뿐만 아니라, 남유럽이나 동유럽에서도 점점 더 많은 사람들이 미국으로 도래하고 있다. 내가 인용하고 있는 리플리William Zebina Ripley[2] 교수는 1907년 외모에 따라서 이민자를 재분배한 후, 1/4이 지중해 연안의 인종, 1/4이 슬라브 인종, 1/8이 유태인, 그리고 단지 1/6이 유럽 중동부 민족the Alpine, 1/6이 튜튼계 민족임을 알게 되었다. 1882년 독일인들은

---

2   Atlantic Monthly, 1908.12, vii, p.745.

25만 명에 이르렀고, 1907년에는 33만 명에 이르는 남부 이탈리아인이 그 자리를 대신했다. 따라서 미국의 인종적 구성은 명백히 놀라운 변화를 경험하고 있다. 이민자들은 지난 10년 동안 나라 전체에 분산해 정착하지 않고 특히 도시와 산업 중심부에 집중적으로 정착했다. 노동 계급과 임금, 그리고 토착 미국인 고용주에 대한 이들의 관계는 이러한 새로운 이민자의 도시 및 집중적 정착으로 깊이 영향을 받게 되었다. 노동자에 대한 고용주들의 동정심은 외래 민족의 이민과 낮은 생활 수준의 많은 이민자 숫자의 압력으로 인해 줄어들게 되었다.

인구가 도시에 집중되면서 이와 함께 도시 권력이 증가하고, 몇 안 되지만 훨씬 규모가 큰 산업 단위에 자본과 생산이 집중되고 있다는 사실은 특히 혁명이 일어나고 있음을 입증하고 있다. 재무부 장관인 리차드 러시Richard Rush는 1827년 보고서에서 "넓은 지표면에 빈약한 인구가 분산됨으로 자본의 창출이 가속화되기보다는 지연된다는 것은 설명을 요구하지 않을 만큼 명백한 명제이다"라고 적었다. 러시가 이렇게 적기 30년 전에 알버트 갤러틴은 의회에서 "만약 미국이 행복한 원인을 검토해 보자면, 시민들이 정치제도의 지혜로부터 향유하고 있는 만큼이나 거주민에 비례하는 거대한 분량의 토지에서 나타나는 것임을 알 수 있을 것이다"라고 선언하였다. 아마도 이들 펜실베이니아의 금융업자 두 사람은 모두 당대의 조건에서는 옳았다. 그러나 적어도 자본과 노동이 주인없는 토지의 종말이 다가오면서 새로운 시대로 들어섰다는 사실도 중요하다. 당시 의회에 갤러틴과 함께 있었던 어떤 사람은 값싼 토지가 대서양 연안지역의 인구를 줄어들게 만들 것이라는 주장에 대해, 서부 토지로 쉽게 접근하는 것을 방지하는 법률이 제정된다면 이는 "다른 사람들이 마음대로 주는 급여를 그저 받으면서 그들에게 계속 봉사해야 하고, 또한 법률로 인해 강제로 봉사해야만 하는 계급이 있다고 말하는 것과 다름이 없을 것이다"라고 답변하였다. 경작 가능한 공적 토지가 사적 소유지로 이전되는 것은 새로운 형태로 이러한 질문을 제기한 것이며 새로운 답변을 가져 왔다. 이 시기는 특히 주인없는 토지가 사라지면서 전유되지 않은 넓은 기회의 한 가운데에서 형성되었던 경쟁적 개인주의가 거대 자본의 집중으로 인해 기간산업에 대한 독점으로 변화한 시기였다. 20세기 대규모 생산의 모든 추세, 대규모 기업결합을 통한 자본의 집중 추세, 그리고 증기력 시대 등의 모든 활력은 미국에서 예외적으로 활동의 자유를 찾아냈고 서유럽 모든 국가에 필적하는 활동영역을 부여받았다. 미국에서 이러한 요소들은 최고의 발전단계에 도달했다.

죽기 전 해리먼 씨가 자신의 단독 통제하에 철도를 집중시키고자 한 과정을 보고 판단할 경우, 1897년 이후 10년 동안은 소수의 거대 집단을 통한 다양한 철도건설에 있어서 그와 그의 경쟁자들의 성과에 의해 특징이 나타난다. 모건John p.Morgan 씨의 지도하에서 고도의 금융업은 대규모 산업을 트러스트나 기업결합으로 통합시켰고, 자신들과 연합한 보험회사 및 신용회사와 함께 이들과 소수 지배적 은행조직 간의 이해 공동체를 만들어 내는 결과를 가져왔다. 예전에는 결코 보지 못한 수준으로 뉴욕시에 국가의 은행준비금이 집중되었으며, 여기서 자본과 투기촉진의 재정운용을 통해서 국가 산업생활에 대한 통일된 통제체계가 성장했다. 거대한 사적 자산이 부상했다. 더 이상 국가의 일인당 부의 수준이 보통 사람의 부유함에 대한 지표가 되지 못했다. 반면에 노동은 점점 더 자의식을 보였고 자신의 요구를 결합하고 증가시켰다. 한마디로 옛 개척자 개인주의는 사라져가는 반면, 사회적 결합의 힘은 이전에 일찍이 없었던 수준으로 증가했다. 대중연설에서 자수성가한 사람은 석유 부호, 철강왕, 석유왕, 축산왕, 철도 거부巨富, 대규모 금융장인, 트러스트 군주 등이 되었다. 경쟁적 진화과정을 통해 미국의 개인주의적 개척자 민주주의에서 나온 것과는 매우 다른 거대한 자산이 국민의 경제적 삶에 통합된 통제력을 행사하는 것과 그러한 사치는 결코 이전에는 세상에 존재하지 않았다.

동시에 수십억 달러의 이해관계를 통제하는 산업주도자들은 그들이 개척자의 이상과 결별했다는 것을 인정하지 않았다. 자신들이 건강하지 않을 때나 나이가 들어서도 그리고 자신들이 향유할 권한을 넘어서는 부가 축적된 뒤에도, 그들은 자신들의 피에 흐르는 건설의 열정에 의해 새로운 행동과 힘의 통로를 추구하고, 새로운 개활지를 개척하며, 새로운 길을 발견하고, 국가의 활동지평을 확장하며, 자신들의 지배영역을 확대하도록 강요받아 국가의 천연자원을 개발하는 옛 과업을 수행하는 변화된 환경의 개척자로 스스로를 간주하였다. 죽은 해리먼 씨는 "이 나라는 열정, 상상력, 투기로 들떠 있는 멋진 사람들에 의해 개발되었다. (…중략…) 그들은 훌륭한 개척자들이다. 그들은 미래를 내다보았고 자신들의 과업을 미래의 가능성에 적응시켰다. (…중략…) 그 열정을 억누르고, 그 상상력을 죽이고, 그 투기를 제한적이고 억압적인 보수적 법률로 금지한다면, 빈사지경의 보수적인 국민과 나라를 만들게 될 것이다"라고 말했다. 이는 천연자원에 대한 지배를 위해 경쟁하는 개인 자유의 수호자로서 공화국을 바라보는 미국인의 역사적 이상에 대한 호소이다. 한편 최근 전직 대통령 루스벨트의 신국민주의New Nationalism를 통해서 드러난 것처럼, 우리의 천연자원과 미국 민주주의를 보전하기 위해서 특별이익, 강력한 산업조직, 독점을 제어하기 위해 연방정부의 권한증대를 요구하는 저항적 서부의 목소리도 있다.

지난 10년의 동안 사회의 이익을 위해 개인적 그리고 대형기업의 자유를 제한하는 특별한 연방정부의 행위가 나타났다. 이 10년 동안에 나타난 자원보존 회의conservation congresses와 산림청the Forest Service과 개간청 the Reclamation Service 등이 이에 속한다. 전체적으로 보면 이러한 발전만으로도 새로운 시대를 구분할 수 있다. 이는 이런 정책의 결과로 서부영토에 대한 요구를 제외하면 헌법을 제정했던 모든 주들의 영역보다 더 큰 영역인 3억 에이커에 달하는 영역의 출입과 판매가 유보되었기 때문이다. 그리고 국가는 숲, 광물, 건조지대, 그리고 물에 대한 권리 등을 더욱 유용하게 활용하기 위해서 이들 보류 토지를 유지하였다. 다른 하나의 예는 농업부the Department of Agriculture 활동의 확대였다. 농업부는 정부가 개간한 지역에 적합한 곡물을 재배하기 위해 아주 먼 지역의 토지까지도 구입하고, 토양지도를 그리고 토양을 분석하며, 씨앗과 동물의 품종개선을 촉진하고, 농부들에게 언제, 어떻게, 무엇을 심을지를 지시하며, 동식물의 질병 및 해충과 싸워 나가기 때문이다. 무병해 식품과 육류검사를 위한 최근의 법률, 그리고 헌법의 주간교역 조항하의 전체 규제법률 등은 같은 경향을 보여준다.

이행기의 미국 정치사상에서 두 개의 이상, 즉 개척자 시기에 발전된 두 개의 이상이 근본적으로 중요했다. 하나는 무허가 정착민의 이상으로서 대륙의 자원에 대해 무제한으로 경쟁할 개인적 자유의 이상이다.

개척자들에게 정부는 악이었다. 다른 하나는 민주주의의 이상, "인민의, 인민에 의한, 인민을 위한 정부"라는 이상이었다. 이러한 이상들의 작동은 미국의 무상 공적 토지와 천연자원에 대한 사적 소유로의 이행과 동시에 나타났다. 그러나 미국 민주주의는 풍부한 주인없는 토지에 그 토대를 두고 있었다. 이들 토지가 미국 민주주의 성장과 그 근본적 특징을 형성한 조건이었다. 따라서 시간이 지남에 따라 이들 두 개척자 민주주의의 이상이 상호 적대적 요소를 지니고 있었고 그 해체의 단초를 품고 있었다는 것이 드러났다. 현재의 상황은 오늘날 옛 이상들을 새로운 조건에 적응시키는 작업에 골몰하고 있는 모양이며, 점점 더 전통적 민주주의를 보존하기 위해 정부에 의존하고 있는 형편이다. 선거가 거듭될수록 사회주의가 주목할 만한 이득을 보고 있는 것, 정당들이 새로운 노선에 따라서 형성되고 있다는 것, 예비선거, 상원 직접선거, 국민발안, 국민투표, 소환제도 등에 대한 요구가 확산되고 있는 것, 한때 개척자 민주주의의 중심부였던 지역에서 매우 현저히 이러한 경향이 나타나고 있다는 것 등은 놀라운 일이 아니다. 이들은 민주주의의 예전 안전장치, 즉 사라져가는 토지에 대한 대체물을 발견하려는 노력이다. 이러한 조치들은 변경의 소실에 대한 후속책이라고 할 수 있다.

다음으로 민주주의를 보호하기 위해 국민정부에 호소하는 추세와 함께, 이러한 모든 국민적 활력의 가운데 지역주의가 명확히 계속해서 발전하고 있다는 사실에 주목해야 한다. 우리가 의회투표의 집단별 구분과 총선투표에서, 혹은 기업지도자들의 조직과 발언에서, 혹은 학자, 교회, 그리고 다른 대표들의 모임 등을 통해 미국의 삶이 단지 국가적 통합강도에서 커가고 있을 뿐만 아니라, 지역에 의해서도 통합되고 있음을 알게 된다. 이러한 현상은 부분적으로 국가조직보다는 지역조직을 최소 저항선으로 만드는 거대한 공간요소에 기인하는 것이다. 그러나 부분적으로 이러한 현상은 또한 별개의 경제적, 정치적, 사회적 이해관계와, 다양한 지리적 지방과 지역의 개별적인 정신생활의 표현이기도 하다. 관세에 대한 투표, 그리고 일반적으로 혁신주의 공화당 운동의 거점은 이러한 사실을 보여주고 있다. 전국적 수준에서 철도요금을 각 지역의 다양한 이해관계에 적응시키는 어려움이 또 하나의 예이다. 나는 지역주의에 대해 보다 광범위하게 논의하는 대신, 다만 예전처럼 지금도 개별 지리적 이해는 각자의 지도자와 대변인을 지니고 있다는 점, 의회의 많은 법률은 경합하는 지역 간의 경쟁, 승리, 타협에 따라 결정된다는 점, 미국의 진정한 연방관계는 주와 국가 간의 관계보다는 지역적 힘과 국가적 힘의 상호작용에 의해서 만들어진다는 증거가 있다는 점을 지적하고자 한다. 시간이 지나면서 국가가 더욱 상이한 지리적 영역의 조건에 자신을 지속적으로 적응시켜 감에 따라서, 지역들은 새롭게 자의식을 느끼며 자기의 주장을 재구성하여 발전하고 있다. 우리의 국민적 성격은 이러한 지역들의 합성물이다.

우리가 심지어 최근 역사의 중요한 특징 가운데 한 부분을 지적하는 데에도 복합적인 힘들을 주목해야만 한다는 점은 명백하다. 그런 시대가 너무나 가까이에 있기 때문에 사건과 추세들의 관계는 우리의 주목을 끌 수밖에 없다. 우리는 지리, 산업성장, 정치, 그리고 정부의 연관성을 다루어야만 한다.

이러한 사항들과 함께 지도자들뿐만 아니라 변화하는 사회구성, 대중의 전승된 믿음과 습관적 태도, 국가와 개별 지역의 심리를 고려해야 한다. 또한 어떻게 이들 지도자들이 부분적으로는 그들의 시대와 지역에 의해서 영향을 받으며, 또한 부분적으로는 그들이 어떻게 자신의 천재성과 구상에 따라 독창적이며 창의적인지를 보아야 한다. 우리는 윤리적 추세와 이상을 간과해서는 안 된다. 모든 것은 동일한 실체의 관련 부분이다. 어떤 운동의 전체 면모가 중요한 요소들을 간과하거나 단일한 조사방법만으로는 이해될 수 없듯이 고립된 별개로서는 적절하게 이해될 수 없다. 유럽사에 관한 진실이 무엇이든지 간에, 미국사는 주로 환경에 적응하면서 변화하는 국가의 상황 아래 형성, 재형성되는 사회적 힘과 관련되어 있다. 그리고 이러한 환경은 점차 자신의 새로운 모습을 드러내며, 새로운 영향력을 발휘하고, 새로운 사회적 기구와 기능을 불러내고 있다.

나는 두 가지 목적으로 최근 역사를 급히 훑어보았다. 첫째, 변경이 사라진 이후 미국발전의 중요성을 강조하는 것이 적절할 것 같았으며, 둘째, 현재의 상황을 관찰하여 과거에 대한 우리의 연구에서 도움을 찾을까 해서였다. 각 시대가 그 역사를 새롭게 그리고 당대의 시대정신에 따른 이해관계를 담아 연구한다는 것은 우리에게 익숙한 원칙이다. 적어도 과거의 어떤 부분에 관해서 이전 역사가들이 적절하게 알지 못한 힘들의 영향력과 중요성을 드러내 주는 새로운 조건의 관점에서 각 시대를 재고하는 것이 필요하다. 의문의 여지없이 각 연구자와 저술가는 자신이 살고 있는 시대에 의해서 영향을 받는다. 이러한 사실은 역사가들을 어떤 편견에 노출시키는 한편, 동시에 그에게 자기 주제를 다루는 새로운 도구와 새로운 통찰력을 제공한다.

그렇다면 만약 최근의 역사가 과거현상에 대해 새로운 의미를 부여하고, 그 이전의 역사가가 부적절하게 기술했거나 간과한 것일 수도 있는 어떤 힘들이 주도적 위치로 부상하는 현상을 다루어야 한다면, 현재와 최근의 과거를 그 자체만을 위해서가 아니라 새로운 가설, 새로운 연구방침, 더 먼 과거에 대한 시각의 새로운 기준의 단초로 연구하는 것이 중요하다. 그리고 더 나아가 정당한 여론과 현재의 문제에 대한 경세가적statesmanlike 처리는, 역사가 보수적 개혁의 등불이 될 수 있도록 현재 문제들을 역사적 관계에서 조망할 것을 요구한다.

현재의 발전상이라는 유리한 조건에서 보면, 과거 사건에 대해 정말로 새로운 관점이 빛을 드러내고 있다! 미시시피 밸리 지역이 미국의 삶에서 무엇이 되었는지, 그리고 앞으로 무엇이 될 것인지를 고려해 보면, 거대한 계곡의 입구에서 나가라고 프랑스인들에게 요청하려고 황무지의 눈을 가로질러 간 워싱턴은 제국의 선구자가 된다. 피츠버그에 중심을 둔 거대한 산업력을 상기한다면, 브래덕이 오하이오강의 분기점으로 전진해 간 것은 새로운 의미를 지니게 된다. 패배했음에도 불구하고 브래덕은 현재 세계 산업에너지의 중심이 된 곳으로 가는 길을 개척했다. 1794년 영국이 존 제이John Jay에게 우즈 호수the Lake of the Woods부터 미시시피강에 이르는 미국의 북서부 국경에 대해 제안한 수정안은 그에게는 의심의 여지없이 주로 원칙의 문제 그리고 비버 구역의 보유나 상실이냐의 문제로 중요했다. 역사가들은 그 제안을 거의 눈치 채지 못했다. 그러나 그 제안은 사실상 미국의 가장 풍부하고 가장 넓은 철광석 매장지의 소유권, 미국의 토대가 되는 산업의 가장 중요한 원천, 우리 시대 가장 영향력 있는 힘이 부상할 수 있는 기회를 포함하고 있었다.

군소정당과 개혁을 위한 소요 등이 진행되고 있는 현재, 그 결과에 의해서 어떤 지속성과 의미가 제공되고 있는가를 보라! 역사가에게 이런 사건들은 종종 호기심의 대상일 뿐인 주변적 소용돌이, 역사적 추세의 흐름을 헤쳐 나가는 자신의 문학적 기교의 경로에 성가신 방해 정도로만 보인다. 그리고 현재 드러나는 것으로 보자면, 주변적 소용돌이로 보였던 것이 실은 주요 조류에 대한 은밀한 입구였지만 거의 그런 것으로 입증되지는 않았다. 그리고 과거에 중심 경로로 보였던 길은 당시에는 간과되었으나 실은 중요했던 흐름의 항구적이고 강력한 힘으로 인해 역사 진행의 도도한 강으로부터 우각호처럼 절연된 막다른 통로와 고인 물로 도달할 뿐이었다.

우리는 아주 초기 식민지 시절부터 자본가들과 민주적 개척자 간의 경쟁을 추적할 수 있을지도 모른다. 그 경쟁은 식민지 당파 사이에 상당한 영향력을 발휘했다. 그 경쟁은 정작 인디언들로부터 농장을 방어하기에 너무 바쁜 나머지 자신들의 요구를 완전하게 만들 수 없었던 켄터키 변경인들이 연맹의회에 대해 제출한 반복된 청원서를 통해 알 수 있다. 변경인들은 개척자의 농장 권리를 탈취한 "대부호 권세가"와 부자들에 대한 격렬한 저항의식을 드러냈다. 이러한 경쟁은 또한 1811년 헨리 클레이가 미국은행을 특권 —"사회대중으로부터 떨어져 나와 면제권을 부여받고 면책권과 특권으로 둘러싸인 특혜 받는 개인들의 특별한 결사체"— 으로 번창하는 대형기업이라고 비난했을 때처럼, 휘그당 등장 이전 오지 시절의 오하이오 밸리 지역의 태도에서도 보인다. 벤턴은 20년 후 "그중 많은 사람들이 외국인인 사적 개인의 집단, 그 대부분은 먼 연방의 한 구석에 거주하는 집단, 이 연방의 자연스러운 권력, 수적 우위의 권력이 제2차 허가장의 갱신 기간이 종료되기 오래전에 살게 될 그레이트 밸리의 비옥한 지역에 대한 어떠한 동정심과도 연결되어 있지 않은 집단"이라고 은행을 비난하면서 똑같은 경쟁을 말했다.

그는 또 "그리고 어디에 이런 모든 권력과 돈이 모이는가? 40년 동안 그것도 연방법의 힘에 의해 남부와 서부의 돈의 사자굴이었던 동북부의 거대한 도시들에 모인다. 모든 길이 향하는 그 굴, 단 1달러도 돈이 돌아오는 것을 보지 못했던 그 굴"이라고 질문하고 답했다. 벤턴은 매우 근대적 음색의 단어를 사용해 가면서 은행은 대부호와 가난뱅이를 양산하는 경향이 있고, "거대한 돈의 권력은 거대자본가에게 우호적인데 이는 자본을 도와주는 것이 자본의 법칙이기 때문이다"라고 선언하면서, 자본의 전국화에 대항하여 나라의 규모와 지역적 다양성에 호소했다. 주들의 연맹을 위한 얼마나 좋은 조건인가! 그토록 넓은 규모의 연맹, 그토록 많은 상업도시의 경합, 그 많은 지역 간의 알력, 그토록 격렬한 정당들, 그토록 치열한 권력경쟁에서 경합하고 경쟁하는 모든 집단들이 앞으로 나와 심판받아야 하는 돈의 법정만이 있을 경우, 이는 경악과 끔찍한 염려의 근거가 되지 않겠는가?

더 강력한 것은 1837년 잭슨의 다음과 같은 말이었다. "돈을 가진 소수의 귀족주의가 숫자가 많은 민주주의에 대항하여 전쟁을 치러야 한다는 것은 이제 쉽게 알 수 있다. 신용과 화폐체계를 통해 정직한 노동자들을 나무꾼과 물 긷는 사람으로 만든다는 것도 분명하다."

우리는 밴 뷰렌 행정부를 보통 그의 독립 재무부 계획안Independent Treasury plan에 대한 언급 이상으로는 거론하지 않은 채 노예제 논의에 대해서만 특별히 고려하면서 급히 지나쳐 버린다. 그러나 미국의 사회사 및 정치사의 어떤 가장 중요한 운동들은 잭슨과 밴 뷰렌 시기에 시작되었다. 낡은 노동자 서류와 노동자들의 공개회합 보고서의 요구를 새로 읽어보라. 그러면 에반스George Henry Evans와 자크Davod R. Jacques, 버즈올 Fitzwilliam Byrdsall와 레지트William Leggett와 같은 소위 노동선각자와 "모두를 위한 평등권, 특권층의 거부"를 옹호하는 민주당 급진파의 언급 속에서 지금 우리 역사의 주요 경로를 만들어간 흐름을 발견할 것이다. 또한 그 언급 속에서 오늘날 승리하는 정당강령의 중요한 항목을 발견할 수 있을 것이다. 노동사에 관해 발표한 논문과 문서에서 코먼스John R. Commons 교수가 보여주었듯이, 이상적이지만 광범위하게 영향력을 발휘하면서 오늘날 인도주의 운동과 놀랍도록 유사한 인도주의 운동이 나타났다. 이 운동은 1830년과 1850년 사이에 미국적 삶의 사회적 힘을 다루면서, 공적 토지를 사회적 개선을 위해 사용하자는 요구로 힘을 얻어 새로운 형태의 민주적 발전을 찾아내려고 등장했다.

그러나 노예제 갈등의 홍수가 이러한 모든 운동들을 한동안 강한 물살 속에 잠기게 만들었다. 남북전쟁 이후 다른 영향력들이 이 운동의 부활을 지체시켰다. 철도는 1850년 이후 광대한 초원을 열어주었으며 그곳에 접근하는 것을 가능하게 했다. 그리고 수십 년이 흘러 새로운 지역들은 거대한 개인적 부을 촉진시켰을 뿐만 아니라, 문명의 목적과 보통 사람의 이익으로 환원되었다. 국가는 서부개발에 이해관계를 집중시켰다. 이러한 인도주의적인 민주적 파도가 이 초기 시대의 수준에 도달한 것은 단지 우리 시대에 이르러서였다. 그러나 그동안 비록 낯설게 가장한 것이었지만 그 힘들의 지속성에 대한 명백한 증거가 있다. 그린백-노동당the Greenback-Labor, 그레인저 운동the Granger, 그리고 민중당the Populist Party 등의 강령을 읽어보면, 당대 주요 정당에 의해 폄하되고 비판되었던 이들 강령 가운데에서 브라이언의 지도하에 혁명을 겪은 민주당과 루스벨트 혁명 이후 공화당이 만든 기본적 제안을 발견할 수 있다. 이 저항운동은 옛 민주적 이상의 혁신적 주장에 대해 새로운 무기로 힘을 강화시킨 지역 및 집단들과 명백하게 관련되어 있으며, 이러한 지속적 추세가 보다 온건한 조치로 견제되어야 한다는 주장을 조직적으로 거부한 것으로 볼 수 있다.

나는 어떤 현재적 판단을 표명하기 위해서가 아니라, 현재의 사건에 의해 급진 민주주의와 보수적 이해관계 간의 경쟁에 대해 새로운 중요성이 표출되었다는 사실을 강조하고 구체화하기 위해 이러한 정당사의 단편적인 이야기들을 다루었다. 또한 이러한 단편적인 이야기들이 파편화되고 간헐적으로 제시되는 역사박물관의 수집품이 아니라, 오히려 깊이 뿌리내린 힘들의 지속적 표현이라는 사실을 부각시키고자 한 것이다.

공적 소유지에 관한 입법 및 행정과 미국 민주주의 구조 간의 관계를 고려하여 유사한 관점에서 우리 토지의 역사를 검토해 보면, 미국사의 대부분의 주제에 대한 공식적 취급에서 제한한 것을 훨씬 능가하는 성과를 도출할 수 있을 것이다. 불법 거주자 원칙과 관행, 최우량의 토지 장악, 투입노동의 권리론에 근거한 공적 목재의 채취 등으로부터 변화하여 거대한 대형기업이 서부를 개발하게 된 분위기와 이상을 이해할 수 있는 유용한 소재를 찾을 수 있다. 벤턴 상원의원이나 시블리 하원의원과 같은 사람은 세대를 이어 공적인 숲과 토지에 대한 개척자와 벌목자의 무단침입을 옹호했으며, 소위 정부의 목재를 훔치는 일에 종사한 이들을 "괴롭힌" 가부장적 정부를 비판하였다. 19세기 중반부터 시작하여 토지법률 위반으로 붙잡힌 의원들에 대해 징역형을 부과한 현재까지의 기간 가운데 중간 어디쯤의 시기에, 미국의 양심에 대한 변화가 있었고 시민적 이상이 수정되었다. 우리의 개발 사업에 대한 역사적 서술에 있어서, 거대한 산업개발이 이러한 이상의 변화 한 가운데에서 발전되었다는 것을 상기하는 것이 중요하다.

우리는 또한 서로 경쟁하는 지역과 계급갈등에 대한 토지의 관계를 보지 않고서는, 그리고 공적 소유지에서 가장 중요한 정치적 흥정의 주제를 발견하지 않고서는 토지문제를 이해할 수 없다는 것을 알게 된다. 우리는 또한 국가의 전진과정에서 서로 다른 지리적 영역의 정착이 토지법칙의 효과에 변화를 가져왔으며, 습한 초원에 대한 개척체계가 방목지와 탄전 그리고 거대자본을 지닌 대형기업의 대규모 개척 시절의 숲에는 잘 적응되지 않는다는 사실도 알게 된다. 따라서 이 분야에서 입법과 정책의 영향력을 이해하려면, 공적 소유지를 점령한 힘의 변화는 물론, 지리적 요소의 변화도 반드시 고려해야 한다. 민주주의와 토지정책에 대한 시사示唆적인 연구가 이미 등장하기 시작했다는 것은 행운이다.

국가의 경제적, 정치적, 사회적 삶의 관점에서 본 미국농업이라는 전체 주제가 기여하는 바는 중요하다. 예컨대 처녀지를 정복하여 옛 밀 재배 주들과 파괴적 경쟁의 새로운 토대를 만들어 감에 따라, 동부에서 서부로의 밀재배 지역의 이동을 보여주는 지도를 연구해 보자. 그러면 이 처녀지들이 토지가치, 철도건설, 인구이동, 저가식품의 공급에 얼마나 깊이 영향을 주었는지의 정도뿐만 아니라, 밀 단일 재배지역이 다채로운 집중적 농업과 다양화된 산업으로 전환되어야만 했다는 사실을 알게 된다. 그리고 또한 이러한 변화가 정당정치와 심지어 이렇게 변화된 지역 내의 미국인들의 이상에까지 영향을 미쳤다는 점을 알게 된다. 우리는 이처럼 신속히 식민화된 지역의 밀 과잉생산과 동시에 개척된 산악지역의 은 과잉생산에서, 브라이언이 민주당을 지배한 당시 미국정치가 취한 독특한 형태를 설명할 수 있게 된다. 마찬가지로 그 직후 새로운 금광전의 개척과 거의 주인이 없는 밀 재배 처녀지 시대의 종식에서 시작하여, 높은 가격이 미국의 새로운 산업자본주의의 요구에 대해 새로운 활력과 공격성을 부여하는 최근 시기에 이르기까지의 기간을 설명할 수 있을 것이다.

오늘날 미국에 대한 이해, 그리고 현재 미국을 만들어 낸 힘의 등장과 전진에 대한 이해는 현재가 제공하는 새로운 시각에서 우리 역사를 재검토하도록 요구한다. 이 점을 확실히 하기 위해 충분한 내용이 논의되었다고 본다. 이러한 작업이 이루어지면 예컨대 1850년 이후 20년간 미국의 이해관계에서 주요한 위치를 점한 북부와 남부 간의 노예제와 해방노예를 둘러싼 갈등의 전개가 결국은 당시 여러 이해관계들 중 단지 하나였음을 알게 될 것이다. 의회 토론, 현재의 신문, 이들 20년간의 공적 문서는 그 안에서 현재를 지배하는 운동의 기원을 찾으려는 사람들에게 풍부한 보고로 남아 있다.

미국의 삶에서 사회적 힘을 논의하는 과정에서 마지막으로 여러분들의 주의를 환기시키고 싶은 점은, 이를 조사하는 방식과 이러한 조사가 역사의 관계와 목표에 대해서 지니는 영향에 관한 것이다. 역사와 그 자매학문과의 관계에 대한 입장을 말하는 것, 심지어 열역학 법칙에 대한 역사가의 입장과 태도와 관련된 질문을 제기하는 것, 그리고 역사발전 혹은 역사퇴보의 열쇠를 발견하고자 하는 것은, 내가 지금 막 물러서려고 하는 직책을 지녔던 저명한 학자들이 늘 언급하던 것으로서, 거기에 대해 한마디 하는 것은 이미 상당히 잘 수립된 선례가 되었다.[3] 율리시즈Ulysses의 활을 구부리는 것은 누구나 할 수 있는 것이 아니다. 나는 그보다 좀 더 작은 과제를 시도하게 될 것이다.

우리는 과학자로부터 교훈을 얻을 수도 있다. 과학자는 특히 활동반경에 대한 지나치게 엄격한 제한으로 인해 미개척지로 남겨진 무인지대를 공격하여 지식을 확충하였다. 이러한 새로운 정복은 특히 과학의 결합으로 성취되었다. 물리화학, 전자화학, 지질물리학, 천체물리학, 그리고 다양한 다른 과학의 결합으로 과감한 가설들과 진실한 전망의 빛이 나타났고, 이것은 한 세대 연구자들에게 새로운 활동영역을 열어 주었다. 더구나 이러한 가설들은 새로운 연구도구를 제공하여 조사를 촉진하였다. 어떤 면에서 지금 지질학과 역사학 사이에는 유사성이 있다. 새로운 지질학자는 고생물학과 관련되는 한 화학, 물리학, 수학, 그리고 심지어 식물학과 동물학을 이용하여 자연법칙의 관점에서 비유기체적인 지구를 서술하려고 한다. 그러나 지질학자는 이러한 과학의 방법과 데이터를 자신의 문제에 적용하기 전에는 물리적 혹은 화학적 요소의 상대적 중요성이 결정되었다고 주장하지 않는다. 실제로 그는 지질학의 영역은 단 하나의 설명으로 환원되기에는 너무나 복잡한 영역이라는 점을 알고 있다. 그는 다양한 가설을 검증하기 위해서 하나의 가설만을 세우는 것을 포기한다. 그는 주어진 문제에 대해 적용 가능한 전체적 설명을 만들어 내어 단순한 이론의 편협성이 지니는 왜곡된 영향력을 회피하려 한다.

---

3   역주 : 이러한 강연에서 항상 이러한 문제를 전임자들도 언급해 왔기 때문에, 자신도 그렇게 해야 한다는 취지의 문장으로 보임.

여기서 역사가에게 무엇이 가능하고 필요한지에 대한 예시를 얻을 수 있지 않겠는가? 역사가 경제적, 심리적 혹은 기타 어떤 궁극적 해석을 요구하는지를 결정하기 전에, 인간사회의 요소들은 다양하고 복잡하다는 것을 인정하는 것이 좋지 않을까? 자신의 주제를 별개로 다루는 정치 역사가는 분명 주어진 시대나 국가를 취급함에 있어서 근본적 사실이나 관계를 놓칠 것이 확실하며, 경제 역사가 역시 똑같은 위험에 노출되어 있으며, 다른 특별한 분야의 역사가에 대해서도 모두 그렇다는 점을 인정하는 것이 좋지 않을까?

역사가 단지 현상 그대로의 사물을 이야기하고 사실을 진술하려는 노력이라고 주장하는 사람들은, 자신들이 대변하는 사실이 고정된 조건이라는 견고한 토대에 착근해 있지 않다는 난관에 직면한다. 사실이라는 것은 변화하는 조류의 한 가운데에 있으며, 또한 그 자체로서 변화하는 조류의 한 부분이다. 그리고 당대의 복합적이며 상호작용하는 영향력의 가운데에 있으면서도 또한 그 부분이다. 사실은 그 시대의 저변에 있는 운동과의 관계에서 사실로서의 중요성을 도출하는데, 그 운동은 매우 점진적이기 때문에 종종 시간이 지나면서 비로소 사실에 대한 진실과, 사실이 역사가의 서술에서 자리를 차지할 권리가 드러난다.

경제 역사가는 현재의 조건을 토대로 분석하고 서술하며 자신의 결론을 정당화하는 부록을 역사에 위임하는 위험에 처해 있다. 미국의 저명한 경제학자는 다음과 같은 말로 최근 "경제론, 통계학, 그리고 역사 간의 완전한 관계"에 관한 자신의 생각을 표현하였다.

원리(principle)는 공통의 경험사실에 관한 **선험적인(a priori)** 추론에 따라 구성된다. 원리는 그 후 통계에 의해서 검증되어 알려지면서 공인된 진리의 반열에 올라선다. 그러면 원리에 따른 행동의 사례들은 구술사에서 발견되고, 다른 한편으로 경제법칙(economic law)은 그렇지 않았으면 혼돈스럽고 비교적 가치가 없었을 기록들의 해석자가 된다. 법칙 자체는 기록이 부여하는 사실의 작동에 대한 예시에서 그 최종적 확인을 도출한다. 그러나 적어도 그에 못지않게 중요한 것은, 그 법칙이 자신의 이야기와 관련하여 역사가들이 반드시 말하는 것, 또 그렇게 하는 것이 제2의 천성이 된 것, 즉 과거 사건의 원인과 결과에 대해 역사가들이 말하는 주장들의 옳음을 결정적으로 검증하게 해 준다는 점이다.[4]

이러한 주장에는 역사가가 이득을 볼 수 있는 것들이 많이 있다. 그러나 역사가는 과거가 단지 통계에 의해 검증된 선험적 추론에 따라 공통의 역사에서 도출된 법칙을 확인해 주는 "예시"로만 사용될 것인지에 대해서 또한 의문을 제기할 수 있다. 사실 역사의 경로는 잘못된 분석과 불완전한 통계뿐만 아니라, 비판적 역사방법론의 부재, 경제학자의 불충분한 역사의식, 자신의 법칙이 도출된 조건들의 상대성과 단기성에 대한 충분한 주의력 부재의 결과인, 경제법칙의 "알려져 있고 인정된 진실"의 잔해들로 여기 저기 덮여 있다.

그러나 내가 강조하고자 하는 것은 다음과 같다. 경제학자, 정치학자, 심리학자, 사회학자, 지리학자, 문학.예술.종교학자 등 — 사회를 연구하는 모든 종합 노동자들 — 은 역사가의 장비에 기여할 것들을 가지고

---

4   Professor J. B. Clark, in Commons, ed., "Documentary History of American Industrial Society", I. 43~44.

있다. 이러한 기여는 부분적으로 물질적이고, 부분적으로 도구에 관한 것이며, 부분적으로는 새로운 관점, 새로운 가설, 새로운 관계, 원인, 강조점 등에 대한 제안이다. 이들 개별 분야의 연구자들은 각각 자신의 특정 관점, 자신이 주로 관심을 가지고 있는 사물만 보려는 경향, 그리고 자신이 종사하는 개별 학문의 보편적 법칙을 추론해 내려는 노력에 의해 어떤 편견에 사로잡힐 위험에 빠진다. 다른 한편으로 역사가는 자신의 특별한 훈련 혹은 이해관계에 따라 어떤 하나의 관점에서만 한 시기나 한 나라의 복합적이고 상호작용하는 사회적 힘을 다루는 위험에 노출되어 있다. 역사가는 진실을 밝히기 위해서 자매학문의 작업에 매우 익숙하고 그 학문 내용을 꽤 잘 습득함으로써, 적어도 자매학문의 성과를 활용하고 적절한 수준까지 자매학문의 핵심적 작업도구를 능란하게 다룰 줄 알아야 한다. 그리고 자매학문을 하는 사람들도 마찬가지로 역사가들의 작업과 방법에 대해서 자신과 학생들이 익숙하도록 만들고 그 어려운 작업에서 협력해야 한다.

미국 역사가는 이러한 능력구비를 목표로 해야지, 역사의 열쇠를 발견거나 그 궁극적 법칙에 대해서 스스로 만족해야 하는 것은 아니다. 현재 하나의 의무가 미국 역사가 앞에 놓여 있다. 그는 광대한 공간, 유럽 국가들에 필적하는 각 지역, 지리적 영향력, 짧은 발전사, 민족과 인종의 다양성, 자유라는 여건 아래의 특별한 산업성장, 제도, 문화, 이상, 그리고 심지어 거의 자기 눈앞에서 형성되고 전개되는 종교 등의 요소를 지닌 미국사회에서, 사회형성 과정에서 작동하고 상호작용하는 힘에 대한 사전적 인식과 연구에 대해 제공된 풍부한 영역 가운데 하나를 찾아서 검토해 보아야 한다.

13장
중서부 개척자 민주주의*

　미국이 대변하는 모든 것, 그리고 미국이 열렬하게 믿고 있는 모든 것이 걸려있는 전쟁의 시기에 이 아름다운 역사의 전당을 봉헌하기 위해서 모였다. 시기가 딱 맞아떨어지는 것 같다. 우리가 싸우고 있는 것은 역사적 이상을 위해서이다. 미국이 우리가 저장해둔 것을 쏟아 붓고, 우리의 차이점을 미루어 두고, 배고픔을 견디며, 심지어 생명 자체도 희생해야 하는 존재라면, 이는 미국이 부유하고 땅이 넓으며 잘 먹고 인구가 많은 나라이기 때문이 아니다. 이는 초기부터 미국이 자신의 목표, 즉 미국은 다른 어떠한 시대나 나라와도 다른 조건에서 발전해 온 민주주의의 이상을 추구해 왔다는 목표를 향해 앞으로 내달려 왔기 때문이다.

　우리는 구대륙의 이상, 어떤 추상적인 것, 철학적 혁명을 위해 투쟁하고 있는 것이 아니다. 우리의 동정심이 크고 관대하다 해도, 우리 국

＊　역주 : 1920년 『미네소타 역사회보(*Minnesota History Bulletin*)』, Vol. 3, No. 7(1920.8), pp.393～414에 수록된 논문으로, 미국이 제1차 세계대전에 참전했던 당시의 국내 분위기가 일부 드러나고 있다.

민의 기원이 매우 광범위한 것이라 해도, 우리가 친족으로서의 소명, 대서양 건너 곤경에 처한 나라에 대한 동정의 전율을 명확하게 느끼고 있다고 해도, 우리는 미국의 역사적 이상, 우리가 옳은 것임을 입증해 왔고 또 우리가 믿고 있는 사회의 지속적 존재, 그리고 유럽 이주민들을 우리나라로 끌어들였고 개척자들의 희망에 영감을 준 것들을 위해서 싸우고 있다. 우리는 고매한 인간의 목표에 관한 기록이 가득한 미국의 역사가, 그리고 더 나은 세상에 대한 전망으로 가득한 자유로운 보통사람의 운명에 대한 믿음의 역사가 잃어버린 헛된 꿈의 비극적 역사가 되지 않도록 싸우고 있다.

그렇다. 우리가 싸우는 것은 미국의 이상과 미국의 모범적 표준을 위한 것이다. 그러나 그 이상과 표준 속에는 국가들에 대한 치료제가 있다. 우리가 유럽에 주어야 할 것은 최선의 것이며, 우리가 세계에 봉사할 힘을 지키고 보존하는 것은 매우 중요한 일이다. 이러한 것이 민주주의의 죽음을 시도하고 자유를 속박하는 제국주의적 힘의 창궐로 압도당해서는 안 된다. 비록 우리가 가진 부의 공헌, 우리 과학자의 성과, 우리 농부들과 공장과 조선소 근로자의 수고가 아무리 중요할지라도, 그리고 녹아내린 용암처럼 유럽의 녹색평원과 평화로운 마을을 가로질러 바다로 흘러가면서 재로 만들어 버리는 물살과 그로 인한 죽음을 막기 위해서 우리가 유럽에 보낸 미국 청년의 물결이 아무리 고귀하다고 할지라도, 이러한 공헌은 미국 정신 속에서 더 깊은 의미를 지니고 있다. 이러한 미국의 공헌은 민주주의에 대한 사랑에서 태어난 것이다.

오래전 예언자적인 글에서 월트 휘트먼Walt Whitman은 현재 우리가 치르는 희생의 의미를 다음과 같이 언급한 바 있다.

그대의 최선을 다해 민주주의의 배를 운행하라. 그대가 지고 있는 짐은 가치가 있는 것이니, 오늘뿐만 아니라 과거 또한 그대에게 있다. 그대는 자신만의 모험, 서부대륙만의 모험을 하는 것이 아니라, 지구의 역사가 전적으로 그대의 배에서 바다에 떠다니고 있다. 오, 배는 그대의 돛대로 버티고 있다. 그대와 함께 시간은 믿음 속에서 항행하고, 앞서 있었던 나라들은 그대와 함께 가라앉거나 헤엄쳐 간다. 그들의 모든 옛 투쟁, 순교자, 영웅, 서사시, 전쟁과 함께, 그대는 그대의 것만큼이나 다른 대륙, 그들의 것들을 짊어지고 목적지 항구를 향해 승전고를 울리면서 간다.

남북전쟁 직전 자유를 찾아 고국을 떠나 도망한 한 위대한 독일인(아래의 칼 슈르츠를 지칭－역주)은 중서부의 개척자 속에 있는 자신의 새로운 집을 떠나 보스턴의 "자유의 요람cradle of liberty"인 패늘 회관Faneuil Hall에서 "인류의 모든 진정한 친구들이 지닌 희망의 마지막 저장소"로 서부에 조성되고 있던 젊은 미국의 미래를 제시했다. 그는 미시시피 밸리를 향한 이주와 그 이전 수 세기 동안 구대륙의 이주 간의 차이를 이야기하면서 다음과 같이 말했다.[1]

이제 이것은 수많은 야만인들이 오래되고 낙후된 제국을 격파하는 것이 아니며, 전면적 파괴의 공포를 동반한 부족들의 폭력적 출현도 아니다. 우리는 처녀지에서 평화롭게 모여 서로 혼합하며 살아가는 역동적 민족들을 본

---

1   역주: 칼 슈르츠는 1896년 1월 2일 패늘 회관에서 행한 "진정한 미국주의(True Americanism)"라는 주제의 연설에서 진정한 미국주의는 전쟁이나 제국주의에 있는 것이 아니라 전쟁의 방지와 평화에 있다고 주장하였음.

다. 그들은 자유롭고 폭넓은 원칙의 거부할 수 없는 매력에 함께 이끌렸다. 그들은 과거에 있었던 진보의 결과를 먼저 파괴하지 않고, 세계사의 새로운 시대를 시작하고자 한다. 살육된 수백만의 죽은 시신을 밟으면서 행진하지 않고, 사해동포주의적인 나라를 세우려고 하고 있다.

만약 칼 슈르츠Carl Schurz가 프러시아의 총검이 의회를 해산하고 민주적 통치를 억압한 당시 그가 망명을 위해 떠난 독일의 결과를 본다면, 프러시아와 미국의 정신 사이에 있는 차이를 더 잘 묘사할 수 있었을지도 모른다. 그는 계속해서 다음과 같이 말했다.

그리하여 옛 영국뿐만 아니라 세계를 모국으로 둔 자유인의 위대한 식민지가 건설되었다. 그리고 모국이 세계인 자유인의 식민지에서 그들은 인간의 지위가 시민의 지위인 평등한 권리의 공화국을 수립하였다. 친구들이여, 내가 천 개의 혀를 가지고 있고 천둥처럼 강한 목소리를 지니고 있다고 해도, 이것만으로는 이러한 생각의 위대함과 이러한 결과의 압도적 영광을 여러분들 마음에 충분히 힘 있게 인상적으로 남기지 못할 것이다. 이것은 처음부터 가장 충직한 동료 인간들의 꿈이었다. 이를 위해 순교자의 가장 고상한 피가 뿌려졌다. 이를 위해 인간은 피와 눈물의 바다를 헤쳐 나왔다. 거기에서 지금 모든 현실의 영광이 구현된 고상한 구조물이 자리 잡고 있다.

따라서 우리가 이 건물을 봉헌하기 위해서 모인 것은 이 엄중하고 영감 있는 시기에 그리하는 것이며, 이 계기는 그러한 시기에 적합한 것이다. 결코 예전에는 그렇지 않았겠으나, 이제 우리는 개척자들의 평범한 삶과 따뜻한 연대기가 더 자유로운 사회정의 건설 역사의 한 부분으로 봉헌되는 것의 더 깊은 의미, 더 큰 의미를 볼 수 있다. 우리는 또한 우리가 열정적으로 희망하듯이, 보통사람의 개인적 자유에서 더 지속적인 복지와 진보의 토대를 보게 될 것이다. 유럽과 같이 넓은 연방에 걸쳐서 지역이 민족을 대체하고, 갈등하는 국가 대신 정당의 토론이 등장하는 것을 보게 될 것이다. 마지막으로 우리는 **미국의 평화**가 더 나은 세계를 위한 사례를 제공하는 자치 공화국 아래에서, 타협과 양보를 통한 평화적 조정의 연방적 사례가 건설되는 것을 보게 될 것이다.

우리의 선조인 개척자들이 통나무집을 세우기 위해 동네에 모인 후 그 통나무집을 개척자의 이상이 깃든 곳으로 성스럽게 여겼듯이, 우리도 미네소타의 이 역사적 삶의 성전을 세운 것을 기념하기 위해 모였다. 이 집은 개척자들의 과거와 미래가 함께 묶여 있는 곳이다. 이 집은 또한 이 역사협회가 인류의 진보에 있어서 주목할 만한 운동의 기록을 보관해 둔 곳이다. 이러한 기록은 부질없고 고리타분한 것이 아니며, 심지어 그 세부사항에서도 더 나은 세계의 미래라는 전망을 지닌 나라의 중심에서 사회 시작의 현현顯現에 대한 보존자료로 가치가 있다.

1830년대의 미국을 묘사한 해리엇 마르티노의 말을 반복하고자 한다.

나는 미국사람들을 지금은 기분에 치우치고 거칠지만 절대적으로 양식 있는 결과를 만들어 내는 위대한 초기 단계의 시인이라고 생각한다. 미국사람들은 행동에 있어서 쉼이 없고 고집스럽지만, 그 마음에는 깊은 평화를 지니고 있다. 그들은 과거의 사물들이 지니는 진정한 모습과 자신들 앞에 놓여 있는 미래, 세계가 거의 꿈꾸어 보지 못한 장대한 무엇인가를 창조하는 미래의 심연을 파악했다고 크게 기뻐한다. 어떤 생각에 휩싸일 수 있는 능력을 지닌 민족의 가장 강력한 희망이 여기에 있다.

그리고 그녀가 미국 사람들에게 "고매한 민주적 희망과 인간에 대한 신뢰를 소중히 여기라. 그들이 성장할수록 그들은 자신들의 젊은 시절의 꿈을 더 숭배할 것임에 틀림없다"라고 호소한 것을 기억해 보라.

젊은 시절의 꿈! 여기에 그 꿈들이 보존될 것이며, 이 주를 만든 사람들, 그 토대 위에서 건설한 사람들, 넓은 시야와 행동력을 지닌 사람들, 대중 속의 작은 사람들, 대의에 대한 헌신으로 주와 국가에 봉사한 지도자들의 열망과 업적이 보존될 것이다. 여기에 국가의 더 큰 선과 즉각적 안정을 위해 자신의 직접적 이익을 기꺼이 조율하고 억제하며, 인내심, 동정심, 상호양보의 마음을 가지고 노력한 사람들뿐만 아니라, 더 큰 전망 없이 편협하며 이기적이거나, 혹은 계급의 목적을 위해 조급하게 일한 사람들의 기록도 보존되어 있다.

수집 자료가 청교도 식민지화 시작 당시까지 올라가는 매사추세츠 역사협회의 문서보관소처럼 오래된 문서보관소의 경우, 연구자들은 주립 역사협회가 민중과 지도자의 기록이 만들어져 있는 심판서Book of Judgement라는 증거를 반드시 발견하게 된다. 시간이 지남에 따라 이곳 사람들의 기억을 보존하는 자료 저장소인 이 역사협회의 수집자료도 그렇게 될 것이다. 이 넓고 다양한 나라의 각 지역은 자신의 독특한 과거, 특별한 형태의 사회, 특징, 그리고 지도자들을 지니고 있다. 어느 지역이라도 먼 지역의 수집가에게 그 연대기를 맡기는 것은 유감스러운 일일 것이다. 그래서 그 수집된 자료를 연방의 모든 지역의 도서관으로 보내야 한다. 그 결과 수집된 자료가 연구자를 위해 현재와 미래의 미국을 전체로서 볼 수 있게 하는 인쇄서류와 논문연구로 변모되지 않는다면, 이 또한 유감스러운 일일 것이다.

이 협회는 중서부의 이 위대한 주에서 특별한 활동분야를 발견하는데, 역사가 말해 주듯이 이 주는 아주 새롭게 생긴 것이어서 그 연대기도 여전히 압도적으로 개척자들에 관한 것이다. 그러나 이 주는 아주 빠르게 성장하고 있으므로 개척자 시대는 이미 현재의 관찰자가 볼 수 없는 시각에서 조망해야 객관적으로 다룰 수 있는 과거사의 한 부분이다. 이런 사실들 때문에 이 연설의 특별주제로 중서부 개척자 민주주의의 주요 부분 몇 가지를 주로 남북전쟁 이전 세대에 국한해 채택하였다. 미시시피 밸리 일대 새 지역의 후기 식민화 과정의 특징이 드러난 것은 이들 개척자들로부터 시작되었기 때문이다.

북중부 주 전체는 중부 유럽 전체에 비교할 만한 지역이다. 그 주들 가운데 구북서부의 커다란 일부(오하이오, 일리노이, 미시간, 위스콘신)와 미시시피강 너머 그 자매주들(미주리, 아이오와, 미네소타)은 19세기 중반에도 본질적으로 여전히 개척자 사회의 고향이었다. 현재 생존해 있는 많은 사람들의 생애에서 위스콘신은 "먼 서부"로 불렸고, 미네소타는 인디언과 모피 교역상의 땅, "문명의 변두리" 너머 숲과 초원의 황무지였다. 1850년까지 여전히 개척자 정착 시기에 있었던 이 거대한 지역의 일부 하나만으로도 그 크기에서 옛 13개의 주나 독일과 오스트리아-헝가리 제국을 합친 것만큼 넓다. 이 지역은 오대호, 오하이오 밸리, 미시시피강 상류, 미주리강 등의 형태를 통해 자연이 만들어 낸 지역으로 새로운 사회를 위한 거대한 지리적 틀이다. 넓은 외곽은 단순하고 장대한 모습이지만, 그 일대는 상세한 부분에서도 커다란 기획의 다양성이 있다. 오대호로부터 강력한 유역을 덮고 옥토를 내려준 거대한 빙하 조각이 펼쳐 나갔다. 넓은 소나무 숲은 상부 지대를 뒤덮고 있었고, 바다처럼 넓은 대평원에 가까워질수록 활엽수와 상수리 개활지를 뚫고 들어갔다. 숲은 다시 오하이오 밸리를 따라서 이어졌고, 그 너머 서쪽으로는 대평원 지대가 있었다. 토양 내부에는 개발되지 않은 석탄과 납, 구리와 철의 보고가 있었다. 그 형태와 분량은 세계의 산업과정을 혁명적으로 변화시킬 정도였다. 그러나 자연의 계시는 점진적이어서 이 약속의 땅으로 개척자들을 끌어들이고 새로운 식민화의 시대를 연 것은, 이 지역의 토양이 콩과 밀을 재배하는데 놀랍도록 잘 적응했기 때문이었다. 이런 개척자 제국의 다양성과의 통일성 속에서, 그리고 그 넓은 범위를 통해서 우리는 이 사회에 대한 전망을 알 수 있게 된다.

가장 먼저 남부 내륙의 자손들이 와서 도끼와 총을 쥔 채 숲에 벌목개간지를 만들고 통나무집을 세운 후 인디언들과 싸웠다. 그들은 1830년이 되면 오하이오 밸리와 미주리 밸리를 따라 초원의 변두리까지 밀고 들어갔으며, 오대호 유역의 대부분을 점령하지 않은 채로 두었다.

이들 숲의 벌목자들, 이들 자족적 개척자들은 자신들이 필요한 곡물을 재배하고 가축을 사육하면서 생활했고, 서로 떨어진 채 흩어져 거주하면서 처음에는 타운의 생활 혹은 시장에서 한 몫을 차지에는 것에 관심이 있었다. 그들은 열정적으로 평등의 이상에 헌신했으나, 그 이상은 개척자의 동질적 사회가 무제한의 자원 속에서 자유로운 경쟁을 통해 **반드시** 평등한 결과를 가져와야 한다는 것을 가정한 이상이었다. 그들이 반대했던 것은 자의적 방해물, 즉 변경 사람들 각 개인이 공포나 특혜 없이 자신의 경력을 만들어 갈 수 있는 자유에 대한 인위적 제한이었다. 그들이 본능적으로 반대했던 것은 차이의 동결 현상, 기회의 독점, 정부 혹은 사회적 관심에 의한 이러한 독점의 고착화였다. 길은 열려 있어야 했다. 경기는 규칙에 따라서 진행되어야 했다. 기회의 평등을 인위적으로 말살시키는 것, 능력 있는 자를 막는 문, 경기가 끝가지 진행되기 전에 임의로 중단되는 것은 있어서는 안 되는 것이었다. 이에 더하여 비공식적으로는 더 능력 있는 자가 경기에서 단순히 이긴다고 해서, 성공한 그 사람에게 이웃을 무시할 권리, 즉 덜 성공한 사람의 평등권과 품위를 손상시킬 정도로 우월감을 자랑할 수 있는 기득권을 주지는 않았다는 진정한 분위기도 있었다.

남부 개척자들의 이러한 민주주의, 이 잭슨 민주주의가 사회주의 비판자들이 부르듯이 실제로는 "자본가가 되려는 사람들"의 민주주의라 하더라도, 이는 성공한 사람들이 자신의 승리를 특권계급의 지배로 고착시키려는 권리를 기대하거나 인정한 것은 아니었다. 간단히 말해서 오지 민주주의가 기회의 평등에 기초하고 있기는 했지만, 그 민주주의는 경쟁하의 기회가 희망 없는 불평등, 즉 계급의 지배로 귀결된다는 관념에 분노한 것도 사실이었다. 언제나 새로운 청산이 가능해야만 했다. 그리고 황무지는 끝이 없어 보였기 때문에, 이러한 이상의 향유에 대한 위협은 어쨌든 내륙의 진보 때문이 아니라 오히려 정부 안팎의 요인으로 인해 나타날 것처럼 보였다.

처음부터 이들은 비공식적 결사를 통해서 자신의 개별적 행위를 보완할 수단을 지니고 있었음이 분명했다. 초기 미국 여행자들 모두에게 인상 깊었던 것 가운데 하나는 법률 밖의 자발적 결사체였다. 이는 자연스러운 것이었다. 우리는 미국 전역에서 새로운 토지 위에 사회적 관습이 형성되고 법률로 견고해지는 과정을 연구할 수 있다. 우리는 심지어 개인적 지도자가 정부 관리가 되는 것을 목격할 수도 있다. 새로 도착한 개척자들이 정부조직의 간섭 없이 공동의 목적을 위해서 함께 모일 수 있는 권한은 그들의 중요한 특징 가운데 하나였다. 함께 통나무 굴리기, 집짓기, 옥수수 껍질 벗기기, 사과 껍질 벗기기, 공적 소유지 내 벌목개간지에 대한 권리 확보를 위해 투기꾼에 대항하여 자신들을 보호하고자 한 불법거주자 결사체, 야영지 모임, 광산 야영지, 자경단원, 목축업자 연합, "신사협정" 등은 이러한 태도의 몇 가지 사례들이다. 수정된 방식이기는 하지만, 이러한 미국적 특색이 오늘날 미국의 가장 특징적이고 가장 중요한 모습이 되었기 때문에 이를 강조하는 것은 적절하다. 미국은 구대륙이라면 정부의 간섭과 강제력에 의해 행해지고 있고 행해질 수 있는 많은 것들을 비공식 결사체와 민중의 양해를 통해서 수행한다. 이러한 결사체들은 미국에서 아주 오래된 종족이나 마을 공동체의 관습에서 기인한 것은 아니다. 결사체들은 자발적 행동이며 현장에서 필요할 때에 바로 만들어졌다.

이러한 결사체의 행동은 법률의 권위와 유사한 권위를 지니고 있었다. 결사체는 법과 질서에 대한 무시의 증거가 아니었다. 오히려 결사체는 조직적 사회제도나 기관보다 정착지와 사회가 먼저 만들어진 지역에서 진정한 법과 질서가 가능할 수 있게 해 준 유일한 수단이었다.

개척자들은 개인주의적 경쟁과 자발적인 결사의 힘 때문에 지도층에 대해서 적극적으로 호응했다. 오지인들은 삶의 자유로운 기회를 통해 더 능력 있는 사람이 스스로 나타날 것이며, 그가 그들에게 길을 보여줄 것이라고 알고 있었다. 강제가 아니라 자유로운 선택에 따라서, 그리고 신분제의 지배가 아니라 자발적인 충동에 따라서 그들은 대의를 찾아 모였고 어떤 이슈를 지지했다. 그들은 동의에 의한 정부라는 원칙에 복종했으며, 그 이름이 등장하기 전부터 독재를 혐오했다. 그들은 미국적 원칙이 구대륙에 확대되기를 기대했다. 그런데 그들의 매우 예민한 우려는 구대륙의 자의적 지배체계, 계급투쟁, 경쟁과 간섭이 확대되어, 자신들이 미국의 숲에서 만들어 낸 자유의 주들과 민주제도를 파괴할 가능성에서 나타났다.

　이러한 초기 오지 민주주의의 양상에 정신적인 질적 측면을 추가하면 오지 민주주의를 더 쉽게 이해할 수 있을 것이다. 이 사람들은 정서적이었다. 숲과 자신을 둘러싼 인디언들로부터 벌목개간지를 확보한 후 이러한 개간지를 확대하여 그저 조그만 지역공동체들만 있었던 공화국(여기서는 주州의 의미 ─ 역주)의 시작을 보면서, 그리고 이러한 공화국들이 미시시피강의 커다란 경로를 따라서 서로 접하게 되는 것을 보면서, 그들은 매우 낙관적으로 변하였으며 민주주의의 지속적 팽창을 확신하기에 이르렀다. 그들은 자신과 자신의 운명에 대한 믿음을 지니고 있었다. 그리고 낙관적 믿음은 통치능력에 대한 자신들의 확신과 팽창의 열정 양자 모두를 책임질 수 있는 것이었다. 그들을 미래를 기대했다. "다른 사람들은 역사에 호소한다. 미국인은 예언에 호소한다. 한 손에는 맬서스Thomas R. Malthus를 그리고 다른 한 손에는 오지의 지도를 들고서, 미국인은 과감하게 우리에게 미래의 미국과 한번 비교할 테면 해보라고 한다"라고 1821년 런던의 한 정기간행물은 적고 있다. 아마도 삶이 통상 고립되어 있었기 때문에 야영지 회의든 혹은 정치적 모임이든 서로 결사체를 구성하여 모이면, 그들은 공동의 정서와 열정의 영향력을 느꼈다. 스코틀랜드계 아일랜드인이든지 침례교도이든지 혹은 감리교도이든지 간에, 그들은 자신의 종교와 정치를 감정으로 물들였다. 선거 유세장과 설교단은 모두 활력의 중심, 널리 확산하는 불길을 일으킬 수 있는 전지電池였다. 그들은 자신의 종교와 민주주의를 **느꼈고**, 그것을 위해서 싸울 용의가 있었다.

이러한 민주주의는 광범위한 구성원들 가운데 진정한 사회적 동지애를 포함한 것이었다. 잭슨 대통령 당시 아칸사에서 연방대법원으로 부임한 캐트론John Catron 판사는 "뉴올리언스와 세인트루이스 사람들은 옆의 이웃들이다. 만약 연방의 어느 지역에 있는 어떤 사람이라도 알고자 한다면 네 이웃에게 물어보라. 그는 불과 며칠 전에 네가 알고자 하는 그 사람 옆에 살았던 사람이다"라고 말했다. 이는 비록 과장이기는 하지만 그럼에도 불구하고 중서부에 대해서도 놀란 만큼 사실을 담고 있다. 왜냐하면 미시시피강은 이 강을 따라 에이브러햄 링컨과 같은 개척자 집단이 뗏목과 평저선을 타고 작은 마을 이웃들에게 잉여물자를 전달했던 거대한 대로였기 때문이다. 증기선이 서부 물길에 도달한 이후, 상인들과 집을 옮기는 농부들의 여정이 넓은 지역에 걸쳐 사람들이 서로 접촉할 수 있게 해 주었다.

이처럼 확대된 이웃 민주주의는 법 앞에서의 만인 평등을 억지로 인정하는 것에 의해 결정되지는 않았다. 이 민주주의는 "선한 동료애", 즉 동정과 이해에 기초해 있었다. 더구나 이주민들은 새로운 경로를 추구하는 같은 집단에 속했으며, 새로운 땅의 발견자뿐만 아니라 사회의 혁신자를 따라 길이 이끄는 곳으로 갈 준비가 되어 있었다.

1830년에 이르면 남부로부터의 인적 쇄도가 감소하면서 남부 정착민이 닿지 않은 지역을 점령하기 위해 이리 호수와 오대호의 증기선을 타고 북동부로부터 새로운 사람들이 몰려 들어왔다. 이 새로운 물결은 오대호 주변을 따라서 퍼져 나가, 남부 미시간과 위스콘신의 상수리나무 지대, 그리고 조그마한 초원 지역에 이르렀다. 이 물결은 강의 흐름을 따라 초원 지역까지 비옥한 숲의 띠를 따라갔다. 그리고 1840년대 끝 무렵 활짝 열린 초원의 주변에 도착하기 시작했다.

1830년 중서부에는 150만 명을 조금 넘는 사람들이 있었다. 1840년에는 약 333만 명을 넘은 사람들이 있었다. 1850년에는 거의 550만 명이 살고 있었다. 1830년 북부 대서양 연안주들에는 중서부의 세 배 혹은 네 배의 인구가 있었지만, 20년 동안 중서부는 옛 식민지 지역이 얻은 인구보다 실제로 수십만 명을 더 확보했다. 새로운 주의 카운티들은 5년도 안 되어서 수백 명이 살던 곳에서 1만 혹은 1만 5,000명이 사는 곳으로 변했다. 갑자기 놀라운 속도와 규모로 우리나라 전체와 유럽으로부터 다양한 이상, 제도를 지닌 새로운 사람의 무리들이 모여들고 있었다. 그들은 상이한 집단, 다채로운 관습과 습관을 자신의 새로운 거주지에 적응시키는 문제에 직면했다.

오하이오 밸리와 비교해서 중서부 북부지대의 점령이 지니는 특수성은 거기에 원래 살던 집단이 압도적으로 중서부 자체의 구정착지와 뉴욕와 뉴잉글랜드 출신이라는 점이었다. 그러나 대부분의 원래 정착 집단이 떠나온 곳은 뉴욕의 중부와 서부 카운티, 농업생산이 떨어진 시골 지역인 뉴잉글랜드의 서부와 북부지역이었다.

그래서 중서부의 영향력은 북동부까지 뻗어 나갔으며, 서부와의 경쟁으로 고생하는 농업인구를 끌어들였다. 풍부하고 비옥하며 값싼 토지가 지닌 이점, 높은 농업 수확, 그리고 특히 청년들이 모든 직능과 직업에서 성공할 수 있는 기회는 이러한 경쟁에 힘을 실어 주었다. 이로 인해 뉴잉글랜드는 근본적으로 그리고 영구히 변화되었다.

이 양키 집단은 남부 사람들의 개인주의적 민주주의와 대조되는 지역공동체 생활의 습속을 가져 왔다. 식민 토지회사, 타운, 학교, 교회, 지역적 통일감은 공동체에 대한 이러한 본능의 증거를 제공했다. 이 본능은 도시의 창조, 시장 잉여품의 생산, 동부 교역 중심부로의 연결, 남부 개척자의 것보다 더 복합적이고 동시에 더 통합된 사회의 전개를 수반했다.

그러나 그들은 뉴잉글랜드의 제도와 특색을 수정하지 않은 채 그냥 그대로 가져오지는 않았다. 그들은 동부의 이웃들보다 구질서에 덜 만족한 시기에 덜 만족한 사람들에 속했다. 그들은 창의성이었으나 불만에 찬 젊은 사람들이었다. 뉴욕 집단은 특히 그 자체로서 기존질서에 대한 항의인 민주당 급진파의 민주주의로부터 영향을 받았다.

초원의 바람은 거의 한꺼번에 많은 구습과 선입관을 쓸어버렸다. 이들 개척자 가운데 한 사람은 동부의 친구에서 다음과 같이 편지를 썼다.

만약 돈이나 번영보다 안락함을 더 중요하게 생각한다면 오지 말라. (…중략…) 일손이 너무 부족하고, 거주할 집도 너무 부족하고, 그날 해야 할 일에 비해 하루 시간도 너무 부족하다. (…중략…) 다음으로 너의 옛 뉴잉글랜드의 관념, 방식, 삶, 그리고 사실 그 옛날의 모든 양키적 방식이 망가지고 변화되는 것을 보고서 견딜 수 없다면, 여기에 붙잡혀 살지 말라. 그러나 웃으면서 슬픔을 견딜 수 있고, (그리고 아마도 한 침대에서 세 사람이 자는) 화로 앞 널빤지의 부드러운 쪽에서부터 중간 혹은 하위 등급에 이르는 숙박 시설 수준을 감당할 수 있다면, 도구 없이 가장 하기 어려운 일을 하는 방식을 찾는데 당황하지 않는다면, 이 모든 것 이상을 할 수 있다면 합류하라. 이곳에서는 각자가 오로지 자기 일을 하면서 서로 돕는 것이 보편적 규칙이다.

그들은 옛 고향의 소중했던 많은 모임들을 두고 떠나와서 편안한 삶을 포기하였고, ─떠나지 않고 남아 있는 사람들의 생각으로는─ 그냥 떠나기에는 너무도 중요한 문명화된 삶의 요소를 희생했다는 점을 알고 있었다. 그러나 그들은 즉각적인 소득을 얻는 대신 삶에서 가치 있는 것을 모두 포기할 정도의 단순한 물질주의자가 아니었다. 그들은 스스로 이상주의자였으며, 자기 자식들의 행복을 위해서 바로 다가올 미래의 안락함을 포기한 것이었다. 그들은 더 나은 사회질서와 더 자유로운 삶이 올 것이라는 가능성을 확신하고 있었다. 그들은 사회적 이상주의자였다. 그러나 그들은 자신의 이상을 보통사람에 대한 신뢰와 환경에 적응하고자 적극성에 두려고 했지, 온정적 폭군이나 통제계급에 두려고 하지는 않았다.

이 새로운 고향의 매력은 구대륙에도 전달되어 독일, 영국, 아일랜드, 스칸디나비아 사람들에게 새로운 희망과 충동을 가져다주었다. 이때 경제의 영향력과 혁명적 불만이 독일인들의 이민을 촉진하였다. 경제적 원인이 더 많은 이민을 가져 왔지만, 자유에 대한 욕구는 독일의 정치적 망명자였던 지도자들을 다수 불러 왔다. 독일인 망명 지도자들은 조금씩 강조점을 달리하면서 자신들의 공헌이 새로운 환경에서 보존되어야 한다고 주장했다. 그리고 몇몇 예언자들은 연방 체계 내에서 독일인 주를 두자고 말하기도 했다. 한편 주목할 만한 것은 중서부 환경에 대한 1830년대와 1840년대 이민자들의 적응, 모두가 주고 모두가 받으면서 어떤 집단도 고립되지 않는 새로운 유형의 사회를 창조하기 위한 기회에 대한 반응이다. 사회는 유연한 것이었다. "사냥칼의 남부 사람", "소젖 짜는 양키 청교도", "맥주 마시는 독일인", "거친 아일랜드인" 사이에 다소 갈등이 있었는데도, 서로 배우는 과정, 주고받는 과정이 작동하고 있었다. 결과적으로 이질적 집단이 꽉 차 있으면서도 서로에게서 고립된 채 이루어지는 느린 동화작용과 물려받은 **기상**氣像, morale 의 지속성에도 불구하고, 모든 집단의 합계도 아니고 용광로의 완전한 융합도 아닌 어떤 새로운 유형이 창조되었다. 그들은 미국의 개척자였지 각기 뉴잉글랜드, 독일, 혹은 노르웨이의 변방 부스러기 조각들이 아니었다.

독일인들은 미주리 밸리 지역, 세인트루이스, 세인트루이스 맞은편 일리노이, 그리고 밀워키 북부의 동부 위스콘신 레이크쇼어Lake Shore 카운티들에 가장 집중적으로 살고 있었다. 독일인들이 신시내티와 클리블랜드에 많이 있었지만, 오하이오의 거의 절반에 이르는 카운티에서는 독일인 이민자들과 펜실베이니아 독일인들이 거의 혹은 상당히 정치권력의 균형추 역할을 하고 있었다. 아일랜드인은 거의 대로, 운하, 철도노동자로 와서 그 노선을 따라서 잔류하거나 혹은 성장하는 도시에 모이는 경향이 있었다. 대부분이 노르웨이 출신인 스칸디나비아인들은 북부 일리노이와 폭스강the Fox과 록리버Rock River 발원지 근처의 남부 위스콘신에 식민지를 건설하고, 훗날 거기에서 아이오와, 미네소타,

그리고 노스다코타로 퍼져 나갔다.

1850년에 이르면 중서부 사람들의 1/6은 북부 대서양 지역 출생자였으며, 1/8은 남부 출생자였고, 외국 출생자가 역시 1/8 정도였는데, 그 가운데 독일인이 아일랜드인의 두 배가 되었다. 스칸디나비아인들은 웨일스인들보다 약간 더 많았고 스코틀랜드인보다는 적었다. 미네소타에는 20명 남짓의 스칸디나비아인들이 살고 있었다. 중서부의 영국계 북미인들과 함께 영국 본토 출신 사람들은 거의 독일 지역 본토 출신 사람들만큼 많았다. 그러나 1850년에는 그 인구의 거의 3/5는 중서부 자체 출신인 토착 거주민들이었고, 그 인구의 1/3이 넘는 사람들이 오하이오에 살고 있었다. 도시는 특히 다양한 민족들이 섞여 있는 장소였다. 이 지역 내 다섯 개의 비교적 큰 도시에는 먼저 이주한 미국 토착민들과 외국인들이 균형을 이루고 있었다. 시카고에는 아일랜드인, 독일인, 북부 대서양 연안 주의 미국 토착민들이 거의 서로 비슷한 비율로 균형을 이루고 있었다. 그러나 다른 모든 도시에서 독일인들이 다양한 비율로 아일랜드인들을 능가하고 있었다. 밀워키에서 그 비율은 거의 3 대 1이었다.

이 지역은 그저 빠르게 성장하고 있었고, 다른 문화를 지닌 다양한 집단으로 구성되어 있었으며, 지역적이고 유럽적인 것을 특징으로 한 것은 아니었다. 더 중요한 것은 이러한 집단들이 특히 뉴잉글랜드의 사례처럼 기존 지배질서의 저류에서 별개의 구별된 계층으로 남아 있지 않았다는 점이다. 모든 집단이 형성 과정에 있는 사회에서 용납가능하며 상호 혼합되는 요소들이었으며 유연하고 흡수적이었다. "좋은 혼합"으로서 이 지역의 특징은 1880년대의 대규모 이민 이전에 확정되었다.

지역의 토대는 외국 집단들이 자유로이 열정적으로 새로운 사회에 공헌하고 다른 나라에서는 거부되었던 자유를 제공하는 나라(미국-역주)로부터 강한 인상을 받으려 하는 시기에 확고히 수립되었다. 이 사실은 매우 중요하고 미국의 현재 문제를 해결하는데 영향력을 미친다. 이러한 사실은 또한 남북전쟁 이전 중서부의 남부출신 집단도 북부와 거의 두 세대에 걸쳐 직접적 연관을 지녔었고, 마침내 북동부와 구대륙의 정착민 물결에 흡수되었다는 사실만큼이나 중요하다.

이 개척자 사회에서 사람들은 자신들이 지녔던 옛 민족적 적대감을 버릴 줄 알게 되었다. 1850년대 이민자 안내서 가운데 하나는 새로운 이민자들에게 인종적 적대감을 버릴 것을 촉구하였다. 그 저자는 "미국인은 이 3등 선실의 다툼을 비웃는다"라고 말했다. 그래서 중서부는 옛 구성집단을 수정하지 않거나 고립시키지 않은 채로 보존하는 방식이 아니라, 사다리를 허물고 개인의 삶을 공동의 생산물, 세계 동포주의를 견지하는 새로운 생산물 속에 합치는 방식을 채택했다. 이를 통해서 중서부는 민족 간의 적대감 대신 민족적 상호 번영, 더 새롭고 풍부한 문명의 가능성이라는 교훈을 가르쳤다. 만약 개척자들이 휘그당이나 민주당, 자유토지당이나 공화당 등 다양한 정당 간에 충성을 나누어 보인다 해도, 서부 휘그가 동부 휘그와 같다는 것은 아니다. 이 모든 것들에 서부적 자질이 침투해 왔다. 서부 휘그는 휘그였다는 이유보다도 개척자였다는 이유로 해리슨을 더 지지하였다. 서부 휘그는 그에게서 앤드류 잭슨의 정통 후계자를 보았다. 1840년 선거운동은 대규모로 진행된 중서부의 야영지 회합이었다. 통나무집, 사과 주스, 너구리 털가죽은 중서부 사고방식의 승리의 상징이었고, 동부의 상인, 은행가, 제조업자의 우려와 함께 이동했다. 마찬가지로 민주당의 중서부파는 더글러스가 칼훈과 다른 것처럼 민주당의 주요 세력이 있는 남부파와 달랐다. 중서부파는 남부의 노예소유 계급과 공통점이 거의 없었던 반면, 수많은 서부 사람들의 기원지인 남부 고지대 사람들과는 개척자로서의 유대감을 느꼈다.

1840년대 후반과 1850년대 전반에 걸쳐 대부분의 중서부 주들은 헌법을 제정했다. 헌법회의 토론과 그 헌법에 구현된 결과는 그들의 정치적 이상을 알려준다. 물론 그들은 남성 성인 투표권의 토대 위에 선거권을 확립했다. 그러나 그들은 선거권이 그들이 두려워한 금권의 통제 아래로 들어가지 않도록 선출직 사법부에 대한 제한과 주의 차용권에 대한 제한도 마련해 두었으며, 그 가운데 몇 주는 발권은행을 폐지하거나 이를 엄격하게 제한했다. 몇 주들은 또 정부 공여농지를 채무변제를 위한 강제판매에서 면제해 주었다. 기혼여성의 법적 권리는 헌법회의 당시 두드러진 주제였다. 위스콘신은 선도적으로 1년 거주 이후에는 외국인도 투표할 수 있게 해 주었다. 위스콘신은 새로운 이민자가 미국 시민의 자유와 의무를 향유하며 수행하도록 환영해 주었다.

비록 이 개척자 사회가 압도적으로 농업사회이기는 했으나, 개척자들은 농업만으로는 충분하지 않다는 것을 빠르게 알게 되었다. 개척자 사회는 제조업, 교역, 탄광업, 전문직종을 발전시키고 있었다. 아울러 개척자 사회는 진보적 근대국가의 경우 한 산업에서 다른 산업으로 이전하는 것이 가능하며, 모든 것이 공통의 띠로 묶여 있다는 것을 인식하게 되었다. 그리고 1850년 인구조사에서 오하이오는 200만 명의 사람들 가운데 단지 1,000명, 아이오와는 20만 명 가운데 2명, 미네소타는 6,000명 가운데 15명의 하인 숫자를 보고했다는 것은 의미심장하다.

이 새로운 민주주의의 지적 생활에는 개척자의 육체적 고생과 힘든 삶의 가운데에서도 독창적 기여의 전망이 이미 존재하고 있었다. 지역 사회의 편집인은 지도자였으며, 인내심 있는 사회적 기능의 내부 기록자가 아니라 활력 있고 독립적인 사상가이자 작가였다. 비록 『뉴욕 트리뷴the New York Tribune』과 같은 동부신문들이 중서부지역에 걸쳐 광범위하게 배포되고 있었지만, 인구에 비례해서 볼 때 지역 신문구독자들이 뉴욕주보다 많았으며 뉴잉글랜드의 구독자보다 크게 열등하지 않았다. 농업 신문사는 글과 기고문에서 지역 내 후기 농민들의 지적 수준보다 높은 일반적 지적 수준과 관심을 전제하고 작업을 수행했다. 적어도 지금 이전에는 그러했다.

소년 농부는 손에 책을 들고 밭을 갈았고 때때로 고랑 끝에서 돌아야 하는 것을 잊곤 했다. 젊은 하월즈William Howells처럼 "아버지 곁에서 눈으로는 소를 보면서도 마음속으로는 세르반테스Miguel de Cervantes와 셰익스피어William Shakespeare를 읽으며 맨발로 절뚝거리면서 걷는 소년들도 드물게 있었다."

정기간행물이 초원의 꽃처럼 번성하다가 시들곤 했다. 에머슨의 최고의 시 몇 편이 이 오하이오 밸리 지역의 잡지에 처음 등장했다. 그러나 대부분 그 지역과 시기의 문헌은 평범한 방식으로 보통의 것을 모방하거나 반영하는 것이었다. 중서부가 자기 생활과 이상의 표현을 찾은 것은 초원의 농장을 일구거나 새로운 마을을 세우는 분주한 개척자에게서가 아니라 그 후손들에게서였다. 문맹자는 양키 개척자들 사이에서는 가장 적었고 남부 이주민 집단에서 가장 많았다. 1850년 백분율로 문맹을 기록했을 때 두 개의 구별된 지역이 나타났는데, 하나는 뉴잉글랜드의 연장지역이며, 다른 하나는 남부의 연장지역이었다.

뉴잉글랜드의 영향은 중서부의 양키 지역에서 강했다. 국내 선교사들과 공립 초등학교 및 교단 대학 양자에서 서부 교육촉진 협회의 대표들은 지역에 널리 흩어져 이 모든 주들에 깊은 인상을 남겼다. 서부가 연방의 도약하는 권력이며, 문명의 운명은 이 지역의 손에 달려 있고, 따라서 경합 교단과 경합 지역은 이 지역을 자신들의 유형에 맞추려고 애쓰고 있다는 관념이 1830년대와 1840년대에 고착되었다. 그러나 중서부는 이 모든 교육적 기여를 자신의 필요와 이상에 따라 구성했다.

주립대학교들은 대부분 뉴잉글랜드인들의 촉구와 제안의 결과였다. 그러나 주립대학교들은 부유한 후원자가 아니라 공동체 전체의 지원을 받은 중서부 사회의 특징적 산물이었다. 마침내 지역공동체는 대중의 이상에 따라서 자신의 방향을 결정했다. 주립대학교는 뉴잉글랜드나 대서양 연안 중부주의 대학교들보다 보통사람들에게 깊숙이 다가갔다. 그들은 명백히 유용한 것을 더 강조했으며 일찍이 남녀공학이 되었다. 지역공동체 이상의 지배력은 순응하기보다는 이상을 드높이며 새로운 방식을 제시하라고 수립된 주립대학교에 대해 위험한 면도 있었다.

서부의 공간에 도전하고 새로운 사회가 눈앞에 전개되는 속도를 마주한 개척자들이 최상의 것을 생각하며 살았고 낙관적으로 자신의 운명을 보았다는 사실은 이상하지 않다. 조그마한 저지대 초지가 초원이 되어 자신의 시야가 닿을 수 있는 곳보다 더 멀리 펼쳐졌다.

모든 것이 움직임이며 변화였다. 분주함은 보편적이었다. 인간은 한 생애에서 버몬트에서 뉴욕까지, 뉴욕에서 오하이오까지, 오하이오에서 위스콘신까지, 위스콘신에서 캘리포니아까지 이동했으며 하와이섬을 동경하게 되었다. 그들은 횡목 울타리에서 개가 짖기 시작했을 때 변화에 대한 소명을 느꼈다. 그들은 사회의 이동성을 의식했고 이를 매우 기뻐했다. 그들은 과거에서 벗어나 더 좋은 것, 더 인간에게 적합한 것, 세계가 일찍이 본 것보다 보통사람에게 더 유익한 것을 창조하고자 했다.

"과거는 꿈에서나 볼 뿐 문자 그대로 우리와는 관련이 없다"라고 B. 그라츠 브라운Benjamin Gratz Brown은 1850년 미주리의 한 독립기념일 연설에서 말했다. 계속해서 그는 "과거의 교훈은 사라졌고 그 혀는 침묵하고 있다. 우리는 스스로 모든 정치적 경험의 선두와 전면에 있다. 앞선 것들은 가치를 잃었고 그 모든 권위는 사라졌다. (…중략…) 경험은 우리를 도와서 구닥다리 환상에서 지켜줄 것이다"라고 말했다.

서부의 친구에게 뉴잉글랜드에 대해서 이야기하면서 쓴 편지에서 채닝Edward Channing은 "여론의 족쇄는 무겁고 개성 있는 판단과 행동을 억압한다"라고 적었다. 그는 우리가 살면서 가지게 된 습관, 규칙, 비판은 서부 사람들에게 가장 적합한 연설 양식에 필요한 자유와 용기를 남겨두지 않았었다고 덧붙였다. 채닝은 이 점에서 의심할 여지없이 과도하게 서부의 자유를 강조했다. 변경은 고유한 인습과 편견을 가지고 있었고, 뉴잉글랜드는 자기 고유의 관습을 부수며 그가 편지를 쓰던 바로 그때 새로운 자유를 선언하고 있었다. 그러나 지적 관용의 땅으로 서부를 보는 동부의 관점에는 진실이 있었는데, 이 지적 관용의 땅은 구질서를 의문시했고 혁신을 가장 핵심적 원칙으로 삼았다.

서부는 실용적인 것을 강조하여 유용한 목적을 위해 이상을 사용해야 한다고 주장했다. 이상은 예외적 천재성과 특출함을 지닌 사람의 배출보다는 보통사람의 개선에 대한 직접적 기여로 평가되었다. 왜냐하면 결국에는 보통사람의 행복이 중서부의 목적이었기 때문이다. 남부나 동부사람, 양키, 아일랜드인 혹은 독일인뿐만 아니라, 공동의 동료애를 지닌 모든 사람의 행복이 목적이었다. 이는 중서부 사람들의 존경하는 에이브러햄 링컨이 울타리 가로장을 만드는 사람에서 시골 변호사로, 일리노이 주의원에서 연방의원으로, 그리고 연방의원에서 대통령으로 성장했던 젊음의 희망이었다.

이 모든 변혁과 자유, 새로움과 광대한 공간 속에서, 개척자들이 스스로 창조하고 운영하는 정부에 대한 훈련된 헌신의 필요성을 충분히 고려하지 않은 것은 이상한 것만은 아니다. 그러나 링컨의 이름과 남북전쟁의 의무에 대한 개척자들의 반응—그 희생과 남북전쟁이 링컨의 지도하에서 수반한 자유의 제한에 대한 개척자들의 반응—은 전쟁 상황이 자신들이 수고해 이룬 많은 것들을 파괴한다는 것을 알고 있음에도 공동의 대의에 그들이 어떻게 참여해야 하는지 알고 있었다는 보여 준다.

두 종류의 정부 원칙이 있는데, 하나는 개인 혹은 계급이익의 제한은 공공선을 위해서 필요하다는 확신과 함께 개인의 선택에서 출발하는 원칙이며, 다른 하나는 지배적 계급에 의해서 종속된 무력한 사람들에게 부과된 원칙이다. 후자는 프러시아적 원칙으로서, 군사적 독재 지배에 토대한 기계적이며 논리적인 조직의 원칙이다. 이 원칙은 먼저 적을 공략하지 않으면 적이 너를 공략할 것이라고 가정하고 있다. 이는 참모본부가 다스리는 나라의 원칙으로, 전쟁을 정상 상황으로 가정하여 무자비한 논리로 도처에서 자유의 파괴에 이르는 작전을 확대하고 있다. 이러한 원칙은 고귀한 목적을 위해서 정부를 사용하는 사람들, 개성과 사회 이동성 그리고 타인의 권리에 대한 존중의 정신을 보전하는 사람들,

인류와 공정한 경기의 규율, 주고받음의 원리를 따르는 사람들의 원칙으로만 저지될 수 있다. 프러시아적 원칙은 전쟁의 신인 토르Thor, the War God가 백색 크리스트White Christ의 교리에 대항하여 사용한 원칙이다.[2]

개척자 민주주의는 경험을 통해 교훈을 배워야만 했다. 자유 민주주의 정부가 19세기 중반 가능하리라고 생각하지 못한 많은 것들을 성취할 수 있다는 교훈을 배워야만 했다. 개척자들은 개인적 절제를 위해서 자신의 열정을 희생해야만 했다. 그들은 특별히 훈련된 사람이, 즉 과학이든지 산업이든지 교육과 경험에 따라 자신의 소명에 적합한 사람이 정부에서 일해야 한다는 것과, 경합하는 이해관계의 중재자로서 혹은 민주주의의 효과적 도구로서 민중의 지배가 정부조직에 훈련된 전문가를 포함할 때, 그것이 효과적이며 지속적이라는 것을 배워야만 했다.

주인없는 토지 시대 이후 조직화된 민주주의는 민중의 정부가 성공하기 위해서는 전체 민중이 정당한 선택을 할 줄 아는 것 이상이어야 한다는 것을 배웠다. 또한 정부 관직이 모두에게 개방되어야 한다는 것 이상이라는 것을 배웠다. 여기에 더하여 경제적 경쟁과 전쟁 등 국가 간 격렬한 투쟁에서 공화국의 구원과 영속성을 보장하기 위해서는 정부기구의 전문성과 관직에 적합한 능력 있는 인물의 선택이 민중의 통제만큼 중요하다는 사실도 배웠다. 더 이상 주인없는 토지가 없고, 더 이상 구대륙으로부터의 고립되어 있을 수 없을 때, 우리는 정부의 실수, 낭비, 비효율, 무경험의 결과에서 더 이상 안전하게 방역防疫될 수 없었다.

---

2   역주: 게르만족 전설에 나오는 용맹한 전쟁의 신 토르와, 이교도인 바이킹족이 기독교도와 싸우면서 유약하다는 의미를 담은 흰색 이미지로 비하해 묘사한 예수 그리스도를 대조시킨 표현. 본문에서는 프러시아를 토르에 빗대어 사용함.

그러나 현재 우리는 개척자 직후의 계승자들보다 개척자들에게 더 잘 알려진 또 하나의 교훈을 배우고 있다. 우리는 공화국에 대한 헌신에서 오는 탁월함은 경제적 경쟁의 성공에서 나타나는 구별보다 더 고상한 탁월함이라는 것을 배우고 있다. 미국은 이제 자유를 사랑하는 나라의 대의에 자신의 노력을 바치기 위해서, 자신의 부와 천재성을 미국적 이상의 성공을 위해 바치기 위해서 기업 경쟁에서 자신의 성공을 희생하는 사람들에게 월계관을 수여하고 있다. 한때 사람들로 하여금 부를 축적하고 국가 산업과정에 대한 권력을 과시하게 만든 탁월함에 대한 갈망은, 이제는 공화국의 선을 위해 위대한 재능을 사용하고 여기에 만족하여 연방에 대해 봉사에서 오는 탁월함에 대한 갈망에서 새로운 배출구를 발견하고 있다.

그리고 우리나라 전체에 걸쳐서 정부를 지원하기 위한 자발적 조직 가운데에는 "이웃집 함께 짓기house raising"[3]로 표현되는 개척자 시절 결사의 원칙이 드러나고 있다. 이러한 개척자 원칙은 적십자, YMCA, 콜럼버스 기사단the Knights of Columbus,[4] 과학, 통상, 노동, 농업 등의 위원회나 이사회 등에서 나타난다. 이는 또한 식품관리국장Food Director의 추천 사항을 이행하여 개척자의 소박한 삶을 재현하는 부엌일하는 여성의 결사체로부터, 오지인들의 경로를 좇는 것이 가치 있다고 생각하며 자기를 단련하는 남성적인 세대를 위해 그 토대를 만들고 있는 보이 스카

---

3   역주 : 미국의 개척자 시대에 마을의 건설과정에서 개인이 단독으로 집이나 건초장, 곳 간 등을 짓는 것은 매우 어려운 일이었기 때문에, 마을의 이웃 사람들 전체가 무보수로 힘을 모아 이러한 시설들을 함께 만들었던 것을 지칭함.

4   역주 : 1882년 미국에서 가톨릭 신도인 노동자와 이민자를 위해 설립된 가톨릭 교회의 봉사단체. 자선, 협동, 박애, 애국심을 원칙으로 운영되며 현재에도 활동하고 있음.

우트에 이르기까지 모든 수업에서 드러나고 있다. 이는 이웃됨의 의무와 기회에 대한 옛 개척자 관념의 부활을 예언하는 것으로서, 국가적 그리고 심지어 국제적 차원으로까지 넓어지고 있다. 이는 영리하고 애석한 철학자 조시아 로이스가 "사랑하는 지역공동체"라고 부른 비전이다. 개척자의 "이웃집 함께 짓기"의 정신에 공화국의 구원이 있다.

이것이 개척자 경험의 유산이다. 즉 자유로운 사회에서는 개인이 할 역할을 남겨주어야 하며, 그를 상부에서 조정하는 기계의 톱니로 만들지 않는 민주주의가 가능하다는 열정적 믿음이 그것이다. 보통사람, 보통사람의 관용, 여유 있게 차이를 조정하고 모든 국가의 공헌으로부터 미국적 유형을 만들어 낼 수 있는 보통사람의 능력에 대해 신뢰하는 민주주의가 가능하다는 열정적 믿음이 그것이다. 그러한 미국적 유형을 위해서 무기를 들고 미국을 위협하는 사람들과 싸우려는 민주주의, 전시에 자유가 영원히 상실되지 않도록 잠정적으로 희생을 감수하려는 그런 민주주의, 심지어 개인의 자유와 생명의 희생을 감수하는 그런 민주주의가 가능하다는 열정적 믿음이 그것이다.

프레더릭 잭슨 터너(Frederick Jackson Turner) 연표

1861   11월 4일 위스콘신주의 변경 마을 포티지(Portage)시에서 앤드류 터너(An-drew Jackson Turner)와 매리 터너(Mary Olivia Hanford Turner)의 아들로 태어남.

1884   위스콘신 대학교(University of Wisconsin) 졸업.

1889~1910 위스콘신 대학교 역사학과 교수.

1890   존스 홉킨스 대학교(Johns Hopkins University)에서 허버트 아담스(Herbert Baxter Adams) 교수의 지도하에 "The Character and Influence of the Indian Trade in Wisconsin"이라는 제목의 논문으로 역사학 박사학위 취득.

1893   시카고에서 개최된 미국역사학회에서 미국사에 대한 변경(邊境)론적 해석(frontier thesis)의 출발점이 되는 "The Significance of the Frontier in American History" 발표.

1906   The American Nation 시리즈 발간물의 하나로 *Rise of the New West, 1819~1829*가 출간.

1908   *Is Sectionalism in America Dying Away?* 출간.

1910   미국역사학회 회장.

1910~1915 미국역사학회보 편집위원.

1910~1924 하버드대학교(Harvard University) 역사학과 교수.

1911   미국 한림원(American Academy of Arts and Sciences)의 펠로우로 선정.

1920   *The Frontier in American History* 출간.

1927~1932 캘리포니아주 산마리노(San Marino)시의 헌팅턴 도서관(Huntington Library)의 연구원(Research Associate).

1932   3월 14일 캘리포니아주의 산마리노시에서 사망.

1932   *The Significance of Sections in American History* 출간.

1933   역사 분야 퓰리처상 수상.

1935   *The United States, 1830~1850 : The Nation and Its Sections* 출간.

인물 목록

① 이 번역서에 등장하는 인물에 관한 정보는 인물의 생몰연도와 주요활동을 중심으로 작성하였으며, 가능한 경우 번역서 본문의 맥락에 해당하는 내용을 적었음.
② 이 번역서에 나타난 이름을 우선적으로 적고 경우 별도의 이름이 있을 경우 필요하면 이를 영문으로 병기하였음.
③ 별도의 언급이 없을 경우 하원의원 혹은 상원의원은 연방의회의 하원 혹은 상원의원을 지칭함.
④ 인물 목록의 순서는 영문 성(姓)의 알파벳 순서에 따랐음.

헨리 애덤스(Henry Brooks Adams, 1838∼1918)
미국의 역사가이자 언론인. 1889년에서 1891년에 걸쳐 8권으로 저술한 『토마스 제퍼슨과 제임스 매디슨 행정부의 역사(*History of the United States During the Administrations of Thomas Jefferson and James Madison*)』 등의 저술을 남김.

존 퀸시 애덤스(John Quincy Adams, 1767∼1848)
재임 당시 민주공화당 소속이었던 미국 제6대 대통령(1825∼1829). 제2대 대통령인 존 애덤스(John Adams)의 장남. 제임스 먼로 대통령 재임 시기에 국무부장관을 역임.

이던 앨런(Ethan Allen, 1738∼1789)
미국혁명전쟁에서 활약한 애국자. 버몬트 공화국을 창설함.

피셔 에임즈(Fisher Ames, 1758∼1808)
연방파 소속의 매사추세츠주 미국 하원의원.

에드먼드 앤드로스(Edmund Andros, 1637∼1714)
미국 식민지 시대 초기 뉴잉글랜드, 뉴욕, 버지니아 등의 식민지 총독. 그의 강한 성공회 신앙은 1689년 보스턴 폭동을 불러올 정도로 식민지 청교도인들의 반감을 사기도 했지만 영국 정부의 평가는 우호적이었음.

아우구스투스(Augustus, BC 63∼AD 14)
로마제국 최초의 황제를 역임한 로마의 정치인. 로마의 평화(Pax Romana) 시대를 개막함.

바스코 발보아(Vasco Nunez de Balboa, 1475∼1517)
스페인의 탐험가이자 정복자. 1513년 파나마 지협을 횡단한 유럽인 최초의 태평양 발견자.

조지 밴크로프트(George Bancroft, 1800∼1891)
미국의 역사가이자 정치가. 1834년 『미대륙 발견 이후 현재까지의 미국사(*History of the United States from the Discovery of the American Continent to the Present Time*)』를 저술하여 미국 역사학의 아버지라 불림. 후일 해군부장관이 되어 아나폴리스 해군사관학교를 설립하였고 영국 및 독일 주재 공사를 역임.

라이먼 비이처(Lyman Beecher, 1775~1863)
장로교회 목사. 오하이오주 레인 신학교의 초대 총장. 미국성경학회, 금주협회, 안식일 지키기 협회 등의 설립에 지대한 영향을 미침.

토머스 벤턴(Thomas Hart Benton, 1821~1851)
민주당 소속의 미주리주 상원의원. 서부확장에 관심이 많았으며 최초의 무상농지공여법을 작성.

로버트 베벌리(Robert Beverley, 1667~1722)
역사가이자 지주로 1716년 버지니아 스포츠우드 총독의 황금편자 기사단에 참여하여 서부 탐험에 참여.

윌리엄 베벌리(William Beverley, 1696~1756)
로버트 베벌리의 아들로 버지니아 식민지의 지주.

존 비드웰(John Bidwell, 1819~1900)
탐험가이자 정치인. 젊은 시절 미국 동부로부터 캘리포니아 경로(California Trail)로 캘리포니아에 최초로 이주한 사람 가운데 한 명.

윌리엄 블라운트(William Blount, 1749~1800)
미국 헌법제정자의 한 사람으로 남서부 준주의 주지사 역임. 주지사 당시 이 지역이 테네시주로 연방에 가입하는데 공헌. 이후 테네시주의 초대 상원의원 역임.

다니엘 부운(Daniel Boone, 1734~1820)
미국 서부개척자로 켄터키 탐험과 정착의 선구자로 알려져 있음. 인디언들의 저항에도 불구하고 컴벌 랜드 협곡을 지나서 켄터키를 향하는 '황무지 통로'를 개척.

에밀 부트미(Émile Boutmy, 1835~1906)
영국, 프랑스, 미국의 헌정사를 강의한 프랑스의 정치학자, 사회학자. 1872년 시앙스포를 창립.

에드워드 브래덕(Edward Braddock, 1695~1755)
프렌치 인디언 전쟁 당시 영국군의 장군. 프랑스군이 점령한 지역을 공격한 브래덕 원정(Braddock expedition) 당시 오하이오 리버 밸리에서 사망.

사이먼 브래드스트리트(Simon Bradstreet, 1603~1697)
영국인으로 미국에서 사업과 토지투자에 종사한 사람으로 매사추세츠 베이 식민지의 마지막 총독 역임.

벤자민 브라운(Benjamin Gratz Brown, 1826~1885)
미주리주 상원의원. 노예제도에 반대하여 1850년대 미주리주 공화당 창설에 기여. 급진공화당 세력과 연대하여 링컨의 정책에 반대.

윌리엄 브라이언(William Jennings Bryan, 1860~1925)
19세기 말 중서부 농민운동과 민중주의를 대변한 진보적 정치인. 공화당 금권정치와 대외적 제국주의에 반대. 1896년과 1900년의 대통령 선거에서 민주당 대통령 후보로 출마하여 모두 공화당의 맥켄리 후보에게 패함.

제임스 브라이스(James Bryce, 1838~1922)
영국의 법률가, 역사가, 자유당 소속 정치인. 1888년 미국에 관해서 저술한『미국 공화국(*The American Commonwealth*)』출간.

마틴 반 뷰렌(Martin Van Buren, 1782~1862)
민주당 소속의 미국 제8대 대통령(1837~1841). 민주당의 창당 주역 가운데 한 사람으로 1836년 대통령 선거에 출마하기 이전 뉴욕 주지사, 국무부장관, 부통령 등을 역임.

에드먼드 버크(Edmund Burke, 1729~1797)
영국의 보수주의 정치인. 프랑스 혁명의 급진성을 비판한 것으로 유명함. 터너의 이 저서에서 버크의『미국의 유럽인 정착지 서설(*An Account of the European Settlements in America*)』이라는 저술이 인용되면서 언급되는데, 버크는 영국의 식민지 내에 독일이나 아일랜드 등 비영국계 정착민의 증대를 우려했음.

윌리엄 버드(I)(William Byrd(I), 1652~1704)
1676년 버지니아에서 일어났던 베이컨의 반란에 참여하고 인디언을 격퇴한 군인. 제임스강에 요새를 건축하고 버지니아 참의회에서 봉직.

윌리엄 버드(II)(William Byrd(II), 1674~1744)
윌리엄 버드 (I)의 아들. 농장주이자 문인. 1841년 버지니아와 노스캐롤라이나 경계의 분할 과정을 다룬『버지니아와 노스캐롤라이나 분할선의 역사(*The History of the Dividing Line Betwixt Virginia and North Carolina*)』가 출간.

피츠윌리엄 버즈올(Fitzwilliam Byrdsall, 미상~1875)
반독점 운동을 전재한 민주당 계열 노동운동가. 후일 1830년대와 1840년대 초반 평등당(the Equal Rights Party)의 지도자 가운데 한 사람.

존 칼훈(John Calhoun, 1782~1850)
미국의 제7대 부통령(1825~1832)과 사우스캐롤라이나주 상원의원. 주의 자치권을 강조하여 주의 의사에 반하는 연방법의 실시 거부권, 제한정부론 등을 역설.

앤드류 카네기(Andrew Carnegie, 1835~1919)
카네기 철강회사를 설립한 미국의 거대 기업가.

킷 카아슨(Kit Carson, 1809~1868)
미국의 변경개척자, 모피 사냥꾼, 군인. 1840년대 존 프레먼트 원정대에 참여하여 캘리포니아, 오리건 등의 이동로 개척에 나섬.

존 캐트론(John Catron, 1786~1865)
1837년부터 1865년까지 연방대법원 판사를 지낸 미국의 법률가.

루이스 캐스(Lewis Cass, 1782~1866)
민주당 소속 미시간주 상원의원. 준주의 노예제도 채택 여부는 준주 스스로 결정해야 한다는 원칙을 주장.

에드워드 채닝(Edward Channing, 1856~1931)
미국의 역사가. 6권으로 된 『미국사(*A History of the United States*)』를 저술. 1919년에 미국역사학회 회장으로 선출됨.

새먼 체이스(Salmon P. Chase, 1808~1873)
오하이오 주지사, 오하이오주 상원의원, 재무부장관, 연방 대법원장을 역임한 정치인. 강력한 노예제도 폐지론자.

조지 클라크(George R. Clark, 1752~1818)
미국혁명전쟁 당시 북서부 지역에서 영국에 맞서 싸워 전공을 올린 군인.

윌리엄 클라크(William Clark, 1770~1838) → 메리웨더 루이스(Meriwether Lewis, 1774~1089)와 윌리엄 클라크(William Clark, 1770~1838)를 보기 바람.

헨리 클레이(Henry Clay, 1777~1852)
휘그당 소속으로 켄터키주의 하원의원과 상원의원을 역임한 정치인. 1812년의 영미전쟁에서는 영국과의 전쟁을 주장. 휘그당의 창시자로 내륙개발, 보호무역, 국립은행 등을 통한 미국의 산업발전을 추구.

모제스 클리블랜드(Moses Cleveland, 1754~1806)
서부 보류지에 대한 탐사 중 오늘날 오하이오주 클리블랜드 일대를 발견하고 클리블랜드시의 토대를 닦은 인물.

드 위트 클린턴(De Witt Clinton, 1769~1828)
민주공화당 소속의 뉴욕주 상원의원, 뉴욕 시장, 뉴욕주 주지사 등을 역임한 정치인. 1810년부터 1824년까지 이리 운하 위원회 위원으로 봉직하여 이리 운하 건설에 공헌. 뉴욕주 주지사로서 1825년 이리 운하를 개통.

캐드월러더 콜든(Cadwallader Colden, 1688~1776)
의사, 과학자, 뉴욕 식민지 총독. 인디언 5부족 연맹(Iroquois Confederacy)에 파견된 초대 영국 식민지 대표로도 활동. 그 경험을 토대로 1727년 『인디언 5부족의 역사(*The History of the Five Indian Nations*)』를 저술.

크리스토퍼 콜럼버스(Christopher Columbus, 1451~1506)
1492년 스페인 카스티야 왕국의 이사벨라 여왕과 아라곤 왕국의 페르난도 국왕의 후원을 통해 대서양을 횡단하여 북미 바하마 제도에 도착한 이탈리아의 항해가, 탐험가.

조르쥬 콜로(Georges Henri Victor Collot, 1750~1805)
프랑스군 장교. 주미 프랑스 대사의 명에 따라 1796년 오하이오강과 미시시피강 일대를 정찰.

존 코먼스(John Rogers Commons, 1862~1945)
위스콘신 대학교의 제도경제학자, 노동운동사 연구자. 비례대표제도의 확대를 강조.

조지 크로건(George Croghan, 1718~1782)
오하이오에서 활동한 아일랜드 태생의 모피상인.

데이비드 크로킷(David Crokett, 1786~1836)
국민공화당과 그 후 휘그당 소속의 테네시주 하원의원. 버지니아주에서 탄생하여 노스캐롤라이나주를 거쳐 테네시주에 정착.

올리버 크롬웰(Oliver Cromwell, 1599~1658)
찰스 1세의 절대왕정에 대항하여 벌어진 청교도혁명에서 의회군을 이끌고 국왕군을 격파한 군인. 이후 공화정을 수립하고 호국경에 취임.

머내서 커틀러(Manasseh Cutler, 1742~1823)
미국 독립전쟁에 참여했던 성직자, 정치인, 교육자. 북서부 준주에 정착지를 만드는 것에 관심을 지니고 오하이오 회사의 대리인으로 교부토지의 구입을 위해서 의회와 계약을 체결.

스티픈 더글러스(Stephen Arnold Douglas, 1813~1861)
민주당 소속 일리노이주 상원의원. 노예제 허용에 있어서 준주의 주권을 강조. 서부로의 팽창을 주장하면서 1854년 캔자스-네브라스카법을 주도.

제퍼슨 데이비스(Jefferson Finis Davis, 1808~1889)
민주당 소속 미시시피주 상원의원. 노예제도 문제에서 주의 주권을 주장. 남북전쟁 당시 남부연합 대통령(1862~1865)으로 선출되어 전쟁을 지도.

제임스 드 보우(James Dunwoody Brownson De Bow, 1820~1867)
『드보우스 리뷰(*De Bow's Review*)』로 잘 알려진 미국의 출판업자이자 통계학자. 북부에 대한 남부의 의존을 단절하여 남부의 독립적 발전을 옹호.

유진 뎁스(Eugene Victor Debs, 1855~1926)
미국의 사회주의자이자 노동운동가. 미국사회 민주당과 미국사회당의 창립자 가운데 한 사람.

피에르 르 므와이엔 디베르빌(Pierre Le Moyne d'Iberville, 1661~1706)
프랑스의 군인이자 개척자. 프랑스의 재무상인 루리 펠리포(Louis Phélypeaux)의 명령에 따라 미시시피강의 입구를 발견하고 요새를 세움.

조셉 더들리(Joseph Dudley, 1647~1720)
토마스 더들리(Thomas Dudley)의 아들로 매사추세츠 식민지와 뉴햄프셔 식민지 총독으로 재임.

폴 더들리(Paul Dudley, 1675~1751)
조셉 더들리의 첫째 아들. 매사추세츠 식민지 검찰총장을 역임. 동생이 윌리엄 더들리(William Dudley).

제러마이어 더머(Jeremiah Dummer, 1681~1739)
18세기 초 뉴잉글랜드의 식민지 정착인으로 이 일대의 정치적 영향력을 행사함.

미셸-안그 듀켄느(Michel-Ange Du Quesne de Menneville, 1700~1778)
북미 뉴프랑스의 프랑스인 총독. 프렌치 인디언 전쟁으로 잘 알려져 있으며 북미에 대한 프랑스의 지배권을 확립하려고 노력.

티모시 드와이트(Timothy Dwight, 1752~1817)
신학자, 교육자. 예일대학교의 제8대 총장(1795~1817).

조나단 에드워즈(Jonathan Edwards, 1703~1758)
회중파 목사, 부흥 설교자, 신학자. 미국의 제1차 대각성 운동에 커다란 영향력을 행사함.

찰스 엘리엇(Charles William Eliot, 1834~1926)
교육자, 하버드 대학교 총장(1869~1909).

랠프 에머슨(Ralph Waldo Emerson, 1803~1882)
미국의 철학자, 시인. 정신과 물질의 관계를 철학의 영원한 문제라고 보면서 초월론을 주장.

조지 에반스(George Henry Evans, 1856~1885)
연방정부가 노동자들에게 농지를 공여하도록 노력한 노동운동가, 사회개혁가. 1844년 전국개혁협의회(the National Reform Association)의 창립자 가운데 한 사람.

페어팩스경(Lord Fairfax of Cameron, Thomas Fairfax, 1693~1781)
6대 카메론 페어팩스경으로 찰스 2세 당시 부여된 버지니아의 노던 넥 토지를 소유하고 관리.

존 프리먼(John Charles Frémont, 1813~1890)
서부개척자, 군인. 민주당 소속 캘리포니아 상원의원. 남북전쟁 이전 공화당 창당 이후 1956년 최초의 공화당 대통령 후보가 됨.

디에고 데 가르도키(Diego de Gardoqui, 1735~1798)
스페인 정치가이자 외교관. 미국혁명전쟁 이후 미국 내 스페인 대표로 외교적 활동을 펼침.

제임스 가필드(James Abram Garfield, 1831~1881)
공화당 소속의 오하이오주 하원의원. 1881년 미국의 제20대 대통령으로 취임 후 암살됨. 남북전쟁 당시 장군으로 참전.

제임스 글렌(James Glen, 1701~1777)
1738년부터 1756년까지 사우스캐롤라이나의 총독을 역임(터너의 원문에는 이름이 'James Glenn'으로 표기되어 있음.

에드윈 고드킨(Edwin Lawrence Godkin, 1831~1902)
1865년 정치잡지인 『더 네이션(The Nation)』을 창간한 미국의 언론인. 공무원 개혁 및 정당부패의 폭로 등에 주력.

율리시즈 그랜트(Ulysses S. Grant, 1822~1885)
남북전쟁 당시 북부 연방군을 이끌었던 장군, 전후 미국의 제18대 대통령(1869~1887).

그랜빌 경(2nd Earl Granville, John Carteret, 1690~1763)
영국의 정치인, 추밀원 의장. 찰스 2세가 자신의 증조부인 존 카아터렛경 등에게 하사한 토지에 대한 지속적인 소유권을 주장하여 이후 국왕에게 땅을 되돌려 주지 않고 노스캐롤라이나 북부 일대의 땅을 소유하게 됨.

호레이스 그릴리(Horace Greeley, 1811~1872)
1841년『뉴욕 트리뷴(*New York Tribune*)』을 창간한 언론인. 휘그당 소속의 뉴욕주 하원의원을 잠시 역임. 1854년 공화당 창당에 일조하였고 링컨의 노예해방을 지지함.

메다르 슈아르 데 그로세이에(Médard Chouart des Groseilliers, 1618~1696)
프랑스의 탐험가, 모피 상인. 처남인 래디송과 함께 모피 무역과 탐험에 종사함. 처남과 함께 1670년 허드슨 만 회사를 설립.

프란시스 그런드(Francis Joseph Grund, 1805~1863)
유럽 보헤미아에서 출생하여 미국에서 활동한 언론인, 작가. 1836년 미국의 특징에 대해서 기술한『윤리, 사회, 정치관계에서 본 미국인(*Americans in Their Moral, Social, and Political Relations*)』을 출간.

제임스 해먼드(James Henry Hammond, 1807~1864)
민주당 소속의 사우스캐롤라이나 주지사, 상원의원. 남북전쟁 이전 노예제도를 적극적으로 옹호함.

마르커스 한나(Marcus Alonzo Hanna, 1837~1904)
사업가, 공화당 소속 오하이오주 상원의원.

에드워드 해리먼(Edward Henry Harriman, 1848~1909)
유니언 퍼시픽 철도, 서던 퍼시픽 철도 등의 철도회사 최고 책임자를 역임한 기업인.

윌리엄 해리슨(William Henry Harrison, 1773~1841)
휘그당 소속의 제9대 대통령. 1841년 대통령 취임 직후 한 달 만에 질병으로 사망함.

알버트 하트(Albert Bushnell Hart, 1854~1943)
하버드대학교의 역사학 교수. 미국역사학회 및 미국정치학회 회장 역임. 시어도어 루스벨트의 적극적 지지자.

러더포드 헤이즈(Rutherford Birchard Hayes, 1822~1893)
공화당 소속의 오하이오주 하원의원, 주지사. 미국의 제19대 대통령(1877~1881). 노예제도 폐지론자로 남북전쟁 당시 북군의 장교로 활약.

로버트 헤인(Robert Young Hayne, 1791~1839)
민주당 소속 사우스캐롤라이나 하원의원, 주지사. 칼훈과 함께 연방정부의 권한 확대에 대항하여 주주권론을 옹호.

빅터 헨(Victor Hehn, 1813~1890)
에스토니아 출신. 독일에서 활동한 문화 역사가. 비스마르크의 지지자로 당대 문화에 대해 비판적이었음.

패트릭 헨리(Patrick Henry, 1736~1799)
미국 독립 이후 버지니아 주지사를 지낸 정치인, 미국 헌법제정자 가운데 한 사람. 1775년 제2차 버지니아 회의 당시 영국에 대한 독립선언을 설득하면서 "자유가 아니면 죽음을 달라"라는 연설로 유명함.

니콜라스 허키머(Nicholas Herkimer, 1728~1777)
팔츠계 독일인 이민자의 아들로 미국독립전쟁 당시 오리스커니 전투로 유명한 민병대 지휘자.

제임스 힐(James Jerome Hill, 1838~1916)
그레이트 노던 레일웨이 등을 운영하면서 '제국의 건설자'라고 불린 철도사업가.

조시아 홀랜드(Josiah Gilbert Holland, 1819~1881)
소설가이자 시인으로 1855년 『서부 매사추체츠의 역사(*History of Western Massachusetts*)』를 출간.

허먼 에두어드 폰 홀스트(Hermann Eduard von Holst, 1841~1904)
독일계 미국 역사학자. 1867년 미국에 건너와 1869년 독미 회화사전의 부편집인이 됨. 1872년 독일로 돌아가 프라이부르크 대학교, 다시 미국으로 와서 시카고 대학교 역사학과 교수 등을 역임.

샘 휴스턴(Sam Houston, 1793~1863)
테네시주에서 성장한 후 멕시코에 저항한 텍사스 혁명(1835~1836)에 참여하여 성공한 후 멕시코 공화국의 대통령을 지내고 후일 미국과의 통합에 기여한 인물. 텍사스주 상원의원 및 주지사를 역임.

윌리엄 하월즈(William Dean Howells, 1837~1920)
미국의 현실주의 소설가, 문학 비평가, 극작가. 성격묘사에 뛰어난 사실주의 수법을 확립하여 작가들에게 영향을 끼침. "미국 문학의 학장"으로 불림.

헨리 허드슨(Henry Hudson, 1565~1611)
캐나다와 미국 북동부를 탐험한 영국의 항해가, 탐험가. 후일 그의 이름을 따서 명명된 오늘날의 뉴욕주의 허드슨강을 따라 그 일대에 대한 네덜란드 식민화의 토대가 구축됨.

로버트 헌터(Robert Hunter, 1666~1734)
영국의 군인, 뉴욕 및 뉴저지 식민지의 총독. 뉴욕으로 수천 명의 독일 팔츠 난민을 이주, 정착시킴.

토마스 허친슨(Thomas Hutchinson, Sr., 1674~1739)
매사추세츠의 선박소유주, 상인. 후일 매사추세츠 최후의 총독을 역임한 동명의 아들이 있음.

올더스 헉슬리(Aldous Leonard Huxley, 1894~1963)
1932년에 출간된 소설인 『용감한 신세계(*Brave New World*)』로 유명한 영국의 작가.

랠프 이저드(Ralph Izard, 1741~1804)
대륙회의 의원과 사우스캐롤라이나주 상원의원을 지낸 정치인.

앤드류 잭슨(Andrew Jackson, 1767~1845)
미국의 제7대 대통령(1829~1837)이자 서부 출신 최초의 대통령. 관직순환제와 엽관제도를 도입. 미국의 대중 정당정치의 시대를 열고 미국의 지역적 팽창과 민주주의의 확산을 도모한 '잭슨 민주주의(Jacksonian Democracy)'의 상징적 인물.

스톤월 잭슨(Thomas Jonathan "Stonewall" Jackson, 1824~1863)
미국 남북전쟁 당시 남부연맹군 소속 장군.

제임스 2세(James II, 1633~1701)
영국 스튜어트 왕가의 왕(1685~1688). 즉위 후 가톨릭교를 부활하고 전제정치를 강화. 1688년 명예혁명에 의해 퇴위한 후 프랑스로 망명.

존 제이(John Jay, 1745~1829)
미국 헌법제정자 가운데 한 사람. 1783년 미국혁명전쟁을 종식시킨 영국과의 파리평화조약 체결 당시 당사자. 뉴욕주 주지사, 초대 대법원장. 나폴레옹 전쟁 당시 영국과의 불화를 타개하기 위해서 1795년 제이 조약 체결 당시 당사자.

피터 제퍼슨(Peter Jefferson, 1708~1757)
미국의 측량가이자 지도 제작자. 미국의 제3대 대통령인 토마스 제퍼슨의 아버지.

토머스 제퍼슨(Thomas Jefferson, 1743~1826)
미국독립선언서의 초안 작성자, 헌법제정자의 한 사람. 미국의 제3대 대통령(1801~1809). 종교·언론·출판 자유의 확립 등에 주력하였고 소규모 농민을 중심으로 한 민주주의를 꿈꾸었음. 제2차 정당체계 당시 민주공화당(Democratic Republicans)을 창당.

리처드 존슨(Robert Mentor Johnson, 1780~1850)
민주공화당과 민주당 소속의 켄터키주 상원의원, 하원의원. 반 뷰렌 행정부의 부통령.

윌리엄 존슨(William Johnson, 1715~1774)
모호크어와 이로쿼이 인디언의 관습을 배워 이로쿼이족에 대한 정찰임무를 수행한 뉴욕 식민지의 영국인 관리. 이를 통해 매우 많은 인디언의 땅을 개인적으로 획득하여 부를 축적함.

러드야드 키플링(Rudyard Kipling, 1865~1936)
인도에서 태어난 영국 시인이자 작가. 제국주의를 찬양하면서 비유럽인에 대한 백인들의 계몽의 사명을 강조.

존 녹스(John Knox, 1514~1572)
16세기 영국 스코틀랜드의 종교개혁가, 스코틀랜드 장로교의 창시자.

러시어스 라마르(Lucius Quintus Cincinnatus Lamar, 1825~1893)
민주당 소속의 미시시피주 하원의원, 상원의원, 내무부 장관, 연방대법원 판사. 남북전쟁 당시 연맹군에 참여.

라 살르(René-Robert Cavelier, Sieur de La Salle, 1643~1687)
오대호 일대, 미시시피강, 멕시코만 일대를 개척한 후 미시시피강 유역을 프랑스 영토라고 선언한 프랑스의 탐험가.

매리 엘런 리이스(Mary Ellen Lease, 1850~1933)
본명은 Mary Elizabeth Lease. 보통선거권 확대와 캔자스주 농민운동, 민중당 운동에 기여한 미국의 작가이자 사회운동가.

윌리엄 레지트(William Leggett, 1801~1839)
미국의 언론인, 작가. 잭슨을 지지한 민주당원으로 개인의 자유를 강조하고 노예제에 반대. 노동자의 권리를 존중한 평등당(the Equal Right Party)의 지도자 가운데 한 사람.

벤자민 리이(Benjamin Watkins Leigh, 1781~1849)
1829~1830년 버지니아 헌법회의 대표의 한 사람. 버지니아주 주의원, 국민공화당 소속 버지니아주 상원의원.

메리웨더 루이스(Meriwether Lewis, 1774~1809)와 **윌리엄 클라크**(William Clark, 1770~1838)
루이스와 클라크의 원정으로 유명한 인물. 각각 대위와 소위의 신분인 두 사람은 제퍼슨 대통령의 명령에 따라서 1804년 캠프 뒤부와에서 출발하여 1806년에 태평양 연안에 도달하여 미국 최초로 서부를 가로지르는 원정에 성공함.

에이브러햄 링컨(Abraham Lincoln, 1809~1865)
미국의 제16대 대통령(1861~1865)으로 노예해방을 선언하고 남북전쟁에서 북군을 지도하여 승리함.

로버트 리빙스턴(Robert Livingston, 1654~1728)
뉴욕의 사업가. 뉴욕 총독인 토마스 돈건(Thomas Dongan)을 설득하여 알바니 남쪽 허드슨 강변의 광대한 토지를 불하받아 리빙스턴 장원을 개척.

로버트 R. 리빙스턴(Robert Robert Livingston, 1746~1813)
미국 헌법제정자 가운데 한 사람. 토마스 제퍼슨 등과 함께 독립선언서를 기초. 제퍼슨의 대통령 취임 후 그의 명령에 따라 프랑스와 루이지애나 매입 협정을 주도함.

프란츠 뢰허(Franz von Löher, 1818~1892)
독일의 법학자, 역사가. 1846~1847년 유럽과 미국 등을 방문하는 동안 미국 정착 기간 중 미국 내 독일인의 역할에 대해서 강연. 1848년 그의 책이 『미국내 독일인의 역사와 상황(*Geschichte und Zustände der Deutschen in Amerika*)』이라는 제목으로 오하이오주에서 출간됨.

아킬레 로리아(Achille Loria, 1857~1943)
토지의 상대적 희소성이 사회구성원에 의한 다른 구성원의 억압을 유도한다고 주장하여 미국사의 해석에 영향을 미친 이탈리아의 정치경제학자.

제임스 로웰(James Russell Lowell, 1819~1891)
미국의 시인, 비평가, 정치가. 노예제도를 반대하였으며 영국주재 미국대사를 역임.

윌리엄 맥킨리(William McKinley, 1843~1901)
공화당 소속으로 오하이오주 하원의원, 주지사 역임. 1896년 선거에서 민주당에 승리하여 공화당의 친기업적 금권정치의 토대를 닦은 것으로 평가되는 미국의 제25대 대통령(1897~1901).

제임스 매디슨(James Madison, 1751~1836)
미국 헌법제정자, 제4대 대통령(1809~1817). 『연방주의자 논고(*The Federalist Papers*)』의 3인 저자 가운데 한 사람. 1787년 필라델피아 헌법제정회의 당시 강력한 연방정부의 수립을 주장. 연방정부 수립 이후 반연방주의적 노선을 걸어감.

말레 형제(the Mallet Brothers)
1739년 일리노이를 출발하여 대평원을 동서로 가로질러 횡단한 후 최초로 뉴멕시코의 산타페에 정착한 것으로 알려진 프랑스계 캐나다인 형제인 피에르 안트완 말레(Pierre Antoine Mallet)와 폴 말레(Paul Mallet).

로버트 맬서스(Thomas Robert Malthus, 1776~1884)
1798년 『인구론(*An Essay on the Principle of Population*)』을 저술한 영국의 정치경제학자이자 인구학자. 그의 인구론에 따르면 식량 증산은 결국 인구증가를 가져오고 이는 다시 인구압력으로 작동하여 일인당 식량 생산량을 줄인다는 "맬서스의 함정"이 등장. 인구는 결국 사회하층민이 인구증가의 압력으로 기아와 질병으로 고생할 때까지 증가한다고 주장함.

자크 마르케트(Jacques Marquette, 1637~1675)
예수회 선교사로 미시간 지역에 최초의 유럽인 정착지를 건설. 미시시피 밸리의 북부 지역을 탐험한 최초의 유럽인 중 한 명.

해리엇 마르티노(Harriet Martineau, 1802~1876)
영국의 여류 사회이론가로서 1834년 미국을 방문하여 수 년간 머문 후 귀국하여 1837년 『미국사회(*Society in America*)』, 1838년 『윤리와 습속의 관찰법(*How to Observe Morals and Manners*)』 등을 출간함. 미국의 노예폐지론을 지지.

코튼 매더(Cotton Mather, 1663~1728)
미국의 회중교회의 목사, 역사가. 그가 저술한 450권 가까운 저서는 초기 뉴잉글랜드 역사연구에 귀중한 자료임.

로렌조 데 메디치(Lorenzo de Medici, 1449~1492)
이탈리아 르세상스 시기 피렌체 공화국의 실질적 지도자.

헨리 맥컬로(Henry McCulloh, 1700~1779)
영국 런던의 거상. 그랜빌 경 등과 함께 노스캐롤라이나의 대지주 가운데 한 사람.

제임스 먼로(James Monroe, 1758~1831)
미국의 제5대 대통령(1817~1825). 1823년 먼로독트린을 선포하여 유럽 제국의 신대륙에 대한 간섭을 저지하고자 노력.

존 모건(John Pierpont Morgan, 1837~1913)
미국 도금시대(the Gilded Age)의 은행가, 금융업자. J. P. Morgan & Company라는 금융기관을 창립하여 산업 및 금융자본을 적극 지원.

구브너 모리스(Gouverneur Morris, 1752~1816)
미국 헌법제정자 가운데 한 사람. 연방파 소속으로 뉴욕주 상원의원 역임.

허버트 오스굿(Herbert Levi Osgood, 1855~1918)
미국 컬럼비아 대학교의 역사학 교수. 미국 식민지 시대사를 일차자료를 중심으로 연구한 것으로 유명함. 터너는 그의 "England and the Colonies", *Political Science Quarterly*, Vol. 2, no. 3 (1887.9), pp.440~469를 일부 인용하고 있음.

프란시스 파크먼(Francis Parkman, 1823~1893)
1847년 『오리건길−초원과 로키산맥의 생활 소묘(*The Oregon Trail: Sketches of Prairie and Rocky-Mountain Life*)』를 저술한 미국의 역사학자.

존 펙(John Mason Peck, 1789~1858)
서부변경의 선교에 노력한 침례교 목사. 1836년 『이주민을 위한 서부에 대한 새로운 안내(*A New Guide for Emmigrants to the West*)』를 출간.

윌리엄 펜(William Penn, 1644~1718)
영국에서 태어나 미국으로 건너 와 펜실베이니아 식민지를 개척. 종교의 자유, 권력 분립 등 민주주의 이념을 강조하고 인디언에 대한 차별적 대우에 반대.

니콜라 페로(Nicholas Perrot, 1644~1717)
미시시피 상류를 탐험한 최초의 프랑스 탐험가, 모피 상인.

제임스 포크(James Knox Polk, 1795~1849)
민주당 소속의 테네시주 하원의원 및 주지사, 제11대 대통령(1845~1849). 멕시코 전쟁 승리, 멕시코 병합 등으로 미국의 영토 확장에 기여.

헨리 프리체트(Henry Smith Pritchett, 1857~1939)
미국의 천문학자, 교육자, MIT 총장. 1906~1930년까지 카네기교육진흥재단 회장.

루퍼스 퍼트남(Rufus Putnam, 1738~1824)
프렌치 인디언 전쟁 당시 영국 식민지군 장교, 미국 독립 전쟁 당시 대륙연합군 장군. 오하이오 회사를 설립하여 북서부 영지의 개척에 기여.

존 핀천(John Pynchon, 1621~1703)
매사추세츠 식민지의 스프링필드 타운 개척자인 윌리엄 핀천(William Pynchon)의 아들. 17세기 후반 코네티컷 리버 밸리 일대에 영향력을 행사한 사업가이자 모피 교역상.

조시아 퀸시(Josiah Quincy, 1772~1864)
미국 연방파 소속 매사추세츠 하원의원, 하버드 대학교 총장(1829~1845). 제퍼슨 대통령의 반대파로
1811년 루이지애나의 연방가입에 반대.

피에르 에스프리 래디송(Pierre-Esprit Radisson, 1636(~1640)~1710)
프랑스의 모피 상인.

레드 클라우드(Red Cloud, Mahpiya Luta, 1822~1909)
1868~1909년 라코타 인디언 부족(수족의 일파)의 지도자. 파우더강 지역을 둘러싸고 벌어진 레드 클
라우드 전쟁에서 미국군에 맞서 라코타족을 지휘.

존 록펠러(John Davidson Rockefeller, 1839~1937)
스탠더드 석유회사를 설립한 미국의 거대 기업가.

윌리엄 리플리(William Zebina Ripley, 1867~1941)
미국의 경제학자, 인종인류학자.

제임스 로버트슨(James Robertson, 1742~1814)
미국의 개척자. 와토가(Watauga)와 컴버랜드를 개척하여 '중부 테네시의 아버지'로 불림.

빌헬름 로셔(Wilhelm Georg Friedrich Roscher, 1817~1894)
독일의 경제학자. 경제발전을 정치, 문화, 법률의 발전과 함께 다루는 역사학적 관점에서 연구.

제임스 로즈(James Ford Rhodes, 1848~1927)
철광, 석탄업으로 재산을 모은 미국의 기업가. 1918년『남북전쟁사(*History of the Civil War, 1861~
1865*)』 등을 발간하는 등 미국사를 연구한 역사가.

시어도어 루스벨트(Theodore Roosevelt, 1858~1919)
미국의 제26대 대통령(1901~1909). 연방정부의 권한을 통해 국민의 복지 향상과 사회정의 실현을
위해 트러스트 등을 규제. 1889년『서부의 획득(*The Winning of the West*)』을 출간함.

엘리후 루우트(Elihu Root, 1845~1937)
시오도어 루스벨트 대통령 하에서 국무부 장관, 루스벨트 대통령과 윌리엄 맥킨리 대통령 재임 시기에는
전쟁부 장관을 지낸 미국의 고위 관료이자 정치인. 미국 육군을 근대화하고 미국의 대외 팽창을 옹호.

조시아 로이스(Josiah Royce, 1855~1916)
미국의 절대적 관념주의 철학자. 독일 관념론, 로체, 제임스 등의 영향 하에 '절대적 프래그머티즘'이라
고 자칭하는 주의주의(主意主義)적 관념론을 전개.

리차드 러시(Richard Rush, 1780~1859)
국부부 장관, 법무부 장관, 재무부 장관 등을 역임한 정치인.

거든 샐톤스털(Gurdon Saltonstall, 1666∼1724)
1708∼1724년까지의 코네티컷 식민지 총독. 성직자이자 식민지 총독으로서 전통적 권위의 힘을 강력하게 신봉. 교회와 정부의 결합이 보다 효과적인 시스템이 될 것이라는 믿음을 지님.

에드윈 샌디스(Edwin Sandys, 1561∼1629)
영국의 정치인. 미국 버지니아 제임스타운에 최초로 정착지를 건립한 런던 버지니아 회사 설립자 가운데 한 사람.

칼 슈르츠(Carl Schurz, 1829∼1906)
1848년 독일혁명 이후 미국으로 건너온 독일의 혁명가, 미국의 공화당 정치인, 언론인. 노예제도에 반대.

세비어 오브 프랭클린(Governor Sevier of Franklin, John Sevier, 1745∼1815)
민주공화당 소속으로 테네시주 하원의원, 초대 주지사. 연방 가입 이전 테네시 지역('프랭클린' 지역)의 초대 지사. 테네시 지역의 연방 가입에 공헌.

사무엘 시월(Samuel Sewall, 1652∼1730)
매사추세츠 식민지 최고법원장을 역임한 법률가, 기업가, 출판인.

윌리엄 시워드(William Seward, 1801∼1872)
휘그당 및 공화당 소속의 뉴욕의 주지사, 상원의원, 국무부 장관을 역임한 정치인. 노예제도의 확산에 반대.

셸번경(Lord Shelburne, William Petty, 1737∼1805)
휘그당 소속의 영국 정치가. 미국혁명을 종결한 파리평화회의 당시 영국의 총리.

조지 셸던(George Sheldon, 1818∼1916)
미국 최초의 역사보존협회 중 하나인 포큄터 계곡 기념협회의 회장. 1895년 그 마을 주민들에 대한 광범위한 계보를 포함하는 두 권의 『디어필드의 역사(*A History of Deerfield*)』를 저술.

찰스 셔먼(Charles Sherman, 1811∼1879)
원래 오하이오주 연방 지방법원의 판사였으나 남북전쟁 발발 이후 맨스필드 카운티 군위원회를 조직하고 맨스필드에 있는 군사조직을 지휘. 남북전쟁 종결 이후 링컨 대통령에 의해 전쟁 배상청구 문제를 담당하는 위원 중 한 사람으로 임명됨.

헨리 시블리(Henry Hastings Sibley, 1811∼1891)
민주당 소속으로 미네소타 준주의 하원 대표, 미네소타주 초대 주지사.

아모스 싱글터리(Amos Singletary, 1721∼1806)
매사추세츠 주상원 및 주하원의원. 1788년 매사추세츠의 연방헌법 비준회의에서 반연방주의의 입장을 취함.

존 스미스(John Smith, 1580∼1631)
미국 내 최초의 영국 식민지인 제임스타운을 건설한 영국의 탐험가.

로렌스 스미스(Lawrence Smith, 1629~1700)
1686년 버지니아 식민지 글로스터 카운티의 병사들을 이끌고 인디언 토벌작전을 수행하며 래퍼해노크강 입구 폭포 근처에 요새를 건설한 군인.

알렉산더 스미스(Alexander Smyth, 1765~1830)
아일랜드 태생의 미국의 변호사, 군인, 정치인. 10세에 미국으로 온 후 1775년 버지니아주 보투르트 카운티에 정착. 버지니아주 하원의원.

아우구스트 슈팽겐부르크(August Gottlieb Spangenburg, 1704~1792)
독일의 신학자, 모라비아 형제단의 주교. 미국을 방문하여 노스캐롤라이나 등에서 독일인 모라비아 교회의 선교를 위해서 노력.

알렉산더 스포츠우드(Alexander Spotswoood, 1676~1740)
버지니아 부총독. 사실상 총독의 역할을 수행. 블루리지산맥을 넘어 정착지를 개척. 이로쿼이 인디언 부족과 알바니 조약을 체결.

존 스타크(John Stark, 1728~1822)
프렌치 인디언 전쟁의 영국군 장교, 미국혁명전쟁의 대륙연합군 장군. 1777년 영국군을 패퇴시킨 버몬트의 베닝턴 전투 승리로 '베닝턴의 영웅'으로 불림.

솔로몬 스토다드(Soloman Stoddard, 1643~1729)
매사추세츠 식민지 노스햄튼 타운의 회중교회 목사. '코네티컷강의 청교도 교황'으로 불렸으며 제2세대 청교도의 영성보존에 노력.

존 설리번(John Sullivan, 1740~1795)
미국 혁명전쟁 당시 대륙회의 대표, 대륙연합군의 장군. 이후 뉴햄프셔 주지사 역임. 미국 혁명전쟁 중인 1779년 설리번 원정대를 인솔하여 영국을 지원한 이로쿼이 인디언 부족을 섬멸.

샤를 모리스 드 탈레랑(Charles Maurice de Talleyrand-Périgord, 1754~1838)
오통의 주교로 1789년 프랑스 삼부회에서 성직자를 대표. 프랑스 혁명 중 1794년에서 1796년까지 미국에 망명. 이후 프랑스 외교관으로 활동.

로저 태니(Roger Brooke Taney, 1777~1864)
앤드류 잭슨 대통령 재임 시기 법무부장관과 재무부장관을 역임한 후 연방 대법원장으로 재임. 1857년 드레드 스콧 사건 판결에서 흑인은 미국시민으로 인정될 수 없고 의회는 준주에서 노예제를 금지할 수 없다고 주장.

재커리 테일러(Zachary Taylor, 1784~1850)
미국의 제12대 대통령(1849~1850). 육군 장군 출신으로 멕시코 전쟁(1846~1848)의 승리를 발판으로 대통령에 당선됨.

테쿰세(Tecumthe, 1768~1813)
북미 쇼니 인디언 부족의 지도자. 테쿰세 전쟁과 1812년 전쟁 동안 부족연합을 지휘.

제시 토마스(Jesse Burgess Thomas, 1777~1853)
미국의 정치인, 법조인. 일리노이주의 초대 상원의원 중 한 사람. 미주리 타협안의 주도자.

알프레드 테니슨(Alfred Tennyson, 1809~1892)
빅토리아 시대 영국의 계관 시인.

알렉시스 드 토크빌(Alexis de Tocqueville, 1805~1859)
프랑스의 귀족, 정치학자. 1831년부터 1832년까지 미국 동부를 탐방한 이후 『미국의 민주주의(*Democracy in America*)』라는 두 권의 책을 1835년과 1840년에 각각 출판. 민주주의 이후 프랑스의 폭정에 대조되는 미국의 자유를 찬양.

윌리엄 트라이언(William Tryon, 1729~1788)
영국의 군인, 노스캐롤라이나와 뉴욕의 총독을 역임한 식민지 관료.

지오반니 다 베라자노(Giovanni da Verrazano, 1485~1528)
북미주 북대서양 연안을 처음으로 개척한 것으로 알려져 있는 이탈리아의 탐험가.

아메리고 베스푸치(Amerigo Vespucci, 1454~1512)
남미대륙을 발견한 것으로 알려진 이탈리아의 항해가. 아메리카라는 명칭은 그의 이름에서 나온 것이라는 설이 있음.

베랑드리 형제(the Verendryes)
1742~1743년경 대평원의 북부지역을 지나 로키산맥을 본 것으로 알려진 최초의 유럽인인 루이 조셉 모티에 드 라 베랑드리(Louis-Joseph Gaultier de La Vérendrye, 1717~1761)와 그의 형제인 프랑수와 드 라 베랑드리(François de La Vérendrye, 1735~1794).

사무엘 빈턴(Samuel Finley Vinton, 1792~1862)
휘그당 소속 오하이오주 하원의원. 1845년 아이오와와 플로리다의 연방 가입에 찬성함.

조지 워싱턴(George Washington, 1732~1799)
젊은 시절 버지니아 부총독 딘위디(Robert Dinwiddie)가 지휘하는 영국군 산하에서 소령으로 활동하면서 인디언 부족 및 프랑스군과 협상을 성공적으로 진행. 미국독립혁명 당시 대륙연합군 총사령관, 건국 이후 미국 초대 대통령(1789~1797).

다니엘 웹스터(Daniel Webster, 1782~1852)
연방파, 국민공화당, 휘그당 등에 속하면서 뉴햄프셔와 매사추세츠의 하원의원, 매사추세츠 상원의원, 그리고 국무부장관을 역임한 정치인. 노예갈등을 수습한 1850년 타협의 통과에 공헌.

콘래드 와이저(Conrad Weiser, 1696~1760)
주로 펜실베니아 식민지에서 활동한 독일 출신의 식민지 개척자, 인디언 통역관, 외교관. 프렌치 인디언 전쟁 기간에 식민지와 인디언 부족과의 협상에 임해 영국군을 지원함.

베닝 웬트워쓰(Benning Wentworth, 1696~1770)

미국 식민지 시대의 뉴햄프셔 식민지 총독. 서부 뉴햄프셔와 남부 버몬트의 토지를 교부하여 뉴욕, 매사추세츠, 버몬트 간의 분쟁을 야기하였고 이 분쟁은 결국 1791년 버몬트의 연방가입으로 해결됨.

에이브러햄 화이트(Abraham White, 1717~1801)

매사추세츠 식민지 의회 대표, 1779~1780년 매사추세츠 헌법제정회의 대표, 1788년 매사추세츠 연방헌법 비준회의 대표.

휴 화이트(Hugh White, 1798~1870)

휘그당 소속 뉴욕주 하원의원.

월트 휘트먼(Walt Whitman, 1819~1892)

미국의 시인, 언론인. 1855년 출간한 시집 『풀잎(*Leaves of Grass*)』으로 유명함. 전통에서 일탈하여 보통 사람에게서 영웅을 찾았으며 남북전쟁 당시 북부를 지지.

제임스 윌킨슨(James Wilkinson, 1757~1825)

미국 혁명전쟁 시기 대륙연합군의 군인이었으나 후일 스페인과 내통한 것으로 알려짐. 켄터키를 스페인에 통합시키려는 목적으로 켄터키를 먼저 버지니아에서 분리시키려 했으며 이후 미국 연방에 가입시키려 노력함.

존 윌리엄스(John Williams, 1664~1729)

뉴잉글랜드 청교도 목사. 모호크 인디언에 의해 2년간 포로로 잡혀 있던 내용을 적은 1707년의 『대속된 포로(*The Redeemed Captive*)』로 유명함.

로저 윌리엄스(Roger Williams, 1603~1683)

영국에서 태어나 미국으로 건너 온 후 현재의 로드아일랜드인 프로비던스 장원을 개척한 신학자, 청교도 목사. 종교 간의 차이를 인정할 것을 강조. 엄격한 정교분리와 인디언에 대한 자애를 강조.

제임스 윌슨(James Wilson, 1835~1920)

공화당 소속 아이오와주 하원의원, 농업부 장관.

존 윈스럽(John Winthrop, 1588~1649)

법률가이자 식민지 시기의 정치인. 영국에서 태어나 1630년 미국으로 이주하여 매사추세츠 식민지를 건설하고 총독으로 부임. 보스턴을 본거로 하여 그 주변에 회중교회를 중심으로 하는 '타운 공동체'를 건설.

에이브러햄 우드(Abraham Wood, 1610~1682)

영국에서 태어나 미국 버지니아 식민지에 정착한 영국의 모피 상인. 버지니아 식민지와 추밀원 의원.

색인